Catéchisme Dogmatique Et Moral
by Jean Couturier

CATÉCHISME

DOGMATIQUE ET MORAL.

SAINT-CLOUD. — IMPRIMERIE DE Mme Ve BELIN.

CATÉCHISME

DOGMATIQUE ET MORAL,

OUVRAGE UTILE AUX PEUPLES, AUX ENFANTS,ET A CEUX
QUI SONT CHARGÉS DE LES INSTRUIRE;

PAR

M. JEAN COUTURIER,

Ancien Jésuite et Curé de Léry.

NEUVIÈME ÉDITION,

Augmentée d'un Catéchisme des Fêtes et Dimanches, et d'une Notice
sur la Vie de l'Auteur.

—

TOME DEUXIÈME.

PARIS,

LAGNY FRÈRES, LIBRAIRES-ÉDITEURS,

RUE GARANCIÈRE, N° 8,

ACQUÉREURS DU FONDS DE LIBRAIRIE RELIGIEUSE ET DE PIÉTÉ
DE M. VICTOR LAGIER, DE DIJON.

—

1855.

CATÉCHISME

DOGMATIQUE ET MORAL.

DU Vᵉ COMMANDEMENT DE DIEU.

D. Récitez le cinquième commandement de Dieu ?

R. Homicide point ne seras, de fait ni volontairement.

Ce commandement est exprimé en ces deux mots dans la loi : *Vous ne tuerez point.* Le mot *homicide* veut dire *tueur d'homme.* Ainsi ces paroles : *Homicide point ne seras,* signifient, vous ne tuerez point d'hommes ; *de fait,* c'est-à-dire réellement ; *ni volontairement,* vous n'en aurez pas même la volonté.

D. Qu'est-ce que Dieu défend par son cinquième commandement ?

R. Il défend d'ôter ou de vouloir ôter la vie, d'autorité privée, au prochain, et de se l'ôter ou vouloir se l'ôter à soi-même.

Ce commandement défend d'ôter la vie au prochain, *d'autorité privée*, c'est-à-dire de son autorité particulière, sans y être autorisé par le pouvoir public ; car il n'est pas permis de se faire justice à soi-même : mais il est permis de tuer lorsqu'on le fait par l'autorité publique, comme font les exécuteurs de la justice, ou comme les soldats, par le droit d'une guerre légitime.

Il défend encore de vouloir ôter la vie, en sorte que la seule volonté de tuer est un péché d'homicide.

Il défend de *s'ôter la vie à soi-même* et de *vouloir se*

l'ôter, parce que nous ne sommes pas *maîtres de nos jours.*

Tuer son semblable! Cela vous fait frémir, mes enfants; cependant, le croiriez-vous? on commet plus d'homicides qu'on ne pense communément. Homicides de la part de ces femmes qui font périr leur fruit, ou qui s'y exposent; de ceux qui le conseillent ou qui en donnent les moyens : cas réservé; homicides risqués et souvent réels de la part de ces mères qui mettent leurs enfants dans leur lit avant deux ans accomplis, malgré les avertissements de l'Eglise; homicides risqués et trop souvent arrivés de la part de ces pères et mères négligents qui laissent leurs enfants exposés au feu et à l'eau, ou à d'autres dangers; homicides risqués et quelquefois véritables, de la part de ceux qui se pressent trop de faire ensevelir et inhumer les morts. On a vu des malheureux enterrés tout vifs se réveiller et mourir au milieu des cadavres. Barbares! vous allez donner cette mort terrible à votre père, à votre mère, à votre époux, à votre épouse.

Objection. Quand on est mort, on est bien mort. — Oui; mais si on ne l'est pas; si ce n'est qu'une léthargie, une asphyxie, voyez à quoi vous vous exposez pour un vil intéret, pour épargner un peu d'huile, les frais d'une veille, pour gagner du temps, peut-être pour vous jeter avec avidité sur la dépouille de ce prétendu mort. Vous le tuez! vous lui donnez une mort d'enragé!

Vous ne tuerez point, *non occides*. Ce commandement défend encore d'attenter à sa propre vie. A Dieu seul appartient le droit de nous faire vivre ou mourir; *ego occidam et vivere faciam.* (Deut. xxxii, 39.) C'est vous, Seigneur, qui avez sur nous la puissance de vie et de mort : *tu es, Domine, qui vitæ et mortis habes potestatem.* (Sap. xvi, 13.) C'est donc un attentat contre les droits de Dieu de s'ôter la vie à soi-même. C'est outrager la patrie, la raison et la nature. (*Histoire: mort affreuse de Judas qui se pendit.*)

Par la même raison, c'est pécher que de se souhaiter

la mort, parce qu'il est défendu de vouloir ce qu'il est défendu de faire. On pèche donc contre ce précepte, lorsque dans son désespoir on attente à sa vie ou qu'on se souhaite la mort. Que faites-vous, malheureux? Une mort de désespoir ne vous délivrera pas de vos maux; vous allez mourir dans le péché! Vous vous plongez dans des maux éternels! On pèche quand on expose sa vie témérairement, comme vous faites quelquefois, mes enfants, lorsque vous montez sur les arbres, sur les murs, pour dérober des fruits, par vanité, pour faire voir que vous êtes bien adroits, bien courageux, etc.; lorsque vous courez les risques de vous noyer, etc. Que faites-vous, étourdis? Vous allez perdre deux vies à la fois, celle du corps et celle de l'âme.

On est homicide lorsqu'on ne prend pas un soin raisonnable de sa vie et de sa santé. Tels sont ces avares qui se refusent le nécessaire, la nourriture, les remèdes, les médecins; qui les refusent à leur famille, à leurs femmes, à leurs enfants, à leurs pères et mères, aux pauvres qui sont dans un besoin pressant: avarice meurtrière! elle vous tue, vous et ceux à qui vous devez les aliments et les secours; *si non pavisti, occidisti.*

D. Qu'est-ce que nous défend encore ce commandement?

R. Il nous défend de causer ou vouloir causer injustement du dommage au prochain en sa personne.

C'est-à-dire que Dieu nous défend de faire du mal au prochain, de lui en souhaiter, de chercher à lui en faire. Vous avez dit: *dans sa personne.* C'est pour distinguer ce commandement du septième qui nous défend de lui faire du mal dans ses biens. Vous ajoutez: *injustement.* C'est qu'il est des circonstances où l'on peut faire un certain mal au prochain sans injustice, pour un plus grand bien; comme quand on punit les malfaiteurs pour le bien de la société; quand un père châtie son enfant pour le corriger et le rendre meilleur; quand un médecin coupe un bras ou uné jambe pour sauver la vie. Alors ce mal n'est pas injuste, c'est pour un plus grand bien qu'on est forcé de le faire.

Ce commandement défend de *vouloir faire* ou de *souhaiter du mal,* parce que, aux yeux de Dieu, la volonté est réputée pour le fait. Ainsi, la seule mauvaise volonté est un péché, et ce péché est plus ou moins grief, à proportion du mal que l'on fait ou que l'on veut faire au prochain.

D. Comment peut-on causer du dommage au prochain en sa personne ?

R. On peut en causer à son corps et à son âme.

Voilà deux rapports sous lesquels on peut faire du mal en la personne du prochain. Il faut vous instruire sur l'un et sur l'autre, et d'abord pour le corps.

D. Qui sont ceux qui causent du dommage au prochain en son corps ?

R. Ce sont non-seulement ceux qui le tuent, mais même ceux qui le blessent ou qui le frappent injustement.

Comme vous voyez, mes enfants, vous péchez lorsque vous vous battez les uns les autres ; mais les mauvais traitements sont des péchés plus ou moins griefs, à proportion des circonstances qui les accompagnent.

Circonstance *de la personne.* Si vous frappez une personne respectable ; un père, une mère, un beau-père, une belle-mère, un supérieur, c'est un péché bien plus grand que quand vous frappez un camarade. Frapper un clerc, un prêtre, un religieux ;...... excommunication, cas réservé...... Si vous frappez une personne faible, digne de compassion, infirme, délicate, une femme enceinte ;..... homme emporté et brutal, frémissez ! Ce coup que vous donnez est peut-être un triple homicide ; il peut tuer la mère et l'enfant, et l'âme de cet enfant qui périra sans baptême ! Quel crime !

Circonstance *du mal que l'on fait*. Vous frappez grièvement, de manière à casser un bras, une jambe, à faire une plaie profonde, à causer des douleurs considérables. Voilà une offense griève, elle a des suites, elle empêche le travail, elle occasionne des dépenses. C'est à vous à en répondre. Donner un soufflet, c'est un outrage ignominieux et sensible jusqu'à le venger dans le sang ! Autre crime, se battre en duel ;... cas réservé et pour les combattants et pour ceux qui les regardent.... Quelle mort, mes enfants, lorsqu'on périt dans ces affreux combats ! L'un meurt dans le crime, et l'autre y fait mourir ; il plonge son frère dans les enfers ! Quels coups ! un homicide éternel !

Circonstance *des sentiments* qui animent les mauvais traitements ; fureur, vengeance, emportement, etc. Ceux même qui ont droit de frapper par voie de correction, pèchent lorsque la colère anime leur bras et les fait excéder dans la rigueur du châtiment. Ainsi, pères et mères, la sagesse, la modération, la religion, l'amour paternel doivent diriger votre main dans les rigueurs que vous êtes forcés d'exercer sur vos enfants.

Pour détailler de suite les autres mauvais traitements défendus par ce commandement, passons à la dernière demande. Nous reviendrons après sur le scandale.

D. Que défend encore ce commandement ?

R. Il défend la haine, l'envie, les désirs de vengeance, les injures et les imprécations.

1° Il défend *la haine*, c'est-à-dire de nous haïr, d'avoir de la rancune les uns contre les autres. Quiconque n'aime pas son prochain, dit saint Jean, est dans un état de mort ; *qui non diligit manet in morte*. (1. Joan. iii, 14.) Quel état, mes frères ! Vous conservez un an, deux ans, dix ans la haine contre votre prochain ; pendant tout ce temps-là vous êtes dans la haine de Dieu vous-mêmes, dans un état de péché mortel, *manet in morte*. Toutes les fois que vous y réfléchissez, que vous adhérez à ce sentiment, vous commettez un nouveau péché mortel. Que de péchés, grand Dieu ! dans toute la vie de ces ennemis implacables qui se sont juré une haine éternelle ! Quand on hait quelqu'un, on porte partout ce poison qui dévore, on l'exhale partout, on médit, on calomnie, on trahit, on supplante, on égorgerait volontiers la victime détestée. On se confesse, on communie, on fait ses pâques, et c'est sur un cœur envenimé qu'on reçoit l'absolution ! Et c'est dans un cœur pétri de fiel et d'amertume, que l'on fait descendre l'Agneau de la douceur et de la paix ! On entasse profanations sur profanations ! Une foule de sacrilèges endurcit tous les jours davantage dans cette haine que de bonnes confessions et de bonnes communions pourraient seules détruire. Elle dure et vit encore quand on expire. C'est dans cet état qu'on rend son âme à un Dieu tout-puissant et terrible dans ses justices, qui a juré d'être *sans miséricorde pour ceux qui ne font pas miséricorde à leurs frères.*

2° Ce commandement défend *l'envie.* C'est le péché capital et infernal des Démons. Nous en parlerons en vous instruisant sur les péchés capitaux.

3° Ce commandement défend les *désirs de vengeance.* La vengeance, c'est quand on rend le mal pour le mal, des coups pour des coups, des injures pour des injures, etc. A Dieu seul appartient la vengeance, *mihi vindicta;* personne n'a droit de se faire justice à soi-même. Ne rendez donc point le mal pour le mal ; c'est moi qui vengerai les outrages qui vous seront faits, dit le Seigneur : *Nulli malum pro malo reddentes..... Scriptum est enim : Mihi vindicta; ego retribuam, dicit Dominus.* (Rom. xii, 17 et 19.) Ce n'est pas seulement la vengeance réelle, mais le désir même de se venger qui est défendu par ce précepte. En sorte que c'est déjà avoir péché, que d'avoir formé dans son cœur un désir ou un projet de vengeance. Jésus-Christ veut que nous aimions jusqu'à nos ennemis. *Ego autem dico vobis, diligite inimicos vestros.* (Matth. v, 44.) Pardonnez à ceux qui vous ont fait du mal, priez pour ceux qui vous persécutent ; et ce précepte est intimé sous les promesses les plus engageantes et les menaces les plus terribles. Si vous pardonnez aux autres le mal qu'ils vous ont fait, mon Père céleste vous pardonnera aussi vos péchés ; mais si vous ne pardonnez pas, il ne vous pardonnera pas ; car il faut un jugement sans miséricorde à celui qui n'exerce pas la miséricorde. *Judicium sine misericordia illi qui non fecit misericordiam.* (Jacob. ii, 13.) Parab. du serviteur à qui son maître avait remis sa dette. (*Matth.* xviii.)

Vous serez donc traités comme vous aurez traité les autres. Jésus–Christ vous a mis en main votre condamnation ou votre pardon ; il vous le fait prononcer tous les jours. Car, mes enfants, faites–vous bien attention à ces paroles de votre *Pater ? Et dimitte nobis debita nostra sicut et nos dimittimus debitoribus nostris.* (Matth. vi, 12.) Pardonnez nos péchés comme nous pardonnons. Ah ! vindicatif!... arrêtez ; qu'avez-vous dit ? Vous avez prononcé votre condamnation.... C'est comme si vous disiez : Mon Dieu, traitez-moi comme je traite mon frère, haïssez-moi comme je hais mon frère ; soyez implacable envers moi, repoussez-moi, bannissez-moi de vos palais éternels comme je bannis mon frère de ma maison, ou comme je m'éloigne de la sienne....... Affreuse prière ! vœux détestables ! ils retomberont sur vous, chrétiens envenimés ; vous provoquez tous les jours sur vous les vengeances que vous exercez contre vos frères, tandis qu'il ne tient qu'à vous d'obtenir votre pardon ; il vous est promis si vous l'accordez à vos frères. *Si dimiseritis,... dimittet et vobis Pater vester cœlestis delicta vestra.* (Matth. vi, 14.)

A cela que répond la passion enragée de la vengeance ? — L'outrage est trop sensible ; je ne puis pardonner.... Eh ! c'est votre frère qui vous a outragé, *frater est qui te offendit*, et c'est votre Père commun qui vous demande pardon. — Mais l'honneur !.... Il est dans la gloire d'un généreux pardon. — Il faut tirer raison !.... Bête féroce ! il te faut donc le sang d'un ami pour un mot !.... Ah !

mes enfants, quel préjugé barbare ! Y donnerez-vous
jamais ? — Je ne veux pas le voir.... Dieu vous rejettera
aussi de sa face. — Je ne lui pardonnerai pas même à la
mort.... Eh bien ! le Seigneur ne vous pardonnera pas
même à la mort, et vous mourrez dans votre péché.

4° Ce commandement défend *les injures et les imprécations*. Les *injures*, c'est-à-dire ces paroles outrageantes,
ces reproches amers, etc., qui choquent le prochain, qui
l'irritent, qui le déshonorent ; les *imprécations*, c'est-à-
dire ces paroles exécrables qui dévouent au Démon, à
la peste, à la mort, etc., comme quand on dit : Que le
Démon t'emporte, que le tonnerre t'écrase, que la peste
te crève, etc., et autres souhaits abominables.... Ils retomberont sur celui qui les prononce.

Quel spectacle, mes enfants, que vos querelles, vos
disputes injurieuses ! mais encore plus celles de ces gens
furieux qui se déchaînent les uns contre les autres, dans
les maisons, dans les rues, sur les places publiques ! Il
semble voir et entendre des réprouvés qui hurlent, qui
rugissent, qui vomissent les uns contre les autres des torrents de fiel et de flammes ! Quelles scènes scandaleuses !
Insensés que vous êtes ! vous divertissez les spectateurs
à vos dépens ; ils sourient malignement à la vue de toutes
les turpitudes que vous dévoilez contre vous, contre vos
familles ; ou plutôt le ciel et la terre s'indignent de ces
reproches diffamants qui vous déshonorent aux yeux du
public.

Et vous êtes coupables à proportion du nombre des
témoins de ces combats ignominieux. Circonstance qui
augmente la diffamation et qu'il faut déclarer en confession, ainsi que les qualités de l'injure : c'est au feu que
Jésus-Christ condamne les langues envenimées qui traitent
leur frère de fou, d'insensé : *Qui dixerit fratri suo fatue,
reus erit gehennæ ignis.* (Matth. v, 22.)

Mais ce ne sont pas seulement les acteurs de ces scènes
cruelles qui sont coupables ; ce sont encore les spectateurs
qui s'en repaissent, qui s'en divertissent, qui encoura-

gent les combattants, qui attisent le feu de la discorde.
Mauvais esprits, vous y assistez comme à des combats des
chiens, des ours, des taureaux qui s'entre-déchirent.

À toutes ces défenses de ce grand précepte de la charité, il faut en joindre d'autres qui y sont également renfermées. Ce sont tous les autres mauvais procédés, les
intrigues, les trahisons, les supplantations, les piéges,
les trames sourdes, les amitiés perfides, etc., mais surtout les chicanes et les mauvais procès. C'est ici particulièrement la peste de nos campagnes. *Dans cent livres de
procès, pas une once de charité*, disait saint François de
Sales. En effet, où sont les procès où l'on ne voie pas
dominer les haines, les dissensions, la vengeance, les
murmures, les reproches, les plaintes, les médisances,
les calomnies, les fourberies, les artifices, les détours, etc.,
mille manœuvres les plus opposées à la charité? Quand
on plaide, on dit tout le mal possible de sa partie adverse;
on en parle à tout venant; on la traite de voleur, d'usur-
pateur, de trompeur. On va fouiller jusque dans les tom-
beaux les opprobres dont on fait retentir les tribunaux
pour rendre sa cause bonne aux dépens de l'honneur du
prochain. On cherche à tout embrouiller, à tout confondre
dans les détours de la chicane, et le résultat est l'incer-
titude du droit et de la justice, une victoire de dépit et de
vengeance! Esprits brouillons, que vous reste-t-il après
ces combats dispendieux? De pauvres papiers, une haine
implacable, le courroux et les vengeances du Ciel.

Objection. Faut-il donc laisser perdre son droit?

R. Non, mais plaidez d'abord à un tribunal où il ne
vous en coûtera rien ;... à votre conscience... Jugez-vous
là d'abord. Que de frais épargnés si l'on avait toujours
commencé par examiner là son affaire, au flambeau de la
vérité éternelle! Si vous êtes forcés de plaider, prenez des
arbitres pacificateurs, procédez honnêtement et avec droiture en tout. Ah! mes enfants, que le Ciel vous préserve
toute votre vie de la démangeaison de plaider! C'est une
affreuse maladie, elle ruine la bourse, le corps et l'âme.

D. Qui sont ceux qui **causent** du dommage au prochain en son âme ?

R. Ce sont ceux qui l'excitent au mal, qui lui donnent de mauvais exemples, ou qui sont pour lui un sujet de scandale.

D. Comment scandalise-t-on le prochain ?

R. Par des paroles ou des actions capables de le porter à offenser Dieu.

C'est ici, mes enfants, le grand mal du prochain ; l'homicide de son âme. On le scandalise, soit par des paroles, soit par des actions qui le portent à offenser Dieu.

1° Scandale de paroles. Vous le donnez, mes enfants, quand vous dites des paroles libres, déshonnêtes, des jurements, des médisances, de mauvaises chansons ; quand vous donnez des conseils de vol, de désobéissance, ou que vous tenez d'autres discours et entretiens qui peuvent porter vos camarades au péché. Ah ! mes enfants, que de péchés sortis de la langue licencieuse d'un scandaleux ! C'est en cela surtout que se vérifie cette parole de l'Apôtre saint Jacques : La langue est une source universelle d'iniquités, elle est remplie d'un poison mortel. *Lingua.... universitas iniquitatis,.... plena veneno mortifero.* (Jacob. III, 6 et 8.) Ce n'est qu'un mot, mais c'est une étincelle qui embrase des milliers de cœurs et d'imaginations. *Eccè quantus ignis, quàm magnam silvam incendit !* (Jacob. III, 5.)

On tient des propos libres devant une compagnie, une assemblée nombreuse, dans les travaux publics, les foins, les moissons, les vendanges, dans les veillées, dans les danses, à une table, à une noce, dans toute autre circonstance où se trouve une jeunesse trop susceptible d'un feu impur ; vous chantez des chansons déshonnêtes, elles retentissent de toutes parts, elles passent de bouche en bouche et d'oreille en oreille. Ah ! combien d'âmes consumées par les feux coupables qu'elles allument ! *Quàm magnam silvam incendit !* C'est pour rire, pour égayer la conversation..... Grand Dieu ! quel mot pour rire ! Il donne la mort et mille morts. Combien d'âmes vous avez tuées ! vous avez rempli la ville et la campagne de cadavres spirituels. *Plurimos occidistis in urbe hac et implevistis vias ejus interfectis.* (Ezech. XI, 6.)

Scandale de paroles. Il est dans ces entretiens secrets, dans ces tête-à-tête où l'on séduit l'innocence ; il est dans ces leçons d'iniquités que vous donnez à des enfants qui ignorent le mal. Il périra, ce frère faible et infirme, il périra dans la science infâme que vous lui aurez transmise. *Peribit infirmus in tua scientia frater.* (1. Cor. VIII, 11.)

Scandale de paroles. Vous le donnez, vous qui conseillez la chicane, la vengeance, la révolte, la désobéissance, l'injustice. Vous êtes coupables de tous les effets malheureux qui suivent vos mauvais conseils.

Scandale de paroles. Vous l'occasionnez, vous, père ou maître, qui donnez des commandements coupables à vos enfants ou à vos domestiques, lorsque vous leur ordonnez de faire du tort, de commettre des injustices, etc.; vous tuez ces âmes infortunées.

Scandale de paroles. Vous l'entendez, mes enfants, sortir de ces bouches impies qui frondent la religion et les choses saintes. Ah ! si vous les écoutez, le flambeau de la foi va s'éteindre dans votre âme, et elle mourra, *peribit.*

Scandale de paroles. Hélas ! qui ne le donne pas? Que de propos échappés à la légèreté, à la malignité, à la vanité, à la démangeaison de parler ! Que de conversations où l'on scandalise sans s'en apercevoir ! Quel est l'homme assez parfait pour ne pas offenser le Seigneur et le prochain dans ses discours? *Si quis in verbo non offendit, hic perfectus est vir.* (Jacob. III, 2.)

2° On scandalise *par ses actions*, lorsqu'on fait devant le prochain quelque chose qui peut lui donner mauvais exemple et le conduire au mal.

Scandale d'actions. Vous le donnez, mes enfants, toutes les fois que vous faites le mal en présence de vos com—

pagnons ou de vos compagnes. Vous le donnez, vous, filles et femmes artificieuses, qui cherchez à tendre des piéges par vos airs, vos manières, vos parures indécentes. Vos yeux adultères attirent leur proie, et plus meurtriers que ceux du basilic, ils donnent la mort. Pères et mères, vous le donnez cruellement à vos enfants si vous leur transmettez vos maximes, vos vengeances, vos exemples, si vous paraissez devant eux dans un état d'ivresse, d'indécence; si vous les conduisez aux spectacles, si vous les promenez parmi les fêtes mondaines en y exposant leur vertu. Formés à votre école, ils formeront de même vos arrière-neveux, et tous vous crierout dans les enfers : Nous avons eu des ancêtres parricides ; *parentes sensimus parricidas.*

Scandale d'actions. Vous le donnez publiquement, vous dont la conduite et les mœurs sont d'un mauvais exemple pour toute une paroisse, toute une ville; impies, libertins, jureurs, ivrognes, querelleurs, processifs, hommes qui ne remplissez pas vos devoirs de religion, qui ne faites pas vos pâques, qui vous comportez irréligieusement dans nos temples, etc. Votre conduite scandaleuse tue toutes les âmes qui vous imitent ; *plurimos occidistis*, etc.

Scandale d'actions publiques. Vous le donnez, vous, cabaretiers, qui rassemblez chez vous tout ce qu'il y a de débauchés et de libertins dans une paroisse. Que de crimes commis aux cabarets, sortis des cabarets, occasionnés par les cabarets! Comptez-les et voyez à combien d'âmes vous donnez la mort ; *plurimos occidistis*, etc.

Scandales d'actions, scandales publics. Vous les donnez, vous qui tenez des jeux publics, des danses, des spectacles. Vous étalez les pompes de Satan, vous rassemblez la licence et la corruption dans ces lieux empestés ; c'est vous qui fournissez les occasions et les aliments aux passions, aux regards, aux pensées, aux désirs, aux intrigues, aux liaisons criminelles ; c'est vous qui formez ces exhalaisons impures qui corrompent des milliers de cœurs, et ces nuages d'opprobres qui couvrent les familles ; *plurimos occidistis*, etc.

Scandales publics. Vous en infectez nos campagnes, vous qui rassemblez dans des veillées nocturnes toutes les mauvaises langues d'un pays, des femmes sans retenue, de jeunes enfants qui viennent à cette funeste école apprendre l'iniquité. Que de morts vous donnez à ces âmes rassemblées ! *plurimos occidistis*, etc.

Scandale d'actions, scandale public. Vous l'étalez à tous les yeux ! vous qui vendez, ou qui avez dans vos maisons des gravures, des peintures, des statues indécentes. Vous empoisonnez les yeux des acheteurs et de tous ceux qui les verront, vos hôtes, vos amis, vos enfants même dont les premiers regards se porteront sur ces objets corrupteurs. Et ce scandale durera autant que le bronze qui le perpétue ; *plurimos occidistis*, etc.

Scandale d'actions. Il est public, général, répandu partout, le scandale des mauvais livres. Que de crimes sortis de la plume d'un auteur corrompu et corrupteur ! La terre est inondée d'un déluge d'écrits contre la foi et contre les mœurs. Ils infectent jusqu'aux demeures champêtres de l'innocence. Scandale éternel, il se perpétue, il va se grossissant dans les bibliothèques, il passe de père en fils et va infecter les générations les plus éloignées. Ah ! chers enfants, fuyez ce poison, il vous donnera la mort ! Vous la donnez à tous ceux à qui vous communiquez ces livres empoisonnés. O plumes meurtrières ! plus meurtrières que les glaives et les poignards ! combien d'âmes vous avez égorgées ! *plurimos occidistis*, etc.

Enfin, mes chers enfants, le scandale est partout ; il est dans nos maisons, dans nos jardins, sur les places publiques ; il est dans nos yeux, dans nos oreilles, dans notre bouche, dans nos mains ; nous le puisons, nous le rendons par tous les sens ; tous les objets nous le présentent. Sociétés, amitiés, jeux, liaisons, pères, mères, frères, sœurs, amis, entretiens, maximes, éducation, etc., tout porte le scandale. Les murs qui nous environnent sont des pierres de scandale. La plus tendre enfance est plongée dans un fleuve d'infection et de scandale.

Voilà, mes enfants, ce que c'est que le scandale et les funestes effets qu'il produit. Et cependant qui peut se flatter de n'en être pas coupable? Prenez garde, dit l'Apôtre, ne vous donnez aucune licence qui puisse scandaliser les faibles. *Videte autem nè fortè hæc licentia vestra offendiculum fiat infirmis.* (1. Cor. VIII : 9.) Plusieurs choses peuvent être permises, mais elles ne conviennent pas toujours; elles n'édifient pas. *Omnia mihi licent, sed non omnia expediunt,.... sed non omnia ædificant.* (1. Cor. x , 22 et 23.) Si je savais que l'usage des viandes même permises fût un sujet de scandale pour mes frères, non jamais je n'en mangerais, de peur de faire de coupables imitateurs. (1. Cor. VIII , 13.)

Le dirai-je? plus on est considéré, plus le scandale est efficace ; la conduite des gens de bien, des personnes dévotes est spécialement observée, on aime à s'autoriser de leurs exemples. Un tel, dit-on, une telle qui fait profession de piété, s'accorde telle liberté, va au spectacle, à la danse, aime la parure, etc. ; j'en puis donc faire autant. Et c'est ainsi que la vertu même favorise le succès du scandale, parce que l'œil malin du libertinage cherche à découvrir des taches dans les âmes les plus pures pour s'autoriser dans sa perversité. Dieu nous a chargés d'édifier notre prochain. *Mandavit illis unicuique de proximo suo.* (Eccli. XVII , 12.) Prenons donc garde de le scandaliser. *Videte ne hæc licentia vestra offendiculum fiat.* Mon Dieu, purifiez-moi de ces scandales échappés à mon défaut d'attention sur moi-même et sur les personnes qui m'environnaient ; *ab occultis meis munda me, et ab alienis parce servo tuo.* (Psal. XVIII , 13 et 14.) Hélas ! j'ignore à quel degré je suis coupable!.....

D. Est-ce un grand péché que le scandale ?

R. Oui , Jésus-Christ dit : Malheur à celui par qui le scandale arrive !

Oui, mes enfants, c'est un grand péché, Jésus-Christ l'a dit. Quiconque scandalisera un de ces petits qui croient en moi, il vaudrait mieux qu'on lui suspendît une meule de moulin au cou et qu'on le précipitât au fond de la mer. Malheur au monde à cause des scandales ! (*Matth.* xviii, 6 et 7.) Voyez, chers enfants, combien le Sauveur est indigné contre ceux qui vous scandalisent, vous surtout *petits enfants innocents qui croyez en lui.*

Quel crime en effet ! 1° *par rapport à Dieu.* Le scandale le déshonore, lui arrache des serviteurs, fait enfreindre sa loi sainte. C'est par vous, scandaleux, dit le Seigneur, que mon nom est blasphémé parmi les nations. *Nomen enim Dei per vos blasphematur inter gentes.* (Rom. ii, 24.) Quand vous blessez la conscience de votre frère, vous blessez Jésus-Christ même dans cette âme rachetée de son sang ; vous lui enlevez sa conquête. *Percutientes conscientiam eorum infirmam, in Christum peccatis.* (1. Cor. viii, 12.) Les scandaleux sont des antechrists, *et nunc antichristi multi facti sunt.* (1. Joan. ii, 18.) Vous péchez contre le Saint-Esprit, vous ruinez les effets de sa grâce, vous sollicitez votre frère à lui résister. *Vos Spiritui sancto resistitis.* (Act. vii, 51.)

2° *Par rapport au prochain.* Nous l'avons dit : C'est la mort, et la mort de l'âme, la mort éternelle que vous lui donnez par le scandale. Ainsi, mes enfants, lorsque vous scandalisez vos camarades, vous êtes plus criminels que les brigands qui assassinent. Vous dépouillez votre frère de la vie spirituelle de la grâce, de l'amitié de son Dieu, de ses droits sur le Ciel. Vous en faites l'objet malheureux des vengeances divines, vous creusez un abîme éternel sous ses pas, vous le précipitez en enfer. Il périra donc cet ami, ce complice de vos désordres ; elle périra cette personne faible que vous avez séduite, etc. ; *peribit infirmus in tua scientia frater,* et c'est pour jamais. Elles sont mortes dans le péché que vous leur avez fait commettre, ces victimes infortunées de vos scandales. Descendez sous ces voûtes infernales où vous les avez plon-

gées ;· et vous verrez le mal que vous leur avez fait...
Vous y descendrez un jour, car écoutez combien votre
crime est énorme.

3° *Par rapport à vous-mêmes.....* *Malheur à l'homme
qui donne le scandale !* (Matth. xviii, 7.) Ce n'est point
d'un malheur passager que le Sauveur menace ici le scandaleux, puisqu'il vaudrait mieux qu'il fût noyé dans la
mer. Mais il s'agit d'une vengeance éternelle. N'est-il pas
juste en effet qu'il tombe dans la fosse qu'il a creusée sous
les pieds de ses frères? *Incidit in foveam quam fecit.*
(Ps. vii, 16.) Ecoutez, scandaleux, ce que vous dit le
Seigneur : J'irai chercher dans tes mains le sang innocent
que tu as versé : *Sanguinem ejus de manu tua requiram.*
(Ezech. iii, 18.)... Tu me rendras âme pour âme.....
Montagne empestée, qui corromps toute la terre, me
voici, la foudre à la main, contre toi ; je vais te réduire
en montagne de combustion... *Eccè ego ad te, mons pes-
tifer, qui corrumpis universam terram : dabo te in montem
combustionis.* (Jerem. li, 25.) Le Fils de l'homme enverra
ses Anges, il ramasseront tous les scandales de son
royaume, et il les précipitera dans ces gouffres de feu,
où il n'y aura que pleurs et grincements de dents. (*Matth.*
xiii, 41 et 42.) Qu'on place sur la tête homicide de ce
scandaleux tous les fardeaux d'iniquités qui sont son
ouvrage ; il les portera tous, et il sera puni autant de
fois qu'il a fait pécher : *Super ducem onus istud.* (Ezech.
xii, 10.) Ce père de famille, ce magistrat, cet homme
public, cet auteur, ce fauteur de désordres communs, ce
prince, ce chef en un mot, quel qu'il soit, portera la
peine de tous les scandales qu'il aura causés. *Super ducem onus istud.*

Malheur donc éternellement, malheur à vous tous qui
avez donné, répandu, propagé les scandales ! Malheur à
vous dans ce séjour d'horreur et de grincements de dents !
Là vous verrez ces victimes infortunées de vos séductions
et de vos mauvais exemples, s'élever contre vous, se
réunir contre vous, les yeux étincelants, le visage en-

flammé des feux infernaux ; leur bouche, vomissant sur vous des torrents de flammes, vous dira : avec une affreuse énergie : Tu m'as précipité dans cet abîme de malheurs ! Là, ils vous répéteront sans cesse, en poussant des hurlements de rage et de désespoir : C'est toi qui m'as perdu : *Tu me perdidisti.* Et alors, mes enfants, ce mal sera irréparable. Maintenant, quelque énorme qu'il soit, on peut le réparer. C'est ce qu'il faut faire, autant qu'il est possible ; et c'est ce que vous dit la dernière demande.

D. Que faut-il faire quand on a causé du mal au prochain en sa personne ?

R. Le réparer au plus tôt.

Oui, mes enfants, c'est un devoir de justice ; rendez à autrui ce que vous lui avez enlevé.

1° Réparation des outrages temporels. Si vous avez maltraité, injurié votre prochain, vous lui devez une réparation. La justice humaine y condamne, à plus forte raison la justice divine. Ecoutez ce que nous dit là-dessus le Sauveur Dieu de toute justice. *Si vous offrez votre présent à l'autel, et que vous vous rappeliez que votre frère a quelque chose contre vous, laissez là votre présent, et allez d'abord vous réconcilier.* (Matth. v, 23 et 24.) Il faut donc se rapprocher, se voir, se parler, se faire des excuses, quand on s'est dit des paroles désobligeantes ; c'est une obligation indispensable, sans quoi nous ne pouvons donner d'absolution, ni admettre à la sainte table. *Vade priùs reconciliari fratri tuo.* C'est à quoi nous vous exhortons ; nous devons l'exiger au nom du Dieu de la paix, sans quoi nous sommes prévaricateurs ; cependant on nous trouve *trop* rigoureux, *ridicules*, lorsque nous le demandons. Eh ! mes frères, souvenez-vous donc que nous ne sommes que les dispensateurs des mystères de Dieu, que nous nous rendons coupables, et que nous vous donnons un pain qui vous tue, si nous faisons des-

1.

cendre le pain céleste dans votre âme ulcérée ou non ré-
conciliée avec votre prochain. *Vade priùs reconciliari
fratri tuo.*

Mais à qui est-ce à faire la première démarche ?..... A
celui qui est l'agresseur.—Je ne puis me résoudre à m'a-
baisser jusque-là..... Pourquoi vous êtes-vous emporté ?
Il faut que l'humiliation en soit la peine et la réparation.
—Mais mon ennemi a autant de tort que moi... C'est ce
qui arrive ordinairement ; tous deux ont tort ; l'un a commencé, l'autre a répondu, surchargé : alors c'est à tous
deux à se rapprocher ; disons mieux, c'est au plus sage,
au plus raisonnable, à prendre les devants. Oui, chrétien généreux, il faut qu'alors votre grande âme s'élève
au-dessus des petitesses de l'orgueil humain. C'est à quoi
vous engagent ces paroles : *Si vous présumez seulement
que votre frère a quelque chose contre vous.* N'examinez
pas de si près qui a tort ou raison ; imitez le Dieu de miséricorde, qui va le premier au-devant du pécheur.
Faites le bien pour le mal; voilà l'héroïsme divin que
vous prêche le Sauveur, et dont il vous donne l'exemple.

Vous voulez vous venger ! Eh bien ! voyez ce divin
modèle, suspendu à la croix par ses plus cruels ennemis ;
écoutez les vœux qu'il adresse à son Père pour eux. *Vis
vindicari, vide pendentem, audi precantem.* Mon Père,
pardonnez-leur : *Pater, dimitte illis.* A ce spectacle, vengez-vous, si vous l'osez.... Mais non, réconciliez-vous,
reconciliamini. « Prenez des entrailles de paix et de mi-
» séricorde, comme il convient à des élus, à des Saints,
» à des amis de Dieu ; pénétrez-vous de bonté, d'humi-
» lité, de modestie, de patience, vous supportant les uns
» les autres, vous pardonnant vos offenses mutuelles,
» comme le Seigneur vous a pardonné. Surtout ayez la
» charité, qui est le lien de la perfection. Que la paix
» de Jésus-Christ triomphe dans vos cœurs, cette paix
» charmante, à laquelle vous avez été appelés, pour ne
» former qu'un seul corps avec ce divin chef, dont vous
» êtes les membres ; vivez entre vous dans les charmes

» de la plus agréable société. » *Grati estote*. (Colos. III,
12 *et seq.*)

Voici les jours de paix (temps de Pâques), voici les
jours heureux de la réconciliation générale du Ciel avec
la terre. Les passerez-vous sans vous réconcilier entre
vous? Vous allez vous asseoir tous au banquet pacifique;
viendrez-vous vous y placer à côté de votre frère avec
la haine dans le cœur contre lui?

Eh quoi! vous dit saint Chrysostôme, des sauvages
inhumains, des anthropophages déposent toute leur féro-
cité autour d'un cadavre humain, qu'ils dévorent; ils
deviennent amis! Et des chrétiens, des frères, assis à la
table du Père commun, qui leur pardonne, y viendraient
manger l'Agneau de la paix sans réconciliation? Ils dé-
tremperaient dans le fiel et l'amertume le pain de suavité et de douceur qui leur est distribué? Quel sacrilége!..... Ah! chrétiens, n'y a-t-il pas des années que
vous les entassez ainsi dans vos consciences ulcérées?
Réconciliez-vous donc, *reconciliamini*.

2° Réparez les outrages *spirituels* faits à la personne
de votre prochain, les torts faits à son âme, vos scandales. Vous le devez à Dieu, à qui vous avez ravi la
gloire; à Jésus-Christ, à qui vous avez ravi des âmes
qu'il avait rachetées. Vous le devez au prochain; rendez
à ces âmes la grâce, l'innocence, l'amitié de Dieu, que
vous leur avez ravies: *Redde quod debes*. Vous le devez
à vous-mêmes; point de pardon si tout n'est réparé. *Non
remittitur peccatum nisi restituatur ablatum*.

Mais comment faire?... J'en avoue la difficulté, elle est
bien grande; cependant voici des moyens: Allez trouver
les complices de vos désordres, et dites-leur, la componction dans le cœur: *Erravimus à via*. (Sap. v, 6.)
Hélas! nous nous sommes égarés, c'est moi qui vous ai
entraînés dans les voies de l'iniquité; maintenant mes
yeux sont ouverts; rentrons ensemble dans les sentiers
de la justice, dont je vous avais écartés.

Si vos scandales sont publics, préchez publiquement

d'exemple, édifiez autant que vous avez scandalisé, rompez avec un monde pervers, fuyez les mauvaises compagnies, les assemblées profanes, soyez assidus aux devoirs de la religion, fréquentez les sacrements. Les bons exemples d'un pécheur converti prêchent plus éloquemment que les prédicateurs ; votre conduite édifiante touchera les cœurs que vous avez scandalisés ; ils se convertiront, et vous les confirmerez dans le bien. *Et tu aliquando conversus confirma fratres tuos.* (Luc. xxii, 32.)

Objection. Ils seront insensibles à mes avis et à mes exemples.

R. Ce sera leur faute ; vous aurez réparé le scandale autant qu'il était en vous. — On se moquera de moi. — Tant mieux, votre confusion expiera l'impudence de votre ancien libertinage ; tant mieux, il vous sera glorieux d'être outragé par des fous ; que vous importe ? vous aurez Dieu pour vous... Mais non, ils vous estimeront dans le fond de leur cœur, et ils rougiront de ne pas vous ressembler. — Hélas ! ils sont morts !... J'en frémis ! Peut-être sont-ils à présent dans les enfers ! Ce mal est irréparable pour eux ; cependant il ne l'est pas absolument pour vous ; gagnez au Seigneur autant d'âmes que vous lui en avez ravi ; dites avec David, déplorant ses scandales : C'en est fait, Seigneur, je vais instruire et rappeler dans vos voies les pécheurs encore vivants que j'en avais malheureusement écartés ; *docebo iniquos vias tuas ;* et les impies que j'avais formés dans l'irréligion et le libertinage se convertiront à vous ; *et impii ad te convertentur.* (Psal. l, 15.)

.Voilà, mes enfants, comment il faut réparer les torts faits à la personne du prochain. Voulez-vous vous épargner ce pénible embarras ? Ne lui en faites jamais, ni dans son corps, ni dans son âme. Revenons sur cette importante instruction.

SOUS-DEMANDES.

D. Que veut dire ce mot homicide?

R. C'est-à-dire tueur d'hommes. *Homicide point ne seras*, cela veut dire qu'il ne faut point tuer d'hommes.

D. Comment Dieu a-t-il exprimé ce commandement dans l'ancienne loi?

R. Il a dit : Vous ne tuerez point.

D. Que veulent dire ces mots, *de fait?*

R. C'est-à-dire qu'il ne faut pas tuer réellement.

D. Volontairement?

R. Ni vouloir tuer, ni souhaiter la mort.

D. Vous dites qu'il ne faut pas ôter la vie *de son autorité privée;* qu'est-ce que cette autorité privée?

R. Cela veut dire qu'on ne peut pas tuer de son autorité particulière, sans y être autorisé par le droit de la guerre ou par un arrêt de mort prononcé par la justice.

D. Est-ce que Dieu nous défend de nous tuer nous-mêmes?

R. Oui, car c'est Dieu seul qui est maître de notre vie.

D. Vous dites *vouloir;* est-ce que vouloir se tuer ou tuer un autre, c'est un péché?

R. Oui, c'est un grand péché de vouloir se tuer ou un autre; de même de souhaiter la mort à soi ou à d'autres.

D. Causer du dommage au prochain en sa personne; expliquez-nous cela.

R. C'est quand on frappe, qu'on insulte quelqu'un.

D. Vouloir lui en causer?

R. C'est qu'il est défendu de vouloir faire ou de souhaiter du mal à personne.

D. *Injustement;* pourquoi ajoutez-vous ce mot-là?

R. C'est qu'il est quelquefois juste et permis de faire un certain mal pour un bien.

D. Comment! faire du mal pour du bien?

R. Oui; par exemple, un père qui châtie son enfant, un médecin qui coupe une jambe pour sauver la vie; ils font un moindre mal pour un plus grand bien.

D. Les enfants qui se battent, qui se disent des injures, pèchent donc contre ce commandement?

R. Oui, parce qu'ils n'ont pas droit de frapper leurs camarades.

D. Est-ce qu'il n'est pas permis de rendre des coups pour des coups, des injures pour des injures?

R. Non, car il n'est pas permis de se venger.

D. Est-ce qu'on peut faire du mal à l'âme du prochain?

R. Oui, on lui donne la mort éternelle quand on l'induit au péché.

D. Est-ce que c'est scandaliser que de dire certains mots pour rire?

R. Oui, car une mauvaise parole occasionne bien des péchés, et tue bien des âmes.

D. Quand on sollicite à mal faire ou quand on le commande, est-ce un péché?

R. C'est un double péché : on donne la mort à son âme et à celle du prochain.

D. Comment peut-on réparer le tort fait à la personne du prochain?

R. En lui faisant du bien pour le mal qu'on lui a fait.

D. Si on l'avait porté au péché?

R. Il faudrait tâcher de le ramener à Dieu, lui donner de bons avis, de bons exemples, prier pour lui.

D. Qu'est-ce que la haine?

R. C'est quand on n'aime pas quelqu'un, qu'on lui veut du mal.

D. Et l'envie; est-ce quand on a envie d'avoir quelque chose?

R. C'est quand on est jaloux d'autrui, qu'on est fâché de son bien, ou qu'on se réjouit de son mal.

D. Qu'est-ce que les désirs de vengeance?

R. C'est quand on voudrait rendre le mal pour le mal, comme quand on dit : Tu me le paieras, et qu'on cherche à se venger.

D. Les *injures*?

R. C'est que Dieu défend de dire des paroles injurieuses et outrageantes au prochain.

D. Les *imprécations*?

R. Dieu défend de prononcer de mauvais souhaits, comme quand on dit : Que la peste crève, que le démon emporte, etc

RÉCAPITULATION PRATIQUE.

1° Rappelez-vous en toute occasion ce grand principe de la charité chrétienne, qui est le premier droit de toute société. *Ne faites à autrui que ce que vous voudriez qu'on vous fît à vous-même.*

2° *Aimez toujours votre prochain comme vous-même,*

pour l'amour de Dieu, et jamais vous ne lui ferez de mal, et vous aimerez vos ennemis mêmes en Dieu et pour Dieu.

3° Pardonnez généreusement le mal qu'on vous a fait; réconciliez-vous au plus tôt, et réparez le tort que vous avez fait à vos frères.

4° Prenez garde surtout de scandaliser personne; veillez sur vos discours et sur vos actions, afin de n'être à qui que ce soit une occasion de péché. Réparez vos scandales, en donnant de bons avis et de bons exemples.

5° Priez pour votre prochain et pour vous-même, en demandant pour tous la charité, la paix, la concorde, l'édification, qui sanctifient et rendent heureuses les sociétés chrétiennes.

PRIÈRE.

Dieu de charité! nous venons d'entendre les devoirs les plus essentiels de toutes les sociétés. Nous avons appris à ne jamais faire de mal à personne, ni pour cette vie, ni pour l'autre. Nous concevons à présent la plus juste et la plus vive horreur de la haine, de la vengeance, des injures, des mauvais traitements qui blessent ces droits sacrés. Ah! si nous avions causé la mort à quelqu'un de ceux que nous devons chérir comme nous-mêmes; si nous lui avions donné la mort de l'âme!.... quel crime!.... *Nos mains sont peut-être teintes de sang!* Pardon, Seigneur!.... comme nous pardonnons à nos frères. Oui, mon Dieu, nous allons nous réconcilier avec nos ennemis, réparer les torts et les scandales dont nous sommes coupables, et après cela nous sommes assurés de trouver en vous la miséricorde, la paix, la dilection que nous aurons exercées à l'égard de nos frères. Ainsi soit-il.

DU VI° COMMANDEMENT DE DIEU.

D. Récitez le sixième commandement de Dieu?

R. Luxurieux point ne seras, de corps ni de consentement.

Ce commandement est exprimé ainsi dans la Bible :
Non mœchaberis (Exod. xx, 14), vous ne commettrez
point l'adultère et l'impudicité. *Luxurieux point ne seras,*
c'est-à-dire, vous ne serez point *luxurieux* ou impudiques;
de corps, c'est-à-dire en prostituant vos corps à des actions honteuses; *ni de consentement,* c'est-à-dire par le
cœur et l'esprit, en consentant volontairement à des
pensées ou à des désirs déshonnétes.

D. Qu'est-ce que Dieu nous défend par son sixième
commandement ?

R. Il défend toute action, toute parole déshonnête, et tout ce qui peut porter à l'impureté.

Dieu défend *toute action déshonnéte,* c'est-à-dire toutes
ces actions honteuses qui vous font rougir à vos propres
yeux, dont vous rougiriez devant les hommes, et dont
cependant on ne rougit pas devant Dieu, qui perce les
profondeurs des ténèbres; toutes ces libertés criminelles,
ces familiarités indécentes, qu'on se permet seul ou avec
d'autres. Dieu vous voit, mes enfants; vous avez beau
vous cacher dans les ombres des forêts ou de la nuit;
c'est toujours sous ses yeux, à sa lumière, que vous commettez l'iniquité.

Impudiques, Dieu est témoin de ces adultères, de ces
incestes, de ces infamies solitaires que vous vous permettez. Il voit tous ces crimes qui révoltent la nature,
ces excès monstrueux, dignes des feux de Sodome, ces
désordres plus animaux que ceux des animaux même;
il voit toutes ces horreurs qui profanent la dignité de
l'homme et du chrétien; il les déteste; il vous les défend.

Il défend aussi *toute parole déshonnête;* il ne veut pas
même que l'on prononce parmi nous le nom de ce péché.
Loin de vous, chers enfants, ces mots grossiers, obscènes, à double sens; ces chansons qui ne respirent
qu'une folle passion; tout ce qui peut souiller les oreilles

chastes qui vous entendent ! La bouche d'un libertin est le puits de Sodome, qui exhale la puanteur et l'infection. Chaque parole est un trait qui donne la mort à tous ceux qui l'écoutent, à tous les échos qui la répètent, à tous les environs où elle retentit. Elles multiplient, elles répandent, elles propagent la mort des âmes par des millions de pensées, de désirs, de souvenirs, de connaissances funestes, qu'elles font germer de toutes parts. Ah ! langues infectées, vous apprenez le mal, vous séduisez l'innocence ! Quels crimes, et que de crimes vous faites commettre ! Vous avez vomi la mort, et mille morts !

Enfin, ce commandement défend *tout ce qui peut porter à l'impureté.* Cela va se développer par les demandes suivantes.

D. Que faut-il faire pour résister aux tentations d'impureté ?

R. En rejeter promptement les premières pensées, recourir à Dieu par la prière, et fuir les occasions.

Remarquez bien, mes enfants, ces trois avis que vous donne votre Catéchisme.

1° *Il faut rejeter promptement les premières pensées impures.* Si l'on était bien fidèle à cette pratique, jamais on n'en viendrait aux désordres auxquels on se livre quelquefois ; car c'est de l'esprit et du cœur, dit Jésus-Christ, *que sortent les adultères et les fornications.* (Matth. xv, 19.) C'est toujours par la pensée que le péché commence. On ne pécherait donc pas si on l'arrêtait dès son principe. Si vous aviez une étincelle sur la main, vous la secoueriez bien vite ; si vous la voyiez s'allumer dans une grange, au milieu des pailles combustibles, vite vous vous élanceriez pour arrêter l'embrasement. Faites de même dans votre cœur, la flamme s'y allume ; au secours ! arrêtez l'incendie ; sans cela, il va consumer la plus belle moisson de vertus. Dissipez votre imagination, pensez à autre chose, pensez à la mort, qui réduira ce corps impur en pourriture; pensez au jugement, où ces péchés honteux seront dévoilés à la face de l'univers; pensez à l'enfer, où ce corps sensuel sera plongé dans les flammes et pénétré de feux, pour ce péché que vous suggère cette mauvaise pensée. Voilà des réflexions bien capables d'en arrêter les progrès et les suites funestes. A cette vigilance, joignez la prière.

2° *Il faut recourir à Dieu par la prière.* Hélas! trop faible jeunesse, vos efforts seront inutiles en ces moments périlleux, si votre Dieu ne vient à votre secours ! Ainsi, d'abord que la tempête s'élève dans votre âme, criez vers Jésus, comme les Disciples sur les flots : *Seigneur, sauvez-nous, nous périssons!* (Matth. viii, 25.) Ne permettez pas que je succombe à la tentation. Mon Dieu, délivrez-moi de l'esprit de fornication et des mauvaises pensées. A ces cris, vous verrez arriver le secours de Dieu ; mais, pour y prétendre, il faut fuir les occasions.

3° *Fuyez tout ce qui peut occasionner ce dangereux péché.* Il faut éviter la cause si l'on veut empêcher l'effet. Ce serait tenter Dieu que de lui dire : *Venez à mon aide,* si l'on s'était mis dans le danger ; ce serait se jeter dans les flammes, et lui dire : Empêchez-moi de brûler. *Quiconque aime le danger périra dans le danger.* (Eccli. iii, 27.) *Si votre œil vous scandalise, arrachez votre œil; si votre bras vous scandalise, coupez votre bras.* (Matth. v, 29 et 30.) C'est-à-dire éloignez de vous tout ce qui peut allumer en vous une flamme impure. Fuyez, mon enfant, fuyez comme le serpent, comme la peste, comme une bête féroce, tout ce qui peut être pour vous une occasion de péché ; ce n'est que par une fuite rapide que vous éviterez le danger. Or, quelles sont les occasions les plus ordinaires de l'impureté ? Votre Catéchisme va vous l'apprendre.

D. Quelles sont les choses qui exposent le plus aux tentations contre la pureté ?

R. Ce sont : l'oisiveté, la lecture des livres dangereux, les spectacles, les mauvaises compagnies et l'intempérance.

1° *L'oisiveté.* Vivre sans rien faire, c'est s'exposer à des tentations continuelles d'impureté. La paresse est la mère de tous les vices, mais surtout de cette passion qui se nourrit dans une boue croupissante. Car, quand on n'a ni le corps ni l'esprit occupés, toutes les portes de l'âme sont ouvertes aux suggestions de l'esprit impur. Quand on ne fait rien de bon et d'utile, on a tout le temps de penser au mal et de le faire. D'ailleurs, un esprit lâche, un corps énervé dans le repos et la mollesse, ne cherche que le plaisir, et surtout les plaisirs efféminés. Voulez-vous donc être toujours à l'abri des tentations déshonnêtes? Travaillez beaucoup; que l'esprit tentateur vous trouve toujours occupés; c'est la maxime des Saints. *Diabolus inveniat te semper occupatum.* Veillez, levez-vous matin, opposez-lui un corps maté par le travail, un esprit toujours rempli de pensées solides et salutaires. En cet état, jamais vous ne céderez aux atteintes de la mollesse et de la volupté. C'est la ressource qu'un saint abbé employa un jour pour délivrer un jeune solitaire de ses tentations importunes. Il l'accabla d'occupations pénibles, après quoi il lui demanda : Êtes-vous encore tenté? Hé! répondit le jeune homme, comment pourrais-je pécher? je n'ai pas le temps de respirer.

2° *La lecture des livres dangereux.* Quand on n'a rien à faire, on cherche à passer son temps à des lectures qui amusent, et ce sont ordinairement de mauvais livres qu'on aime à lire. Ah! mes enfants, qu'il est subtil, qu'il est répandu, qu'il est funeste, le poison qu'on y respire! Il est dans ces romans, dans ces histoires galantes, dans ces comédies, ces poésies licencieuses ou passionnées dont le monde est rempli. Il est dans cette multitude innombrable d'écrits enfantés par le Démon de l'impudicité. Que de péchés occasionnés par ces lectures ! Péchés presque toujours mortels ! péchés plus griefs à proportion de la durée de ces lectures, et du nombre de personnes qu'elles infectent, à proportion des objets dont on nourrit son imagination ; péchés réitérés toutes les fois qu'on les relit, que l'on en repasse le souvenir dans sa mémoire, que l'on en parle, qu'on les prête ; scandales redoublés à chaque personne ; péchés persévérants et habituels : tant qu'on les garde, c'est un poison que l'on conserve chez soi ; on le respire, ou l'on s'expose à le respirer, ou à le faire respirer à mille autres ; péchés perpétués et propagés à l'infini : si on ne brûle pas ces livres, on transmet le poison aux générations futures, à ses enfants, à ses amis, à tous ceux à qui ces livres tomberont entre les mains. Que de crimes sortis de la plume d'un seul auteur ! Et il y en a tant ! Que de sources impures, d'où coulent des torrents d'iniquités, qui vont infecter les régions et les siècles les plus éloignés ! Hélas ! cette peste vient infecter le séjour même de l'innocence ; elle se répand jusque dans nos campagnes, parmi vous ! Ah ! chers enfants, prenez garde, ne buvez point dans ces coupes empoisonnées !..... Dites-moi, mon enfant, si on vous présentait un verre de poison, oseriez-vous en approcher vos lèvres ?—Non, j'aurais peur d'en mourir. —Eh bien ! si vous lisez seulement une page de ce mauvais livre, vous allez y boire le poison et la mort, la mort de l'âme, la mort éternelle ! Et si vous le prêtez, vous communiquez la mort, vous la faites passer de main en main, parmi vos compagnons ou vos compagnes. La mort entre par les yeux de tous ceux qui les lisent, et par les oreilles de tous ceux qui les entendent, et c'est vous qui tuez tous ces lecteurs infortunés. *Mors per fenestras* (Jerem. ix, 21), dit un prophète ; la mort entre par les fenêtres ; c'est surtout aux spectacles.

3° *Les spectacles.* C'est sur les théâtres que le Démon de l'impureté étale ses pompes avec le plus d'appareil et d'attraits séducteurs. Là, tout respire la volupté : les

décorations, les illuminations, la musique, les chants
efféminés, le ton, la déclamation, les maximes, le jeu
des intrigues, la parure, l'indécence, la lubricité des
acteurs et des actrices, revêtus de tous les attraits de la
volupté, animés du feu de la volupté, tenant en main
le flambeau de la volupté; ils en secouent de toutes parts
les étincelles sur des cœurs faciles à s'embraser; et ils
ne brûleront pas ces cœurs?..... Ah! chers enfants, il
faudrait un miracle pour vous conserver dans cette fournaise ardente, comme les trois jeunes Hébreux dans celle
de Babylone, et Dieu ne le fera pas si vous vous y plongez vous-mêmes. Fuyez donc, fuyez ce danger. Gardez-
vous de vous y laisser entraîner par vos amis, par vos
parents, par une fatale curiosité : vous y seriez bientôt
consumés par les flammes impures qui dévorent la jeunesse téméraire qui va s'y exposer.

Heureux enfants de nos campagnes, vous êtes à l'abri
de ce danger. Cependant il pénètre quelquefois parmi
vous, lorsque des baladins grossiers viennent vous séduire par leurs charlataneries bouffonnes et indécentes;
fuyez, passez votre chemin, et n'arrêtez jamais vos yeux
ni vos oreilles sur des objets capables de blesser votre
innocence.

Mais il est un genre d'occasions aussi dangereuses à
la campagne qu'à la ville : c'est la danse. Je vous en
fais juge vous-même, chère jeunesse, vous le voyez;
qu'est-ce qui se passe ordinairement dans ces réunions
périlleuses des deux sexes? qu'y voyez-vous? qu'y entendez-vous? qu'y pensez-vous? qu'y faites-vous?.....
Que d'indécences dans les attitudes, les figures, les
manières, les familiarités, les libertés, les propos, les
entretiens d'une jeunesse effrénée et libertine! Que de
regards! que de pensées! que de désirs dont Dieu voit
la corruption! Qu'emportez-vous ordinairement de ces
assemblées funestes? Une plaie mortelle faite à votre
innocence, le péché, le remords, le trouble, l'amertume,
la jalousie, un germe de passions naissantes, quelquefois

le crime, la honte, le déshonneur et l'opprobre! Ah! qu'il eût bien mieux valu rester à la maison, sous les ailes d'un bon père et d'une bonne mère! Vous auriez la consolation de pouvoir dire à la fin de la journée, comme la jeune Sara : Vous savez, mon Dieu, que j'ai conservé mon âme pure de tout mauvais désir; je ne me suis point mêlée avec une jeunesse trop légère et trop folâtre; j'ai toujours ma vertu et votre amitié, ô le Dieu de mes jeunes années!..... Au lieu qu'un triste soir suit ordinairement ces journées de divertissements.

Objection. Je n'y fais point de mal.

R. Est-ce bien franchement que vous dites cela? Mourriez-vous bien tranquillement au sortir de là? S'il fallait paraître devant Dieu, lui diriez-vous avec sécurité : *Mon cœur est prêt, Seigneur, mon cœur est prêt?* Vous savez qu'il est sorti pur de cette assemblée. *Rendez gloire à Dieu,* et dites la vérité. Vous ne faites point de mal!..... Mais pourriez-vous dire, en partant pour la danse : Mon Dieu, je vous offre ce divertissement? Car, s'il est innocent, vous pouvez l'offrir au Seigneur comme un délassement légitime. Eh bien! voici l'épreuve que je vous propose. Quand vous voudrez aller à des amusements pareils, passez à l'église, consultez le Seigneur devant son tabernacle; vous entendrez sa voix au fond de votre cœur..... N'y va pas, mon enfant, vous dira-t-il. C'est la réponse intérieure qu'ont entendue de jeunes personnes à qui j'avais donné ce conseil; elles me l'ont avoué. Sondez donc votre conscience, consultez l'Ange du grand conseil, et vous trouverez la réponse à l'objection que vous venez de me faire.

Mais non, on n'a garde, on craint cette voix véritable et sûre, qui parle aux cœurs droits; elle troublerait des plaisirs trop désirés. Voilà pourtant ce qu'il faudrait faire pour marcher toujours avec sécurité dans les voies de l'innocence.

Pères et mères, c'est à vous d'écarter vos enfants de ces dangers; ils sont sous vos yeux, dites-vous; mais voyez-vous ce qui se passe dans leur cœur et leur imagination? Vous le savez, Jésus-Christ l'a dit, une seule pensée, un seul regard, est déjà un adultère. Prenez-y garde; cette pensée, cette entrevue, ce coup-d'œil, cet entretien, sera l'étincelle fatale qui allumera un incendie que toutes vos larmes ne pourront éteindre; c'est là que va germer l'opprobre qui portera la désolation dans votre famille.

Dina, la curieuse Dina, voulut paraître à une fête publique; sa curiosité fut l'écueil de sa vertu, et des ruisseaux de sang coulèrent, sans laver son déshonneur. (*Hist. Gen.*) Filles chrétiennes, frémissez et fuyez ces assemblées périlleuses, si vous ne voulez pas éprouver un sort pareil. Non, non, ce n'est pas en vous étalant sur nos places que vous trouverez un honnête parti. C'est dans l'asile de la maison paternelle que le vertueux Tobie ira chercher la vertueuse Sara, entre les bras de ses vertueux père et mère. Fuyez la danse et les spectacles.

4° *Fuyez les mauvaises compagnies. Mon fils*, dit le Sage (Prov. i, 10), *si les pécheurs veulent vous attirer après eux, ne suivez pas leur séduisante société..... Les mauvais entretiens corrompent les bonnes mœurs*. (1. Cor. xv, 33.)

Cet ami, cette amie, dont les mœurs sont suspectes, vous auront bientôt perdu. Prenez-y garde, les mauvais fruits communiquent aux bons leur pourriture. Fuyez-les comme des pestiférés. Fuyez les maisons, les familles où vous pourriez trouver des pierres de scandale. Evitez les promenades, les rendez-vous, les tête-à-tête, les entretiens secrets et familiers. Prenez garde aux sociétés que vous trouvez dans les champs, dans les forêts, à la garde du bétail, dans les travaux publics des récoltes, des moissons, des vendanges, dans les veillees d'hiver. Hélas! faibles enfants, jeunesse inconsidérée, simples colombes, tout est piége autour de vous; si vous n'y prenez garde, le Démon impur vous prendra dans ses filets. Fuyez donc ; ce n'est que par la fuite que vous échapperez. Soyez vigilants et sobres, *sobrii estote et vigilate*. (1.Petr. v, 8) ; car,

5° *L'intempérance* est encore une source d'impureté. On appelle *intempérance* tout excès dans le boire et le manger. Retenez bien, mes enfants, cette maxime des Proverbes : Le vin porte à la luxure, l'ivrognerie met en feu les passions ardentes de la jeunesse : quiconque aime le vin ne sera pas sage. (*Prov.* xx, 1.) Ecoutez Jésus-Christ, la sagesse même : *Prenez garde*, vous dit-il, *de laisser appesantir vos cœurs par l'ivrognerie et la crapule*. (Luc, xxi, 34.) Ecoutez son Apôtre, qui vous dit la même chose : *Ne vous plongez pas dans le vin, où se trouve la luxure*. (Ephes. v, 18.) Ecoutez cette remarque énergique de saint Jérôme : Un corps plein de vin se déborde en voluptés criminelles ; *venter vino plenus despumat in venerem*. On peut dire qu'un ivrogne n'est jamais chaste. Quand le vin a noyé la raison et enflammé la passion ! rien n'est respecté ; il n'y a point d'excès où ne se porte une passion brutale, qui ne conserve pas même l'instinct des animaux pour la modérer. Quel affreux désordre dans les pensées, les désirs, les actions d'un homme sans raison, échauffé par la liqueur qui coule dans ses veines, et animé du feu de la plus fougueuse passion ! et encore plus d'une femme livrée à une intempérance toujours plus immodérée ! Quelle idée s'en forme-t-on ?.....

Telles sont, mes enfants et mes frères, les occasions et les causes les plus ordinaires de l'impureté. Fuyez, évitez tout cela, si vous voulez vous garantir de ce vice infâme. Voilà ce que nous défend le sixième commandement ; voyons maintenant ce qu'il nous ordonne.

D. Quelles vertus ordonne principalement ce commandement?

R. Il ordonne principalement la chasteté, la modestie, la tempérance et la mortification.

Reprenons chacune de ces vertus, et voyons d'abord :

D. Qu'est-ce que la chasteté ?

R. La chasteté est une vertu qui nous fait craindre et éviter les choses déshonnêtes.

La chasteté est la vertu contraire au vice infâme dont nous parlons. Les jeunes personnes qui ont cette belle vertu dans l'âme, fuient avec horreur toutes les choses honteuses, malhonnêtes, qui souillent le corps ou l'esprit d'un chrétien. Vertu délicate ! nous la portons dans des vases fragiles que le moindre choc peut briser ; c'est une belle glace, que le moindre souffle impur peut ternir. Vertu angélique ! elle vous rendra semblables aux esprits célestes, si vous la conservez dans tout son éclat ; mais pour cela, il faut qu'elle soit environnée de plusieurs autres vertus, qui en sont les compagnes et les soutiens. Ce sont celles que vous venez de nommer, 1° la modestie.

D. Qu'est-ce que la modestie ?

R. C'est l'attention à régler son maintien selon la pudeur et la bienséance.

Vous sentez peut-être mieux que je ne puis vous le dépeindre, ce que c'est que cette vertu charmante et chérie de Dieu et des hommes. Voyez-vous, chers enfants, on dit, par exemple, qu'une jeune personne est modeste, lorsqu'elle se montre en tout avec un air sage et réservé, quand elle a une attitude honnête, les yeux baissés, une coiffure et des habits simples, bien fermés, sans recherche, sans prétention, sans affectation, sans vanité, sans envie de plaire ; quand toutes ses manières sont décentes ; quand elle repousse avec une sainte indignation les moindres atteintes, les moindres libertés des jeunes gens qui l'approchent.

On dit, au contraire, qu'une fille est immodeste, lorsqu'on voit dans ses yeux, dans son air, dans ses manières, quelque chose d'évaporé qui agace, qui provoque la témérité d'une jeunesse trop libre ; lorsqu'elle n'étend sur elle qu'un voile artificieux et plus scandaleux que la nudité même ; lorsqu'on voit dans sa parure l'affectation et le dessein de plaire ; lorsqu'elle ne cherche qu'à voir et à être vue ; lorsqu'elle est, comme dit un poète païen, à l'affût pour prendre des hommes dans ses filets, *oculis venantem viros*. Fille volage et coquette, vous trahissez vous-même votre honneur ; prenez-y garde, on vous juge sur votre extérieur immodeste ; il est rare qu'on s'y trompe ; le monde s'y connaît ; on voit en tout cela, dit saint Jérôme, *les indices d'une chasteté mourante* et peut-être déjà morte.

Chère jeunesse, soyez donc modeste ; la modestie est la vertu qui fait le plus d'honneur à votre âge. Que vos regards, vos discours, votre air, vos habits, vos démarches, ne respirent que la décence et la pudeur. Que vos yeux attentifs craignent toujours la rencontre d'un objet dangereux ; que votre front rougisse au moindre mot capable d'alarmer votre innocence : un front qui ne rougit de rien est le front d'une prostituée ; *frons meretricis non erubescit*, tandis que la timide pudeur se peint dans la rougeur d'un visage modeste. Soyez dans la plus vigilante circonspection, soit pour vous, soit pour les autres ; seul ou en compagnie, réglez tout votre extérieur comme étant en la présence de Dieu, qui voit tout. La modestie ! la modestie, jeunesse chrétienne, encore une fois, c'est l'apanage de votre âge, votre vertu propre et distinctive ; elle sera la gardienne et la marque de votre chasteté ; elle fera toujours votre plus bel ornement et devant Dieu, et devant les hommes. Joignez-y la tempérance, autre vertu préservative.

D. Qu'est-ce que la tempérance ?

R. C'est la modération en tout, principalement dans le boire et le manger.

Modération et sobriété en tout. Saint Paul veut que

nous soyons modérés jusque dans la sagesse, *oportet sapere ad sobrietatem* (Rom. xii, 3), à plus forte raison dans nos appétits et nos plaisirs, même permis. La sensualité incline fortement, et souvent elle emporte à des excès : voilà pourquoi il faut s'appliquer à combattre et à modérer cette passion, qui n'est pas la moins violente ; si vous ne la maîtrisez pas, bientôt elle vous subjuguera.

Soyez donc sobres et tempérants dans le boire et le manger. Soyez-le dans l'usage de tous les plaisirs, même des plus légitimes. Car, si vous vous enivrez des joies du monde, bientôt vous serez emportés au-delà des bornes. Dans cette folle ivresse, on n'entend plus la voix de la religion, ni de la raison, ni de la bienséance, ni de l'honneur. La vertu la plus robuste se noie dans la surabondance des délices. Salomon, le sage Salomon s'est perdu dans cette affluence immodérée ; il serait demeuré sage s'il eût toujours conservé cette heureuse médiocrité qu'il demandait à Dieu dans les beaux jours de sa sagesse.

Mais c'est principalement dans le boire et le manger que doit régner cette modération préservative de la chasteté. Le vin et la bonne chère sont les aliments du vice contraire ; nous l'avons dit ; suivez donc le conseil de l'Apôtre : Usez du vin modérément, de même de la nourriture, de peur qu'une chair trop engraissée ne se révolte. Portez même la sobriété jusqu'à la mortification.

D. Qu'est-ce que la mortification ?

R. C'est l'abstinence des choses qui flattent les sens, et la pratique de celles qui calment les passions.

Ce mot *mortification* veut dire qui donne la mort aux passions. Or, on donne la mort à la passion déshonnête lorsqu'on se mortifie par l'abstinence, la privation des choses qui nous feraient plaisir, qui flattent le goût, la vue, l'ouïe, etc. ; lorsqu'on se prive de certains aliments trop sensuels ou trop abondants, de certains spectacles, curiosités, qui feraient plaisir. Voilà une abstinence des choses qui flattent les sens.

On se mortifie encore en pratiquant des choses qui calment les passions, comme de jeûner, de coucher sur la dure, de macérer sa chair par le cilice, la haire, la discipline, ainsi que l'ont pratiqué les Saints.

La mortification va donc plus loin que la sobriété. Celle-ci écarte les excès, celle-là retranche partie du nécessaire, ou préfère ce qui coûte aux sens à ce qui les flatte, pour sauver l'âme en assujettissant la chair à l'esprit. Ce genre de Démon, dit Jésus-Christ même, ne se chasse que par le jeûne et la prière : voilà pourquoi l'Eglise nous ordonne le jeûne et l'abstinence en certains temps de l'année ; c'est pour retrancher les aliments du vice. C'est dans la même vue que les Saints ont pratiqué tant d'austérités. C'est par ce moyen que saint Jean-Baptiste voulut conserver la grâce qu'il avait reçue dès le sein de sa mère. Il vivait dans le désert, revêtu d'une dure peau de chameau ; il ne mangeait que des sauterelles et des herbes sauvages. C'est par ce moyen que saint Paul réduisait son corps en servitude en le châtiant. C'est pour cela que les saints anachorètes faisaient de si rigoureuses pénitences dans leurs déserts ; ils crucifiaient leur chair avec ses concupiscences, pour être chastes.

Cependant, mes enfants, ce n'est pas là ce que l'on demande de vous. On ne vous dit pas encore de jeûner ; votre âge, encore tendre, ne le permet pas ; mais vous pouvez vous retrancher quelque petite chose dans vos repas, y moins satisfaire votre sensualité, vos goûts, vos appétits ; vous pouvez vous priver de quelques amusements, de quelque curiosité, vous lever plus matin, travailler, étudier davantage : voilà des mortifications utiles, qui calmeront vos passions ; dans la suite vous pratiquerez les jeûnes ordonnés par l'Eglise, ou d'autres pénitences volontaires.

Mais la vraie, la grande mortification pour vous, pauvres habitants de nos campagnes, c'est de supporter la pauvreté, la misère, la disette des choses les plus nécessaires à la vie, un travail pénible, une nourriture grossière, une couche dure, mille maux qui vous environnent; voilà les austérités de votre état et les excellents préservatifs de votre innocence. Heureux si vous savez faire de nécessité vertu, en recevant, supportant, embrassant cette vie austère et laborieuse ! Heureux jusque dans vos plus grands maux et par vos maux, puisqu'ils vous mettent à l'abri de ce vice détestable qui infecte les heureux et les opulents qui le nourrissent dans l'abondance et les délices !

A tous ces préservatifs en voici encore deux que j'ajoute : c'est la fréquentation des sacrements et la dévotion à la sainte Vierge.

Confessez-vous souvent. Alors les examens, les retours fréquents sur vous-mêmes, la nécessité de vous accuser, la grâce réitérée du sacrement tiendront en bride une passion difficile à maîtriser quand elle n'a pas ce frein salutaire. Votre penchant sera souvent combattu par vos regrets et vos bonnes résolutions. Votre âme, sans cesse purifiée, n'amassera pas les immondices de l'iniquité. Le Démon impur frémira inutilement autour de cette maison nettoyée et entretenue dans l'éclat pur de la chasteté.

Communiez souvent. La sainte Eucharistie *est le vin qui germe les vierges.* (Zach. ix, 17.) C'est le pain des forts ; nourris de cet aliment divin, quelle force n'aurez-vous pas contre les tentations ! C'est le pain des Anges ; les vices grossiers de la chair pourraient-ils infecter une âme qui en sera nourrie ? Remplis de la Divinité même, l'esprit immonde osera-t-il vous approcher ? Ajoutez à cela les réflexions qui accompagnent une communion fervente, cette pensée : Oserais-je plonger dans l'infamie un corps si souvent uni à la sainteté même ? Aurais-je la noirceur de chasser de mon cœur le divin hôte qui y est entré avec tant de bonté? Souillerai-je sacrilégement ce sanctuaire où a reposé la Divinité?..... J'ai communié il y a peu..... Je dois communier dans peu..... Marchons entre ces deux communions comme entre deux haies qui m'empêcheront de m'écarter du bon chemin, comme entre deux remparts qui me défendent contre les attaques de mes ennemis. C'est ainsi, chère jeunesse, que la communion mettra votre innocence à l'abri du vice infâme qui lui donne la mort.

Joignez à cela la dévotion à la sainte Vierge. Elle est par excellence la mère de la chasteté, *Mater castitatis.* (Lit. B. V.) Voulez-vous donc conserver ce précieux trésor? Mettez-le sous sa protection maternelle; recourez à elle dans toutes vos tentations, *voca Mariam;* adressez-lui cette courte et fervente prière; O la plus pure des vierges! *par votre immaculée conception, purifiez mon cœur et ma chair.* Toutes les prières que l'Eglise lui adresse vous inspirent cette confiance et vous attireront cette protection puissante contre l'ennemi le plus dangereux de votre innocence. Récitez ou chantez quelquefois ce verset touchant: *Virgo singularis, inter omnes mitis, nos culpis solutos, mites fac et castos.* O Vierge! la plus distinguée par votre pureté et votre douceur, rendez-nous chastes et doux, et délivrez-nous des moindres fautes qui pourraient blesser ces vertus qui vous sont si agréables.

Voici, mes enfants, une demande qui n'est pas dans votre Catéchisme, et à laquelle je réponds parce qu'elle est très importante.

D. L'impureté est-elle un grand péché?

R. Oui, l'impureté est toujours un péché mortel, selon les théologiens, lorsque l'on y donne un plein consentement.

En effet, mes enfants, ce malheureux péché profane tout à la fois votre corps et votre âme. Ce corps, qui est le temple du Saint-Esprit qui habite en vous par sa grâce, ces membres qui sont les membres de Jésus-

Christ, l'impudique *en fait les membres d'une prostituée.*
(4. Cor. VI, 15.)

Il profane votre âme formée à l'image de Dieu, cette
âme sanctifiée dans les eaux du Baptême, qui porte
l'auguste caractère de la Divinité. Par l'impureté, vous
la défigurez, vous la dégradez, vous la traînez dans la
fange.

Ecoutez, mes enfants, comment le Seigneur a manifesté son horreur contre ce péché, par quels terribles
châtiments il l'a puni et le punit encore tous les jours.

Les hommes avaient corrompu leurs voies ; ils se livraient à tous les désordres de l'impudicité. Alors Dieu
dit dans sa colère : *Non, mon esprit ne restera plus dans
l'homme, parce qu'il est chair ;* et, à cette occasion, il
envoya le déluge qui submergea toute la terre et la race
criminelle des impudiques. (*Histoire, Gen.* VI.)

Deux villes infâmes, Sodome et Gomorrhe, se livraient
à des excès horribles en outrageant la nature et la raison. Une pluie de feu tomba du ciel ; la terre vomit des
flammes qui engloutirent tous les habitants de ces villes
maudites. (*Histoire, Gen.* XIX.)

Deux époux licencieux anéantissent les desseins du
Créateur et de sa providence ; leur crime, abominable à
ses yeux, attire sur eux les foudres de ses vengeances,
et ils sont écrasés sur la place, parce *qu'ils faisaient une
chose détestable devant Dieu.*

Quelle foule de pécheurs, connus ou non, qui ont été
frappés de Dieu au milieu de leurs désordres, et sont
morts dans leurs abominations et par leurs abominations !

Je dis par leurs abominations, car ce crime porte
avec lui ses vengeances, même dès cette vie ; il porte
avec lui un germe de mort qui tourmente cette chair
criminelle, et abrége la carrière de ces hommes de
débauche, qui ne voient pas la moitié de leurs jours.
Oui, impudiques, vous les abrégez, ces jours d'iniquité ;
vous les flétrissez dès la fleur du plus beau printemps.

Bientôt ce corps, énervé et corrompu, va tomber en pourriture tout vivant, et votre âme impénitente n'en sortira que pour être plongée dans le puits de l'abîme.

Je dis *votre âme impénitente*, car l'impénitence finale est une suite trop ordinaire de l'impudicité..... Impudiques invétérés, vous êtes déjà insensibles à ce que je vous dis ; déjà votre âme s'endurcit dans ce crime et par ce crime ! Le flambeau de la foi s'éteint dans cette fange d'iniquité. Si vous en conservez encore une étincelle, vous allez l'ensevelir sous un tas énorme de profanations ; vous allez cacher ce honteux péché dans vos confessions ; en communiant vous allez plonger le corps de Jésus-Christ dans une sentine d'abominations ; vous allez entasser sacriléges sur sacriléges ; vous allez devenir durs et insensibles à toutes les vérités les plus terribles de la religion, aux impressions les plus touchantes de la grâce, aux discours, aux avis salutaires qui pourraient vous tirer du plus déplorable état ; *vous y serez sourds comme l'aspic ; vous endurcirez vos oreilles à la voix douce qui voudrait vous enchanter par les charmes de la sagesse.* (Psal. LVII, 5 et 6.) Vous porterez vos habitudes et vos attaches criminelles jusqu'au lit de la mort ; ses froideurs ni celles de l'âge n'éteindront pas vos feux impurs ; on voit des volcans sous des monts couverts de neige ; sous un corps impuissant et usé de débauches, sous vos cheveux blancs, des souvenirs, des désirs coupables, dévoreront encore un cœur nourri d'iniquités. Votre dernière confession, votre dernière communion, votre Extrême-Onction, si vous recevez ces secours des mourants, seront trois sacriléges,... et votre âme, sortie de ce corps de péché, ira paraître devant Dieu chargée d'une masse d'iniquités accumulées dès les premiers jours d'une jeunesse égarée et dissolue. *In peccato vestro moriemini.* (Joan. VIII, 21.) Jeune ou vieux, l'impudique meurt ordinairement dans son péché ; il y vieillit selon cette maxime du Sage : *Lorsqu'un jeune homme a pris une route, il y persévère, et ne s'en retire pas même dans sa vieillesse*. Si ses jours sont abrégés de moitié, s'il meurt jeune, il emporte au tombeau ses liaisons criminelles. En voici un exemple, chère jeunesse ; écoutez cette histoire.

Un jeune homme était au lit de la mort ; on lui rappelait les principes de sa religion ; on lui vit tenir entre ses mains une espèce de médaille qu'il collait sur ses lèvres ; on était édifié, on croyait que c'était quelque pieuse image de Jésus-Christ ou de la sainte Vierge ; il expire en baisant cette image : on la tire de ses mains. O ciel ! c'était le portrait de l'objet criminel de sa passion !..... Voilà la divinité qu'il adorait en mourant, et dans le sein de laquelle il exhala son âme souillée d'impudicités.

Jeunesse, malheureuse jeunesse, concluez de tout cela quelle horreur vous devez concevoir de ce péché dominant de votre âge, et fuyez-le comme la peste qui vous donnerait une mort éternelle.

Revenons maintenant sur tout ce que nous venons de vous dire, et répondez-moi, N., aux questions que je vais vous faire.

SOUS-DEMANDES.

D. Que signifient ces mots : *Luxurieux point ne seras ?*

R. C'est-à-dire : *Vous ne commettrez point l'impudicité.*

D. *De corps ni de consentement ;* qu'est-ce que cela veut dire?

R. C'est-à-dire qu'il ne faut commettre ce péché ni dans son corps par des actions déshonnêtes, ni dans son cœur et son esprit par des pensées et des désirs impurs.

D. Il ne faut donc pas faire devant Dieu ce dont on rougirait devant les hommes?

R. Non, car Dieu voit tout, jusqu'à nos plus secrètes pensées.

D. Est-ce qu'une parole déshonnête est un grand péché?

R. Oui, parce qu'elle fait commettre une infinité de péchés à ceux qui l'écoutent.

D. Comment ferez-vous lorsqu'il vous viendra de mauvaises pensées?

R. Je les chasserai promptement de mon esprit en pensant à Dieu, à la mort, à l'enfer, etc.

2.

D. Que ferez-vous encore ?

R. Je prierai le bon Dieu de tout mon cœur ; je lui dirai : *Seigneur, délivrez-moi de la tentation* ; soyez dans ma pensée et dans mon cœur.

D. Vous dites qu'il faut fuir les occasions ; qu'est-ce que c'est qu'une occasion de péché ?

R. C'est ce qui nous occasionne de pécher, par, exemple, les mauvaises compagnies.

D. Parmi ces occasions que vous venez de détailler, vous avez parlé de l'oisiveté ; comment l'oisiveté expose-t-elle aux tentations contre la pureté ?

R. C'est que, quand on ne fait rien, on est porté à s'occuper à faire le mal, et l'on a trop le temps d'y penser.

D. Il faut donc bien travailler pour ne pas être tenté de mal faire ?

R. Oui, car quand on est bien occupé, bien fatigué du travail, l'esprit et le corps ne sont point portés à des plaisirs criminels.

D. Quelle est là-dessus la maxime des Saints ?

R. Il faut que l'esprit tentateur nous trouve toujours occupés.

D. Vous parlez *des livres dangereux* ; il ne faut donc pas lire les romans, les histoires galantes, les comédies, etc.?

R. Non, car tout cela porte à l'impureté.

D. Et les danses, les bals, vous les éviterez, n'est-ce pas ?

R. Oui, parce qu'il s'y trouve bien des occasions de pécher.

D. (Eh bien ! mon enfant, nous verrons dans trois ou quatre ans si vous vous souviendrez bien de ce que vous nous dites aujourd'hui). Vous avez ajouté qu'il fallait éviter les mauvaises compagnies.

R. Oui, parce qu'on devient comme ceux que l'on fréquente... Dis-moi qui tu fréquentes, je te dirai qui tu es : voilà le proverbe.

D. Et le proverbe du Sage n'est-il pas encore meilleur ? Dites-nous-le.

R. Le voici : *Mon fils, si les pécheurs veulent vous attirer, ne les écoutez pas.*

D. Est-il bien vrai que le vin et l'intempérance conduisent à l'impureté ?

R. Oui, car saint Paul nous dit : *Ne vous plongez pas dans l'ivrognerie où est la luxure et l'impureté.*

D. L'impureté est-elle un grand péché ?

R. Oui, car elle profane nos corps qui sont les membres de J.-C. et les temples du Saint-Esprit, et nos âmes qui sont les images de Dieu.

D. Citez-nous quelques traits d'histoire qui montrent combien Dieu a ce péché en horreur.

R. *Il a envoyé le déluge qui a noyé tous les hommes, parce qu'ils en étaient coupables. Il a fait tomber le feu du ciel et englouti dans les flammes les villes impudiques de Sodome et de Gomorrhe.*

D. A quoi conduit ce péché?

R. A l'endurcissement et à l'impénitence finale.

D. Pourquoi et comment?

R. C'est parce que l'on cache ce péché à confesse, qu'on s'abrutit en le commettant, et que la passion nous aveugle.

D. Eh bien! mon enfant, vous éviterez donc bien soigneusement ce péché abominable?

R. Oui, je fuirai comme à l'aspect du serpent et comme la peste.

D. Vous pratiquerez de votre mieux les vertus contraires; vous serez bien chaste, bien modeste, tempérant, mortifié?

R. Je tâcherai de pratiquer ce que je viens d'entendre moyennant la grâce de Dieu.

Oui, chers enfants, la chasteté, la modestie, la tempérance sont les vertus de votre âge et le plus bel ornement de la jeunesse. Finissons et retenez bien les avis que je vais vous donner. Ils renferment tout ce que je viens de vous dire.

RÉCAPITULATION PRATIQUE.

1° Pénétrez-vous bien d'horreur pour l'impureté et d'amour pour la chasteté, vertu contraire.

2 Veillez sur tous vos sens; sur vos yeux pour ne voir aucun objet, sur vos oreilles pour ne rien entendre, sur votre langue pour ne rien dire qui puisse porter la moindre atteinte à votre innocence, sur vos mains pour éviter toute liberté indécente.

3° Fuyez toutes les occasions dangereuses; prenez garde à tout ce qui vous environne; souvenez-vous toujours que vous portez la vertu de pureté dans un vase fragile.

4° Priez sans cesse, priez avec ardeur, surtout dans l'accès terrible de la tentation. Joignez-y la tempérance et la mortification; car Jésus-Christ nous dit que ce genre de Démon ne se chasse que par la prière et le jeûne.

PRIÈRE.

Delicta juventutis meæ et ignorantias meas ne memineris, Domine.
Seigneur, oubliez les péchés de ma jeunesse, et l'ignorance, l'insensibilité, la stupidité où j'ai vécu jusqu'ici sur la loi importante
que votre ministre vient de nous expliquer. Mille actions de grâces,
ô mon Dieu! pour les leçons importantes que vous venez de nous
donner par son organe. Nous avons appris combien est énorme et
damnable le vice infâme de l'impureté que vous défendez par votre
sixième commandement. Nous en avons reconnu les sources, les occasions, les dangers, les suites, les préservatifs, les vertus contraires. Dieu de toute pureté, hélas! si jeunes encore, combien
de fautes n'avons-nous pas déjà peut-être à nous reprocher contre
la vertu angélique de la chasteté? Que de pensées, de désirs, de
paroles, de regards, de libertés indécentes!..... Ah! j'en rougis
devant vous à ce moment, ô mon Dieu! *culpa rubet vultus meus.*
Vous avez tout vu, vous qui sondez les reins et les cœurs..... Si je
mourais souillé de ces désordres, que deviendrais-je? Pardon, Seigneur, de ces premiers égarements d'une jeunesse inconsidérée!
Oui, je renonce pour jamais à cet infâme péché et à tout ce qui en
est la cause; à cette inclination, à cette société, à cette amitié, à
ces danses, à ces spectacles, à ces promenades, à ces fréquentations si funestes à mon innocence, etc. *J'ai fait un pacte avec mes
yeux pour ne penser pas même à une personne d'un sexe différent.
Cor mundum crea in me, Deus.* Créez en moi un cœur pu●Hélas! ils
devraient l'être encore, ces cœurs d'enfants dont les Anges voient la
face du Père céleste qui est dans les Cieux. Créez un cœur pur à
tous ces chers enfants.... Et vous, Vierge sainte, Vierge par excellence, délivrez-nous à jamais des chaînes de ce malheureux
péché; obtenez-nous de Dieu cette douce et charmante vertu de
chasteté dont vous nous avez donné l'exemple.

> *Virgo singularis,*
> *Inter omnes mitis,*
> *Nos culpis solutos,*
> *Mites fac et castos. Amen.*

DU VII° COMMANDEMENT DE DIEU.

SECTION PREMIÈRE.

D. Récitez le septième commandement de Dieu.

R. Le bien d'autrui tu ne prendras ni retiendras à ton escient.

C'est-à-dire vous ne prendrez pas le bien d'autrui, et vous ne le retiendrez pas, sachant qu'il ne vous appartient pas. Ce commandement est exprimé dans la loi par ces deux mots : Vous ne déroberez pas. *Non furtum facies.* (Exod. xx, 15.)

D. Qu'est-ce que défend le septième commandement ?

R. Il défend de prendre et de retenir injustement le bien du prochain.

Prendre injustement, c'est prendre sans en avoir droit ; ce n'est pas pêcher de prendre ce qu'on a acheté, acquis légitimement. *Retenir injustement,* c'est conserver un bien mal acquis, et qui ne nous appartient pas légitimement. Comme vous voyez, ce précepte renferme deux points : 1° il défend de prendre injustement ; 2° il défend de retenir injustement le bien d'autrui ; en sorte que l'on pêche, non-seulement en prenant ce qui n'appartient pas, mais encore en le gardant sans vouloir le rendre.

D. En combien de manières prend-on plus ordinairement le bien du prochain ?

R. En cinq manières : par violence, par adresse, par fraude, par usure et par usurpation.

Voilà, comme vous voyez, bien des manières de voler, encore n'est-ce pas tout : reprenons et expliquons toutes ces injustices.

1° *On prend par violence.* C'est quand on fait violence au prochain pour avoir son bien, comme font les voleurs de grands chemins, qui demandent la bourse ou la vie. Cependant ils ne sont pas les seuls, et il y en a bien d'autres qui l'exercent d'une manière presque aussi cruelle. Ce sont tous ceux qui abusent de leur crédit, de leur autorité, de leurs forces, pour contraindre les faibles à leur céder leur bien ; ceux qui profitent de la timidité, de la faiblesse, des besoins, pour dépouiller le pauvre, la veuve et l'orphelin ; ceux qui menacent de faire des procès dispendieux à des malheureux qui n'ont pas le moyen ni l'esprit de se défendre en justice ; les gros habitants d'une paroisse qui intimident les petits, qui les surchargent aux impositions publiques ; ceux qui profitent du besoin des indigents pour acheter à trop bon marché ou pour vendre trop cher, pour prêter à usure et exiger de gros intérêts ; ceux qui s'accordent pour tirer tout à eux dans certaines enchères, ce qu'on appelle monopole ; ces accapareurs maudits des peuples, qui rassemblent les grains et qui les retiennent dans leurs greniers, pour forcer les infortunés qui ont faim à passer par leurs mains, *qui abscondit frumenta maledicetur in populis* (Prov. xi, 26) ; ceux qui s'enrichissent des disettes publiques, et qui s'abreuvent des larmes et s'engraissent de la substance du pauvre ; tous les gens en place qui foulent les peuples ; en un mot, tous les gros qui dévorent les petits, sont-ils moins barbares que les voleurs de grands chemins qui dépouillent les voyageurs le pistolet à la main ?

2° *On prend par adresse.* C'est ce qu'on appelle larcin ou vol furtif ; c'est dérober en cachette, en usant de certains tours de ruse et d'artifice pour prendre le bien d'autrui : par exemple, les larrons qui ont des clefs ou qui forcent les serrures, qui se glissent dans les maisons pour dérober ; les filous qui trouvent moyen d'attraper quelques effets ; les enfants qui vont à la maraude pour prendre des fruits ou autre chose dans les champs ou les vergers ; ceux qui prennent à la maison et dérobent à leurs pères et mères ; les domestiques infidèles qui prennent ou se paient par leurs mains, qui donnent en cachette de leurs maîtres pour se faire des amis, qui font de petits repas furtifs ; les femmes qui dépensent séparément et contre le gré de leurs maris ; les veufs ou veuves qui soustraient des effets aux inventaires (ici c'est vol et parjure, car il y a un serment), etc. Voyez, mes enfants, combien de voleurs dans le monde, qui se croient bien cachés aux yeux des hommes ; mais Dieu les voit. Il vous voit quand vous dérobez.

Le larcin est plus ou moins grief, selon les circonstances. 1° A raison de la quantité. Voler beaucoup, c'est un grand péché ; environ la moitié d'un écu, péché mortel. 2° A raison de la personne à qui on prend. Voler à un pauvre, à un manœuvre l'instrument de son gain, péché grief à proportion de ce qu'on lui fait perdre. 3° A raison du lieu ou de la chose que l'on dérobe. Si c'est dans le lieu saint ou une chose sainte, c'est un sacrilége. 4° A raison de l'intention que l'on a en dérobant. Vous ne prenez qu'un sou à la fois, mais vous avez dessein de vous faire une grande somme de ces petits vols redoublés. Vous péchez mortellement à chaque fois, parce qu'à chaque fois votre intention et votre volonté renferment la somme tout entière.

3° *On prend par fraude.* Quand vous cherchez à attraper dans vos petits marchés, etc. Ces petites friponneries deviendront grandes un jour. Ecoutez combien il y en a dans le monde, et évitez-les. .

Les uns vendent à faux poids ou à fausse mesure, et de là que de torts faits au public et aux particuliers ! Ce n'est qu'une once par livre, un verre par pinte, quelques poignées de grain par mesure, quelques lignes sur une aune, etc. ; mais à la longue, ces petits objets forment

des quantités, et, si ce commerce dure vingt années,
voilà des sommes considérables. Toutes les fois qu'on
vend de la sorte, on pèche mortellement sur le principe
que nous avons établi, qu'une volonté persévérante renferme tous les torts à la fois ; sans compter les sacriléges
que l'on fait toutes les fois qu'on se confesse et que l'on
communie dans une pareille habitude. Commerçants
trompeurs, écoutez ce que vous dit le Seigneur : Vous
n'aurez pas un poids et un poids, un boisseau et un
boisseau, selon vos intérêts ; car le Seigneur déteste
celui qui se rend coupable de cette injustice : *Non habe-
bis in sacculo diversa pondera, majus et minus ; nec erit
in domo tua modius major et minor... Abominatur Dominus Deus tuus eum qui facit hæc.* (Deut. xxv, 13
et seq.)

D'autres trompent dans la qualité des marchandises,
en cachant ou déguisant les défauts, en faisant des mé-
langes qui les gâtent, en donnant de la mauvaise pour de
la bonne, une espèce pour une autre, du mauvais bois, du
mauvais cuir, de mauvaises étoffes, etc., etc. C'est un
marchand de bétail qui cherche à se défaire d'une bête vicieuse ; celui-là profite de l'ignorance, de la bonhomie, de
la bonne foi d'un autre pour l'attraper ; celui-ci cherche à
étourdir, à intimider, à enivrer, à faire perdre la tête pour
faire un marché ; celui-là vend cher parce qu'il vend à
crédit ; cet autre achète à bon marché parce qu'il paie
comptant ; celui-là fraude en mesurant mal ; ce bûcheron
croise les bûches pour faire monter les cordes ; ce mesu-
reur de blé sait entasser plus ou moins, râcler plus ou
moins légèrement, selon qu'il est payé ; ce marchand
d'étoffes a *l'adresse du pouce* pour diminuer sur chaque
aune ; cet autre sait faire incliner la balance, etc., etc. A
tout cela on ajoute le mensonge, les serments multipliés
sur la conscience, la religion, sous une bonne foi apparente, pour séduire, et on s'applaudit de tout cela comme
d'une science de commerce qui suppose des talents ! Des
talents de fripon !..... Et on s'endurcit dans ce genre

d'iniquité, en grossissant une fortune d'injustice ; et on nous laisse déclamer là-contre, comme des ignorants qui ne savons pas le négoce, comme des importuns, des scrupuleux qui en empêchons l'aisance et la liberté. Négociants frauduleux ! je vous rappelle à la justice naturelle. Voudriez-vous qu'on vous dupât de la sorte ? Votre conscience, si vous en avez une, ne vous reproche-t-elle pas mille fourberies que je ne puis détailler ? Mais, si elle se tait, Dieu parlera, il vous les reprochera, car il déteste toute injustice, *adversatur omnem injustitiam.* (Deut. xxv, 16.)

On fraude les droits publics, les impôts ; ce rentier cherche à soustraire à son maître une partie de ses redevances ; il arrange adroitement les gerbes afin que le propriétaire prenne les plus mauvaises ; cet ouvrier embellit au dehors un ouvrage mal fait et peu solide : ce domestique travaille pour lui en secret ; ce journalier perd son temps ou fait de mauvais ouvrages, etc. Nous ne finirions pas si nous voulions ou si nous pouvions entrer dans tous ces détails de fraudes ou d'artifices.

4 *On prend par usurpation.* Ce genre de vol consiste à anticiper sur l'héritage du prochain. C'est la plainte éternelle de nos campagnes. On prend un sillon d'un côté, une perche de l'autre ; on arrache une borne, on la transplante, on la fait disparaître ; on falsifie des titres, on suscite des procès, on fait violence, on intimide, on fait des échanges trompeurs, etc., pour étendre ses possessions aux dépens d'autrui. Usurpateurs violents ou artificieux ! que vous restera-t-il de tout ce bien mal acquis ? Emporterez-vous à la mort ces terres usurpées ?.... Un creux de six pieds, un monceau de terre accumulé sur votre cadavre, voilà tout ce qui vous restera ; vous creusez votre enfer avec votre charrue ; l'abîme est sous ce fer anticipateur, et vous y entraînerez vos enfants, à qui vous transmettrez vos usurpations.

5° *On prend le bien d'autrui par usure.* Vous ne savez pas encore, mes enfants, ce que c'est que les usuriers ;

puissiez–vous l'ignorer toujours ! Ce sont des gens qui
vendent les services qu'ils rendent à de pauvres malheureux qui ont besoin d'argent. On est usurier quand
on prête à intérêt sans abandonner la somme capitale
que l'on prête.

Par exemple, vous prêtez 100 francs, et vous exigez
qu'on vous rende 110 francs ; vous prêtez une mesure
de blé, et vous exigez qu'on vous en rende une mesure
et demie. Comme vous voyez, cela est criant ; et voilà
pourquoi le Seigneur a dit : Vous ne prêterez pas votre
argent à usure, et vous n'exigerez pas une surabondance
des fruits que vous aurez prêtés : *Pecuniam tuam non
dabis ad usuram, et frugum superabundantiam non
exiges*. (Levit. xxv, 37.) Voilà l'usure qualifiée et dé-
fendue par ces paroles divines. Injustice révoltante et
contraire à toutes les lois ! Les usuriers sont maudits de
Dieu et des hommes. « Vivra-t-il, l'usurier qui reçoit plus
» qu'il ne prête ? Non, dit le Seigneur, il ne vivra pas,
» parce qu'il a fait une chose détestable... Il mourra,
» et son sang retombera sur lui. » *Non vivet ;.... morte
morietur, sanguis ejus in ipso erit*. (Ezech. xviii, 13.)

Voilà, mes enfants, cinq manières les plus ordinaires
de prendre le bien d'autrui ; mais ce n'est pas là tout.
Combien d'autres injustices ! En voici une particulière
dont il n'est point parlé dans votre Catéchisme, et sur
laquelle il faut vous instruire pour la suite : ce sont les
mauvais procès.

Genre affreux d'injustice qui renferme tous les autres :
la violence, la ruse, la fraude, l'usurpation, les dommages les plus énormes. Hommes de chicane ! vous
croyez acquérir et posséder en conscience, parce que
vous avez gagné votre procès ! Mais n'avez-vous pas employé les ruses, les détours, les artifices de la chicane ?
n'avez-vous pas suborné vos témoins ? n'avez–vous pas
allégué des titres faux ou falsifiés ? n'avez–vous pas corrompu ou séduit vos juges ? etc. Non, non, si vous n'avez
pas procédé avec droiture, ce n'est pas à vous, cet héri-

tage. Dieu réformera les jugements que vous avez surpris. Si vous voulez éviter cette réforme terrible, jugez-vous vous-mêmes au tribunal de votre conscience ; interrogez-la franchement et avec droiture, sans quoi la mort vous saisira nantis du bien d'autrui, et alors le souverain Juge, qui réformera les justices, précipitera dans les ténèbres extérieures, et les plaideurs, et les juges, et les procureurs, et les témoins, avec ce tas énorme de manœuvres infernales qui ont produit l'injustice.

La conscience, voilà le tribunal infaillible où il faudrait plaider avant tout autre. Là, on plaide sans dépens, sans inquiétudes, sans voyages, sans risques ni du salut, ni de la fortune ; dépouillez-vous devant Dieu de tout intérêt, de toute animosité, de cet orgueil, de cette opiniâtreté qui ne veut pas avoir le dessous ; rendez-vous justice à vous-mêmes selon les vrais principes de l'équité et de la charité, et vous êtes sûrs de gagner votre procès pour cette vie et pour l'autre. *Pour cette vie,* car, quand il faudrait céder quelques points légers en contestation, n'est-ce pas toujours gagner ? Vous gagnerez tous les faux frais, la santé, le temps, les voyages, la paix et la tranquillité ; vous gagnerez votre procès avec dépens, puisqu'il ne vous en coûtera rien ; au lieu qu'on perd toujours, même en gagnant, aux tribunaux des hommes. Deux plaideurs se disputent une noix, il leur reste à chacun une coquille. Ils poussent leur procès avec chaleur, l'un reste nu, et l'autre seulement avec sa chemise. Voilà l'issue des procès opiniâtres : la justice a vos fonds et votre argent, et il vous reste des papiers inutiles, la faim et la misère.

J'ai ajouté qu'en plaidant au tribunal de la conscience on gagne son procès *pour l'autre vie.* Heureuses les âmes tranquilles et douces ! elles posséderont la terre des élus, ce fonds mille fois plus riche et plus précieux que celui que l'on sacrifie ici-bas pour le bien de la paix. *Beati mites, quoniam ipsi possidebunt terram.* (Matth. v, 4.)

Voilà bien des choses ; cependant nous n'avons pas encore tout dit sur les injustices que l'on peut commettre. Vous-mêmes, mes enfants, tout jeunes que vous êtes, vous en commettez peut-être de considérables. Et voici comment.

Quand vous conduisez votre bétail en dommage dans les champs, dans les prés, surtout dans les jeunes taillis des bois, quel tort ! En une nuit, en une matinée, avec dix, vingt bœufs, voilà un bois dégradé, une coupe perdue ; ce sont des arbres entiers, des sommes immenses que vous faites dévorer à vos bestiaux. Et après cela vous vous applaudissez de les voir bien remplis ; peut-être que des pères et mères, des maîtres vous applaudissent aussi et vous y encouragent. Ah ! malheureux ! vos bestiaux sont pleins du bien d'autrui ; ils sont pleins de vos injustices ; c'est votre âme que vous donnez à dévorer à ces animaux dont vous êtes idolâtres. Vous êtes pleins vous-mêmes de l'indignation de Dieu ; il a tout vu ; vous avez eu beau vous cacher aux yeux des gardes, vous n'êtes pas pris par eux, mais vous le serez par le Dieu vengeur de l'injustice. C'est lui qui vous fera payer cette terrible amende pendant toute l'éternité. Le tort que vous faites est évidemment considérable et péché mortel ; c'est donc l'enfer que vous méritez, soit que vous conduisiez exprès votre bétail en dommage, soit que vous le laissiez échapper par négligence ou en vous amusant à jouer et à vous divertir. Cela est de la foi ; ou vous n'en avez point, ou vous êtes des téméraires d'exposer ainsi votre salut éternel. Eh quoi ! mes enfants, vous damnerez-vous pour vos parents, pour vos maîtres, pour des bêtes ? Mon zèle m'emporte contre ces abus énormes : je parle, j'ai parlé mille fois ; on me laisse dire, on continue et on continuera toujours. Du moins, mon peuple, mon cher peuple, ce ne sera pas ma faute, j'ai assez instruit et réclamé. Israël, ô Israël ! ta perte vient de toi. *Perditio tua Israel.* (Osee, xiii, 9.) A la mort, au jugement, aux portes de votre éternité, dans les profondeurs de l'abîme, c'est là que vous verrez que j'avais bien raison de réclamer contre ces dégâts ; mais vous le verrez trop tard.

Enfin, mes enfants, qui sont ceux qui font du tort au prochain ? Il faudrait plutôt demander qui est-ce qui n'en fait pas ? Dans tous les états on trouve des personnes coupables de ce crime.

Les laboureurs qui anticipent sur leurs voisins en labourant, fauchant, moissonnant ; qui gâtent les héritages, ou par eux-mêmes, ou par leurs domestiques, ou par leur bétail ; qui labourent mal ce qu'ils font pour autrui.

Les rentiers ou les fermiers qui laissent dépérir les terres de leurs propriétaires, faute de les cultiver avec soin, de les fumer ; qui divertissent ailleurs les pailles et les engrais ; qui cherchent à les tromper ; qui ne les paient pas, qui manquent de bonne foi dans leurs comptes, etc.

Les chepteliers, lorsqu'ils vendent à part ou qu'ils laissent dépérir le bétail qui leur est confié.

Les maîtres qui exigent trop ; usure criante quand il il n'y a pas une juste proportion des pertes et des profits.

Les moissonneurs, faucheurs, vignerons, etc., qui, par négligence ou mauvaise volonté, font perdre les grains, les pailles ou autres choses à ceux qui les occupent.

Les domestiques qui brisent, qui laissent perdre, qui dépensent, qui prodiguent le bien de leurs maîtres ; les ouvriers, les journaliers qui n'emploient pas leur temps, etc., qui font de mauvais ouvrages.

Les chasseurs qui gâtent les héritages ; les pêcheurs qui volent les étangs et les rivières.

Les meuniers qui prennent sur les grains confiés à leur bonne foi ; qui usent de certaines adresses pour garder des farines à leur profit.

Les cabaretiers qui falsifient leur vin, et qui ont de fausses mesures ; ceux qui donnent à boire à des enfants ou à des chefs de famille sans conduite et ivrognes. Quels torts ces cabaretiers ne causent-ils pas aux familles ! Ce sont eux qui les ruinent la plupart du temps. Ah ! cruel ravisseur, vous êtes d'accord avec ce père débauché qui engloutit chez vous la substance de sa femme et de ses enfants.

Les chirurgiens, les médecins, qui prolongent les maladies et qui s'enrichissent de la misère humaine.

Les procureurs, les huissiers, les greffiers, les notaires, qui embarrassent les affaires; les gens en place qui ne rendent pas la justice ; les paresseux qui mendient un pain qu'ils pourraient gagner, et qui prennent ainsi le pain des vrais pauvres, etc., etc., etc.

Torts particuliers, torts publics, qui est-ce qui n'en est pas coupable ? Nous en ferons l'éloge comme d'un prodige unique. *Quis est hic ? et laudabimus eum ; fecit enim mirabilia in vita sua.* (Eccli. xxxi, 9.) Mais ce n'est pas tout, mes enfants ; on fait encore tort au prochain en retenant son bien ; c'est la seconde partie du précepte, *ne retiendras à ton escient.*

D. Quelles sont les manières les plus ordinaires de retenir le bien du prochain ?

R. Il y en a deux : ne pas restituer ce qu'on a pris, et ne pas payer ce qu'on doit.

1° *Ceux qui ne restituent pas ce qu'ils ont pris,* tous ces voleurs, ces filous, ces trompeurs, ces usurpateurs, ces usuriers, dont nous venons de parler, sont coupables tant qu'ils ne veulent pas rendre ce qui ne leur appartient pas ; leur péché se renouvelle toutes les fois qu'ils pensent à leurs possessions injustes, sans vouloir les rendre. C'est une mauvaise volonté, précisément contraire au dixième commandement, que nous expliquerons dans la suite ; c'est s'attacher, c'est adhérer à son injustice et la multiplier. Voyez donc, mes enfants, combien on commet de péchés quand on est dans l'habitude de prendre et qu'on ne veut pas rendre ! Quelle vie ! quelle masse d'iniquités !

2° *Ceux qui ne paient pas leurs dettes.* Ce qu'on vous a prêté n'est pas à vous, il faut donc le rendre. Ainsi, quand le terme est échu, vous devez payer ; vous péchez, vous persévérez dans le péché, si vous ne payez pas en ayant le moyen, ou si vous ne tâchez pas de vous mettre en état de le faire.

Objection. Celui à qui je dois n'a pas besoin... Mais il a droit à ce qu'il vous a prêté ; c'est à lui. Vous commettez une injustice en ne lui rendant pas ce qui lui appartient. Peut-être en ferait-il du bien à un autre qui le mériterait mieux que vous.—Il est plus riche que moi, il peut s'en passer.... Ingrat, insolent, on ne vous prêtera plus ; vous le méritez, vous faites tort à d'autres ; votre bienfaiteur craindra une pareille insolence, et ne vous prêtera plus : *Crédit est mort, les mauvais payeurs l'ont tué.* Ils font double mal : ils font une injustice, et ils tarissent la source des bienfaits.

D. Y a-t-il d'autres manières ordinaires de retenir le bien d'autrui ?

R. Il y en a trois autres ; s'approprier un dépôt, ne pas rendre les comptes auxquels on est obligé, et ne pas chercher à qui appartient la chose qu'on a trouvée.

1° *Ceux qui gardent pour eux un dépôt* qui leur est confié, sont des voleurs et des traîtres. Ils abusent de la confiance, ils pèchent comme s'ils avaient dérobé, et ils ajoutent la trahison à l'injustice, en violant les droits sacrés de la confiance et de l'amitié. C'est donc un grand péché de retenir un dépôt ; mais c'en est un autre de le recevoir en certaines circonstances. Par exemple, si on venait déposer chez vous des effets volés, soustraits à un inventaire, à une saisie ; recevoir ce dépôt, ce serait recéler, ce serait favoriser le larcin. Si vous vous trouvez dépositaires en pareil cas, il faut rendre le dépôt à celui qui a le droit de le réclamer, ou consulter sur ce que vous avez à faire dans une occasion si délicate.

2" *Ceux qui ne rendent pas les comptes* qu'ils doivent
rendre, ou qui ne les rendent pas fidèlement, sont coupables de détention du bien d'autrui. Ce sont de mauvais
économes, à qui le souverain Père de famille dira un
jour : Rendez compte de votre mauvaise administration.
Redde rationem villicationis tuæ. (Luc, xvi, 2.) C'est une
infidélité de ne pas les rendre au temps marqué ; c'est
un larcin, une tromperie de les falsifier, d'en retrancher,
de grossir les mémoires, de diminuer les recettes, d'exa-
gérer les dépenses, etc. Ainsi tous ceux qui sont chargés
d'une administration publique ou particulière, les fermiers, les régisseurs, les procureurs de communauté,
les tuteurs, les curateurs, etc., sont détenteurs du bien
d'autrui, s'ils ne rendent pas leurs comptes avec exactitude et fidélité.

3° *Ceux qui ont trouvé des choses perdues,* retiennent
le bien d'autrui s'ils ne font pas leurs diligences pour découvrir ceux à qui elles appartiennent. *Res clamat dominum.* Cet argent, cet effet perdu, réclament leur maître,
vous ne pouvez les garder pour vous. Il faut chercher,
vous informer, attendre, et les rendre fidèlement à celui
qui a droit de les réclamer. Si vous ne pouvez le découvrir après un temps suffisant, donnez aux pauvres la
chose ou la valeur à l'intention de celui à qui elle appartient. Une précaution plus sûre encore, si elle en vaut la
peine, ce serait de la consigner dans un hôpital, en aver-
tissant de la rendre, si elle est justement réclamée : c'est
un moyen assuré de décharger sa conscience, en conci-
liant les intérêts du perdant et des pauvres.

Objection. Je suis pauvre moi-même, je puis donc
m'attribuer cette épave.

R. Il est dangereux d'être ici juge en sa propre cause.
La cupidité pourrait vous porter à une attribution injuste. Consultez votre confesseur, remettez la trouvaille
entre les mains des administrateurs de charité, pour qu'ils
voient si l'on peut vous l'adjuger en tout ou en partie. En
général, on ne doit pas s'attribuer une chose perdue.

D. Ne pèche-t-on contre ce commandement que quand on commet soi-même ces injustices?

R. On pèche aussi contre ce commandement en participant à l'action de ceux qui les commettent.

Ceux qui participent à l'injustice sont coupables aussi-bien que ceux qui la commettent, et les voici : ce sont ceux qui la commandent, ceux qui la conseillent, ceux qui y consentent, ceux qui y applaudissent, ceux qui en recèlent l'objet, ceux qui la partagent, ceux qui se taisent, ceux qui ne s'y opposent pas, ceux qui ne la manifestent pas. Tout cela est renfermé dans deux vers latins que je vais vous expliquer.

Jussio, consilium, consensus, palpo, recursus,
Participans, mutus, non obstans, non manifestans.

Jussio... Ceux qui commandent le vol ou le dommage. Par exemple, lorsque des pères et mères, des maîtres, des supérieurs, ordonnent à leurs enfants, à leurs domestiques, à leurs inférieurs, de voler, d'usurper, de couper du bois, de conduire le bétail en des endroits préjudiciables, etc. Supérieurs injustes et cruels, vous commettez à la fois l'injustice et le scandale, parce que vous faites pécher votre frère.

Consilium..... Ceux qui conseillent de prendre. Par exemple, quand vous dites à vos camarades : Prenez chez vous telle chose ; quand vous leur dites : Allons prendre des fruits, des raves, des pois, des pommes-de-terre, etc., viens avec moi conduire notre bétail dans ce taillis, etc. Et vous, mes frères, quand vous conseillez des injustices, des procès ruineux ; quand vous détournez quelqu'un de faire du bien, des dons, des charités à ceux qui auraient quelques droits d'y prétendre. Si vos conseils sont suivis, vous êtes les premiers auteurs du tort qui leur est fait.

Consensus..... Ceux qui consentent à l'injustice. Par exemple, un juge qui donne lâchement sa voix pour faire perdre un procès injustement ; un père , une mère, un maître , qui ne reprennent pas les torts que font leurs enfants ou leurs domestiques.... C'est un consentement tacite qui les rend coupables et participants.

Palpo..... Les flatteurs qui , par leurs éloges, approuvent et encouragent l'injustice. Tels sont ces vils adulateurs , qui applaudissent aux vexations, aux usurpations, au luxe , à la prodigalité des grands, lorsqu'ils oppriment les petits ; qui font leur cour aux puissants , aux dépens des intérêts qui leur sont confiés , etc. Telle est la manœuvre de certains esprits brouillons , qui soufflent la dissension et les procès , en raillant la modération de celui-ci, en piquant et excitant la cupidité de celui-là, etc. Flatteurs , maudits de Dieu et des hommes , vous êtes les promoteurs de l'injustice , et vous devez la réparer.

Recursus..... Les recéleurs , c'est-à-dire ceux qui reçoivent, qui cachent les choses dérobées , qui les achètent , qui les débitent , ou qui en procurent le débit. Vous savez le fameux proverbe : *S'il n'y avait point de recéleurs, il n'y aurait point de voleurs*. Voilà pourquoi ceux qui achètent les choses dérobées sont aussi coupables que les voleurs mêmes , surtout s'ils achètent à vil prix quelque chose des enfants , des domestiques, des personnes suspectes , etc. C'est une mauvaise engeance dans la société , que ces recéleurs : *Pessimum genus receptatorum est*. Voilà pourquoi les lois les punissent comme les voleurs mêmes , parce que sans eux les larrons ne pourraient être long-temps cachés. *Sine quibus nemo latere diu potest, et præcipitur ut perindè puniantur atque latrones.*

Participans... Ceux qui participent au vol ou au dommage , par complot , par accord , qui en partagent le profit, ou autrement ; ceux qui fournissent les clefs , les instruments, les échelles ; qui font sentinelle , tandis que les autres dérobent ; tous ceux qui accompagnent les voleurs , participent solidairement à leur injustice. Voilà pourquoi on dit *que la compagnie fait pendre*.

Mutus... Non obstans.... Non manifestans. Réunissons ces trois coopérateurs d'injustices, parce qu'ils reviennent à peu près au même : ceux qui se taisent, qui ne s'opposent pas, qui ne font pas connaître les voleurs lorsqu'ils y sont obligés. Par exemple, un domestique qui voit faire tort à son maître, est un chien muet, qui manque de fidélité. Des pères et mères, des maîtres, qui n'empêchent pas leurs enfants ou leurs domestiques de faire tort ; les hommes publics, les magistrats, les gardes, les surveillants de communautés, qui ne dénoncent pas, etc. ; tous ces fauteurs du dommage en répondront devant Dieu et devant les hommes.

Voyez, mes enfants, combien de coupables dans tous les états. Je n'en ai fait qu'une ébauche ; mille et mille autres injustices sont échappées à ma connaissance et à ce dénombrement. Peut-être, à cause de mon silence, plusieurs se croiront innocents, parce qu'ils n'auront pas entendu dénommer leurs délits ; parce que la cupidité leur ferme les oreilles ; mais je les rappellerai toujours à ce premier principe : *Ne faites à autrui que ce que vous voudriez qu'on vous fît à vous-mêmes.* Alors la conscience doit parler ; malgré toutes vos excuses, vos illusions, vos prétextes, il est écrit au fond de vos cœurs : Vous ne déroberez pas, *non furtum facies.* Malgré tout ce que vous objecterez, vous serez toujours exclus du royaume des Cieux. *Neque fures....... regnum Dei possidebunt.* (1. Cor. vi, 10.)

Non, mes enfants, vous ne vous exposerez pas à perdre le royaume de Dieu pour des intérêts passagers, et toute votre vie vous fuirez l'injustice, et vous craindrez de faire le moindre tort au prochain.

SOUS-DEMANDES.

D. Dites ce commandement comme il est dans la loi.
R. *Vous ne déroberez point.*
D. Qu'est-ce à dire injustement ?

R. C'est-à-dire qu'il ne faut ni prendre, ni garder le bien d'autrui sans y avoir droit.

D. Qui sont ceux qui prennent par violence ?

R. Les voleurs qui demandent la bourse ou la vie.

D. N'y a-t-il que ceux-là ?

R Il y en a bien d'autres : tous ceux qui emploient la force, la puissance, ou le besoin, pour opprimer les faibles et leur porter dommage.

D Qui sont ceux qui prennent par adresse ?

R Ceux qui prennent en cachette, comme les larrons, les filous, les enfants, les domestiques qui dérobent quelque chose ?

D. Qui sont ceux qui prenne par fraude ?

R. Tous ceux qui trompent au jeu ou dans le commerce.

D. Qui sont ceux qui volent par usure ?

R. Ceux qui retirent plus qu'ils n'ont prêté.

D. Qui sont ceux qui prennent par usurpation ?

R. Ceux qui anticipent sur l'héritage d'autrui.

D. Ceux qui font des procès volent-ils ?

R. Oui, tous ceux qui ne plaident pas avec droiture et probité.

D. Quand on a obtenu une sentence, peut-on garder ce qu'elle adjuge ?

R. Si on l'a obtenue de mauvaise foi, c'est comme si on avait volé.

D. N'est-ce qu'en volant qu'on pèche contre ce commandement ?

R. On pèche encore en portant dommage aux biens et héritages d'autrui.

D. Par exemple, les bouviers qui conduisent leur bétail dans les taillis, les prés, les blés, etc., pèchent-ils ?

R. Ils font un très grand tort, et sont obligés à de grandes restitutions.

D. Les domestiques qui perdent leur temps et le bien de leurs maîtres pèchent-ils.

R. Oui, ils font très grand tort et sont obligés de restituer à leurs maîtres.

D. Est-ce un péché de ne pas payer ses dettes ?

R. Oui, parce qu'on retient le bien d'autrui.

D. Mais si on a pas le moyen de payer ?

R Il faut ménager et mettre à part pour cela.

D. Quand on donne quelque chose en dépôt, qu'est-ce qu'il en faut faire ?

R. Il faut le rendre à celui qui l a confié quand il le redemande. On volerait si on le gardait pour soi.

D. Si c'était une chose volée, des meubles détournés d'une saisie ou d'un inventaire?

R. Il ne faudrait pas recevoir un pareil dépôt, c'est receler.

D. Quand on a trouvé quelque objet, le peut-on garder pour soi?

R. Non, il faut s'informer et le rendre à qui il appartient.

D. Et si on ne peut le découvrir?

R. Il est prudent de donner cela à un hôpital avec charge d'en payer la valeur ou de le rendre si on en découvre le propriétaire dans la suite.

D. Qui sont ceux qui participent aux péchés des voleurs ou de ceux qui font tort au prochain?

R. Tous ceux qui y contribuent par leur secours, par leurs paroles ou par leur silence.

D. Par exemple, un maître ou un père qui ordonne de prendre ou de faire du tort?

R. C'est le premier coupable d'injustice.

D. Ceux qui le conseillent ou qui y excitent?

R. Ils pèchent quand même leur mauvais conseil ne serait pas suivi.

D. Ceux qui ouvrent les portes, qui prêtent des échelles, etc.?

R. Ils sont voleurs comme ceux qui prennent.

D. Ceux qui font sentinelle?

R. Ils aident les voleurs; ils participent à leur péché.

D Mais en ne disant rien, on ne pèche pas?

R On pèche quand on est obligé de parler, d'avertir par son état.

D Est-ce que les gardes, les magistrats qui ne s'opposent pas aux dommages et aux injustices, y participent?

R. Oui, ils sont responsables à Dieu et aux hommes.

D. Est-ce que les receleurs sont des voleurs?

R Oui, parce qu'ils les favorisent, ils partagent leur vol.

SECTION DEUXIÈME.

D. A quoi sont obligés ceux qui ont causé du dommage au prochain en son bien?

R. A restituer.

Ce mot *restituer*, dit saint Thomas, signifie rétablir dans une possession dont on était privé. C'est rendre à quelqu'un ce qu'on lui avait pris, ou réparer le tort qu'on lui avait fait. Or, c'est là un acte de justice auquel on est obligé par le septième commandement, selon ces paroles que vous avez récitées : *Ni retiendras à ton escient.* Ainsi cette partie du précepte, qui vous défend de retenir, vous ordonne de rendre ou restituer le bien d'autrui. Cela est juste; la raison et l'équité naturelle vous le disent: vous seriez bien aises qu'on vous rendît ce qu'on vous a pris, ou que l'on réparât le tort qu'on vous a fait. Faites donc à autrui comme vous voudriez que l'on vous fît à vous-mêmes. Cette loi, si juste et si naturelle, est intimée d'une manière terrible dans l'Ecriture. *Si quelqu'un,* dit le Seigneur, *a volé un bœuf ou une brebis, s'il a tué ou vendu ces animaux, il rendra cinq bœufs pour un. Si quis furatus fuerit bovem aut ovem, et occiderit vel vendiderit, quinque boves pro uno bove restituet, et quatuor oves pro una ove.* (Exod. xxII, 1.) Voyez, mes enfants, comme le Seigneur voulait que le vol fût puni dès ce monde, en rendant cinq pour un. Cette loi ancienne de punition n'est point en usage parmi nous; mais on doit réparer tout le tort que l'on a fait dans toute son étendue. *Redde quod debes.* D'où saint Augustin conclut que jamais le péché ne sera remis si on ne restitue pas. *Non remittitur peccatum nisi restituatur ablatum.* Non, non, continue ce saint Docteur, si on ne restitue pas lorsqu'on le peut, la pénitence est fausse et simulée. *Si res aliena... cùm reddi possit, non redditur, non agitur pœnitentia, sed fingitur.* (Aug. Ep. 153.) Il dit *lorsqu'on le peut,* parce qu'à *l'impossible nul n'est tenu;* mais il faut toujours avoir une bonne volonté, vraie et efficace, de le faire lorsqu'on le pourra, et se mettre en état de le pouvoir. Tout ceci va s'expliquer par les demandes suivantes.

D. A qui doit-on restituer?

R. A celui à qui on a fait tort, ou à ses héritiers s'il est mort.

A chacun le sien : cela est évident; c'est donc évidemment à celui à qui on a fait tort qu'il faut rendre, ou à ses héritiers qui le représentent, s'il est mort.

Objection. C'est à un riche que j'ai fait tort; j'en ferai des aumônes pour lui.

R. Vous ne pouvez faire des aumônes d'un bien qui ne vous appartient pas : seriez-vous bien content que l'on fît des aumônes de ce qu'on vous doit? Si vous restituez de la sorte, connaissant celui à qui vous devez, vous ne cessez pas d'être obligé à restitution. C'est la décision de saint Thomas. Ainsi, en pareil cas, il faudrait restituer deux fois.

D. Si l'on ne peut découvrir celui à qui on a fait tort, ni ses héritiers, que faut-il faire?

R. Restituer entre les mains des pauvres, et se régler sur l'avis d'un sage directeur.

Voilà le cas où l'on peut et l'on doit faire l'aumône de l'objet de la restitution; par-là, vous déchargez votre conscience, parce qu'alors on doit présumer que l'intention du propriétaire est que l'on fasse le meilleur usage possible de son bien. Mais souvenez-vous qu'auparavant vous devez faire de bonne foi toutes les perquisitions et les diligences nécessaires pour faire parvenir la restitution à qui elle est due. Si vous donnez aux pauvres sans ces précautions, votre conscience n'est pas déchargée : c'est votre faute si vous n'avez pas découvert le vrai propriétaire; *ejus culpæ est quod dominum non invenerit;* et vous avez mérité de payer deux fois. Du reste, si vous êtes dans l'embarras, il faut consulter un confesseur sage et éclairé, et suivre ses avis. A qui restituer? Si c'est à un mineur que vous avez fait tort, c'est aux tuteurs, à charge par eux de lui en tenir compte; si c'est à une communauté, il faut restituer à celui qui en tient les deniers; si c'est sur la taille, sur les impôts, en ménageant les uns, en surchargeant les autres, il faut dédommager les malheureux que vous avez opprimés, à vos frais, en les déchargeant et payant pour eux, ou en y faisant accéder ceux que vous avez trop ménagés.— Tout cela est bien embarrassant !... Ne faites jamais tort, et vous ne vous trouverez pas dans l'embarras de le réparer.

D. Quand faut-il restituer?
R. Le plus tôt qu'on le peut.

Cela suit des principes que nous avons établis. *Le bien d'autrui ne retiendras.* C'est un précepte négatif, qui oblige toujours et à chaque instant : *Obligat semper et pro semper*; en sorte que le détenteur du bien d'autrui pèche toutes les fois et à chaque instant qu'il peut le rendre et ne le veut pas. On doit donc être toujours prêt à restituer aussitôt qu'on le pourra.

Il faut restituer sans délai. Pourquoi? Parce que vous commettez un nouveau péché à chaque fois que, réfléchissant sur une possession injuste, vous ne voulez pas la rendre; parce que vous commettez des sacriléges à chaque fois que vous recevez les sacrements dans cette disposition. Quelle montagne d'iniquités, depuis dix ou vingt années que vous gardez le bien d'autrui!

Sans délai. Pourquoi? Parce que plus vous différez, plus vous accumulez la dette, puisque vous devez restituer, non-seulement le principal, mais les fruits, les intérêts, les dommages qui résulteraient de la longueur de vos délais.

Sans délai. Pourquoi? Parce que celui à qui vous devez a peut-être besoin. C'est peut-être un malheureux qui languit de faim et de misère. Vous retenez le morceau de pain après lequel il soupire; vous prolongez ses langueurs et ses maux.

Sans délai. Pourquoi? Parce qu'il faut profiter des bons moments. Aujourd'hui vous êtes touchés, portés à bien faire; demain peut-être vous changerez de volonté. Si vous attendez, le moment de la grâce passera, vous vous attacherez toujours plus à vos possessions illégitimes, et vous endurcirez toujours plus votre âme dans son acharnement aux biens de la terre.

Sans délai. Pourquoi? Parce que le temps passe, la mort vient. Déjà elle vous saisit, elle va vous entraîner dans le tombeau..... Et vos mains rapaces tiennent toujours leur proie! O détenteur injuste! s'écrie saint Grégoire, songez donc que ces biens mal acquis ne vous suivront pas sous la tombe. Vous allez rentrer nu dans le sein de la terre; ces trésors d'iniquité vont passer entre les mains de vos enfants, qui bientôt les quitteront eux-mêmes; ou plutôt ces biens d'autrui les précipiteront après vous dans l'abîme. Tremblez d'être surpris dans cet état dangereux; un coup de tonnerre, un accident, et vous voilà englouti avec toutes vos possessions usurpées. Hâtez-vous, prévenez un si terrible malheur.

D. Si l'on n'a pas de quoi restituer, que faut-il faire?

R. Avoir le désir de restituer, et employer tous les moyens possibles pour y parvenir.

En attendant que l'on puisse restituer, Dieu veut bien se contenter de la bonne volonté. (Hélas! cette volonté, elle n'enrichit pas celui à qui vous avez fait tort.) Cependant elle suffit, jusqu'à ce qu'on puisse réellement satisfaire à cette obligation. Mais, remarquez bien, je dis *bonne volonté*, une volonté efficace, qui prenne dès à présent les moyens de parvenir à la restitution; c'est-à-dire qu'il faut se gêner, se retrancher, faire des efforts, travailler pour amasser de quoi payer; car si on ne fait rien, si on ne se refuse rien, si on fait des dépenses superflues pour ses plaisirs, pour sa vanité, pour sa parure, tandis que l'on doit, c'est persévérer dans son injustice, c'est voler de nouveau, puisqu'on dépense un argent qui n'est pas à soi, qui est dû; c'est insulter Dieu et ceux à qui l'on doit; c'est prolonger et multiplier son iniquité, et se rendre toujours plus indigne du pardon : *Prolongaverunt iniquitatem suam.* (Ps. cxxviii, 3.)

3.

D. Et si l'on n'a qu'une partie de ce qu'on doit restituer?

R. Restituer cette partie et prendre toutes les mesures possibles pour restituer le reste.

C'est la meilleure preuve que l'on puisse donner de sa bonne volonté, que de commencer ainsi à s'exécuter. Quand vous n'auriez que dix sous à donner sur une somme considérable, donnez-les; c'est toujours autant d'acquitté. Par exemple, vous, mes enfants, qui peut-être avez déjà fait de si grands torts avec vos bestiaux, ou autrement, il faut commencer dès à présent à restituer quelque petite chose, prendre pour cela sur vos menus plaisirs, si vous avez de quoi. Il faut que vous soyez déterminés à réparer dans la suite les grands torts que vous avez causés; sans quoi point de pardon pour vous; et par conséquent il faudra vous gêner jusqu'à ce que vous ayez rempli ce devoir de justice. Ah! mes enfants, qu'il eût bien mieux valu ne point faire de tort? Vous seriez tranquilles. Faites-y donc attention, et ne contractez point de nouvelles dettes par la suite.

D. Pour accomplir ce commandement, est-ce assez de ne pas prendre le bien d'autrui?

R. Il faut encore faire l'aumône.

D. Ceux qui, pouvant faire l'aumône, ne la font pas, pèchent donc contre la justice?

R. Oui, ils pèchent contre la justice.

D. Sur quoi est fondée l'obligation de faire l'aumône?

R. Sur la loi naturelle et divine.

Oui, mes enfants, l'aumône est d'obligation pour tous ceux qui ont le moyen de la faire; en sorte qu'ils pèchent s'ils ne la font pas. Cette obligation est fondée, 1° *sur la loi naturelle;* car la loi naturelle est de *faire à autrui ce que nous voudrions qu'on nous fît;* or, nous serions bien aises qu'on nous aidât si nous étions dans le besoin ; il faut donc aider les autres.

2° Cette obligation est fondée *sur la loi de Dieu*, qui nous dit : Ne frustrez pas le pauvre de son aumône, et ne détournez pas les yeux de sa misère. *Fili, eleemosynam pauperis ne defraudes, et oculos tuos ne transvertas à paupere.* (Eccli. iv, 1.) Rachetez vos péchés par l'aumône. *Peccata tua eleemosynis redime.* (Dan. iv, 24.)

Pauvres habitants de nos campagnes! hélas! la plupart d'entre vous sont plus dans le cas de recevoir l'aumône que de la donner. Mais je vous dirai ce que le saint homme Tobie disait à son fils. Si vous avez peu, donnez ce peu de bon cœur. *Si exiguum tibi fuerit, exiguum libenter impertiri stude.* (Tob. iv, 9.) Le Seigneur vous en saura le même gré que si vous donniez beaucoup. Il considère moins le don que l'amour de celui qui donne. Le denier de la veuve est autant à ses yeux que les grandes sommes que les riches mettent dans les trésors de la charité. C'est le spectacle touchant que nous avons dans nos campagnes, et en particulier dans cette paroisse. Vous partagez volontiers le morceau de pain grossier qui vous nourrit, avec le malheureux qui n'en a point. Pauvres bienfaisants qui soulagez un autre pauvre, non, le Seigneur ne vous abandonnera jamais ; il vous rendra au centuple en cette vie et dans l'autre ce don léger que vous faites à votre frère indigent ; tandis qu'il n'a que des anathèmes et des jugements terribles contre les riches avares qui refusent l'aumône. Le mauvais riche est enseveli dans les enfers pour avoir eu un cœur de bronze à l'égard du pauvre Lazare, étendu à sa porte. (*Histoire. Luc.* xvi.) Sur quoi portera la sentence de notre bonheur ou de notre malheur éternel ? Sur l'aumône exercée, ou refusée : *Venez les bénis de mon Père...... Possédez le royaume que mon Père vous a préparé, parce que j'ai eu faim, et que vous m'avez donné à manger,* etc. *Allez, maudits, au feu éternel, car j'ai eu faim, et vous ne m'avez pas donné à manger,* etc. (Matth. xxv.) Voilà l'alternative; c'est donc un grand précepte que l'aumône, puisqu'il est appuyé, comme les autres, sur les plus belles promesses et les menaces les plus terribles.

Cependant il faut la faire avec discernement, et voir si on ne la répand pas dans des mains paresseuses. Car il est de mauvais pauvres qui volent les charités par une vie oisive et libertine. On favoriserait leurs vices par une charité mal entendue ... Il faut la faire avec bonté, douceur, d'un air aimable et satisfait. *Le Seigneur aime celui qui donne avec joie.* Vous la ferez volontiers, chers enfants, j'en suis sûr; à votre âge on est naturellement tendre, compatissant, bienfaisant. Pères et mères, exercez de bonne heure vos jeunes enfants à l'aumône; faites passer vos charités entre leurs mains innocentes. Cet heureux exercice en fera un jour de généreux Tobies et des citoyens bienfaisants.

SOUS-DEMANDES.

D. Que veut dire ce mot *restituer?*

R Rendre ce qu'on a pris ou réparer le tort qu'on a fait.

D. Est-ce qu'il faut absolument restituer?

R. Oui, cela est juste; sans cela point de pardon.

D. Quand on ne sait comment s'y prendre pour restituer, que faire?

R. Il faut consulter son confesseur.

D. Si on diffère de restituer, est-ce que l'on commet un nouveau péché?

R. Oui, on est en état de péché tant que l'on a pas la volonté de restituer.

D. Si on ne peut pas?

R. Il faut ménager, travailler, donner ce que l'on peut, en attendant qu'on puisse faire le reste.

D. Qui sont ceux qui sont obligés à faire l'aumône?

R. Ceux qui le peuvent. Si on a peu, il faut donner ce peu de bon cœur.

RÉCAPITULATION PRATIQUE.

1° Pénétrez-vous bien des sentiments de justice et de probité, qui doivent toujours guider un chrétien et un honnête homme.

2° Ne prenez jamais rien à personne, ni violemment, ni par adresse, ni par surprise, ni par usurpation.

3° Ne prêtez jamais à usure ; prêtez sans rien en attendre : *Mutuum date, nihil indè sperantes.* (Luc. vi, 35.)

4° Soyez francs et droits en tout ; ne trompez jamais au jeu, ni dans le commerce.

5° Ne portez jamais aucun dommage à personne.

6' Si vous avez fait tort à quelqu'un, réparez-le au plus tôt. *Perde pecuniam, ne perdas animam.*

PRIÈRE.

Non furtum facies, vous ne déroberez point. Que d'obligations renfermées dans ces deux paroles, ô mon Dieu ! Nous venons de les entendre développer, et nous vous rendons grâces de cette importante instruction ; nous y avons appris qu'il ne fallait jamais prendre ni usurper le bien du prochain, ni lui causer aucun dommage, et qu'il fallait absolument réparer les injustices par une prompte et exacte restitution. Ah ! Seigneur, si jeunes encore, combien n'avons-nous pas transgressé ce commandement si intéressant pour nous-mêmes et pour toute la société. Quels ravages n'avons-nous pas faits dans les héritages d'autrui ! Il faut réparer nos injustices, sans quoi point de pardon ! Il faut du moins le vouloir et faire tous nos efforts pour y parvenir ! Il faut nous dépouiller ou nous perdre à jamais !.. ... Grand Dieu, quelle alternative !...... Mais enfin, je veux restituer, dussé-je mendier !..... Que me servira d'avoir gagné tout l'univers, si je viens à perdre mon âme ? Pardon, Seigneur : miséricorde : je vais travailler sérieusement à réparer mes torts ; j'en forme à vos pieds la résolution la plus sincère ; donnez-moi, ô mon Dieu ! la force, le courage et les moyens de l'exécuter, afin qu'ayant les mains pures et dégagées de toutes injustices, je puisse habiter dans vos demeures éternelles. Ainsi soit-il.

DU VIII° COMMANDEMENT DE DIEU.

D. Récitez le huitième commandement de Dieu.

R. Faux témoignage ne diras, ni mentiras aucunement.

C'est-à-dire vous ne ferez point de faux témoignages, et vous ne direz point de mensonges.

D. Qu'est-ce que Dieu défend par son huitième commandement ?

R. Il défend le faux témoignage, le mensonge, la médisance, la calomnie, et le jugement téméraire.

Voilà cinq choses qui sont défendues par ce commandement ; nous allons expliquer chacun de ces articles.

D. Qu'est-ce que le faux témoignage ?

R. C'est une déposition faite, surtout en justice, contre la vérité.

En justice ou ailleurs, une personne est appelée pour déposer comme témoin ; on lui fait lever la main, prêter serment qu'elle déposera la vérité ; elle dit faux : voilà un faux témoignage, c'est déposer contre la vérité.

D. Le faux témoignage est-il un grand péché ?

R. Oui, parce qu'il blesse la vérité, la charité, la justice et la religion.

Voyez, mes enfants, combien ce crime est énorme ! Voilà quatre péchés à la fois.

1° Un faux témoin *blesse la vérité ;* il fait un mensonge considérable ; il dit faux dans des circonstances très graves, sur des objets qui intéressent considérablement le bon ordre et la société ; il ment impudemment et sacrilégement devant Dieu et devant les hommes respectables qui ont droit d'exiger de lui la vérité, *mentitus es coràm Deo et hominibus.*

2º *Il blesse la charité* ; car sûrement il fait de la peine et du tort à quelqu'un. Par exemple, dans un procès, s'il fait gagner une partie, il fait perdre l'autre ; s'il sauve un coupable, il fait tort à la société ; s'il témoigne méchamment, par haine, par vengeance, il opprime l'innocence. Quel crime contre la charité !

3º *Il blesse la justice* ; car il trompe les juges établis pour la rendre, il dirige leur jugement contre le droit public ou particulier ; il fait perdre un procès à celui qui devait le gagner, et gagner celui qui devait perdre ; il fait épargner le coupable et punir l'innocent ; il blesse donc la justice, et dans le juge, et dans le justiciable. Quelle horrible iniquité !

4º *Il blesse la religion.* C'est le Dieu de toute vérité, c'est tout ce qu'il y a de plus sacré qu'il atteste pour appuyer le mensonge ; c'est la foi de l'acte de religion le plus redoutable qu'il viole sacrilégement ! Quelle indigne profanation !

C'est Dieu même qui a fixé la preuve par témoins, comme la règle du jugement des hommes : tout arrêt sera tranché et décidé sur la déposition de deux ou trois témoins ; *in ore duorum vel trium testium stabit omne verbum.* (Deut. xix, 15.) Témoins, c'est donc vous qui fixez les sentences qui décident des biens et des fortunes, de la vie même de vos frères. Voyez de quelle conséquence il est que vous déposiez dans la plus exacte vérité.

Voilà pourquoi le Seigneur intime ce précepte avec tant de force et de majesté en mille endroits de ses Ecritures ; voilà pourquoi il témoigne tant d'horreur contre les faux témoins. Il y a six choses que Dieu déteste,... et surtout les menteurs et les faux témoins ; *sex sunt quæ odit Deus...... proferentem mendacia, testem fallacem.*

(Prov. vi, 16 et 19.) Voilà pourquoi il prononce contre eux des arrêts terribles de vengeance et de mort. *Testis falsus non erit impunitus.* (Prov. xix, 5.) *Testis mendax peribit.* (Ibid. xxi, 28.) C'est qu'un faux témoin est un assassin, un meurtrier, qui plonge l'épée, le poignard et la flèche dans le cœur de son frère. *Jaculum, et gladius, et sagitta acuta, homo qui loquitur contrà proximum suum falsum testimonium.* (Ib. xxv, 18.) En effet, mes enfants, la ruine, le déshonneur, l'opprobre, le chagrin, la désolation, la mort même, voilà les suites funestes des faux témoignages.

Voilà pourquoi l'Eglise frappe d'excommunication les faux témoins, et le faux témoignage est un cas réservé.

Voilà pourquoi les lois humaines prononcent la mort contre les faux témoins. On leur coupe le poing;... on la tranche, cette main meurtrière et sacrilége, qui s'est levée pour former un témoignage parricide ; il périra sur un infâme gibet, ce témoin barbare, qui a causé la mort. *Testis falsus peribit.* (Histoire des vieillards faux témoins contre Susanne. *Dan.* xiii.) Tôt ou tard ce crime énorme sera vengé par la justice humaine ou divine, ou en ce monde ou dans l'autre. *Testis falsus non erit impunitus.*

Si donc vous êtes quelque jour appelés en témoignage, ah ! mes enfants, tremblez dans ces circonstances redoutables, et dites exactement la vérité ; dites ce que vous savez, comme vous le savez, comme vrai ce que vous croyez vrai, comme douteux ce qui vous paraît douteux ; rien, si vous ne savez rien ; toujours avec droiture, franchise, sincérité. Que jamais ni la haine, ni l'amitié, ni la compassion, ni la crainte d'un homme puissant, ni l'envie de lui faire plaisir, ni l'espérance d'un indigne profit, ni les présents, ni les menaces, ne vous fassent violer la vérité dans une circonstance si importante.

Car, hélas ! mes enfants, il est des suborneurs qui sollicitent, qui achètent les faux témoignages ; vous en trouverez peut-être un jour. Ah ! gardez-vous d'acquiescer à leurs sollicitations iniques. *Fili, si te lactaverint*

peccatores, ne acquiescas eis. (Prov. 1, 10.) Corrupteurs
scandaleux ! vous ajoutez un cinquième crime aux quatre
dont nous venons de parler ; vous livrez au Démon de
l'injustice l'âme d'un témoin timide, complaisant ou in-
téressé ; vous damnez votre frère ; mais tous ces crimes
retomberont sur vous, et vous précipiteront, avec votre
faux témoin, dans l'abîme que vous aurez creusé sous
ses pieds. Dieu et les hommes puniront plus sévèrement
le suborneur que le faux témoin, puisqu'il est coupable
d'un crime de plus.

Il est encore une autre espèce de faux témoignage qui
n'est pas moins criminel ; c'est de fabriquer de faux
billets, de faux actes, de faux titres, ou d'en altérer de
véritables, en changeant quelque chose, des mots, des
signatures, etc.; c'est le crime de ceux qu'on appelle
faussaires. On coupe le poing à ceux qui prêtent leurs
mains à ces indignes manœuvres, soit pour eux, soit
pour les autres ; on les conduit au gibet comme des
voleurs, des faux-monnayeurs ; ils en sont dignes, puisqu'ils exercent un brigandage aussi funeste et souvent
plus considérable que les fripons qui prennent par leurs
mains.

**D. A quoi est obligé celui qui a porté un faux té-
moignage ?**

**R. A réparer tout le tort que le faux témoignage a
causé.**

Point de pardon sans réparation. Il faut donc que le
faux témoin rende le bien, l'honneur, la réputation qu'il
a fait perdre ; c'est la religion et la justice qui l'exigent.
Non-seulement le faux témoin, mais le faussaire, mais
celui qui a fait fabriquer des titres et papiers, mais ceux
qui en ont conseillé l'usage, qui les ont employés et pro-
duits, mais les suborneurs, etc., tous les complices de
ces œuvres d'iniquité sont obligés solidairement l'un pour
l'autre, à ces réparations et restitutions.

D. Qu'est-ce que mentir?

R. C'est parler contre sa pensée.

On dit un mensonge quand on parle autrement qu'on ne pense, quand on assure comme vraie une chose qu'on sait être fausse, ou quand on assure comme fausse une chose qu'on sait être vraie. Par exemple, un marchand dit : Cette marchandise est bonne, tandis qu'il sait qu'elle est mauvaise ; elle m'a coûté 100 livres, tandis qu'elle ne lui en coûte que 60 ; voilà des mensonges, parce que cet homme parle contre sa pensée, et cela pour tromper. Et vous, mes enfants, par exemple, on vous demande : Êtes-vous allés à la messe? avez-vous fait vos prières? avez-vous fait telle chose qu'on vous avait commandée? Vous répondez oui, et cependant vous n'en avez rien fait ; vous parlez contre votre pensée, et cela pour tromper la vigilance de vos parents ; voilà des mensonges, et de gros mensonges, ceux du moins qui sont en matière grave. Voilà donc ce que c'est que mentir. Hélas ! mes enfants, vous ne le savez que trop dans la pratique.

Nous disons *parler contre sa pensée ;* car si on pensait la chose comme on la dit, quoiqu'elle ne fût pas telle, ce ne serait pas un mensonge, mais une erreur involontaire, parce qu'on parlerait selon sa pensée et sa persuasion intime, de bonne foi, sans dessein de tromper : par exemple, vous croyez vraie telle chose qu'on vous raconte ; vous la rendez avec bonne foi telle qu'on vous l'a dite ; vous ne mentez pas, quoique cela ne soit pas vrai, parce que vous ne parlez pas contre votre pensée.

D. Y a-t-il des occasions où il soit permis de mentir ?

R. Non, jamais il n'est permis de mentir.

Le mensonge est toujours péché, parce qu'il est toujours contraire à la loi, toujours essentiellement opposé à la suprême véracité de Dieu, qui déteste nécessairement la fausseté, la duplicité, les lèvres menteuses. *Abominatio est Domino labia mendacia.* (Prov. xii, 22.) Le mensonge est un démenti que l'on donne au Dieu de vérité, qui sonde nos cœurs et qui connaît nos pensées; c'est l'ouvrage du Démon que l'Ecriture appelle le père du mensonge; menteurs, vous êtes donc les enfants du Démon.

Le mensonge est contraire aux droits de la société. Notre langue est faite pour manifester nos pensées à ceux qui vivent avec nous. Elle les trompe si elle dit le contraire de ce que nous avons dans l'âme. Il n'y aurait plus de sûreté dans la vie, on ne pourrait plus se fier à personne s'il était permis de parler autrement que l'on ne pense : il n'est donc jamais permis de mentir. Et ce péché est plus ou moins grief à proportion des circonstances qui l'accompagnent ou des maux qui en résultent. Il est des mensonges légers qui ne sont que péchés véniels; il en est de considérables qui sont péchés mortels. Quels qu'ils soient, on doit toujours les éviter.

Objection. Ce ne sont pas des mensonges qui fassent tort au prochain; c'est pour rire, pour m'excuser, pour avoir la paix, pour rendre service, etc.

R. N'importe, répond saint Augustin, le mensonge ne peut être permis en aucune occasion, quand il ne porterait aucun préjudice, quand même il serait avantageux, parce qu'il est péché de sa nature, comme le vol, la vengeance et les autres infractions de la loi. Or, jamais il n'est permis de pécher, même véniellement; donc jamais il n'est permis de mentir, même légèrement ; quelque léger que soit un mensonge, c'est un mal plus grand que tous les maux temporels : il n'est donc jamais permis de l'employer pour les éviter. Ainsi, le mensonge même officieux n'est pas permis ; il en est de même des mensonges joyeux et d'amusement. Eh ! mes enfants, peut-on s'égayer aux dépens de la vérité, en faisant outrage au Dieu de vérité? L'homme juste qui aime Dieu et qui craint de lui déplaire, détestera toujours le mensonge le plus léger. *Verbum mendax justus detestabitur.* (Prov., xiii, 5.) Ne mentez pas entre vous, dit l'Apôtre ; *nolite mentiri invicem.* (Coloss., III , 9.) Imaginez tous les moyens légitimes pour avoir la paix , pour rendre service ; mais n'employez jamais le moindre mensonge pour cela. Une offense de Dieu est-elle comparable à tous les biens du monde ? Le mensonge de Saphire et d'Ananie ne portait préjudice à personne, puisqu'ils étaient maîtres de leurs biens ; cependant il est puni de mort. (*Hist. Act.* v.)

Toujours la vérité , mes enfants : la franchise et la candeur sont le caractère de votre âge. *La vérité,* dit-on , *sort de la bouche des enfants ;* plût à Dieu que ce proverbe fût toujours vrai ! Ne vous accoutumez pas à mentir, même légèrement : un menteur d'habitude franchira bientôt les barrières du péché véniel ; il s'enhardira au mensonge grief , pour son intérêt et aux dépens des autres , quand l'occasion s'en présentera.

Le mensonge est péché mortel quand il outrage grièvement la foi, la religion, les mœurs, l'intérêt, l'honneur. Par exemple , ces menteurs contre la foi , qui donnent le démenti à Dieu même, en traitant de fables les vérités que nous vous prêchons ; ces menteurs contre la religion , qui la profanent par de faux serments ; ces menteurs contre l'équité , qui trompent dans les marchés sous mille attestations fausses de leur foi , de leur conscience , du Ciel , de l'enfer, et qui dévouent mille fois le jour leur âme au père du mensonge ; ces menteurs calomnieux qui noircissent la réputation du prochain , qui lui font perdre son crédit , son honneur, ses établissements, sa fortune. Voilà des mensonges horriblement pernicieux : ce sont ceux-là surtout, mes enfants, que vous devez éviter toute votre vie avec horreur. *Nolite mentiri invicem.*

Voyez-vous , mes enfants , comme on regarde les menteurs dans la société ; ils sont méprisés , détestés, redoutés partout comme de mauvais citoyens ; on s'en défie toujours , et on a raison : une âme double est capable de toutes sortes d'infidélités, d'injustices, de trahisons, d'inventions préjudiciables au bonheur de la société. Un menteur perd tout crédit ; on ne le croit plus , même quand il dit la vérité. Fuyez donc le mensonge et les menteurs comme des pestes funestes.

D. Qu'est-ce que médire?

R. C'est découvrir à d'autres, sans nécessité, les fautes ou les défauts du prochain.

On médit du prochain, quand on découvre ses défauts qui devraient être cachés; quand on divulgue certaines fautes qui lui font déshonneur, et cela *sans nécessité*, sans y être obligé pour un bien public ou particulier; car il est quelquefois nécessaire d'en parler; par exemple, lorsqu'on avertit un père, un maître, un supérieur, afin qu'ils mettent ordre aux défauts de leurs inférieurs, ou quand ces défauts peuvent occasionner quelques préjudices considérables à d'autres. Alors il y a une bonne raison, une nécessité d'avertir, mais toujours avec prudence et charité. Hors de ces circonstances, on doit garder le plus profond silence sur les fautes secrètes de son prochain : la charité doit les couvrir de son manteau. C'est le cas d'appliquer ce proverbe : *Toute vérité n'est pas bonne à dire.* Voilà, mes enfants, ce qu'on appelle médisance. Voyons maintenant ce que c'est que la calomnie.

D. Qu'est-ce que calomnier?

R. C'est imputer au prochain des défauts qu'il n'a point ou des fautes qu'il n'a pas commises.

On calomnie quand on invente méchamment des faussetés contre l'honneur du prochain et qu'on les répand : invention noire qui ajoute l'imposture à l'injustice. On ment cruellement en lui enlevant sa réputation qui est le plus précieux de tous les biens. Voilà, mes enfants, ce qu'on appelle une calomnie, crime plus énorme que le précédent, puisqu'il blesse tout à la fois la vérité et la charité, et même la justice.

La différence qu'il y a donc entre la médisance et la calomnie, c'est que celle-ci est une *fausseté*, et l'autre une *vérité* préjudiciable à l'honneur du prochain. **Pour** désigner ce double péché de la langue, on se sert du terme général de *détraction*, vice détestable et détesté dans la société.

La détraction en général est une diffamation injuste du prochain, faite en son absence par des paroles ou par des signes.

Ce mot *détraction* veut dire l'action de celui qui *arrache*, qui *déchire* l'honneur d'autrui. C'est une *diffamation*, c'est-à-dire l'action de celui qui *diffame*, qui ôte la réputation. Elle est *injuste* quand on n'a pas de raisons essentielles de parler ; car on n'a pas le droit de déshonorer les autres sans une nécessité qui l'emporte sur l'obligation de se taire. *En son absence*, c'est la différence qu'il y a entre les injures qu'on dit en face, et les discours que l'on tient contre les absents. La détraction se fait *par des paroles ou par des signes* qui portent atteinte à l'honneur du prochain. Tout ceci mérite d'être développé, et cette instruction est de la plus grande importance. Écoutez bien, mes enfants et mes frères.

La détraction, soit par médisance, soit par calomnie, est un très grand péché, mortel de sa nature. Pourquoi ? Parce qu'elle blesse grièvement la grande loi de l'amour du prochain. *Qui detrahit fratri..... detrahit legi....* (Jac. **IV,** 11.) Elle lui enlève l'honneur qui lui est plus précieux que les richesses. *Melius est nomen bonum quàm divitiæ multæ.* (Prov. XXII, 1.) Un médisant, un calomniateur est donc plus criminel que les voleurs qui dérobent l'argent ou les héritages ; il fait à son frère une plaie profonde qui lui déchire le cœur, qui brise ses os en le plongeant dans le chagrin et l'amertume. *Plaga autem linguæ comminuet ossa.* (Eccli. XXVIII, 21.) Les dents du détracteur sont des flèches et des armes empoisonnées ; et sa langue est une épée meurtrière qui donne la mort. *Dentes eorum arma et sagittæ; et lingua eorum gladius acutus.* (Psal. LVI, 5.) Le détracteur est un serpent qui se glisse et qui mord sourdement. *Si mordeat serpens in silentio,*

nihil eo minùs habet qui occultè detrahit. (Eccle. x , 11 .)
En effet, dit saint Jérôme, comme un serpent insinue
son venin dans la plaie que fait son dard envenimé, de
même le médisant qui déchire en secret la réputation de
son frère, fait couler dans la plaie le poison de son mauvais cœur. (*Hier. in cap. x Eccle.*)

Voilà pourquoi saint Jacques appelle la langue médi-
sante, un feu qui dévore, un mal inquiet, une source
de poison mortel, un assemblage de toutes les iniquités.
*Lingua ignis est, universitas iniquitatis, inquietum ma-
lum, plena veneno mortifero.* (Jac. iii , 6 et 8.)

En effet, elle outrage toutes les vertus. 1° *La religion;*
car, si quelqu'un croit avoir de la religion sans mettre un
frein à sa langue,...... sa religion est vaine. *Si quis putat
se religiosum esse, non refrænans linguam suam,......
hujus vana est religio.* (Jac. 1. 26.) 2° *L'humilité;* car
c'est communément l'orgueil qui veut s'élever en flétris-
sant les autres. 3° *La prudence;* car quelle imprudence
de s'exposer soi et le prochain à toutes les suites d'un
coup de langue ! 4° *La justice;* car de quel droit enlevez-
vous à votre frère un bien si précieux que la réputation
qui lui appartient? 5° *La tempérance;* car qu'est-ce autre
chose qu'une démangeaison insatiable de parler et une
intempérance de langue? 6° *La charité;* cruel, vous
blessez votre frère par l'endroit le plus sensible ! 7° *La
pudeur;* car combien d'obscénités versées dans les
oreilles, en couvrant de fange et d'ordure les victimes
infortunées d'une langue corrompue qui médit !

La détraction est donc un grand péché. Elle est griève,
1° à proportion de celui qui médit : s'il a de l'esprit, du
crédit, un rang, de l'autorité, cela imprime à sa langue
une force particulière qui fait de plus profondes blessures; 2° à proportion de la personne dont on médit : si
c'est un homme en place, un Prêtre, un Evêque, un magistrat, cela l'avilit dans l'esprit de ceux qui lui doivent
le respect et la soumission ; et de là quels désordres!.....
si c'est un commerçant, vous le décriez, vous ruinez son

commerce ; si c'est un domestique , un ouvrier, vous lui arrachez les ressources de son travail et de sa subsistance ; si c'est une personne prête à s'établir, vous ternissez une réputation délicate , et vous lui faites manquer un parti , etc. 3° Griève à proportion du mal que l'on dit ; si ce sont des choses bien secrètes , bien graves , bien diffamantes , etc. 4° Griève à proportion du nombre des auditeurs de la médisance : plus il y en a , plus le déshonneur se multiplie , se répand , se perpétue. 5° Griève à proportion des effets et des suites que cela peut avoir, des pertes , des préjudices occasionnés par les mauvais coups de langue. 6° Griève à proportion de la passion qui anime le médisant ; haine , jalousie , vengeance , orgueil , dessein de nuire. Toutes ces circonstances sont considérablement aggravantes et doivent être exprimées en confession.

Encore une fois , c'est donc un grand mal que la détraction. C'est donc à juste titre que les détracteurs sont détestés de Dieu , et l'abomination des hommes. *Detractores Deo odibiles*. (Rom. i , 30.) *Abominatio hominum detractor*. (Prov. xxiv, 9.) Voilà pourquoi l'Apôtre les exclut du royaume des Cieux , comme les voleurs et les brigands : *Neque maledici, neque rapaces regnum Dei possidebunt*.... (1. Cor. vi , 10.) Ces langues empestées ne loueront jamais Dieu , et pendant toute l'éternité elles seront abreuvées du fiel et de l'amertume qu'elles ont répandus dans l'âme déshonorée et affligée de leurs frères.

Cependant on médit sans cesse et en mille manières , souvent sans s'en apercevoir. Je crois , mes enfants , que vos langues enfantines ne sont pas encore formées à ce langage déchirant ; mais il faut vous instruire pour vous précautionner contre un mal si funeste à la société. Écoutez donc , écoutez aussi , grandes personnes dont la langue n'a plus la candeur et l'innocence des enfants ; écoutez quels sont les détracteurs ; si vous vous y reconnaissez , évitez ce malheureux défaut.

1° Ce sont ceux qui *en imposent*, qui inventent, qui

disent un mal que leur frère n'a pas fait. C'est la calomnie : mensonge atroce et digne de l'exécration de Dieu et des hommes, comme nous venons de le dire. (*Imponens.*)

2° Ceux qui *exagèrent,* qui augmentent le mal, qui en disent plus qu'il n'y en a, qui y mêlent des réflexions malignes, qui brodent, qui raillent, qui badinent, qui déclament, qui s'emportent contre des absents qui ne sont pas là pour se défendre. (*Augens.*)

3° Ceux qui *dévoilent* une honte cachée, des secrets sur des familles ou des personnes, qui devaient rester toujours enveloppés du manteau de la charité. On ne dit pas toujours la chose en public, dans une assemblée (quoique cela n'arrive que trop souvent); mais c'est une confidence à l'oreille. Vous ne savez pas telle chose qu'on dit sur tel ou telle ;.... cette femme est malheureuse avec son mari ;.... c'est un mauvais ménage ;.... cette fille a des fréquentations avec un tel ;.... celui-ci a fait telle friponnerie ;.... ce marchand fait mal ses affaires, etc. Je ne dis cela qu'à vous, c'est sous le secret, n'en parlez pas, etc.... Eh! pourquoi le dites-vous? Ne valait-il pas mieux garder votre secret? il serait plus en sûreté. Confieriez-vous ainsi vos trésors? Quelle démangeaison de parler ! — Ce secret vous étouffe !..... Eh ! laissez, laissez mourir au-dedans de vous cette parole funeste que vous avez entendue : non, non, elle ne vous déchirera pas les entrailles. *Audisti verbum adversus proximum tuum? Commoriatur in te, fidens quoniam non te dirumpet.* (Eccli. xix, 10.) Au lieu que ce mot échappé et divulgué va déchirer l'honneur et la réputation de votre frère, ruiner son commerce ou son établissement, etc. Ah! funestes confidences, elles volent de bouche en bouche, et deviennent bientôt des bruits publics.... C'est une forêt embrasée par une étincelle. *Eccè quantus ignis, quàm magnam silvam incendit.* (Jac. iii, 5.)

Confidences de trouble et de division, lorsque ce sont des rapports vrais ou faux d'une personne contre une autre. Par exemple, vous avez entendu quelqu'un dire un mot un peu malin, peut-être assez indifférent, d'un autre ; vous allez le rapporter à celui-ci : *Vous ne savez pas ; un tel a dit ceci, ou cela de vous, dans cette maison*, etc. En voilà assez pour allumer le flambeau de la discorde entre des familles entières. Rapporteurs brouillons, que faites-vous dans le monde? Le personnage de ces furies que les poètes nous représentent sorties des enfers, secouant des serpents enflammés dans les sociétés, et y allumant la guerre.... Langues enflammées d'un feu infernal, le Dieu de paix vous déteste encore par-dessus tous les autres médisants, parce que vous semez les dissensions entre vos frères, ses enfants.

C'est pourtant la manœuvre ordinaire de ces flatteurs lâches et méchants qui se mêlent dans les désunions ; ils vont d'un parti à l'autre raconter tout ce qui se dit, tout ce qui se fait. C'est le sujet trop ordinaire des entretiens des ouvriers ou des ouvrières qui vont travailler de maison en maison ; ils rapportent tout ce qui se passe dans les familles où ils ont été, brouillent, ternissent, déshonorent, déchirent et traînent leur proie lacérée partout où ils vont. Parleurs ou parleuses indiscrètes, vous trahissez des secrets qui devraient être sacrés pour tous ceux qui sont admis dans l'intérieur des familles. Vous faites des médisances énormes ; surtout si vous y ajoutez le ridicule et la malice des interprétations. (*Manifestans.*)

4° On déshonore le prochain en *tournant en mal ses actions*, lorsqu'on lui prête de mauvaises intentions dans sa conduite bonne ou indifférente, sa piété, ses bonnes œuvres, etc. Mauvais génie! mauvais cœur! vous mesurez, comme on dit, les autres *à votre aune;* parce que votre œil est méchant et mal coloré, il voit tout en mal. Croyez-moi, gardez pour vous vos interprétations malignes; ces mauvaises tournures retourneront sur vous ; on vous croira capable du mal que vous supposez, et vous subirez le déshonneur que vous voulez faire à votre frère ; on croira que vous n'avez jamais eu de bonnes intentions, parce que vous en supposez toujours de mauvaises aux autres. (*In mala vertens.*)

5° On déshonore le prochain *en niant le bien* que d'autres disent de lui. Par exemple, on fait l'éloge d'une personne en votre présence, on en dit du bien ; vous dites que cela n'est pas vrai : vous lui faites tort. Pourquoi effacez-vous les impressions avantageuses qu'on donnait de votre frère ? Si on a dit vrai, vous êtes un calomniateur en le niant ; si cela n'est pas, de quoi vous mêlez-vous ? Laissez-en parler avantageusement ; que vous importe, si vous n'êtes pas chargé de contredire ? (*Qui negat.*)

6° On déshonore le prochain en *diminuant* son éloge, en répandant du doute sur le bien qu'on en dit. Par exemple, on loue une belle action, la conduite, la générosité, la charité, le zèle, le travail, la fortune, le commerce, le succès d'un absent. A cela vous répondez : *On en dit plus qu'il n'y en a..... Tout ce qui brille n'est pas or,* etc. Quel plaisir malin ou jaloux avez-vous de répandre ainsi des nuages sur la gloire de votre prochain ? Voilà une médisance, peut-être une calomnie atroce ; vous arrachez à votre prochain une partie de son honneur, et peut-être tout le succès de ses affaires. (*Qui minuit.*)

7° On déshonore le prochain, même en *ne disant rien.* Cela vous surprend. Oui, mes enfants, il est un silence affecté et malin qui en dit quelquefois plus que les paroles. On dit du mal d'un absent ; vous pourriez prendre son parti ; vous ne dites rien, vous laissez dévorer cette malheureuse victime qui ne peut se défendre : vous participez à la détraction par votre lâche silence. On dit du bien d'un autre, vous vous taisez : on sait que vous êtes instruit ; on consulte votre visage : il semble dire qu'il n'en est rien ; un sourire mystérieux, un coup de tête, un coup d'œil, un geste annonce toute autre chose. Ah ! qu'avez-vous fait ! Ce silence fatal a tout détruit ; vous avez gravé le ridicule et l'ignominie beaucoup plus que si vous aviez parlé ! Vous commencez à dire du mal d'une personne, puis tout à coup vous vous arrêtez... *Je n'en dis pas davantage pour son honneur.....* Discrétion perfide! vous en dites mille fois plus que si vous disiez tout. Vos auditeurs devineront sûrement plus de mal qu'il n'y en a; car, hélas! nous sommes tous portés à mal penser. En vous taisant, vous avez dit tout le mal que vous vouliez dire et tout celui qu'y ajoute l'imagination de vos auditeurs peut-être encore plus méchants que vous! Cruelle industrie de la médisance et de la calomnie! (*Qui tacet.*)

Voici encore quelque chose de plus perfide.

8° *Louer faiblement*, c'est quelquefois une affreuse médisance. On loue une personne en votre présence; vous répondez un faible *oui*, d'un ton, d'un air si froid, si indifférent, si contraint, qu'il semble qu'on l'arrache à votre opinion contraire. Il paraît que vous doutez, que vous savez quelque chose qui déroge au prétendu mérite de la personne, et voilà toute sa gloire éclipsée par cette artificieuse indifférence. Voici une autre tournure : c'est le médisant lui-même qui commence à bien parler d'un absent ; puis tout à coup il s'interrompt.... *Mais.... C'est un brave homme,.... c'est une honnête femme,..... c'est une fille bien laborieuse*, etc.... MAIS..... Ah! funeste *mais!* quelle affreuse médisance! En un mot, vous avez tout dit, vous en avez trop dit; poursuivez ou non, votre frère est immolé; vous avez orné de fleurs votre victime pour l'égorger. (*Laudatque remissè.*)

On médit, même sans parler, seulement en écoutant la médisance. Il n'y aurait point de médisants s'il n'y avait pas des oreilles malignes pour les écouter. Vous participez donc à leur morsure, vous qui souriez malignement à leurs satires, qui leur applaudissez, qui les encouragez; ils sont les voleurs de la réputation d'autrui, et vous en êtes les recéleurs. Voilà pourquoi les Docteurs disent que la langue aiguë du médisant fait trois blessures à la fois: une à l'honneur d'un absent, la seconde à la conscience du médisant, et la troisième à celle de celui qui l'écoute volontairement et avec un plaisir malin. Je dis volontairement, car vous cessez de participer à la médisance, si vous prenez le parti du malheureux qu'on déchire, si vous imposez silence au détracteur, ou si vous gardez vous-même un silence triste, affligé, grave, distrait, qui le confonde et qui dissipe la médisance comme le vent d'aquilon dissipe la pluie; *ventus aquilo dissipat pluvias, et facies tristis linguam detrahentem.* (Prov. xxv, 23.) C'est la conduite sage qu'il faut tenir quand vous ne pouvez faire taire une mauvaise langue.

Il est encore une espèce de médisance plus funeste : c'est celle des écrits, les libelles, les chansons, les couplets diffamatoires, etc. Ils ont un effet plus piquant, plus étendu, plus durable que les médisances des conversations. Ceux qui les composent sont les premiers meurtriers; ensuite ceux qui les lisent, qui les répandent, sont les assassins subalternes qui prêtent aux premiers leurs mains sanguinaires.

Voilà, mes enfants, ce que c'est que la médisance et la calomnie; en voilà les détours et les artifices, la malignité, la grièveté, l'énormité. Suivez donc ce bel avis du Sage toute votre vie : *Cum detractoribus ne commiscearis.* (Prov. xxiv, 24.) Ne vous mêlez jamais dans la société des médisants. Heureuses les âmes pacifiques, douces, charitables, qui n'aiment point à se repaître de morsures et de carnage, qui ne disent du mal de personne et qui n'aiment pas à en entendre dire! Qu'elles sont rares! Où est cet homme parfait qui jamais n'offense par ses discours? *Si quis in verbo non offendit, hic perfectus est vir.* (Jac. iii, 2.) Qu'il est heureux! Il jouit de la douce paix de sa conscience; en veillant sur sa langue, il épargne à son âme bien des angoisses et des amertumes. *Qui custodit os suum et linguam suam, custodit ab angustiis animam suam.* (Proverb. xxi, 23.)

D. Qu'est-ce que juger témérairement?

R. C'est juger mal de son prochain, sans fondement légitime.

On fait des jugements téméraires contre le prochain, quand on pense mal de lui, quand on le soupçonne d'avoir fait quelque chose de mauvais. Ce soupçon est appelé *téméraire*, lorsqu'il est porté sans fondement, sans raison, parce qu'en effet c'est une témérité de croire le mal sans en avoir de preuve. Par exemple, on vous a volé : vous jugez que c'est tel ou telle ; et cependant vous n'avez rien qui vous le prouve ; voilà un jugement téméraire. Vous soupçonnez tel autre d'avoir jeté un sort sur vous, sur vos bestiaux ; d'avoir cherché à vous nuire... Vous prêtez à quelqu'un des intentions qu'il n'a pas...... Cette personne a de la piété ; elle fréquente les églises, les sacrements ; elle a un air dévot, modeste, édifiant : vous pensez et vous dites que c'est par hypocrisie.... Cet autre rend des services : vous dites que c'est par intérêt.... Voilà des jugements téméraires : car quelle raison et quel droit avez-vous de sonder les intentions ? A moi, dit le Seigneur, à moi seul appartient un pareil jugement ; *mihi judicium ;* à moi seul appartient de sonder les cœurs, *scrutans corda.* (Psal. VII, 10.) Mortel aveugle et téméraire ! de quel droit usupez-vous ce qui m'appartient ? Qui êtes-vous pour juger vos frères ? Vous vous condamnez vous-même, et vous serez jugé comme vous aurez jugé les autres.

C'est donc pécher contre la charité et la justice, de penser mal de son prochain avec réflexion, délibération, malignité, sans avoir des raisons qui nous y autorisent. Parce que *votre œil est mauvais*, il voit du mal partout ; il voit tous les objets sous de noires couleurs, parce qu'il est noir. Vous jugez les autres méchants parce que vous l'êtes vous-mêmes : c'est vous déceler. Combien de gens de ce caractère ! Ils ne peuvent s'imaginer qu'on fasse bien avec de bonnes intentions, parce que peut-être ils ne peuvent en avoir de bonnes.

Non, mes enfants, ce n'est pas ainsi qu'agit une âme pure et simple ; la charité ne soupçonne point le mal, *non cogitat malum* (1. Cor. XIII, 5); elle l'excuse, elle le couvre même quand il est évident ; jamais elle ne sonde les intentions, elle les croit toujours bonnes, parce qu'elle est bonne, droite et pleine de candeur.

Le jugement téméraire est grief à proportion du mal que l'on soupçonne, à proportion du déshonneur qu'il causerait s'il était divulgué. C'est un double péché si on le communique. Si vous dites à d'autres les noires pensées que vous avez de votre frère, ceux-ci les noirciront encore dans d'autres imaginations, et de bouche en bouche vos jugements deviendront des réalités, et l'iniquité de vos jugements s'accroîtra à proportion des jugements, des discours, des opprobres qu'ils auront fait naître ; circonstance grave et importante que vous devez expliquer à confesse. J'ai mal jugé de tant de personnes ; j'ai communiqué mes pensées à tant d'autres ; elles se sont répandues beaucoup, elles ont déshonoré prodigieusement ceux qui en ont été l'objet. Voilà ce que vous devez expliquer ; et vous devez, outre cela, une réparation du tort que vous aurez fait. C'est ce que vous dit la dernière demande de ce Catéchisme. ·

D. A quoi sont obligés ceux qui, par calomnie, médisance ou jugement téméraire, ont fait tort au prochain?

R. A le réparer autant qu'ils le peuvent.

Tous les péchés dont nous venons de parler dans cette instruction exigent une réparation, parce que tous, ou presque tous, font du tort au prochain : faux témoignages, mensonges pernicieux, médisances, calomnies, jugements téméraires communiqués, tout cela entraîne après soi des suites fâcheuses qui exigent une réparation.

C'est un devoir de justice, comme de restituer le bien qu'on a volé. *Redde quod debes*, rendez-moi ce que vous m'avez pris ; voilà ce qu'a droit de vous dire l'infortuné que vous avez diffamé ; vous m'avez arraché mon honneur, ma réputation, mon crédit, mon état ; rendez-moi tout cela ; la raison , la religion , la justice , la charité , la probité vous le disent : *à chacun le sien;* vous voudriez qu'on le fît pour vous , faites-le donc pour les autres ; la justice divine l'exige , point de rémission si le mal n'est réparé autant qu'il est possible ; *non remittitur peccatum, nisi restituatur ablatum.* Je dis autant qu'il est possible ; c'est-à-dire , si vous ne prenez tous les moyens que vous avez de réparer le dommage que vous avez causé, vous en demeurez coupables.

Mais comment s'y prendre ? Vous avez lancé l'étincelle fatale , le feu a pris de toutes parts , comment l'éteindre ? Cela est bien difficile ; cependant il faut faire tous vos efforts ; après quoi le Dieu de toutes miséricordes sera encore assez bon pour vous pardonner. Voici ce que vous avez à faire :

1° Si c'est une calomnie, un mensonge nuisible, un faux témoignage , il faut vous rétracter, dire que vous avez avancé une fausseté, dussiez-vous passer pour menteur et faux témoin ; votre prochain , en pareil cas , a droit à sa réputation aux dépens de la vôtre..... Pourquoi l'avez-vous dénigré ? tant pis pour vous ; votre méchanceté doit retomber sur vous-même.

2. Si c'est un jugement téméraire communiqué, il faut réformer votre jugement et ceux que vous avez occasionnés dans l'esprit des autres ; il faut dire que vous avez mal jugé, et que vous avez eu tort de communiquer des choses incertaines.

3. Si c'est une médisance, la chose est vraie malheureusement ; vous ne pouvez dire qu'elle est fausse : que faire alors ? Conjurer ceux à qui vous avez dit du mal de vos frères de ne pas le répandre , en arrêter les progrès autant que vous pourrez , dire du bien de ceux que vous avez déshonorés , réparer les autres suites , les dommages causés dans les biens , dans le commerce , dans les affaires de celui que vous avez diffamé. Quel embarras ! quelles sommes !.... Ah ! funestes coups de langue ! qu'il eût bien mieux valu se taire !.... Voilà , mes

enfants et mes frères, ce que coûte le plaisir malin de parler. Souvenez-vous toute votre vie de modérer votre langue et votre imagination.

SOUS-DEMANDES.

D. Comment le faux témoignage blesse-t-il la vérité?

R. C'est qu'on dit un gros mensonge.

D. Comment blesse-t-il la charité?

R. C'est qu'on fait bien du tort et de la peine au prochain.

D. Comment blesse-t-il la justice?

R. C'est qu'on prive le prochain de ses droits, qu'on trompe les juges, et qu'on occasionne des sentences injustes.

D. Comment blesse-t-il la religion?

R. C'est qu'on outrage Dieu même en le prenant à témoin faussement ou méchamment.

D. Si on avait fait perdre un procès par un faux témoignage, qu'est-ce qu'il faudrait faire?

R. Il faudrait réparer tout le dommage que cela aurait fait.

D. Ceux qui font ou produisent de faux billets, sont-ils de faux témoins?

R. Ce sont des faussaires qui méritent d'avoir le poing coupé.

D. Ceux qui sollicitent, qui gagnent des témoins pour eux, en les payant, en les faisant boire, etc., sont-ils coupables de faux témoignage?

R. Oui, comme s'ils témoignaient eux-mêmes, et de plus ils scandalisent et damnent ceux qu'ils ont sollicités à ce crime.

D. Il ne faut donc pas se laisser gagner quand on va en témoignage?

R. Non, c'est vendre son âme et se damner pour les autres.

D. Si quelque jour on vous appelle en témoignage, que direz-vous?

R. Je répondrai franchement comme je saurai.

D. Si vous ne saviez pas bien la chose comme elle est, que diriez-vous?

R. Je dirais que je n'en suis pas sûr.

Mensonge.

D. Vous dites que mentir c'est parler contre sa pensée; qu'est-ce que cela veut dire?

R. C'est parler autrement qu'on ne pense.

D. Par exemple, je suppose que ce matin vous n'aviez pas prié

4.

Dieu, et avant de vous donner à déjeuner, on vous a dit : As-tu prié Dieu? vous avez répondu qu'oui ; est-ce là un mensonge?

R. Oui, c'est un mensonge.

D. Quand on dit un mensonge pour rire, pour avoir la paix, etc., est-ce pécher?

R. C'est toujours un péché véniel qu'il faut éviter.

D. Quoi! on ne peut pas dire de ces petits mensonges-là?

R. Non, car un péché véniel est un plus grand mal que tous les maux de ce monde, parce qu'il offense Dieu qui est la vérité même.

D. Y a-t-il des mensonges qui soient de gros péchés?

R. Oui, ce sont de grands péchés quand ils font tort au prochain, ou quand ils sont acompagnés de serments.

D. Que pensez-vous d'un menteur? Qu'en pense-t-on dans le monde ?

R. On le méprise, on s'en défie toujours comme d'un trompeur.

D. Il faut donc bien prendre garde de s'accoutumer à mentir?

R. Oui, car si on s'accoutume à dire de petits mensonges, bientôt on en dira de gros.

Médisance.

D. Est-ce qu'il n'est pas permis de découvrir les défauts des autres ?

R. Non, c'est déshonorer son prochain et lui ôter un plus grand bien que ses richesses.

D. Mais c'est la vérité?

R. Toutes ces vérités ne sont pas bonnes à dire.

D. Quelle différence mettez-vous entre la médisance et la calomnie?

R. C'est que la médisance est une vérité, et la calomnie une fausseté contre l'honneur du prochain.

D. Eh bien! l'une est donc un plus grand péché que l'autre ?

R. Oui, la calomnie est plus atroce; mais la médisance est aussi un grand péché, parce qu'elle déshonore le prochain.

D. Est-ce un plus grand péché que de voler ?

R. Oui, parce que la bonne réputation vaut mieux que les richesses.

D. Vous ne serez donc pas médisant?

R. Non, *car les détracteurs sont abominables aux yeux de Dieu et des hommes.*

D. Que dit saint Paul au sujet des médisants?

R. Il dit que *les médisants comme les voleurs ne posséderont pas le royaume de Dieu.*

D. Et ceux qui vont rapporter de l'un à l'autre ce qu'on a dit contre eux ?

R. Dieu les déteste comme des tisons qui allument la discorde.

D. Il ne faut donc écouter ni les rapporteurs, ni les médisants?

R. Non, il faut les éviter comme la peste des sociétés.

Jugements téméraires.

D. Est-ce que c'est aussi un péché que de penser du mal de quelqu'un ?

R. Oui, quand on n'en a pas le sujet et qu'on n'en est pas sûr.

D. Il y en a qui s'imaginent que tel leur a jeté un sort quand un malheur leur arrive ; est-ce là un jugement téméraire?

R. Oui, très téméraire, car on n'en a point de preuve, et cela est très injurieux de soupçonner quelqu'un d'être sorcier.

D. On a pris de la toile pendant la nuit ; je soupçonne que c'est un tel : est-ce là un jugement téméraire?

R. Oui, c'est un grand péché, à moins qu'on n'en ait de bonnes preuves.

D. Et si on communique son soupçon à d'autres?

R. C'est encore un nouveau péché; c'est une calomnie ou une médisance.

D. Il y en a qui, voyant des personnes sages et modestes à l'église, communiant souvent, etc., disent que c'est par hypocrisie; est-ce là un jugement téméraire?

R. Oui, et il est très injuste et très méchant, car il n'appartient qu'à Dieu de sonder les intentions.

D. Il y a pourtant des gens qui supposent et qui disent toujours que c'est par intérêt ou par passion que d'autres agissent ; que pensez-vous de ces gens-là?

R. Que ce sont des mauvais esprits qui tournent tout en mal; ils se déshonorent eux-mêmes.

D. Comment cela?

R. C'est qu'on dit qu'ils mesurent les autres à leur aune.

D. Vous éviterez donc avec horreur le faux témoignage, le mensonge, la médisance, les jugements téméraires?

R. Oui, car tout cela offense beaucoup le bon Dieu et le prochain.

RÉCAPITULATION PRATIQUE.

1° Pénétrez-vous bien de ce grand principe de charité et de justice : *Ne faites à autrui que ce que vous voudriez qu'on vous fît à vous-mêmes.*

2° Sur ce principe et sur la défense de la loi de Dieu , faites-vous une règle inviolable de ne jamais dire ni penser mal de personne , comme vous voudriez qu'on ne dît ni ne pensât mal de vous.

3° Pour cela , veillez sur vos paroles et vos idées dans toutes les occasions où il s'agit de penser et de parler du prochain.

4° Si vous avez eu le malheur de vous échapper à ce sujet , travaillez tout de suite à réparer les torts que vous auriez faits à votre frère.

5° Priez sans cesse , et surtout dans les conversations , le Seigneur de mettre une garde à vos lèvres pour qu'elles ne blessent la réputation de personne.

PRIÈRE.

Pone , Domine , ori meo custodiam et ostium circumstantiæ labiis meis. Mettez , Seigneur, une sentinelle de circonspection à ma bouche , à mes lèvres , à ma langue , afin qu'elles ne se rendent coupables , ni par le faux témoignage , ni par le mensonge , ni par la médisance , ni par la calomnie , ni par les rapports incendiaires qui allument les divisions , ni par la communication de mes pensées téméraires contre l honneur de mon prochain. Je viens d'apprendre à connaître ces vices détestables à vos yeux et à ceux des hommes , et les ravages qu'ils causent dans les sociétés. Hélas ! combien peut-être je m'en suis rendu coupable , par haine , par jalousie , par vengeance , par orgueil , par démangeaison de parler ! je ne faisais pas attention qu'une parole était un coup de poignard qui immolait une ou plusieurs victimes et qui me blessait moi-même d'un trait mortel. Pardon , ô mon Dieu ! c'en est fait , je l'ai dit , je veillerai sur ma conduite et sur mes discours , pour ne jamais commettre un seul de ces péchés funestes de la langue. *Dixi , custodiam vias meas , ut non delinquam in lingua mea.* Gardez-là vous-même, cette langue perverse, et faites-moi la grâce de ne plus retomber dans des fautes si contraires à la charité et aux plus chers intérêts de mes frères.

DU IX° ET DU X° COMMANDEMENT DE DIEU.

D. Récitez le neuvième commandement de Dieu.

R. L'œuvre de chair ne désireras qu'en mariage seulement.

C'est-à-dire vous ne désirerez point de commettre l'impudicité, et vous vous réduirez aux lois d'un mariage légitime. Ce commandement est exprimé dans la loi en ces termes : *Vous ne désirerez point la femme de votre prochain.* (Exod. xx, 17.)

D. Quelle différence y a-t-il entre ce commandement et le sixième ?

R. Par le sixième commandement Dieu défend toute action extérieure d'impureté, et par celui-ci il défend les désirs, et jusqu'aux pensées déshonnêtes.

Dans le sixième commandement, Dieu défend les péchés du corps, et dans le neuvième il défend les péchés du cœur et de l'esprit qui sont contraires à la vertu angélique de la pureté. Le Seigneur est maître de nos âmes, comme de nos corps ; voilà pourquoi il veut que nos pensées et nos désirs soient soumis à sa loi comme nos actions. Il voit tout ce qui se passe au-dedans de nous comme au dehors, et il en est également offensé, quand cela est mal ; d'ailleurs, comme dit Jesus-Christ, *les adultères et les fornications sortent du cœur.* (Marc. vii, 21.) C'est ce cœur, cette imagination qui sont la source de tous les désordres dans lesquels on peut tomber à l'extérieur ; c'est toujours par-là que commence le crime. C'est donc pour l'arrêter dès son principe que notre Dieu défend jusqu'aux pensées, aux désirs, aux imaginations, aux représentations, aux souvenirs déshonnêtes; tout cela est péché, et péché grief, dès qu'il est volontaire, adopté, consenti, qu'on s'y arrête volontairement, avec plaisir.

D. Un désir impur, qui n'est pas suivi de l'effet, est-il un péché?

R. Oui, parce que le désir renferme le consentement de la volonté à l'action désirée.

Qu'est-ce qu'un désir? Qu'est-ce que désirer une chose? C'est la vouloir avec une certaine ardeur, un certain empressement : le désir impur renferme donc un consentement volontaire et réfléchi, une adhésion de la volonté à l'action déshonnête que l'on désire. Si on ne la commet pas, ce n'est que l'occasion ou les moyens qui manquent; on ferait le mal si on le pouvait : le crime est donc déjà consommé dans le cœur, et le Dieu qui le sonde a déjà tout vu dans notre volonté corrompue; déjà il en est offensé, sans même que l'action extérieure ait suivi.

Ah! mes enfants, que de péchés dans ces âmes enivrées d'une passion criminelle! Jeunesse effrénée, que de crimes du cœur et de l'imagination! Que de milliers de pensées, de désirs, vous formez à la vue de tous les objets qui s'offrent à vos yeux! que de péchés dans ces projets, ces résolutions, ces recherches d'occasions, ces rendez-vous, ces intrigues secrètes, quand même elles ne réussiraient pas! Péchés continuels et habituels pendant des années entières d'un amour constant, durable, criminel, qui n'a pas en vue un mariage légitime, mais contraire à la volonté de vos parents et aux lois de la décence et de la pudeur. Que de péchés dans tous les délires de cette fièvre ardente qui vous dévore depuis si long-temps! Péchés continuels dans ce foyer brûlant de la concupiscence, toujours nourri, toujours entretenu, attisé en mille façons pendant le cours d'une jeunesse libertine! Quel déluge d'iniquités sorties d'un cœur où une flamme impure a séjourné si long-temps!......

Péchés dont vous devez spécifier les objets en confession, parce que le désir est de la même espèce que l'action désirée : devant Dieu la volonté est réputée pour le fait. Ainsi vos désirs ont été des adultères de cœur s'ils ont eu pour objet des personnes mariées ; vos désirs ont été des incestes s'ils ont eu pour objet des parents ou des parentes ; c'étaient des sacriléges s'ils avaient pour objet des personnes consacrées à Dieu, ou s'ils étaient formés dans le lieu saint : frémissez donc quand vous portez des regards criminels jusqu'à l'église, au pied des autels, et pendant l'office divin.

D. Une mauvaise pensée est-elle un péché ?

R. Oui, si on y a donné occasion, ou qu'on s'y arrête volontairement.

Voilà, comme vous voyez, deux choses qui rendent coupable une pensée déshonnête.

1° *Si on y donne occasion.* Par exemple, vous jetez les yeux sur des objets ou sur des personnes qui peuvent vous faire naître de mauvaises pensées ; vous n'observez pas assez vos regards par la vigilance et la modestie ; vous les laissez égarer et se fixer sur tout ce qui se présente à vos yeux ; vous lisez de mauvais livres, vous allez aux spectacles, aux danses, en des assemblées dangereuses ; vous voulez tout voir, tout écouter ; une curiosité indiscrète vous porte à tout savoir, etc. En conséquence, il vous vient de mauvaises pensées. Elles vous poursuivent jusque dans votre solitude, et même dans vos prières ; vous y avez donné occasion, vous êtes coupables dans le principe, et *la mort est entrée dans votre âme par ces fenêtres.* (Jérém., ix, 21.) Toutes vos pensées sont des péchés si vous n'en fuyez pas la cause, si vous ne les rétractez pas, si vous ne les combattez pas promptement *avec les armes du salut.* (Eph., vi, 17.)

2° *Si on s'y arrête volontairement.* Quand même vous n'auriez point donné d'occasion à une mauvaise pensée, quand elle irait vous chercher dans votre solitude, elle est coupable si vous vous y arrêtez délibérément, avec réflexion, y prenant plaisir, un temps assez considérable pour dire que vous avez pensé avec liberté : voilà un péché, et un péché mortel, parce que, selon les théologiens, tout est mortel en cette matière, quand il est libre et volontaire. Que de péchés donc dans un jour, dans un mois, dans une année, dans dix années, dans la vie tout entière de ces impudiques d'habitude qui vivent continuellement dans le désordre, qui cherchent toutes les occasions d'alimenter leurs passions criminelles, qui ont toujours toutes les portes de l'âme ouvertes à la tentation, qui alimentent continuellement leur cœur et leur imagination par des objets obscènes, qui s'occupent avec un plaisir continuel, réfléchi, goûté, recherché, de tout ce qui se présente à leur esprit et à leur cœur corrompu. Ah! mes enfants, quelle vie et quel compte à rendre !

Il en est qui croient n'avoir pas péché quand ils n'ont pas fait l'action pensée ou désirée ; ils disent qu'ils n'y ont point pris de plaisir, parce qu'ils n'ont pas commis le crime réel en lui-même ; vous êtes dans l'erreur, il y a péché dans la délectation seule de l'esprit et de la volonté, quoiqu'il n'y ait point d'action déshonnête au-dehors. Voilà, mes frères et mes enfants, à quoi il faut faire une sérieuse attention, et l'on doit s'accuser à confesse des pensées et des désirs volontaires auxquels on s'est arrêté, quoiqu'on n'ait pas commis l'action ; cependant, comme ceci pourrait troubler les âmes scrupuleuses, voici le correctif qu'y met la demande suivante :

D. Les mauvaises pensées que l'on rejette ne sont donc pas des péchés?

R. Non, il y a au contraire du mérite à les rejeter.

S'il vous vient une mauvaise pensée, sans que vous y ayez donné occasion, et que vous la rejetiez le plus promptement possible, ce n'est plus un péché mortel ; si elle persévère, si elle vous tourmente l'imagination malgré vous, ce n'est pas un péché ; si vous la combattez par la prière ou autrement , loin d'être un péché, c'est au contraire une victoire que vous remportez sur la tentation , et cette victoire vous méritera une couronne dans le Ciel. Depuis le péché originel , le Seigneur nous a laissé des combats qui viennent des révoltes de la chair contre l'esprit , pour fournir matière à nos triomphes. Il nous y soutient par sa grâce ; ainsi , mes enfants, ne vous effrayez pas de ces mauvaises pensées qui vous viennent malgré vous; seulement rejetez-les le plus promptement qu'il vous sera possible , comme vous feriez d'une étincelle qui vous tomberait sur la main ; recourez à la prière dans ces moments périlleux. Dites comme les Apôtres : *Domine, salva nos, perimus.* (Matth. vIII, 25) Sauvez-moi , Seigneur, sans quoi je vais périr ; ne me laissez point succomber à la tentation ; Seigneur, délivrez-moi des mauvaises pensées ; Jésus , soyez dans mon cœur et dans mon esprit, etc.

SOUS-DEMANDES.

D. Que signifient ces paroles : L'œuvre de chair ne désireras, etc.?

R. C'est-à-dire qu'il ne faut pas désirer le péché déshonnête , et qu'on doit se restreindre aux saintes lois du mariage.

D. Comment cela est-il exprimé dans l'ancienne loi ?

R. Vous ne désirerez pas la femme de votre prochain.

D. Pourquoi Dieu défend-il les pensées et les désirs déshonnêtes ?

R. Parce qu'il est maître de nos esprits et de nos cœurs.

D. Pourquoi encore ?

R. C'est que les mauvaises actions viennent du cœur et de la pensée.

D. Expliquez-nous cette réponse de votre Catéchisme : *Le désir renferme le consentement.*

R. C'est que désirer et vouloir une action déshonnête , c'est comme si on la faisait.

D. Comment est-ce qu'on donne occasion aux mauvaises pensées?

R. Par les mauvais regards , les mauvaises lectures , en écoutant de mauvais discours et de mauvaises chansons.

D. Il faut donc fermer les yeux et les oreilles à tous les objets dangereux ?

R. Oui , car la mort de l'âme entre par les yeux et les oreilles.

II.   5

D. Qu'est-ce que s'arrêter volontairement à une mauvaise pensée ?

R. C'est quand on y pense avec plaisir sans la rejeter de son esprit.

D. Ceux qui vivent dans l'impureté font donc bien des péchés ?

R. Ils en commettent beaucoup, parce qu'ils ont presque toujours l'esprit occupé de ces vilaines choses.

D. Il y en a qui avouent avoir dit de mauvaises paroles, et qui disent pourtant qu'ils n'y pensent point de mal, qu'ils n'ont point de mauvaise pensées.

R. Ils mentent, car la bouche parle de l'abondance du cœur.

D. Quand on ne fait pas le mal auquel on pense, est-ce toujours un péché ?

R. Oui, c'est un péché de pensée, quoiqu'on ne fasse pas l'action mauvaise.

D. Il faut donc déclarer aussi les mauvaises pensées et les mauvais désirs à confesse ?

R. Oui ; sans cela on ferait une confession sacrilége.

D. Il y en a qui disent seulement qu'ils ont eu des mauvaises pensées, quoiqu'ils aient encore fait des actions très indécentes ; se confessent-ils bien ?

R. Non ; ils mentent à Dieu et à leurs confesseurs ; leur confession est mauvaise.

D. Quand il viendrait les plus infâmes pensées dans la tête, si on les rejette promptement, on ne pèche donc pas ?

R. Non, on mérite la couronne des Saints en les combattant.

D. Comment faut-il combattre les mauvaises pensées ?

R. Il faut recourir à Dieu, et lui dire : Mon Dieu, délivrez-moi des mauvaises pensées..... Mon Dieu, délivrez-moi de la tentation. Jésus, soyez dans mon cœur.

RÉCAPITULATION PRATIQUE.

1º Ne donnez jamais occasion aux mauvaises pensées ; veillez sur vos yeux et vos oreilles ; ne vous trouvez pas dans des assemblées qui peuvent faire naître en vous des pensées impures.

2 S'il vous vient quelques mauvaises pensées, chassez-les de votre esprit comme vous secoueriez un charbon ardent qui vous tomberait sur la main.

3º Priez tous les jours et plusieurs fois le jour, pour ne pas succomber aux tentations ; et quand elles viendront, faites les petites prières que nous venons de vous indiquer.

DU Xᵉ COMMANDEMENT DE DIEU.

D. Récitez le dixième commandement de Dieu.

R. Biens d'autrui ne convoiteras, pour les avoir injustement.

C'est-à-dire vous ne désirerez point d'avoir le bien d'autrui par des moyens injustes, de le prendre, de l'usurper, etc. Ce précepte est énoncé dans l'ancienne loi par ces paroles : *Vous ne désirerez pas la maison de votre prochain, ni son serviteur, ni sa servante, ni son bœuf, ni son âne, ni rien de tout ce qui lui appartient.* (Exod., xx, 17.)

D. Quelle différence y a-t-il entre ce commandement et le septième?

R. Par le septième commandement, Dieu défend de prendre ou de retenir le bien d'autrui, et par celui-ci il défend de désirer le bien d'autrui à son préjudice.

En deux mots, le septième commandement défend de prendre, et celui-ci de désirer le bien d'autrui ; il défend d'avoir même la volonté de lui faire du tort dans ses biens. Ainsi, par exemple, vous formez le projet d'aller voler, de conduire votre bétail en dommage ; quand même vous n'exécuteriez pas ce projet, le vol et le dommage sont déjà commis dans votre cœur. Des larrons s'approchent d'une maison pour y dérober: mais les portes sont si bien fermées qu'ils ne peuvent réussir ; le péché du vol est déjà commis dans leur cœur. Des enfants forment entre eux le complot d'aller voler des fruits dans un verger, ou autre chose dans les champs ; mais il se trouve quelqu'un qui les en empêche ; le vol est déjà commis

dans leur volonté. Voilà des péchés contre ce commandement. Il faut s'en confesser et dire : J'ai formé le désir et
le dessein de faire tel tort au prochain.

Mais si on désirait le bien d'autrui sans vouloir lui
porter aucun préjudice, par exemple, si on disait : Je
voudrais bien avoir cet héritage, l'acheter, il me con-
viendrait bien ; ce désir ne serait pas coupable, parce
qu'on ne désirerait pas le bien d'autrui pour l'avoir injustement, mais par des voies légitimes, en le payant sa
juste valeur, sans forcer le possesseur à le vendre, sans
abuser de ses besoins pour l'avoir à bon marché. Il n'y
aurait qu'un désir excessif, une trop grande envie d'a-
voir, qui serait un péché en pareille occasion.

Ce commandement, en défendant de désirer injustement le bien d'autrui, oblige aussi de vouloir le rendre
quand on le possède injustement ; c'est cette volonté de
restituer, de réparer les dommages, de payer ses dettes,
dont nous avons parlé en vous instruisant sur le septième
précepte. La volonté contraire est un attachement continuel au bien d'autrui, un désir continuel de le posséder
injustement ; en sorte que vous êtes dans le péché tant
que vous persévérez dans l'obstination à ne pas vouloir
restituer, le pouvant ; vous conservez l'injustice dans
votre cœur ; vous réitérez ce péché toutes les fois que
vous réfléchissez sur cette obligation ou qu'on vous la
rappelle ; vous dites en votre cœur : Non, je ne veux pas
restituer. Chacun de ces actes intérieurs de volonté est un
nouveau péché ; c'est persévérer dans l'habitude du
péché, réitérer, multiplier un péché, que de rester dans
cet état d'attachement au bien d'autrui, dans la crainte
de se priver pour satisfaire à ce devoir de justice ; c'est
vouloir à chaque instant posséder injustement le bien
d'autrui, et vous êtes obligés de vous accuser à confesse
de cette persévérance habituelle, et du nombre de fois
que vous y avez fait réflexion sans vouloir réparer vos
torts. Quelle multitude de péchés dans les mauvais
payeurs et les détenteurs injustes du bien d'autrui !

D. Ce commandement ne défend-il que de désirer le bien d'autrui?

R. Il défend aussi tout attachement déréglé pour les richesses.

C'est un attachement déréglé pour les richesses que de vouloir garder pour soi un bien qui appartient à d'autres, comme nous venons de le dire. Alors on aime trop son argent, puisqu'on ne veut pas s'en dessaisir pour restituer ou payer ses dettes. On est encore attaché aux richesses d'une manière excessive et déréglée, quand on s'occupe tout entier du soin d'amasser, et qu'on néglige les affaires de sa conscience, les devoirs de religion, son salut, pour s'enrichir. Que sert à l'homme de gagner l'univers, s'il vient à perdre son âme? *Quid prodest homini si mundum universum lucretur, animæ verò suæ detrimentum patiatur?* (Matth. xvi, 26.) On a un attachement déréglé pour les richesses quand on veut s'enrichir au-dessus de sa condition, quand on possède avec avarice, acharnement, avec une trop grande crainte de perdre ou de dépenser; quand on se refuse le nécessaire, à soi, à sa famille, aux pauvres. Voilà, mes frères et mes enfants, l'attachement déréglé pour les richesses qui est défendu par ce dixième commandement.

D. Qui sont principalement ceux qui pèchent contre ce commandement?

R. Ce sont ceux qui désirent d'acquérir. par des voies injustes, les biens de ce monde, ou qui portent envie au bien du prochain, et ceux qui souhaitent qu'il y ait disette publique pour vendre plus chèrement.

1° Nous venons de le dire, c'est un péché de désirer d'acquérir injustement; mais qui sont ceux qui ont ce coupable désir? Ceux qui forment de grands projets de fortune, et qui méditent des moyens frauduleux ou violents pour s'enrichir; ces gens qui ambitionnent tout, qui veulent tout avoir.

On veut arrondir ou agrandir son terrain. Pour cela on médite toutes sortes de manœuvres afin d'en venir à bout; on cherche une chicane, un procès, toutes sortes de moyens pour intimider le faible et le pauvre; on profite de ses besoins pour avoir son héritage. Cruels projets qui sont déjà des crimes avant d'être exécutés; et, quand bien même ils ne réussiraient pas, on a déjà commis l'injustice dans le cœur.

2° On pèche contre ce commandement quand on porte envie au prochain pour ses biens. Vous, par exemple, pauvres ou médiocres, si vous portez envie à plus riche que vous; si vous dites : Qu'est-ce que j'ai donc fait à Dieu pour ne pas être comme ces gens-là ? voilà une envie coupable qui offense la divine Providence. Hélas ! vous ne savez pas ce que vous enviez : ces biens, si vous les aviez entre les mains, vous deviendraient peut-être funestes; laissez faire le distributeur commun des trésors, il sait mieux que vous ce qu'il vous faut; il donne à chacun ce qu'il faut pour son véritable bien.

3° Ceux qui souhaitent qu'il y ait disette publique pour vendre plus chèrement. Ces âmes de fer, qui s'abreuvent des larmes des malheureux, qui se réjouissent de voir des disettes, des temps désastreux, pour s'enrichir des calamités publiques; cette spéculation avide est déjà une cruauté dans l'âme; déjà ces ambitieux ont commis des milliers de péchés dans leurs désirs, dans leurs projets, dans leur joie barbare, avant même d'avoir pressé dans leurs mains le sang et les pleurs des malheureux. Il faut mettre au même rang tous ceux qui désirent avidement des successions; les héritiers, les enfants qui souhaitent la mort à ceux dont ils attendent les biens : désirs dénaturés et parricides, qui viennent d'une insatiable cupidité. Que de crimes à la fois !

D. A quoi nous oblige ce commandement?

R. A être contents dans notre situation et à ne pas envier le bien des autres.

Nous devons nous contenter de l'état où Dieu nous a placés, et des biens que nous pouvons entretenir ou acquérir selon notre condition, ne pas envier le sort de ceux qui sont plus riches que nous. C'est résister à la Providence que de vouloir nous élever au-dessus de la condition médiocre où elle nous a fait naître. Heureux ceux qui savent borner leurs désirs à une fortune suffisante pour s'entretenir uniment avec leur famille. Quand on est pauvre, ce n'est pas un péché de désirer modérément d'être mieux, d'avoir de quoi vivre ; c'est très bien fait de travailler avec une certaine activité à gagner sa vie ; ce serait très mal entendre cette soumission à la Providence que de se tenir les bras croisés, en attendant d'elle sa subsistance. *Aide-toi, je t'aiderai,* voilà le proverbe. C'est ce que nous peut dire le Maître souverain des fortunes. Qu'est-ce donc à dire, qu'il faut être content dans notre situation ? C'est que, si, malgré vos soins et vos travaux, la Providence juge à propos de vous laisser dans une certaine pauvreté, il faut supporter cet état avec patience et résignation, sans ambitionner le sort des riches du monde. Hélas ! vous ne savez pas ce que vous désirez ; c'est peut-être votre malheur ; voulez-vous vous placer sous ce terrible anathème du Sauveur : *Vœ vobis, divitibus !* (Luc. vi, 24.) Malheur à vous, riches, parce qu'*il est plus aisé à un chameau de passer par le trou d'une aiguille qu'à vous d'entrer dans le royaume des Cieux !* (Matth. xix, 24.) C'est-à-dire qu'il est très difficile de se sauver avec les richesses du siècle. C'est donc un effet de la providence miséricordieuse de votre Dieu, de ne pas vous remplir les mains de ces biens funestes qui vous perdraient. C'est une bonne mère qui ôte le couteau à son enfant pour l'empêcher de se blesser. Ne portez donc pas envie aux riches du siècle, ils sont plus malheureux que vous.

Ecoutez cette leçon divine du Sauveur : *Ne cherchez point à ramasser les trésors de la terre, que la rouille et les vers dévorent, que les voleurs vous peuvent enlever ;*

mais formez-vous des trésors dans les Cieux, où la rouille, ni les vers, ni les voleurs ne pénètrent pas (Matth. VI, 19 et 20) ; *ne vous inquiétez pas, en demandant que boirons-nous, que mangerons-nous ?* (Ibid. 31.) *Voyez les oiseaux du ciel, ils ne sèment pas, ils ne moissonnent pas, ils ne remplissent point de greniers ; votre Père céleste les nourrit : eh ! n'êtes-vous pas des créatures plus chères à son cœur ?* (Ibid. 26.) Vous êtes ses enfants ; jetez-vous donc tranquillement entre les bras de sa providence paternelle. Voici, mes enfants, une belle parabole que Jésus-Christ nous a laissée à cette occasion ; il disait au peuple : Soyez en garde contre toute avarice.... Un homme riche avait fait une récolte abondante ; il formait au-dedans de lui-même ces projets, etc. (*Hist., Luc.* XII, 15 et seq.)

SOUS-DEMANDES.

D. Que signifient ces mots : Biens d'autrui ne convoiteras ?

R. C'est-à-dire vous ne désirerez point d'avoir le bien d'autrui injustement.

D. Comment ce précepte est-il exprimé dans l'ancienne loi ?

R. *Vous ne désirerez point la maison de votre prochain, ni rien de ce qui lui appartient.*

D. Si on avait formé le dessein de voler et qu'on ne le fît pas, serait-ce toujours un péché ?

R. Oui, car Dieu défend même la volonté de faire du mal.

D. Par exemple, de petits bouviers forment le désir de mener leur bétail dans tel bois défendu, et le garde se trouve-là qui les en empêche. Ils n'y vont pas ; ont-ils péché ?

R. Oui, parce qu'ils avaient la volonté de mal faire.

D. D'autres forment le projet d'aller à la maraude, de voler des fruits ou autre chose, etc.; ils ne peuvent réussir : ont-ils péché ?

R. Oui, parce qu'ils avaient la mauvaise volonté de voler.

D. Ceux qui ne veulent pas payer leurs dettes, qui ne veulent pas restituer le pouvant faire, sont donc dans un état continuel de péché ?

R. Oui, parce qu'ils sont continuellement dans la mauvaise volonté de ne pas restituer le bien d'autrui.

D. Chaque fois qu'on leur demande ce qui est dû, qu'ils y pensent et qu'ils refusent, ils pèchent donc ?

R. Oui, parce qu'ils font à chaque fois un acte de mauvaise volonté.

D. Est-ce un péché de désirer d'être bien riche?

R. Oui, quand on le désire trop ardemment, ou de l'être au-dessus de sa condition, ou par des moyens injustes.

D. Est-ce un péché de s'occuper beaucoup à amasser du bien?

R. Oui, quand on ne pense qu'à cela et qu'on néglige son salut pour cela.

D. Et ceux qui craignent toujours de dépenser, et qui se refusent le nécessaire à eux et à leurs familles, de peur de toucher à leur argent, pèchent-ils?

R. Ce sont des avares insensés et coupables, qui se damnent pour de l'argent qui ne leur sert de rien.

D. Ceux qui forment le projet d'un commerce trompeur, ou de prendre d'autres moyens illicites pour s'enrichir, etc., font-ils un péché quand ils ne réussissent pas?

R. Oui, ils pèchent toujours par leur mauvaise volonté.

D. Quand on est envieux de l'état des riches; quand on dit avec un certain mécontentement : *Qu'est-ce que j'ai donc fait à Dieu pour ne pas être comme ceux-là*, est-ce un grand péché?

R. Oui, c'est murmurer contre la Providence.

D. Ceux qui sont bien aises de la cherté des grains ou d'autres choses, parce qu'ils vendront bien, etc., pèchent-ils ?

R. Oui, parce qu'ils se réjouissent cruellement des malheurs publics.

D. Et ceux qui sont bien aises de voir mourir quelqu'un pour avoir sa succession?

R. Leur désir est avare et cruel; c'est un double péché.

D. Vous dites qu'il faut être content de sa situation ; il n'y a donc qu'à se tenir les bras croisés et laisser tout faire à la Providence?

R. Non ; c'est tenter Dieu ; aidons-nous et il nous aidera.

D. Qu'est-ce que cela veut dire : Il faut être content de sa situation?

R. C'est-à-dire qu'il faut travailler honnêtement à gagner sa vie et se soumettre à la volonté de Dieu pour tout ce qui en arrivera.

D. Il ne faut donc pas envier la condition des riches?

R. Non, car J.-C. a dit : *Malheur aux riches.*

D. Pourquoi?

R. Parce qu'il est très difficile d'aller au royaume des Cieux avec de grandes richesses.

D. Ce n'est donc pas un mal quand Dieu nous en prive?

R. Non, car il nous ôte une occasion de l'offenser et de nous perdre.

D. Qu'est-ce qu'il faut donc demander à Dieu?

R. Ni la pauvreté, ni les richesses ; une honnête médiocrité, les choses nécessaires à la vie.

RÉCAPITULATION PRATIQUE.

1° Ne désirez jamais d'avoir le bien d'autrui par des voies injustes.

2° Bornez vos désirs selon l'état où vous a placé la Providence : point d'ambition, point d'envie de vous enrichir et de vous agrandir.

3° Si vous avez des dettes ou quelque restitution à faire, prenez sur-le-champ la résolution de payer ou de restituer au plus tôt ; pensez que sans cela vous êtes dans l'habitude du péché mortel, et que vous en commettez un nouveau à chaque fois que vous refusez de le faire, le pouvant.

4° Faites à Dieu la belle prière de Salomon.

PRIÈRE.

Seigneur, ne m'envoyez ni la grande pauvreté, ni les grandes richesses, *mendicitatem et divitias ne dederis mihi*. Donnez-moi seulement les choses nécessaires à la vie, *tribue tantùm victui meo necessaria*. Si j'étais riche, une orgueilleuse abondance me ferait peut-être oublier l'auteur de tous les biens, et je dirais dans la fierté de mes pensées : *Qui est le Seigneur?* D'un autre côté, si je me trouvais réduit à la dernière misère, je me porterais peut-être à l'injustice, ou au parjure (1), et à l'impatience, au désespoir. Une honnête médiocrité : voilà, mon Dieu, tout ce que je vous demande ; réglez vous-même tous les désirs de mon cœur, non-seulement par rapport aux biens, mais par rapport aux plaisirs de la terre, puisque tous les mauvais désirs et les mauvaises pensées sont des crimes à vos yeux divins qui sondent les cœurs. Pardon, Seigneur, de tant de pensées, d'imaginations, de souvenirs, de désirs criminels qui ont souillé mon âme faite à votre image ; délivrez-moi de ces suggestions funestes, de ces tentations intérieures, de la

_____

(1) Prov. XXX, 8 et 9.

sensualité, de la cupidité, ou donnez-moi la force d'y résister ; j'en fuirai désormais toutes les occasions, et j'en combattrai toutes les attaques imprévues avec les armes de la prière. Vierge sainte, c'est surtout pour les combats que j'implore votre protection.

Sed à periculis cunctis libera nos semper, Virgo gloriosa et benedicta.

~~~~~~

DES COMMANDEMENTS DE L'ÉGLISE.

D. Pour être sauvé, suffit-il de garder les commandements de Dieu ?

R. Non, il faut encore garder les commandements de l'Eglise.

Outre les commandements de Dieu, que nous vous avons expliqués, nous en avons encore d'autres à pratiquer, ils émanent toujours de son autorité suprême : ce sont les commandements de l'Eglise. Vous les récitez tous les jours à la suite des premiers. On les appelle commandements de l'Eglise, parce que c'est l'Eglise qui nous les a intimés, mais toujours de la part de Dieu, comme nous allons vous le faire entendre.

D. L'Eglise a donc le pouvoir de nous faire des commandements ?

R. Oui, Jésus-Christ le lui a donné, et il nous enjoint de lui obéir.

Cette Eglise, qui a le pouvoir de nous faire des commandements, ce sont les premiers Pasteurs, le Pape, les Evêques. Ce sont ceux-là que Jésus-Christ a placés à la tête de son troupeau pour régir la société des fidèles ; ce sont les chefs qui dirigent le reste du corps : *Posuit Episcopos regere Ecclesiam Dei.* (Act. xx, 28.) Le pouvoir leur est nécessaire, car sans cela ils ne sauraient gouverner son Eglise ; aussi il le leur a donné, car il a dit à ses Apôtres : Allez instruire les nations : *Euntes, docete omnes gentes.* (Matth. xxviii, 19.) Quiconque vous écoute, m'écoute ; quiconque vous méprise, me méprise : *Qui vos audit, me audit ; qui vos spernit, me spernit.* (Luc. x, 16.)

Ce n'est pas seulement aux Apôtres que cela s'adresse, mais à leurs successeurs, à tous ceux qui sont chargés du même gouvernement jusqu'à la consommation des siècles, puisque c'est jusqu'à la fin du monde que doit durer cette Eglise. C'est donc aux Evêques, après les Apôtres, qu'il a donné le pouvoir de gouverner son Eglise ; et par conséquent de faire des lois : *Posuit Episcopos regere Ecclesiam Dei.*

Mais nous devons obéir à ces lois ; c'est Jésus-Christ même qui nous l'ordonne, puisqu'il dit que c'est le mépriser lui-même que de mépriser les ordres de ceux qu'il a revêtus de son pouvoir.

Objection. Les commandements de Dieu ne suffiraient-ils pas ? Pourquoi nous surcharger encore ?

R. Les commandements de l'Eglise ne sont que le développement et l'application de ceux de Dieu. Par exemple, Dieu nous ordonne la sanctification d'un jour qui lui soit consacré : l'Eglise a fixé pour cela le jour du dimanche, et la manière principale de le sanctifier, qui est d'entendre la Messe. Dieu ordonne de l'adorer : pour cela l'Eglise a consacré des fêtes et des cérémonies qui honorent les mystères de notre sainte religion... Dieu veut que chacun de nous opère son salut ; Jésus-Christ a établi pour cela des sacrements, un sacrifice : l'Eglise ordonne en certains jours la célébration et l'assistance à ce divin Sacrifice, et en certains temps la réception des sacrements de Pénitence et d'Eucharistie... Dieu nous ordonne d'expier nos péchés et de mortifier nos passions qui en sont la source : l'Eglise a fixé pour cela des jours de jeûne et d'abstinence. Voilà comme les commandements de l'Eglise ne sont que l'accomplissement et l'application des commandements de Dieu ; mais il suffit que l'autorité de l'Eglise soit émanée de Dieu même, pour que nous soyons obligés de la respecter et de nous y soumettre.

D. Comment doit-on regarder ceux qui n'obéissent pas à l'Eglise?

R. Jésus-Christ nous ordonne de les regarder comme des païens et des publicains.

Voilà, chers enfants, le terrible anathème que notre divin Sauveur a prononcé contre ceux qui seront rebelles à son Eglise, et qui refuseront de se soumettre à ses décisions et à ses préceptes. Qu'ils soient retranchés du nombre de ses disciples ; qu'ils soient regardés comme des idolâtres qui ne sont pas de la vraie religion, et comme de grands pécheurs détestés du public, tels qu'étaient les publicains. Voudriez-vous être qualifiés de la sorte ? Non, sans doute. Obéissez donc à l'Eglise, et pratiquez fidèlement ses commandements.

D. Les commandements de l'Eglise obligent-ils sous peine de péché mortel?

R. Oui, les commandements de l'Eglise obligent sous peine de péché mortel.

Sans doute, mes enfants, c'est un grand péché de ne pas obéir aux commandements de l'Eglise quand c'est en matière grave et importante, comme par rapport aux commandements de Dieu ; car vous venez d'entendre ce que Jésus-Christ a dit lui-même : *Quiconque vous méprise, me méprise.* Certainement c'est un grand péché de mépriser Jésus-Christ ; c'en est donc un grand de mépriser l'Eglise et ses préceptes. Les païens et les publicains sont de grands pécheurs ; ceux qui désobéissent à l'Eglise font donc de grands péchés, *puisqu'il faut les regarder comme des païens et des publicains.*

Ainsi, par exemple, lorsqu'on se permet de manger de la viande un vendredi, un samedi, en carême, ce n'est pas une minutie, une bagatelle, comme vous l'entendez peut-être dire à certains gourmands qui ne se font point de scrupule de violer les lois respectables de l'Eglise. C'est un grand péché, surtout lorsqu'on y ajoute la dérision, le mépris, l'impiété, le plaisir méchant de contredire ce tribunal divin établi par un Dieu, auteur de notre sainte religion. Souvenez-vous donc toute votre vie, mes chers enfants, de respecter et d'observer les commandements de l'Eglise, comme émanés de l'autorité de Dieu même, avec cette différence pourtant qu'on peut obtenir dispense des préceptes ecclésiastiques, au lieu que jamais il n'y a dispense des commandements de Dieu, parce que ceux-ci sont de droit naturel et divin, au lieu que ceux de l'Eglise sont des réglements sages et vénérables, à la vérité, mais dont cette bonne mère veut bien dispenser dans une grande nécessité.

D. Combien y a-t-il de commandements de l'Eglise ?
R. Il y en a six principaux.

Six *principaux*. Voyez-vous, cela veut dire qu'outre ces six commandements ordinaires de l'Eglise que vous allez réciter, il y en a encore d'autres dont il n'est pas fait mention ici, qui sont renfermés dans différents points de discipline ; que l'Eglise en peut faire d'autres, suivant les circonstances où il en sera besoin pour le gouvernement des fidèles. En effet, elle a toujours fait et fera toujours des ordonnances, des réglements, des canons, soit dans des assemblées générales de ses. Pasteurs, qu'on appelle *conciles généraux*, soit dans des assemblées particulières des royaumes et des provinces, qu'on appelle *conciles nationaux*, soit chaque Evêque particulier dans son diocèse, comme nous le voyons pratiquer, et cela toujours en vertu du pouvoir que Jésus-Christ a confié aux premiers Pasteurs : *Posuit Episcopos regere Ecclesiam Dei*. Toutes ces lois obligent les fidèles selon l'intention de ceux qui les auront portées pour le maintien de la foi et de l'ordre dans cette société.

D. Récitez les commandements de l'Eglise.

R. 1° Les fêtes tu sanctifieras, qui te sont de commandement.

2° Les dimanches messe ouïras, et les fêtes pareillement.

3° Tous tes péchés confesseras, à tout le moins une fois l'an.

4° Ton Créateur tu recevras, au moins à Pâques humblement.

5° Quatre-temps, vigiles jeûneras, et le carême entièrement.

6° Vendredi chair ne mangeras, ni le samedi mêmement.

Voilà, mes enfants, les six principaux commandements de l'Eglise Vous les récitez tous les jours à vos prières du matin, à la suite des commandements de Dieu. Pourquoi ? Pour que vous ne les oubliiez pas ; pour vous en rappeler tous les jours l'obligation et la pratique, comme si on vous disait : Enfant de l'Eglise, voilà ta loi ; souviens-toi de l'observer aujourd'hui et tous les jours de ta vie. Mais, hélas ! mes enfants, comment les récitez-vous ? Sans attention, sans respect, sans faire la moindre réflexion aux obligations qu'ils vous retracent, sans âme, sans affection, sans effet sur votre conduite ; au lieu qu'il faudrait les réciter d'une manière intéressante et propre à vous en rappeler la pratique : avec respect, comme venant d'une autorité divine ; avec réflexion, comme devant être la règle de vos actions ; avec regret de les avoir transgressés ; avec la résolution et le bon propos de les accomplir fidèlement : voilà, dis-je, comme il faudrait les dire pour les réciter avec fruit. Pour vous en faciliter le moyen, je vais vous suggérer la même pratique que je vous ai donnée pour les commandements de Dieu. Voici donc comme on pourrait méditer avec fruit sur les commandements de l'Eglise.

En disant ces premiers mots : *Les commandements de l'Eglise.*

« Mon Dieu, c'est vous qui me parlez par la voix de
» votre Eglise ; c'est à vous que j'obéis en suivant ses
» lois, comme c'est à vous que je désobéis quand je les
» transgresse. *Parlez donc encore, car votre serviteur*
» *écoute.* » (1. Reg. III, 9.)

1er. *Les fêtes tu sanctifieras, qui te sont de comman-*
dement.

« Je le reconnais, ô mon Dieu ! il est des fêtes établies
» par votre Eglise, pour honorer vos mystères et vos
» Saints ; je dois les sanctifier comme le saint dimanche ;
» je les sanctifierai donc avec la même piété et la même
» exactitude. J'éviterai le travail, la débauche, les diver-
» tissements coupables ; surtout j'éviterai ces désordres
» monstrueux qui transforment les fêtes patronales en
» fêtes de divinités païennes. Quel abus, grand Dieu !
» j'honorerais mes saints Patrons comme un *Bacchus*
» ivrogne, et comme une *Vénus* impudique !

» Pardon, protecteur tutélaire, de vous avoir ainsi
» déshonoré par mes intempérances, mes excès, mes
» querelles, mes disputes, mes impudicités, mes licences,
» mes divertissements criminels ; désormais ces jours
» seront saints pour moi. Je les sanctifierai par la prière,
» la lecture, la communion, les œuvres saintes. »

2e. *Les dimanches messe ouïras, et les fêtes pareillement.*

« La Messe est le moyen principal de sanctification du
» dimanche ou des fêtes établies dans la religion catho-
» lique ; c'est la manière fixée par l'Eglise : c'est donc
» pour moi une obligation, sous peine de péché grief,
» d'assister avec attention et dévotion à cet auguste sacri-
» fice. Je pèche mortellement si j'y manque, ou si je m'y
» livre aux distractions et aux irrévérences ; j'y assisterai
» donc, et cela dans ma paroisse autant que je pourrai ;
» j'y ferai dévotement mes prières, j'y édifierai mes
» frères, je prierai avec eux dans ces réunions tou-
» chantes de la famille des chrétiens. »

3°. *Tous tes péchés confesseras, à tout le moins une fois l'an.*

« C'est une loi indispensable pour moi d'aller faire
» l'aveu de mes iniquités. Mon Dieu, que vous êtes bon!
» vous avez érigé un tribunal de miséricorde, et vous
» me forcez encore d'y venir chercher mon pardon! Quel
» est le criminel qui ne bénirait mille fois son juge, s'il
» lui ouvrait ainsi une ressource de clémence? et vous,
» Dieu de bonté, vous ajoutez le précepte à l'invitation.
» Oui, j'irai déposer mes misères avec le regret le plus
» amer et la plus douce confiance, dans le sein du mi-
» nistre de paix que vous avez chargé de me réconcilier
» avec vous. Sainte Église, mère indulgente, vous n'exi-
» gez cela qu'une fois l'année ! *A tout le moins une fois*
» *l'an!* C'est à cause de la dureté de mon cœur que
» vous avez réduit l'observation de ce précepte à une
» distance si éloignée ; vous désirez me voir plus sou-
» vent prosterné au pied de ce tribunal de réconci-
» liation ; je ne sens que trop le besoin que j'ai de
» m'en approcher plus souvent, les risques terribles
» que je cours en différant, l'obligation où je suis de
» mettre mon salut en sûreté par le saint et fréquent
» usage de la confession..... J'irai donc, aussitôt que
» j'aurai eu le malheur de pécher grièvement, j'irai
» vite en faire l'aveu, contrit et humilié ; je m'accuserai
» moi — même avec componction et sincérité, et alors
» vous me remettrez mon iniquité. » *Confitebor adversùm*
me injustitiam meam ; et tu remisisti impietatem peccati
mei. (Psal. xxxı, 5.)

4° *Ton Créateur tu recevras, au moins à Pâques humblement.*

« Quel honneur, quel bonheur pour moi ! Recevoir
» mon Créateur et mon Roi au—dedans de mon cœur!
» Manger le pain des Anges !... Fallait-il donc un pré-
» cepte pour m'y contraindre ! N'était-ce pas assez que
» vous me fissiez la grâce de m'admettre à ce festin cé-
» leste ! Et vous m'invitez, vous m'appelez, vous me

5.

» pressez, sous les menaces terribles de l'anathème, de
» me nourrir de cette chair divine! Que je suis insensible,
» ingrat, ennemi de mon bonheur! Que je sais peu goû-
» ter les douceurs d'une si délicieuse nourriture! Il faut
» m'y traîner, et je devrais solliciter cet avantage comme
» la plus insigne faveur! Je devrais désirer cette manne
» céleste avec une faim insatiable, et il a fallu réduire
» un précepte si doux à une fois l'année : *Au moins à*
» *Pâques!* Ils étaient donc bien durs, bien dégoûtés de
» cet aliment céleste, les cœurs qu'il a fallu y forcer, *au*
» *moins à Pâques!* Que le mien a été dépravé jusqu'ici!
» Quel dégoût! quelle nonchalance! en quel état d'ina-
» nition j'ai laissé mon âme, faute de la nourrir de ce
» pain céleste! Une fois l'année, deux ou trois fois,
» c'était beaucoup! Est-ce ainsi que je traite mon corps
» à qui je donne si soigneusement la nourriture journa-
» lière? Pardon, mon divin Bienfaiteur! pardon d'avoir
» dédaigné jusqu'ici ce don précieux que vous m'avez
» offert de vous-même pour être l'aliment de mon âme;
» désormais je veux m'en nourrir plus souvent. Je vou-
» drais vous recevoir, vous posséder, vous tenir entre
» mes bras, au fond de mon cœur, tous les jours de ma
» vie; mais du moins tous les mois, cinq à six fois l'année,
» et non pas seulement *à Pâques!* Malheur à moi, lâche,
» indifférent, ingrat, si je ne goûte qu'une fois l'année
» la plus douce union avec le meilleur et le plus tendre
» de mes amis! mais double malheur, anathème, excom-
» munication, si je vous aime assez peu pour résister
» au précepte, si je m'excommunie moi-même en fuyant
» la table sainte, ou en me rendant indigne de participer
» avec tous les fidèles au banquet général et solennel de
» la Pâque! Mon Dieu, donnez-moi le goût de cette nour-
» riture si délicieuse, si avantageuse, si nécessaire; que
» je m'en approche souvent avec la pureté, la foi, la
» confiance, l'amour, la ferveur, la dévotion qui me la
» rendent profitable et qui nourrissent mon âme pour la
» vie éternelle. »

5° *Quatre temps, vigiles jeûneras, et le carême entièrement.*

« Jeûner... Je récite ce précepte tous les jours, et
» jamais je ne l'accomplis! *Jeûner!* Je ne sais pas même
» ce que c'est! Jamais je n'ai regardé cela comme une
» obligation pour moi! Je l'ai toujours renvoyée aux Prê-
» tres et aux austères pénitents dans les cloîtres; et ce-
» pendant elle regarde tous les fidèles qui peuvent l'ac-
» complir; et cependant je suis pécheur, et obligé de faire
» pénitence. Je suis intempérant, ivrogne, débauché,
» souillé de voluptés criminelles! Plus je suis coupable,
» plus je suis obligé au jeûne et à la pénitence ordonnée
» par l'Eglise.

» Jeûner tout le carême, aux quatre-temps, aux veilles
» des fêtes solennelles, c'est une obligation pour moi qui
» jouis du repos et de la santé. C'est un péché mortel de
» manger ces jours-là hors du repas et de la collation
» tolérée. Et j'ai rompu mille fois le jeûne sans besoin,
» sans nécessité, par mépris des lois de l'Eglise, par
» gourmandise; j'ai passé des journées entières de jeûne,
» à boire, à manger, comme les jours ordinaires! A quoi
» donc ai-je pensé? Suis-je un hérétique, un impie qui
» dédaigne une autorité établie par un Dieu rédempteur?
» Non, je suis catholique, enfant de cette Eglise divine;
» je veux donc désormais me conformer à cette loi autant
» que je le pourrai et que me le permettra ma santé ou
» mon travail. Je jeûnerai le plus exactement qu'il me
» sera possible, me réduisant à un seul repas et une
» collation légère, tous les jours de jeûne commandés
» par l'Eglise. Mon Dieu, accordez-moi la force et la
» grâce pour accomplir cette résolution. »

6° *Vendredi chair ne mangeras, ni le samedi mêmement.*

« Il faut mortifier ses goûts, dompter ses passions,
» faire pénitence, puisque nous sommes pécheurs. L'ab-
» stinence pendant deux jours de chaque semaine, voilà
» la manière dont le Maître offensé veut nous faire expier
» nos iniquités, pour nous en accorder le pardon; cela

» est juste, c'est une rigueur paternelle qui veut ainsi
» notre expiation, notre correction, notre amendement;
» c'est une privation qui doit nous procurer l'abondance
» des biens spirituels. En un mot, c'est la loi de l'Eglise,
» et tout bon fidèle doit s'y soumettre. Quelle a donc été
» jusqu'à présent ma désobéissance, mon mépris pour
» une loi que je devais respecter? Quoi! pour un vil mor-
» ceau.... je risquais mon éternité! quand je ne ferais
» que douter de cette loi ou du pouvoir qui me l'a pres-
» crite, ne serais-je pas un téméraire de tout risquer
» pour ma sensualité, pour un lâche respect humain,
» pour faire comme les autres? Mais, si cette loi existe,
» je m'expose à des supplices éternels. Oserais-je manger
» un morceau si je doutais qu'il fût empoisonné? Eh!
» c'est du poison que j'avale en mangeant cet aliment
» défendu en ces jours de pénitence. Ah! viande funeste,
» tu vas donc te changer en un mortel poison dans mon
» corps; tu vas devenir pour l'éternité un feu dévorant
» dans ma bouche et dans mes entrailles! Si je crois en
» Dieu et son Eglise, voilà ce que je dois craindre, puisque
» je pèche grièvement contre ma loi; si je n'y crois pas,
» je ne suis ni catholique ni chrétien. Si je le suis, je dois
» en observer les lois. Je me trompe encore, si je crois
» l'observer assez par l'abstinence du vendredi : le sa-
» medi est renfermé dans la même loi : *ni le samedi*
» *mêmement.*

» Désormais donc je veux obéir à tous ces préceptes
» comme émanés d'une autorité qui dérive de Dieu même;
» non, je ne m'érigerai plus en juge et en critique de
» leur importance; tout est grand, quand il vient du
» grand Dieu que j'adore.

» Divins préceptes de Dieu et de son Eglise, loi véné-
» rable, je veux vous observer exactement et avec la
» soumission et le respect que je vous dois : je l'ai dit,
» je l'ai résolu, ô mon Dieu! je veux remplir toute jus-
» tice en obéissant à vos lois suprêmes : *Juravi et statui*
» *custodire judicia justitiæ tuæ.* » (Ps. cxviii, 106.)

SOUS-DEMANDES.

D. Qui est-ce qui a droit de faire des commandements dans l'Eglise ?

R. C'est le Pape et les Evêques ; car il est dit dans l'Ecriture que le Saint-Esprit *a établi les Evêques pour gouverner l'Eglise de Dieu.*

D. C'est donc J.-C. qui leur a donné son pouvoir ?

R. Oui, car il a dit aux Apôtres : *Comme mon Père m'a envoyé, je vous envoie.*

D. Comment cela regarde-t-il aussi les Evêques ?

R. C'est que les Evêques sont les successeurs des Apôtres.

D. Est-ce que c'est désobéir à Dieu que de désobéir aux Pasteurs de l'Eglise ?

R. Oui, car J.-C. a dit à ses Apôtres et à leurs successeurs : *Quiconque vous méprise me méprise.* Voilà pourquoi c'est un grand péché de transgresser les commandements de l'Eglise.

D. N'était-ce pas assez des commandements de Dieu ?

R. Les commandements de l'Eglise nous sont donnés pour nous faire observer les commandements de Dieu.

D. Vous dites que ces six commandements sont les principaux : est-ce qu'il y en a encore d'autres ?

R. Oui, il y a encore toutes les ordonnances des conciles, auxquelles il faut obéir ; et les Evêques en peuvent encore faire pour maintenir le bon ordre parmi les fidèles.

D. Vous récitez tous les jours les commandements de l'Eglise après ceux de Dieu ; comment faudrait-il les réciter pour bien faire ?

R. Il faudrait les réciter avec réflexion et une ferme résolution de les observer.

D. Récitez-les de cette manière.

R. *Les commandements de l'Eglise.*

Mon Dieu, je reconnais que c'est vous qui me commandez ici par la voix de vos Pasteurs ; oui, j'obéirai à leurs préceptes comme émanés de vous-même.

Les fêtes tu sanctifieras, qui te sont de commandement.

Oui, mon Dieu, je passerai saintement ces jours de fêtes. Pardon, Seigneur, d'avoir employé quelquefois des jours si saints en débauches, en travail, en divertissements profanes.

Les dimanches Messe ouïras, et les fêtes pareillement.

Oui, mon Dieu, j'entendrai la sainte Messe avec attention et dévotion dans ma paroisse. Pardon, Seigneur, d'y avoir manqué ou de l'avoir mal entendue.

§. *Tous les péchés confesseras, à tout le moins une fois l'an.*

Non-seulement une fois l'an, mais aussitôt que j'aurai eu le malheur de pécher, pour ne pas mourir dans ce déplorable état.

Ton Créateur tu recevras, au moins à Pâques humblement.

Non-seulement à Pâques, mais encore plusieurs fois l'année. O mon aimable Sauveur! puis-je négliger un pareil bienfait? Pardon de vous avoir aimé si peu, que j'aie négligé de m'approcher de vous.

Quatre-temps, vigiles jeûneras, et le carême entièrement.

Oui, mon Dieu, je jeûnerai fidèlement, et, si je ne le puis, je me priverai toujours de quelque chose qui mortifiera mes passions. Pardon d'avoir oublié et négligé ce précepte.

Vendredi chair ne mangeras, ni le samedi mêmement.

Oui, mon Dieu, je m'abstiendrai de viandes défendues en ces jours de pénitence; non, je n'écouterai pas ceux qui méprisent cette loi de votre Eglise. Pardon de vous avoir offensé pour un misérable morceau...

RÉCAPITULATION PRATIQUE.

1° Faites-vous un devoir essentiel de respecter toujours l'Eglise et ses lois.

2° Pratiquez ses commandements avec docilité et soumission, puisque c'est Dieu même qui vous les donne par la voie de vos Pasteurs.

3· N'écoutez par les incrédules et les enfants désobéissants qui les méprisent et qui traitent de minuties ces saintes observances; car ils sont rebelles à l'Eglise. Ne suivez pas leurs exemples.

4° Priez le Seigneur de vous accorder la grâce d'y être aussi fidèles qu'à ses propres commandements.

PRIÈRE.

Nous l'avons entendue cette voix terrible qui prononce anathème à quiconque n'écoute pas l'Eglise. Nous venons d'apprendre en général ce que c'est que ses préceptes, quels sont les droits des Pasteurs pour établir des lois, et l'obligation où nous sommes de leur obéir. Nous vous remercions, ô mon Dieu! de cette importante instruction que nous venons d'entendre ; nous avions peut-être méconnu jusqu'ici la force de ces lois saintes et la grièveté de nos transgressions ; nous les reconnaissons maintenant, Seigneur. Désormais nous reconnaîtrons votre autorité dans celle de vos envoyés ; nous obéirons, nous nous soumettrons à leurs préceptes comme émanés de votre législation suprême : *juravi et statui custodire judicia justitiæ tuæ*. Faites-nous-en la grâce, ô mon Dieu ! et que cette fidélité à cette loi, comme à la vôtre, nous conduise à la récompense que vous avez promise à ses fidèles observateurs. Ainsi soit-il.

DU PREMIER COMMANDEMENT DE L'ÉGLISE.

D. Récitez le premier commandement de l'Eglise.

R. Les fêtes tu sanctifieras, qui te sont de commandement.

C'est-à-dire que vous passerez saintement les jours de fêtes que l'Eglise vous ordonne de sanctifier.

D. Qu'est-ce que l'Eglise ordonne par son premier commandement ?

R. Elle ordonne de s'abstenir des œuvres serviles, les jours de fêtes de commandement, et d'employer ces saints jours au service de Dieu.

Nous vous avons instruits de ces obligations par rapport aux saints jours de dimanches ; c'est la même chose pour les jours de fêtes commandées par l'Eglise ; on pèche en travaillant ces jours-là, comme si c'était le dimanche, et la sanctification est la même par rapport aux services divins et aux autres œuvres de religion.

D. Qu'entendez-vous par ces mots, fêtes de commandement ?

R. J'entends les fêtes que l'Eglise a instituées pour être observées comme le dimanche.

L'Eglise, en vertu de l'autorité divine qui lui est accordée par Jésus-Christ, a droit de prescrire à ses enfants certains jours de solennités. Elle l'a fait pour nous rappeler la mémoire de nos mystères, pour honorer les Saints, pour réveiller en nous des sentiments d'une piété particulière. C'est ainsi que Dieu avait ordonné, dans l'ancienne loi, des fêtes pour rappeler à son peuple le souvenir de certaines époques mémorables et des merveilles qu'il avait opérées en sa faveur.

D. Quelles sont ces fêtes ?

R. Il y en a de deux sortes : les unes sont pour honorer les mystères de Notre-Seigneur Jésus-Christ, les autres pour honorer la mémoire de la sainte Vierge et des Saints.

Voilà deux objets de solennités, et deux sortes de fêtes établies dans l'Eglise, outre le saint jour de dimanche : les unes regardent Dieu et Jésus-Christ son Fils, Notre-Seigneur ; et les autres regardent la sainte Vierge et les Saints. Cela se développe dans les demandes suivantes ; mais il faut répondre auparavant à celle-ci.

D. Est-il permis d'établir des fêtes dans les paroisses, sans l'autorité de l'Evêque ?

R. Non, il n'est pas permis d'établir des fêtes dans les paroisses, sans l'autorité de l'Evêque.

Il n'y a que les premiers Pasteurs, c'est-à-dire les Evêques, qui aient droit d'établir des fêtes : les fidèles auraient tort d'en vouloir établir qui ne seraient pas instituées par cette seule autorité légitime, et encore un plus grand tort de vouloir célébrer celles qu'on a supprimées soit pour laisser plus de jours aux travaux ordinaires, soit pour arrêter certains abus qui profanaient

ces fêtes ; par exemple, certains rapports où la grande affluence du peuple entraînait la débauche, l'intempérance,
et toutes sortes de désordres. C'est donc une dévotion très
mal entendue, une dévotion d'entêtement, de rébellion
et de désobéissance, que de vouloir chômer ces jours de
fêtes supprimées, où les supérieurs ecclésiastiques ont
voulu rappeler les peuples au travail, à la sobriété, et
à l'innocence qui en est la compagne. C'est donc un travers singulier de religion, de la part de ceux qui se font
un scrupule de travailler et de faire travailler leurs bestiaux à ces fêtes arbitraires, tandis qu'ils ne s'en font
point de travailler à des fêtes commandées. La belle dévotion ! A ces fêtes prétendues, ils se livrent à la dissipation, à l'intempérance et à la débauche, comme si on ho-
norait les Saints par la désobéissance et par le crime.
Quelle religion ! mon Dieu, est-ce là le moyen de s'attirer
votre protection et celle de vos amis ?

D. Pourquoi l'Eglise a-t-elle institué les fêtes de
Notre-Seigneur ?

R. C'est pour nous rappeler le souvenir des mystères qu'il a accomplis, et en rendre grâces à Dieu.

Les fêtes de Notre-Seigneur sont des jours mémorables
que l'Eglise a voulu établir pour rappeler à ses enfants
les principaux mystères de notre sainte religion. Ainsi la
fête de Noël est établie pour nous rappeler la mémoire
de la naissance de Notre-Seigneur Jésus-Christ. Les fêtes
de la Circoncision et de la Présentation au temple sont
établies pour nous rappeler le souvenir des premiers sacrifices qu'il fit dès son enfance, en commençant dès lors
le grand ouvrage de notre rédemption. L'Epiphanie, ou
la fête des Rois, nous rappelle la manifestation de Jésus-
Christ aux Gentils, nos ancêtres, qui vivaient dans les
ténèbres du paganisme. La grande solennité pascale, et
les jours qui l'accompagnent, nous rappellent l'institution admirable de la sainte Eucharistie, la mort, la

résurrection du Sauveur, et la consommation de notre rédemption. La fête de l'Ascension nous rappelle l'histoire de Jésus-Christ remonté dans les Cieux. La Pentecôte, la descente du Saint-Esprit sur les Apôtres, et les commencements de l'établissement de la religion chrétienne. La fête de la Trinité est établie pour honorer d'une manière spéciale ce mystère incompréhensible, et pour en confirmer la foi dans nos cœurs. La Fête-Dieu, pour honorer avec plus de pompe et de solennité le mystère d'un Dieu qui fait ses délices d'habiter parmi les enfants des hommes, sous les voiles de l'admirable Eucharistie. Toutes ces solennités, dis-je, sont établies pour réveiller le souvenir, l'attention, la piété, l'amour, la reconnaissance des fidèles sur les objets les plus intéressants et les plus avantageux pour notre salut.

Tel était le but des anciennes solennités que le Seigneur lui-même avait voulu établir parmi son peuple. Vous ferez telle fête tous les ans, à tel jour, à tel mois, et voici pourquoi : *C'est que, lorsque vos enfants vous demanderont pourquoi cette cérémonie de religion, vous leur en donnerez l'explication et le motif* (Exod. XIII, 14), et vous leur direz, par exemple : Cette fête de Pâques, cet agneau que nous immolons, c'est en mémoire du passage du Seigneur, lorsque, passant parmi les demeures des Egyptiens, il les frappa de sa vengeance en affranchissant de ses coups les maisons des enfants d'Israël. Telles sont aussi, pères et mères, les leçons que vous devez donner à vos enfants aux grands jours de nos solennités : cette fête solennelle de Pâques est instituée en mémoire de Jésus-Christ, l'agneau sans tache, immolé pour nos péchés et ressuscité pour notre justification, etc. ; ainsi des autres fêtes célébrées parmi nous tous les ans pour nous rappeler la mémoire de nos principaux mystères.

D. De quoi faut-il s'occuper aux fêtes de Notre-Seigneur ?

R. Il faut considérer ce que Jésus-Christ a fait

pour notre salut, l'en remercier et s'exciter à en profiter.

Comme vous voyez, mes enfants, voilà trois choses à faire pour sanctifier les fêtes de Notre-Seigneur.

1° *Considérez ce que Jésus-Christ a fait pour notre salut.* Par exemple, à la fête de Noël, il faut considérer ce qui se passait à Bethléem au jour heureux de la naissance d'un Dieu enfant, rédempteur du genre humain ; la sainte Vierge et saint Joseph rejetés des hôtelleries, retirés dans une pauvre étable ; Jésus venant au monde, enveloppé de langes, couché dans une crèche ; les Anges qui viennent l'adorer, qui annoncent cette nouvelle aux bergers, et ceux-ci prosternés à leur tour au pied du berceau de ce divin enfant.

. Que d'objets dignes de votre considération, et bien capables de vous consoler, vous surtout, pauvres habitants de nos campagnes !

2° *Remerciez le Seigneur* de ce qu'il a fait pour vous dans le mystère que l'on célèbre. Prenons toujours pour exemple la même solennité ; il faut remercier l'enfant Jésus de cette bonté, de cette douceur, de cette miséricorde qu'il vient exercer envers nous et pour nous. *Apparuit benignitas et humanitas Salvatoris nostri.* (Tit. III, 4.)

Divin enfant, c'est donc pour moi que vous descendez des Cieux ! C'est pour moi que vous enveloppez vos splendeurs éternelles sous les dehors obscurs de notre humanité ; c'est pour moi que vous commencez déjà à vous dévouer ; c'est moi, ce sont mes pareils, de pauvres bergers comme moi, que vous préférez aux orgueilleux de la terre. Ah ! quels transports d'amour et de reconnaissance doivent pénétrer mon âme à la vue d'une si grande bonté, etc. ! *Apparuit benignitas,* etc.

3° *Il faut nous exciter à profiter* de ce que fait Jésus-Christ pour nous dans le mystère que l'on célèbre. Appliquons ici cette leçon au même objet. Le jour de Noël, après avoir considéré et remercié Dieu, on doit se dire à soi-même : Il faut donc que je profite de tant de merveilles bienfaisantes que mon Sauveur naissant vient opérer en ma faveur. Il faut que je recueille avec soin les fruits de rédemption et de salut qu'il commence à opérer en moi ; il faut mettre à profit tant de grâces et de bienfaits, tant d'exemples de vertus que me donne ce divin Sauveur. Imitons son humilité, sa pauvreté, son détachement et son mépris pour les biens périssables de ce monde, cette vie obscure et cachée qu'il commence, cette bonté, cette douceur, cette innocence, toutes ces vertus que nous voyons briller dès la naissance de ce divin modèle. Ah ! qu'il nous dit éloquemment de cette pauvre crèche : *Apprenez de moi, suivez-moi, imitez-moi.*

C'est ainsi, chers enfants, qu'il faut réfléchir et méditer sur les autres solennités établies par l'Eglise, et, pour cela, lire dans quelques bons livres des choses qui y aient rapport ; venir à l'Eglise passer quelques moments pour faire ces lectures et ces méditations plus efficacement au pied des autels, pour y former des résolutions plus assurées, en y puisant les grâces nécessaires pour les accomplir.

Voilà, mes enfants, comment nous entrerons dans les vues salutaires de notre mère la sainte Eglise qui a établi ces solennités.

 Voilà comment nous les sanctifierons dignement, en glorifiant le Seigneur et en nous sanctifiant nous-mêmes.

D. Pourquoi l'Eglise a-t-elle institué les fêtes de la sainte Vierge et des Saints?

R. Pour remercier Dieu de ce qu'il les a couronnés, nous animer à les imiter, et nous procurer leur intercession.

Voilà, mes enfants, trois raisons pour lesquelles l'Eglise a institué les fêtes des Saints.

1° *Pour remercier Dieu de ce qu'il les a couronnés*, de ce qu'il les a comblés de ses grâces. Car c'est à lui, comme à l'auteur de toute sainteté, que doivent remonter nos hommages ; *il couronne ses dons en couronnant leurs mérites*. (Præf. in fest. omn. SS.) Voilà pourquoi on offre le saint sacrifice de la Messe en l'honneur des Saints ces jours-là ; c'est un sacrifice d'action de grâces offert à Dieu pour le glorifier dans ses Saints dont on célèbre la fête.

2° *Pour nous animer à les imiter.* C'est comme si l'Eglise nous disait : Mes enfants, c'est aujourd'hui la fête de tel Saint ; voyez combien ce Saint est glorieux dans le Ciel ; comment il est parvenu à cette gloire ; suivez la route qu'il vous trace. Voilà votre modèle, faites comme lui : *Inspice, et fac secundùm exemplar quod tibi in monte monstratum est.* (Exod. xxv, 40.) Suivez les exemples de vertu que ce saint Patron vous a donnés sur la terre, pour arriver après lui sur cette montagne de gloire. Voilà pourquoi, dans tous les offices des Saints, on fait le récit de leur vie et l'éloge de leurs belles actions ; l'Eglise nous montre leurs vertus, leurs combats, leurs victoires, leurs faiblesses même ; c'est comme si elle nous disait : Ils ont été hommes comme vous, faibles comme vous, quelques-uns pécheurs comme vous ; mais ils ont triomphé de leurs passions, ils ont fait pénitence, etc. Faites comme eux, et vous serez couronnés comme eux. *Inspice et fac*, etc.

3° *Pour nous procurer leur intercession.* Les Saints sont nos frères en Jésus-Christ ; c'est l'Eglise triomphante ; mais elle reste en société avec nous, qui sommes l'Eglise militante. Ce sont les amis de Dieu, les courtisans de son royaume céleste ; il se plaît à les exaucer quand ils prient pour nous. C'est pour nous procurer cette intercession puissante, que l'Eglise a établi ces fêtes en leur honneur. C'est pour cela qu'elle a composé des offices pompeux, solennels, édifiants, qui sont tout à la fois des actions de grâces, des éloges de leurs vertus et des prières que nous leur adressons pour les conjurer d'intercéder pour nous auprès du souverain dispensateur des grâces.

D. Comment faut-il célébrer les fêtes de la sainte Vierge et des Saints ?

R. Il faut réfléchir sur leurs vertus, se les proposer pour modèles, et demander leur intercession.

C'est ici, mes enfants, la conclusion pratique de ce que nous venons de dire, et voici les trois choses que nous avons à faire pour profiter de cette instruction et sanctifier comme il faut les fêtes de la sainte Vierge et des Saints.

1° *Réfléchissez sur leurs vertus.* Lisez leur vie ou quelques traits de leurs belles actions. Par exemple, aux fêtes de la sainte Vierge, considérez sa foi, sa confiance en Dieu, son amour, son humilité, sa patience, sa résignation, sa pureté, sa vigilance, sa modestie, etc. A la fête de saint Jean-Baptiste, considérez l'austérité de sa vie, sa mortification, sa fuite dans le désert, son éloignement du monde, son zèle pour la gloire du divin Maître dont il était le précurseur ; le témoignage qu'il lui rendit, sa sainte audace à reprocher le crime à un prince impudique, sa mort pour la vérité et la défense de la loi. A la fête de saint Pierre et saint Paul, considérez leur zèle, leurs travaux apostoliques, leur martyre, etc., les fautes mêmes qu'ils ont pleurées et réparées. A la fête de saint Etienne, patron de ce diocèse, considérez ce généreux et premier martyr de Jésus-Christ, mourant sous une grêle de pierres, pardonnant à ses ennemis, priant pour eux, et son âme s'envolant dans le Ciel vers son Sauveur pour qui il donne sa vie. A la fête du Patron de la paroisse, de votre Patron particulier, ou des autres Saints que l'Eglise honore, contemplez leurs vertus ; mais ne vous bornez pas à une admiration stérile et sans effet. Faites selon leurs exemples. *Inspice, et fac secundùm exemplar.*

2ᵉ Pratique. *Proposez-vous ces beaux modèles à imiter.* Souvenez-vous que la vraie, la première dévotion envers les Saints, le sommaire de leur vénération et de notre piété, c'est d'imiter ce que nous révérons. *Summa religionis est imitari quod colimus.* Après ces considérations, dites-vous à vous-mêmes : Je vais travailler à acquérir telles vertus que j'ai remarquées dans la très sainte Vierge ou dans les Saints que nous honorons aujourd'hui, dans mon saint Patron ou celui de ma paroisse, de mon état ; oui, j'imiterai cette foi, cette confiance en Dieu, cet amour, cette humilité, cette pureté, cette constance, cette patience, cette résignation dans les afflictions, cette sainte intrépidité à professer la religion. Je suis pécheur, faible, tenté ; eh bien ! j'ai des modèles dans les Saints ; je combattrai comme eux, je pleurerai comme eux mes égarements ; je triompherai, comme eux, de la chair, du monde et de l'enfer ; ne pourrai-je pas faire comme celui-ci ou celle-là ? *Non potero quod isti et istæ ?* Oui, je le pourrai avec la même grâce qui leur fut donnée, et que j'obtiendrai par eux.

3ᵉ Pratique. *Demandez leur intercession.* Priez la sainte Vierge ou les Saints dont on fait la fête, de vous obtenir les grâces dont vous avez besoin pour imiter les vertus dont ils vous ont donné l'exemple ; joignez vos prières à celles de toute l'Eglise, qui les invoque en ces jours consacrés en leur honneur. Passez des jours si précieux en exercices de piété, au pied des autels qui leur sont dédiés. Voilà le vrai moyen de les intéresser en votre faveur, d'obtenir tous les bienfaits spirituels que vous demanderez par leur médiation, et le bonheur d'être couronnés comme eux dans le séjour de la gloire éternelle.

Voilà, mes enfants, comme il faudrait sanctifier les fêtes de la sainte Vierge et des Saints ; mais, hélas ! est-ce ainsi qu'on les sanctifie la plupart ? Les plaisirs, les divertissements profanes, les danses, les cabarets, les jeux tumultueux, les batailles, les querelles, la débauche, l'ivrognerie, l'intempérance, mille excès, mille désordres de toute espèce ; voilà la sanctification de plusieurs solennités, surtout des fêtes patronales. C'est par des crimes que l'on honore les amis de Dieu. Quel renversement ! quel abus ! Est-ce ainsi que l'on méritera la protection des Saints ? Ah ! chers enfants, évitez toute votre vie ces abus monstrueux et sacrilèges, et n'oubliez jamais l'instruction que nous venons de vous donner.

SOUS-DEMANDES.

D. Que signifient ces mots : *Les fêtes tu sanctifieras*, etc.?

R. C'est-à-dire vous sanctifierez les fêtes commandées par l'Eglise.

D. Est-ce pécher de travailler ces jours-là ?

R. Oui, tout comme les dimanches.

D. Qui est-ce qui a le pouvoir d'établir des fêtes ?

R. Ce sont les Evêques seuls.

D. Lorsque l'Evêque du diocèse a supprimé une fête, n'est-ce pas toujours bien de la faire ?

R. C'est désobéir au supérieur ; c'est déplaire à Dieu, au lieu de l'honorer.

D. Pourquoi a-t-on établi la fête de Noël ?

R. Pour nous rappeler la naissance de Jésus-Christ.

D. Et celle des Rois ?

R. Pour nous rappeler que c'est à pareil jour que J.-C. s'est fait connaître aux Gentils qui ne connaissaient pas le vrai Dieu.

D. Et celle de Pâques ?

R. Pour nous rappeler le souvenir de la mort et de la résurrection de J.-C.

D. Et celle de l'Ascension ?

R. Pour nous rappeler que c'est à pareil jour que J.-C. est monté au Ciel.

D. Et celle de la Pentecôte ?

R. Pour nous rappeler qu'à pareil jour le Saint-Esprit est descendu sur les Apôtres, et qu'il est le commencement de l'établissement de la religion chrétienne.

D. Pour bien sanctifier ces fêtes, à quoi faut-il penser ?

R. A ce qui se passait dans le temps que ces choses sont arrivées.

D. Par exemple, le jour de Noël, à quoi penserez-vous ?

R. A ce qui se passait à Bethléem au moment de la naissance de J.-C., et je l'adorerai dans la crèche avec les Anges et les bergers.

D. Le Vendredi-Saint ?

R. Je penserai à la mort et passion de Notre-Seigneur mourant pour nous ; je pleurerai sa mort et mes péchés qui en sont la cause.

D. Le jour de Pâques?

R. Je penserai à la résurrection de J.-C., et je me proposerai de ressusciter avec lui à la vie de la grâce, et un jour de ressusciter à la gloire du Ciel.

D. Le jour de l'Ascension?

R. Je penserai comment il est monté au Ciel, et j'aspirerai au bonheur de l'y suivre.

D. Et les fêtes des Saints, comment les célébrerez-vous ?

R. D'abord je remercierai Dieu des grâces qu'il leur a faites.

D. C'est donc le bon Dieu qu'on honore dans les Saints?

R. Oui, parce que c'est lui qui les sanctifie et qui les récompense dans le Ciel.

D. Lorsqu'on vous parle des vertus de la sainte Vierge ou des Saints à leurs fêtes, à quoi pensez-vous ?

R. Je pense qu'il faut les imiter pour aller en Paradis comme eux.

D. Quelle résolution formerez-vous donc alors ?

R. Je dirai : Je vais faire comme ces Saints pour devenir Saint comme eux.

D. La fête du Patron de la paroisse n'est-elle pas faite pour boire, manger, danser, se bien divertir, faire bien la fête ?

R. Non, c'est outrager Dieu et ses Saints que de passer ces jours en débauches.

D. Vous ne suivrez donc pas l'exemple de ceux qui profanent ces saints jours?

R. Non, Dieu m'en préserve ; c'est pis que les païens qui faisaient des fêtes pareilles pour honorer leurs faux dieux.

D. Que ferez-vous donc pour bien sanctifier les fêtes des Saints?

R. J'assisterai dévotement aux offices ; j'irai à l'église pendant la journée prier devant les reliques et les images des Saints ; je communierai si je le puis en ces saints jours.

RÉCAPITULATION PRATIQUE.

1° Saisissez bien l'esprit de l'Eglise dans l'établissement des fêtes. Entrez dans les vues de sanctification qu'elle s'est proposées pour ses enfants.

2° Méditez sur chaque mystère que l'on célèbre, et tirez-en le fruit que l'Eglise se propose en l'offrant à votre vénération et à vos réflexions.

3° Aux fêtes de la sainte Vierge et des Saints, invoquez-les, priez-les avec ferveur, mettez surtout votre dévotion à les prendre pour modèles de votre conduite ; ce sera une dévotion vraiment solide.

4° Enfin, passez saintement toutes ces fêtes destinées à honorer Dieu et ses Saints, et non point aux divertissements et à la débauche.

PRIÈRE.

Jours brillants et pompeux de nos solennités ! jours destinés à la prière et aux œuvres saintes ! comment vous avons-nous envisagés jusqu'ici ? Nous venons d'apprendre à vous sanctifier selon l'esprit des lois sages qui vous ont établis. Pardon, ô mon Dieu ! d'avoir méconnu en cela les vues de votre Eglise, d'avoir abusé de ces jours sacrés, de les avoir profanés tant de fois par nos irrévérences et nos impiétés, par le mélange des fêtes criminelles du monde et des pompes de Satan, confondues avec celle du culte saint.

Vous l'avez dit par votre prophète : J'ai en horreur de pareilles solennités : *Solemnitates vestras odivit anima mea.* Eh bien ! Seigneur, nous cesserons ce culte injurieux à votre majesté suprême et à l'honneur de vos Saints ; nous célébrerons désormais les fêtes commandées par votre Eglise avec piété, réflexion, dévotion, en nous appliquant le fruit de vos mystères et les mérites de vos Saints ; nous imiterons leurs exemples, et vous nous couronnerez avec eux dans le Ciel. Ainsi soit-il.

DU IIe COMMANDEMENT DE L'ÉGLISE.

D. Récitez le deuxième commandement de l'Eglise.

R. Les dimanches Messe ouïras, et les fêtes pareillement.

C'est-à-dire, vous assisterez à la Messe les dimanches et les fêtes qui sont commandées par l'Eglise.

D. Qu'est-ce que l'Eglise nous ordonne par son deuxième commandement?

R. Elle nous ordonne d'assister au saint sacrifice de la Messe, les jours de dimanches et de fêtes commandées.

Par ce commandement, l'Eglise a voulu fixer la manière la plus digne d'honorer le Seigneur et de sanctifier les jours qui lui sont consacrés; ainsi cette loi de l'Eglise est comme une interprétation et une application pratique du 3° commandement de Dieu : *Souvenez-vous de sanctifier le jour du sabbat*. C'est comme si l'Eglise nous disait : Mes enfants, voici comme vous sanctifierez principalement le jour du Seigneur : vous assisterez au Sacrifice adorable de nos autels, qui lui sera offert comme l'acte de la religion le plus propre à l'honorer. Dans l'ancienne loi, on faisait des sacrifices particuliers au jour du sabbat; dans la loi nouvelle, on honorera le dimanche spécialement par l'immolation d'une victime d'un prix infini, par le sacrifice du corps et du sang de Jésus-Christ; et tous les fidèles y assisteront pour sanctifier ces journées divines par l'action la plus sainte et la plus solennelle de la religion chrétienne. Il en sera de même des autres fêtes et solennités de cette religion divine.

C'est donc une obligation pour vous, mes enfants et mes frères, d'assister à la Messe aux jours de dimanches et de fêtes commandées, à moins que vous n'ayez des raisons essentielles qui vous en dispensent. C'est une loi de l'Eglise qui a droit de nous commander; et cette loi nous oblige sous peine de péché mortel : c'est le sentiment unanime des théologiens; c'est la décision de plusieurs conciles et de plusieurs souverains Pontifes. Et, en effet, voici un raisonnement qui le prouve évidemment : la sanctification du dimanche oblige sous peine de péché mortel ; mais le saint Sacrifice est la manière principale et essentielle fixée par l'Eglise pour le sanctifier : c'est donc une obligation grave d'y assister ; c'est donc un péché mortel d'y manquer.

Gardez-vous donc bien, mes enfants, d'y manquer jamais par votre faute ; voudriez-vous, par intérêt ou par négligence, vous exposer à une perte éternelle ?

D. A quelle Messe principalement l'Eglise veut-elle qu'on assiste les dimanches et fêtes ?

R. A la Messe de paroisse (1).

Il paraît que l'esprit de l'Eglise est qu'on assiste à la Messe de paroisse par préférence aux Messes basses et à celles qui se disent dans d'autres églises. C'est ce qui s'est pratiqué dès les premiers siècles ; et toujours depuis, les fidèles se sont assemblés pour assister au Sacrifice public, pour participer aux lectures, aux instructions, aux prières communes.

Le saint concile de Trente ordonne *aux Evêques d'avertir les peuples qu'ils sont tenus et obligés d'assister à leurs paroisses lorsqu'ils le pourront, pour entendre la parole de Dieu.* Or, c'est ordinairement à la Messe de paroisse que se font ces instructions publiques ; c'est donc s'écarter beaucoup de l'esprit de l'Eglise, que de s'absenter sans raisons de la Messe paroissiale ; on pèche en n'y assistant pas, et ce péché est même grief :

1° S'il y a dans le diocèse une loi qui y oblige sous peine d'excommunication, de trois dimanches l'un, comme cela est en plusieurs endroits.

2° Si l'on s'expose à ignorer ses devoirs de religion faute d'instruction.

3° Si on ignore en conséquence certaines annonces qui

_____

(1) Toute la morale qui va suivre suppose des Pasteurs légitimes : elle n'est pas applicable aux paroisses schismatiques. Ceci est fait avant les temps malheureux que nous éprouvons. *(Note de l'auteur.)*

se font à la Messe de paroisse, comme les jeûnes, les abstinences, les fêtes de la semaine.

4° Si cette négligence devient scandaleuse et d'un mauvais exemple. Ainsi, c'est très mal fait, à la campagne, de quitter sa paroisse la plupart des dimanches, et d'aller ailleurs à la Messe, sous prétexte d'affaires de négoce, ou autres raisons frivoles, ou de voyages d'ailleurs opposés à la sanctification des fêtes ; c'est très mal fait, à la ville, lorsque, par paresse ou par dégoût des choses de Dieu, on, va entendre une Messe courte et tardive, tumultueuse, scandaleuse,... au lieu d'assister à la grand' Messe de la paroisse ; mais, pour mieux sentir l'importance de cette obligation, écoutez la raison qu'a l'Eglise de vouloir que nous assistions à la Messe paroissiale.

D. Pourquoi l'Eglise veut-elle que nous assistions à la Messe de paroisse ?

R. Parce que la Messe de paroisse se dit pour les paroissiens, qu'ils y prient en commun, et qu'ils y apprennent leurs devoirs par la bouche de leurs Pasteurs.

Comme vous voyez, mes enfants, voilà trois raisons principales et essentielles, pour lesquelles l'Eglise nous appelle à la Messe de paroisse.

1° *Parce que cette Messe se dit pour les paroissiens.*

C'est pour vous, mes frères et mes enfants, pour vous absolument, que le saint Sacrifice est offert dans ce temple les dimanches et les fêtes ; nous l'offrons à votre intention, et nous vous en appliquons les fruits, spécialement en ces jours de bénédictions ; c'est proprement votre Messe, votre Sacrifice ; c'est donc sur ceux qui y sont présents que doit couler le sang précieux de la victime céleste. Mais en recueillerez-vous la portion qui vous était destinée, si vous n'y êtes pas, si vous fuyez ailleurs, sans raisons légitimes, pour voyager, pour éviter une instruction, une Messe trop longue au gré de votre in-

dolence ? Enfants égarés ou indociles, vous êtes absents
de la maison paternelle lorsque le Père commun distribue
ses largesses ; non, vous ne devez point y avoir part ;
et vous vous privez des avantages prodigués au reste de
la famille des fidèles. Réunissez-vous donc à vos frères,
et vous recevrez avec eux les bénédictions que ce bon
Père répand sur ses enfants chéris ; venez-y prier avec
eux, et vous serez exaucés avec eux.

2° *Les paroissiens prient en commun à la Messe de paroisse.*

C'est là que les enfants de la même famille, rassemblés
autour du Père commun, lui demandent leur pain quotidien d'une voix unanime. C'est là, c'est alors que leurs
vœux, leurs cris, leurs cantiques d'allégresse et d'actions de grâces montent ensemble vers le Ciel ; c'est là,
c'est alors que les fidèles forment, dit Tertullien, comme
une armée, qui fait au Ciel une sainte violence ; c'est
là, c'est alors que les vœux des faibles acquièrent une
force victorieuse par leur réunion avec les fervents et les
forts, et sont portés avec ceux des Saints jusqu'au trône
des miséricordes éternelles ; c'est alors surtout qu'ils sont
exaucés en vertu de la communion des Saints ; c'est là,
c'est alors particulièrement que le Seigneur a promis de
se trouver au milieu de ceux qui seront rassemblés en
son nom : *Ibi sum in medio eorum.* (Matth. XVIII, 20.)
C'est là, c'est alors que ce bon Père se plaît spécialement
à se communiquer à ses enfants réunis sous ses ailes.

Mériterez-vous donc d'être exaucés si vous allez ailleurs
offrir des vœux séparés, dissipés, précipités, dans des
lieux où il ne veut pas recevoir vos prières, parce que
ces jours sont destinés au Sacrifice du temple commun ?
Alors vos vœux illégitimes sont rejetés ; surtout si c'est
parce que vous redoutez les longueurs solennelles qui
vous ennuient aux Messes de la paroisse ; surtout si vous
allez vous mêler à la troupe de ces chrétiens paresseux,
volages, dissipés, impies, profanateurs, qui vont à des
messes tardives et scandaleuses, pour insulter à nos plus

redoutables mystères. Non, non, vous ne serez point exaucés, vous ne participerez point aux bienfaits répandus avec abondance sur la troupe fidèle qui prie en une sainte et fervente union dans la paroisse désignée pour vous. Fastidieux enfants, vous n'aurez ni le pain de la grâce, ni le pain de la parole; vous vous privez de l'instruction qui vous serait nécessaire.

3ᵉ Raison. Pourquoi l'Eglise veut-elle que l'on assiste à la Messe de la paroisse? *C'est que les paroissiens y apprennent leurs devoirs par la bouche de leurs Pasteurs.*

Vous devez, mes enfants, vous instruire de votre foi et de vos obligations; or, c'est principalement à la Messe de paroisse que se font les instructions publiques. C'est alors surtout qu'il nous est ordonné de paître nos troupeaux; mais si nous sommes obligés de vous instruire dans ces circonstances particulières, il s'ensuit que vous êtes obligés d'assister à nos instructions. Nos paroles n'iront-elles frapper que les murs et les colonnes du temple? Si donc vous manquez à la Messe de paroisse, vous refusez un pain nécessaire, vous négligez essentiellement l'importante affaire de votre salut; est-ce là un péché léger?

Chrétiens nonchalants, dégoûtés, dédaigneux, qui fuyez la voix chargée de vous instruire, qu'aurez-vous à répondre lorsque Dieu, qui vous avait envoyé des Pasteurs, vous demandera compte de ces ressources négligées, lorsqu'il vous reprochera l'ignorance coupable qui en sera l'effet? Il vous dira : Je vous avais envoyé des prophètes pour vous annoncer ma parole, *misi ad vos omnes servos meos prophetas* (Jerem. vii, 25), et vous avez répondu : Non, nous ne voulons pas entendre ces ennuyeux discoureurs; nous ne voulons point de cette science qui conduit dans vos voies, *scientiam viarum tuarum nolumus.* (Job. xxi, 14.) Eh bien! ajoutera le Seigneur, je serai aussi sourd à vos voix; à votre mort, je me rirai de vous, de votre ignorance volontaire et coupable, et de toutes vos vaines excuses, *ego quoque in*

interitu vestro ridebo, et subsannabo vos. (Prov. i, 26.)
Mais, dit—on, j'entends l'instruction ailleurs, j'ai des
livres, je lis moi—même pour m'instruire. A cela je réponds : Ce n'est pas ailleurs que le Seigneur veut vous
instruire ; c'est dans votre église, et de la bouche du
Pasteur qu'il vous a donné ; c'est à cette parole qu'il a
particulièrement attaché les grâces qui doivent vous instruire, vous toucher, vous mettre dans la voie du salut.
Ce Pasteur connaît mieux que tout autre les besoins de
ses ouailles et la nourriture qu'il leur faut : si donc vous
fuyez la voix pastorale qui appelle la brebis égarée ; si le
dégoût, l'ennui, la paresse, l'envie de courir, l'intérêt,
la passion vous arrachent à ses cris ; alors vous résistez à
la voix de Dieu même ; vous péchez, et ce péché aura
pour vous les suites funestes d'une résistance coupable ;
il vous laissera dans l'ignorance volontaire, dans l'obstination, le désordre et la voie de perdition.

Ah ! mes enfants et mes frères, c'est peut—être à telle
instruction que le Seigneur avait attaché la grâce de votre
conversion ; vous y manquez !..... La grâce de salut est
perdue pour vous.

Comme vous voyez, toutes sortes de raisons vous engagent à assister à la Messe de paroisse : c'est l'intention
de l'Eglise, interprète des volontés de Dieu ; c'est son
esprit, ce sont ses lois ; elle vous invite, elle vous presse,
par les promesses et les menaces ; elle emploie jusqu'à
ses terribles anathèmes, pour vous forcer d'entrer dans
la maison de prière, de paix, d'abondance, où elle rassemble ses enfants ; c'est là que vous avez tous vos droits,
toutes vos prétentions, toutes vos ressources, tous les
appuis d'une société sainte et puissante ; c'est votre maison, votre demeure pour le temps, votre repos pour
attendre l'éternité : l'abandonneriez – vous pour aller
ailleurs porter des hommages déplacés, mélangés de
mille défauts, peut-être réprouvés de Dieu ? Non, sans
doute, nous aurons toujours le spectacle édifiant de nos
troupeaux complets ; nous les verrons réunis dans leurs

pâturages, sous la conduite des Pasteurs qui leur sont assignés par l'Eglise ; ainsi, brebis fidèles et dociles, enfants vraiment attachés au sein de votre Eglise, vous y viendrez toujours sucer son lait ; vous y recueillerez la plénitude des faveurs que le Père commun a promis d'y répandre sur la portion de son troupeau destinée à l'habiter ; mais, pour cela, il faut y assister avec les dispositions qu'exige une action si sainte et si indispensable.

D. Comment doit-on entendre la Messe pour satisfaire au précepte ?

R. On doit l'entendre entière, avec modestie, attention et dévotion.

Voilà donc, mes enfants, quatre choses à observer pour bien entendre la Messe et satisfaire au précepte.

1° Il faut l'entendre *tout entière*. On sent bien que tel doit être le sens du précepte ; que quand l'Eglise nous dit : *Les dimanches Messe ouïras ;* cela signifie la Messe tout entière, depuis le commencement jusqu'à la fin ; elle n'en excepte aucune partie. Notre obéissance à la loi serait incomplète si nous arrivions à la Messe trop tard, ou si nous en sortions trop tôt ; et, pour que nous n'ayons aucun doute à cet égard, l'Eglise a même expliqué ses intentions dans plusieurs conciles ; elle a fait des ordonnances pour défendre aux fidèles de sortir avant la bénédiction du Prêtre ou de l'Evêque ; elle veut qu'on reprenne publiquement ceux qui oseraient sortir avant ce temps-là. Ainsi, ceux qui viennent après l'Evangile ne satisfont pas au précepte, non plus que ceux qui sortent avant la communion du Prêtre, parce qu'ils manquent à une partie considérable du saint Sacrifice. De même si on entendait une partie de la Messe d'un Prêtre, et l'autre partie d'un autre, ce ne serait pas entendre la Messe tout entière, parce que ce ne serait plus la même action du Sacrifice.

2° Il faut entendre *la Messe avec modestie*, c'est-à-dire

6.

en une posture modeste et respectueuse, à genoux, autant
qu'il est possible, au moins dans les temps les plus saints
du Sacrifice, ou modestement assis, sans s'appuyer in-
décemment sur les bancs, les mains jointes ou occupées
à tenir vos heures, les yeux baissés ou fixés sur votre
livre ou sur l'autel, sans porter çà et là des regards égarés, curieux, dans le saint temple ; modestie donc, chers
enfants, dans l'air, l'attitude, les regards, les habits,
sans affectation, sans vanité dans les parures : on doit
être habillé décemment, proprement, chacun selon son
état, comme à des jours de fêtes chrétiennes.

3° Il faut entendre *la Messe avec attention*, c'est-à-dire
faire attention et réflexion à ce qu'on fait, penser à Dieu,
à qui l'on parle, ne pas se laisser distraire volontairement
à des pensées étrangères, ou si, par hasard, l'esprit s'é-
gare, il faut le rappeler de ses distractions, et se remettre
doucement en la présence de Dieu, sans se troubler des
évagations naturelles de notre esprit : nous sommes tous
naturellement volages et dissipés ; vous surtout, enfants
légers, votre imagination s'égare en mille pensées ; mais
ces distractions ne sont pas coupables si vous ne les occasionnez pas, si vous ne vous y arrêtez pas volontairement, si vous en demandez pardon au Seigneur aussitôt
que vous vous en apercevez ; mais si elles sont occasionnées par vos regards vagabonds, par la dissipation, par
le souvenir de vos amusements que vous apportez à l'é-
glise, etc.; alors elles sont coupables, et vous ne satis-
faites point au précepte. Combien de personnes qui ne
sont à la Messe que de corps, et jamais de cœur et d'esprit ! Ce ne sont que des masses stupides, peu différentes
des bancs et des piliers du temple. Ces assistants distraits
articulent peut-être des mots et des chants; mais leur
cœur est bien loin de leur Dieu ; leur voix n'est qu'un
airain, sonnant comme des cloches, qui n'ont ni âme ni
sentiment.

Non, mes enfants, ce n'est pas entendre la Messe que
de s'y occuper volontairement de mille pensées étran-

gères, de ses affaires, de son ménage, de ses projets, de ses plaisirs, etc. Nous devons dire à l'entrée du temple, avec saint Bernard : Restez à la porte, objets profanes, et n'entrez point avec moi dans le sanctuaire de la Divinité.

Ce n'est pas entendre la Messe que de s'y abandonner nonchalamment au sommeil sans daigner se faire aucune violence pour y résister.

Laborieux habitants de nos campagnes, je sais qu'il est des temps pénibles de travail et de moissons, où vous êtes accablés malgré vous; mais faites tous vos efforts, prenez une attitude pénible et respectueuse tout à la fois : alors si le sommeil vous surprend, vous n'êtes plus coupables.

Ce n'est pas entendre la Messe que d'y assister dans un état d'ivresse : non, vous n'êtes plus un homme, mais pis qu'une bête; et ce n'est que pour les hommes que s'offre le saint Sacrifice; ce n'est qu'à des hommes qu'il est permis d'y assister. Vous méritez d'être chassés du temple encore plus que vos chiens qui y sont à vos côtés, parce que vous êtes dans un état d'abrutissement et de déraison.

C'est encore moins entendre la Messe, que de s'y entretenir, d'y causer, rire, badiner ; c'est la profaner, c'est renouveler les outrages des Juifs au pied de la croix, surtout lorsqu'on y porte des pensées, des regards, des entretiens indécents, licencieux, criminels, comme on ne voit que trop à ces Messes tardives, tumultueuses, à ces Messes militaires, où on ne s'occupe de rien moins que de la Divinité. Non, on n'honore pas le Seigneur par un acte de religion aussi dérisoire.

Ce n'est pas entendre la Messe, c'est n'y assister ni de corps ni d'esprit, que de se distraire, de se tenir au cimetière ou à la porte, sans nécessité, et sans autre motif que de s'amuser à voir la campagne, parler plus à son aise, s'étendre comme des animaux sur l'herbe; le portail, les dehors de l'église ne sont que pour les infirmes, ou ceux que l'air de l'église incommode, ou qui ne peuvent pas y entrer. C'était encore autrefois la place des excommuniés : vous vous mettez vous-mêmes de ce nombre, quand vous restez dehors sans nécessité ; voyez, mes enfants, si vous voulez prendre place parmi les membres gangrenés que l'Eglise rejette de son sein, et qui sont indignes d'entrer dans l'enceinte vénérable de ses temples ; hommes sans religion et sans piété, enfants séparés, vous n'êtes point avec vos frères dans la maison commune ; point de grâces et de bienfaits spirituels pour vous ; vous les fuyez, vous vous en rendez indignes. Eh bien ! broutez l'herbe du cimetière, puisque c'est là que vous vous réduisez ; mais en vous étendant sur la tombe de vos aïeux, écoutez les reproches qu'ils vous font du fond de leur sépulcre : Retire-toi, enfant dégénéré, tu profanes mes cendres et ce lieu saint ; va porter ailleurs tes impiétés ; ici ta présence sacrilége outrage le saint Sacrifice.

4° Il faut entendre la Messe *avec dévotion*, c'est-à-dire qu'outre l'attention, on doit y apporter des sentiments intérieurs qui animent les dehors édifiants avec lesquels nous devons y paraître ; or, voici en quoi consiste cette dévotion : 1° une foi vive ; 2° un respect profond ; 3° amour et confiance ; 4° reconnaissance ; 5° suivre les actions du Prêtre ; 6° réciter bonnement et simplement ses prières ordinaires, quand on ne peut en réciter d'autres. Un mot sur tous ces points.

1° *Une foi vive*. Croyez fermement que c'est Jésus-Christ, Fils de Dieu, et Dieu victime, qui veut bien descendre sur l'autel pour s'y immoler de nouveau pour nous, qu'il y renouvelle le sacrifice qu'il fit autrefois au Calvaire sur la croix ; répétez-lui plusieurs fois, pendant cette immolation intéressante : Oui, mon divin Sauveur, je crois que vous êtes ici présent, et que vous vous immolez pour moi sur cet autel. Cette persuasion, bien vive et bien assurée, vous animera de tous les autres sentiments qui font la dévotion véritable.

2° *Respect profond.* Puisque vous êtes convaincus que là s'opèrent les mystères les plus augustes, puisque vous reconnaissez le Maître souverain du Ciel et de la terre en état de victime entre les mains du Prêtre ; quel saint frémissement doit vous saisir à cet aspect en sa divine présence ! Si vous aviez eu le bonheur d'assister sur le Calvaire, au premier Sacrifice, convaincus des mêmes vérités, avec quelle vénération n'auriez-vous pas recueilli les gouttes précieuses de sang qui coulaient de la croix ? Eh bien ! mes enfants, c'est le même sang qui coule sur nos autels, ce sont les mêmes merveilles qui s'y opèrent par la toute-puissance divine : ayez-y donc les mêmes sentiments de respect.

3° *Amour et confiance.* Le Dieu qui nous a aimés jusqu'à mourir pour nous, renouvelle ce prodige d'amour en s'immolant de nouveau pour nous ; c'est l'amour qui le place sur cet autel, en état d'holocauste, pour le salut de ses amis ! Quel cœur serait donc assez dur pour y être insensible ! Quel cœur de glace ne s'embraserait pas à ce feu sacré qui brûle sur l'autel ? Oui, mes enfants, le même amour qui consume la victime pour nous doit nous consumer pour elle ; et de là quelle confiance ! c'est le moment des miséricordes et des bienfaits ; en est-il que nous n'ayons droit d'attendre dans des instants si précieux ? C'est le Dieu bon, miséricordieux, qui est là pour opérer les plus grandes merveilles de sa clémence ; c'est un père, un frère, un ami, qui se donne à nous et pour nous, qui y voile sa majesté redoutable, qui n'y paraît que sous les symboles de la paix, de la douceur, et comme l'aliment de notre âme ; à cette vue, pourrions-nous craindre, et ne pas nous approcher de l'autel avec l'espoir et la confiance d'être exaucés ?

4° *Reconnaissance.* C'est ici l'occasion de dire avec le Roi-Prophète : *Quid retribuam Domino pro omnibus quæ retribuit mihi ?* (Ps. cxv, 12). Que rendrai-je au Seigneur pour tous les bienfaits dont il m'a comblé ? Je prendrai en main le calice salutaire, j'offrirai la victime d'un prix infini à celui qui me la donne, pour le remercier de cette insigne faveur, et de toutes les autres dont il m'a comblé toute ma vie. *Calicem salutaris accipiam, et nomen Domini invocabo* (Ibid. 13).

5° *Suivez les actions du Prêtre.* C'est la méthode la plus conforme à l'esprit du Sacrifice; ceux qui savent lire la trouveront toute tracée dans les Heures à l'usage ordinaire des fidèles, où il y a l'exercice ou les prières pendant la Messe, comme la Journée du chrétien, l'Ange conducteur, ou autres; on en trouvera un exercice plus abrégé dans un petit livre intitulé : la *Bonne Journée.* Les personnes instruites pourront inculquer ces courtes prières à celles qui ne savent pas lire, ou bien :

6° Enfin ceux qui ne savent pas lire pourront dire bonnement et simplement leurs prières ordinaires, le *Pater*, l'*Ave*, le *Credo*; et, pour mieux s'en pénétrer, les réciter en français, lentement, posément, réfléchissant à chaque demande, les répétant plusieurs fois avec attention et sentiment. Le bon Dieu se contente de toutes les prières, pourvu qu'elles partent d'un bon cœur bien disposé. Mais ne vous imaginez pas avoir satisfait au précepte si vous avez mal entendu la Messe : si vous laissez aller votre imagination à mille pensées diverses, si vous n'y apportez ni attention, ni dévotion, c'est là un double péché, celui de l'omission d'un commandement et celui d'une irrévérence qui profane le lieu saint et le plus auguste mystère.

D. De quoi faut-il principalement s'occuper pendant la Messe?

R. Nous devons nous rappeler le souvenir de la passion et de la mort de Jésus-Christ, et nous offrir avec lui à la sainte Messe, comme il s'y offre lui-même.

La Messe est un mémorial et une rénovation non sanglante du Sacrifice de la croix; toutes les actions de cet adorable Sacrifice représentent mystiquement la passion de Notre-Seigneur Jésus-Christ. C'est donc une excellente pratique d'y penser, en se rappelant les différents supplices qu'endura ce divin Rédempteur. Vous trouverez cette méthode dans des Heures intitulées l'*Ange conducteur*, dans la *Dévotion chrétienne*, et autres livres, où sont tracés les tableaux de la passion de Jésus-Christ, avec une prière relative à chacun des points de cette passion. Je vous conseille d'en faire usage ; ce souvenir touchant servira à enflammer toujours plus votre piété, votre amour, votre reconnaissance pour ce divin Sauveur, qui s'immola autrefois pour vous, et qui renouvelle encore tous les jours ce Sacrifice. Animés de ces sentiments, vous vous offrirez vous-mêmes avec lui en holocauste, vous abandonnant à sa justice et à sa miséricorde pour l'expiation de vos propres péchés.

D. Dans quelles vues devons-nous nous unir à Jésus-Christ à la sainte Messe?

R. Dans la vue d'adorer Dieu, de le remercier, et d'obtenir le pardon de nos péchés et les grâces dont nous avons besoin.

Vous pouvez remarquer, dans cette réponse, les quatre fins pour lesquelles l'Eglise offre le saint sacrifice de la Messe : 1° pour honorer Dieu et l'adorer : c'est un Sacrifice d'hommage et de vénération ; 2° pour remercier Dieu : c'est un Sacrifice d'actions de grâces ; 3° pour obtenir le pardon de nos péchés : Sacrifice d'expiation ; 4° pour demander les grâces dont nous avons besoin : Sacrifice d'impétration. Or, c'est dans ces vues que nous devons nous unir à Jésus-Christ et à son Eglise, en assistant à cet adorable Sacrifice. Entrez dans ces intentions, mes chers enfants, toutes les fois que vous entendrez la Messe : 1° *Honorez Dieu, adorez-le*, rendez-lui la gloire et les hommages qui lui sont dus; vous ne pouvez le faire plus efficacement qu'en lui offrant une victime digne de lui, égale à lui par l'union infinie de la Divinité à cette hostie auguste et vénérable. 2° *Remerciez-le* des bienfaits dont il vous aura comblés ; assistez-y toutes les fois que vous en aurez éprouvé quelques-uns de sa part. *Quid retribuam Domino pro omnibus quæ retribuit mihi?* Eh ! chers enfants, c'est tous les jours que vous lui devez ce Sacrifice eucharistique, puisque tous les jours vous recevez de lui de nouveaux bienfaits. 3° Offrez cette hostie d'expiation *pour vos péchés ;* c'est le moyen d'en obtenir le pardon, puisque c'est pour cela spécialement que cette victime expiatrice s'est immolée la première fois. Hélas ! vous péchez tous les jours ; offrez-la donc pour cela tous les jours, mais surtout aux approches d'une confession que vous voudrez faire ; préparez-vous-y d'avance, en assistant à la Messe dans les sentiments les plus vifs de componction et de pénitence. 4° Enfin, *offrez-la pour demander* toutes les grâces dont vous avez besoin ; c'est tous les jours encore que nous avons besoin de ces secours divins, surtout dans les circonstances de la vie où ils sont plus urgents, lorsqu'il s'agit de prendre un parti, de commencer un ouvrage, de faire quelques choses importantes pour le salut ou pour cette vie, etc. Demandez par la voix de cette victime impétratoire, et vous êtes sûrs d'obtenir. *Petite et accipietis.* (Joan. XVI, 24.)

SOUS-DEMANDES.

D. Est-ce un péché de manquer à la Messe les dimanches et fêtes ?

R. Oui, parce que c'est manquer à un point essentiel du précepte.

D. On s'exposerait donc à la damnation si on y manquait ?

R. Oui, si c'était par sa faute et sans dispense légitime.

D. Fait-on un péché quand on y manque pour garder un malade, les enfants, le bétail, ou par quelque autre bonne raison ?

R. Non, on ne pèche pas, parce que c'est une nécessité qui en dispense.

D. Quand on ne peut assister à la Messe, que faut-il faire ?

R. Il faut s'unir d'intention aux fidèles qui sont à l'église.

D. Ceux qui sont en voyage les dimanches, et qui ne sont presque jamais à leur paroisse, font donc mal?

R. Oui, parce qu'ils ne suivent pas l'intention de l'Eglise, et ils se privent des avantages attachés aux Messes paroissiales.

D. Vous dites que la Messe de paroisse se dit pour les paroissiens ; n'est-ce pas pour les absents aussi-bien que pour ceux qui y sont présents ?

R. Elle ne profite qu'à ceux qui ont de bonnes raisons pour s'en absenter. Ceux qui s'en absentent par leur faute ne méritent pas de participer à ses fruits.

D. Pourquoi dites-vous que c'est à la Messe de paroisse que les paroissiens apprennent leurs devoirs par la bouche du Pasteur?

R. Parce que c'est alors que les Pasteurs instruisent leurs peuples.

D. On pèche donc si on ignore ses devoirs faute d'y assister ?

R. Oui, cette ignorance est coupable, parce que c'est là qu'on devait s'instruire.

D. Par exemple, si on mangeait de la viande un jour d'abstinence, faute de l'avoir entendu annoncer à la Messe ?

R. On serait coupable, parce qu'on l'ignorerait, faute d'avoir assisté à la Messe.

D. Ceux qui arrivent trop tard à la Messe, par exemple à l'Evangile, pèchent-ils?

R. Oui, parce qu'ils manquent à une partie considérable de la Messe.

D. Suffit-il d'être à l'église pendant la Messe pour satisfaire au précepte ?

R. Non, il faut y assister de cœur et avec attention, et prier le bon Dieu comme il convient.

D. Ceux qui sont là comme les piliers et les bancs, sans prier ni penser à Dieu, n'entendent donc pas la Messe ?

R. Non, pas plus que les bancs et les piliers.

D. Ceux qui tournent la tête de côté et d'autre, qui rient, qui causent, etc.?

R. Ils n'entendent pas la Messe, et font un péché d'irrévérence.

D. Est-ce un péché d'avoir des distractions?

R. Oui, si on s'y arrête, ou si on les occasionne par ses regards égarés.

D. Si ces distractions volontaires duraient la moitié de la Messe, serait-ce un gros péché?

R. Oui, parce que ce serait omettre une partie notable de la Messe.

D. Si on est bien modeste, ne regardant que sur son livre et sur l'autel, et s'il vient des distractions malgré cela, sont-ce des péchés ?

R. Non, pourvu qu'on les rejette aussitôt qu'on s'en aperçoit.

D. Lorsqu'on s'aperçoit que l'on est distrait, qu'est-ce qu'il faut faire ?

R. Il faut revenir à Dieu tout bonnement, et lui dire : Mon Dieu, j'oubliais que je suis en votre divine présence ; pardon de la dissipation de mon esprit.

D. Ces hommes qui se tiennent au cimetière ou à la porte de l'église, entendent-ils bien la Messe ?

R. Ils l'entendent fort mal ordinairement, car ils ne s'y tiennent que pour causer et regarder par les champs ; ils se mettent où l'on plaçait autrefois les excommuniés.

D. Comment faut-il faire pour entendre la Messe avec dévotion ?

R. Ceux qui savent lire doivent lire de bon cœur les prières qui sont dans leurs livres.

D. Et ceux qui ne savent pas lire ?

R. Ils peuvent réciter les prières ordinaires, le *Pater*, l'*Ave*, le *Credo*, faire des actes de foi, d'espérance et de charité, et cela de bon cœur et avec bien de l'attention.

D. Mais cela est bientôt dit ?

R. Il faut les dire lentement, réfléchissant sur chaque demande, s'y affectionnant ; on peut les recommencer plusieurs fois.

D. Serait-ce bien de s'occuper de la passion de Notre-Seigneur ?

R. Oui, car la sainte Messe en est la représentation.

D. Comment faudrait-il faire cela ?

R. Rappeler dans sa mémoire ce qui se passait 1° au jardin des Olives ; 2° chez le grand-prêtre ; 3° chez Hérode ; 4° chez Pilate ; 5° la flagellation ; 6° le couronnement d'épines ; 7° comme Jésus portait sa croix ; 8° comme on le crucifiait sur le Calvaire ; 9° comme il fut élevé en croix ; 10° comme il expira, etc.; appliquer ces réflexions aux différents points de la Messe ; dire à chaque point le *Pater* ou une autre petite prière.

D. Vous parlez d'entrer dans les vues de J.-C. ; qu'est-ce que cela veut dire ?

R. C'est-à-dire offrir le saint Sacrifice dans les mêmes intentions que J.-C. s'est proposées en mourant pour nous sur la croix.

RÉCAPITULATION PRATIQUE.

1° Pénétrez-vous bien de l'obligation d'entendre la messe les dimanches et les fêtes. Regardez comme une transgression grième d'y manquer, et faites-vous une loi d'y assister exactement.

2° Assistez-y à votre paroisse, puisque c'est là votre église, votre sacrifice, et le moment important de vos instructions.

3° Assistez-y avec attention et dévotion, vous rappelant qu'y assister autrement ce n'est pas satisfaire au précepte.

4° Demandez pardon au Seigneur d'avoir méconnu, et peut-être négligé un devoir imposé à tous les fidèles par l'Eglise, qui a droit de l'exiger.

5° Proposez-vous d'y être plus exacts dans la suite, et demandez-en la grâce.

PRIÈRE.

Nous vous remercions, ô mon Dieu! de l'instruction que nous venons d'entendre ; nous y avons appris une de nos plus importantes obligations pour sanctifier les dimanches et fêtes ; c'est d'entendre dévotement la Messe en ces jours consacrés au Seigneur. Nous y avons assisté, mais à quelles Messes? avec quelles dispositions? Nous avons cru avoir satisfait au précepte en allant à la hâte à des Messes précipitées, scandaleuses, sans attention, sans dévotion. Est-ce donc par des actes purement matériels, est-ce par des irrévérences et des profanations, que l'on satisfait au précepte et à ses devoirs? Non, Seigneur, nous le reconnaissons ; désormais donc nous y assisterons à notre paroisse, avec respect, modestie, ferveur, attention. Telle est la résolution que nous formons à vos pieds. Faites-nous la grâce d'y être fidèles, afin qu'après nous être réunis dans votre maison sur la terre, pour y participer aux fruits du saint Sacrifice, nous nous réunissions un jour dans le Ciel, pour partager votre bonheur et votre gloire. Ainsi soit-il.

DU III° COMMANDEMENT DE L'ÉGLISE.

D. Récitez le troisième commandement de l'Eglise.

R. Tous tes péchés confesseras, à tout le moins une fois l'an.

C'est-à-dire , vous confesserez tous vos péchés tous les ans, au moins une fois, sans en cacher ni déguiser aucun.

D. Qu'est-ce que nous ordonne le troisième commandement de l'Eglise ?

R. Il nous. ordonne de faire , au moins une fois chaque année, une confession de nos péchés, avec les dispositions nécessaires.

En conséquence de ce précepte , nous sommes obligés de nous confesser au moins une fois l'année. Remarquez bien le mot *au moins ;* c'est-à-dire que l'Eglise souhaiterait que nous le fissions plus souvent. Cette confession doit être faite *avec les dispositions nécessaires.* Vous les savez, ou nous vous les apprendrons. C'est 1° de bien examiner sa conscience ; 2° d'avoir un véritable regret de ses péchés ; 3° de faire un ferme propos de n'y plus retomber ; 4° de les accuser sincèrement à un Prêtre approuvé ; 5° de satisfaire à Dieu et au prochain. Dispositions sans lesquelles on profane le sacrement de pénitence, et par conséquent on ne satisfait point au précepte, parce qu'on ne peut satisfaire à un commandement par un sacrilége ; ce serait pis que si on ne se confessait pas du tout, puisqu'on commettrait deux péchés à la fois , la transgression d'un précepte et la profanation d'un sacrement.

Quelle illusion ! quel travers donc de la part de ceux qui s'imaginent avoir tout fait quand ils vont, tous les ans , se décharger de la confession annuelle comme d'un fardeau, sans examen, sans contrition , sans changement, sans sincérité , à un confesseur qu'ils trompent ou qui est trop indulgent ; par coutume , par routine , pour ne point se faire remarquer, etc. ; et , après cela, ils s'applaudissent en disant : Bon ! me voilà confessé ; grâces à Dieu , j'en suis quitte pour un an. Non , non , pénitents frauduleux , vous n'en êtes pas quittes ; vous n'avez point satisfait au précepte , vous n'êtes pas vraiment confessés :

vous n'êtes pas rentrés en grâce avec votre Dieu ; vous êtes sortis du tribunal plus coupables que vous n'y étiez entrés, parce que vous n'y êtes pas entrés avec les dispositions nécessaires. Ainsi, il vous reste l'obligation de retourner une autre fois à confesse avec de meilleures dispositions pour satisfaire à la loi ; et alors vous devrez vous accuser d'un double péché, et d'avoir manqué au précepte, et d'avoir profané un sacrement par une confession nulle et sacrilége. Et comme c'est à Pâques, pour la communion pascale, que cela vous est arrivé, ajoutez encore deux autres péchés : celui d'avoir profané le corps et le sang de Jésus-Christ par une communion indigne, et celui qui vous ordonne de communier saintement à Pâques, ainsi que nous vous le dirons dans la suite.

D. En quel temps faut-il faire cette confession?

R. Il est à propos de la faire aux approches de Pâques, afin qu'elle serve de préparation à la communion pascale.

L'Eglise n'a point fixé de temps déterminé pour la confession annuelle ; mais on choisit ordinairement le temps pascal pour la faire. Pourquoi ? Parce qu'un autre précepte ordonne de communier en ce temps, et qu'il faut se mettre en état de grâce pour s'y préparer. Voilà pourquoi ces deux préceptes s'accomplissent ordinairement en même temps, l'un par préparation à l'autre.

D. A qui faut-il faire cette confession?

R. Chacun doit la faire à son propre Pasteur, ou, avec sa permission, à quelque autre Prêtre qui ait le pouvoir d'absoudre.

Tous les ans, aux approches de la quinzaine de Pâques, nous vous faisons la lecture d'un canon du saint concile de Latran, qui rappelle aux fidèles leur obligation là-dessus. (Ce concile était une assemblée générale des Evêques, un concile œcuménique.) Il ordonne la confession annuelle, et il déclare que c'est à son propre Pasteur qu'il faut se confesser pendant la quinzaine de Pâques, ou du moins qu'il faut avoir sa permission si l'on veut aller à un autre Prêtre qui ait déjà d'ailleurs le pouvoir d'absoudre. Pour entendre cette doctrine, il faut remonter à des principes que je vais vous expliquer. Le pouvoir d'absoudre les péchés, qui est donné à tous les Prêtres à l'ordination, ne peut avoir d'exercice légitime, et même valide, que lorsque l'Eglise assigne une juridiction et des sujets sur lesquels un Prêtre peut l'exercer ; jusque-là ce pouvoir est lié et suspendu. C'est la doctrine du saint concile de Trente, qui rappelle à ce sujet la tradition ancienne de tous les siècles de l'Eglise, en ces termes : *La nature et l'ordre d'un jugement exige qu'une sentence ne soit portée que sur des sujets soumis à une juridiction ; on a toujours été persuadé, dans l'Eglise de Dieu, et le saint concile confirme cette vérité, que l'absolution ne doit être d'aucune valeur si un Prêtre la prononce sur une personne sur laquelle il n'a pas une juridiction ordinaire ou subdéléguée.* Le même concile prononce anathème à quiconque *dirait que les Evêques n'ont pas le pouvoir de se réserver certains cas, sinon pour la police extérieure, et que cette réserve n'empêche pas que le Prêtre n'absolve vraiment des péchés réservés.* Sur ces principes, il est donc de foi qu'un Prêtre non approuvé ou non délégué ne peut absoudre validement les péchés (excepté à l'article de la mort, où il n'y a point de réserve, et où tout Prêtre peut absoudre). Ces principes une fois posés, voici comme j'explique la doctrine du concile de Latran, par rapport au propre Pasteur. Dans le temps pascal, tous les pouvoirs d'absoudre sont restreints au propre Pasteur, ou au confesseur déjà approuvé, auquel il donnera la permission d'absoudre le paroissien qui est sous sa juridiction. Si donc on voulait aller à un autre sans cette permission, l'absolution serait de nulle valeur, parce que, dit ce concile, un autre ne peut absoudre. Ainsi, par exemple, en temps pascal, je ne pourrais absoudre un paroissien d'une autre paroisse, et M. le Curé de cette autre paroisse ne pourrait vous absoudre sans une permission générale ou particulière. Alors donc, chacun doit s'adresser à son propre Pasteur, ou en avoir la permission de se confesser à un autre Prêtre déjà approuvé dans le diocèse, sans quoi l'absolution serait nulle, et même la confession sacrilége, s'il y avait de la mauvaise foi ou de la mauvaise volonté.

On l'accorde volontiers, cette permission, soit en général, soit en particulier, parce qu'on ne veut pas tyranniser les consciences. Mais nous ne la donnons qu'en tremblant, quand nous avons lieu de soupçonner que c'est par de mauvais motifs qu'on nous la demande ; car, hélas ! mes enfants, que de confessions sacriléges on va faire à des confesseurs étrangers quand on y va par de mauvais motifs (on peut en avoir de bons, et nous n'avons garde de condamner tous ceux qui y vont) ; mais combien cherchent ailleurs un ministre plus indulgent, se déguisent, s'enveloppent aux yeux d'un inconnu ! On est indisposé contre son propre Pasteur ; on craint son exactitude, ses connaissances, sa juste sévérité, parce qu'il suit les saintes règles de la pénitence, parce qu'il s'oppose aux désordres, parce qu'il veut éprouver un pénitent par de salutaires délais ; etc. Alors qu'arrive-t-il ? On obtient, on surprend une absolution sacrilége. Ah ! mes frères, combien de confessions pareilles en ces jours de réconciliation générale ! combien de pécheurs mal convertis, qui vont chercher ainsi leur arrêt de réprobation !

Cependant nous ne voyons que trop souvent où va aboutir la permission que nous accordons ; nous tremblons en signant le billet fatal qui va devenir un arrêt de mort pour une brebis qui s'arrache d'entre nos bras pour aller se faire égorger ailleurs, ou par une main trompée, ou par une main meurtrière dans son indulgence ; nous le prévoyons, nous en gémissons au fond de notre âme affligée ; mais nous sommes forcés par prudence, par condescendance, par la crainte de trop gêner votre confiance, de vous laisser aller. Nous vous avertissons pastoralement, et avec une certaine réserve, dans ces circonstances si délicates : Allez, mon frère, allez, enfant prodigue ; prenez garde à la demarche que vous allez faire : craignez de vous perdre en surprenant un faux pardon ; pécheur dissimulé et mal converti, tremblez à la vue de deux sacriléges que vous allez commettre. Du moins ma triste consolation, en ce moment malheureux, ce sera de n'y pas contribuer moi-même, et de ne pas tomber avec vous dans la fosse que vous ouvrez sous vos pieds.

D. Est-ce assez de se confesser une fois l'an ?

R. Non, c'est s'exposer à faire de mauvaises confessions, et négliger son salut.

Remarquez bien, mes enfants, l'Eglise dit : *A tout le moins une fois l'an.* On voit dans ce précepte une mère tendre, bonne, zélée, mais indulgente, qui cherche le bien de ses enfants, mais sans vouloir trop les contraindre. Elle désirerait de les voir souvent purifier leur conscience ; mais d'un autre côté elle voit la dureté de leur cœur, leur indolence, leur négligence. Du moins, mes enfans, leur dit-elle, *à tout le moins* une fois l'an, allez vous réconcilier avec votre Dieu et vous mettre à l'abri de ses vengeances. Elle commande, mais en même temps elle craint de trop exiger. On voit qu'elle désire de notre part une confession plus fréquente. Je ne crains donc pas de dire, avec votre Catéchisme, que ce n'est pas assez d'une fois l'an. Examinons les deux raisons qu'il en donne.

1° *C'est qu'on s'expose à faire de mauvaises confessions* en ne se confessant qu'une fois l'année. Car comment bien faire une action que l'on fait si rarement ? Comment bien s'examiner quand on ne s'examine qu'une fois l'an ? Comment se souvenir de tous ses péchés quand on les multiplie et qu'on les laisse accumuler toute une année, sans y faire attention ? Comment nettoyer une maison où l'on a laissé amasser des immondices pendant toute une année ? Comment arracher toutes les mauvaises herbes d'un jardin où on les aura laissé croître toute une année ? Comment, en un mot, purifier, changer un cœur que l'on souille, que l'on corrompt tous les jours d'une année? Comment haïr, détester des péchés que l'on aime, qu'on nourrit, qu'on entretient, qu'on fomente, qu'on transforme en habitude, en une seconde nature, non-seulement pendant une année, mais pendant une longue suite d'années, sans autre interruption que quelques jours d'une suspension hypocrite pour surprendre à Pâques une fausse absolution ? Car n'est-ce pas la conduite de ceux qui ne se confessent qu'à Pâques ? Ils paraissent suspendre leurs habitudes quelques jours avant leur confession ; peut-être pendant le carème font-ils cet effort dissimulé! et huit ou quinze jours, quelquefois deux jours après, ils retombent dans leurs désordres, et les y voilà pour un an sans penser à en sortir, et c'est tous les ans de même. Je vous le demande, qu'est-ce que de pareilles confessions, sinon un cercle anniversaire de confessions sacriléges ? Oui, on peut le dire avec vérité, sur cent qui se confessent de la sorte, il y en a quatre-vingt-dix-neuf qui le font sacrilégement. On a donc raison de vous dire qu'en ne se confessant qu'une fois l'an, on s'expose à faire de mauvaise confessions.

2° *C'est négliger son salut.* Chrétien lâche et indolent, qui vous en tenez à cette loi de condescendance : *A tout le moins une fois l'an,* vous faites le moins que vous pouvez ! Si vous pouviez reculer encore deux et trois ans, vous le feriez. La loi, dites-vous, n'exige pas davantage, je m'en tiens là ; et moi je vous dis qu'en vous en tenant là vous négligez considérablement votre salut ; vous risquez de vous perdre éternellement, vous faites un nouveau péché ; écoutez-moi, vous en allez convenir si vous êtes de bonne foi.

En quel état laissez-vous votre âme des années entières ? Toujours dans l'iniquité, dans la fange, dans l'ordure du péché ! toujours remplie de l'indignation de Dieu ! toujours suspendue sur un abîme éternel par un fil aussi fragile que la vie humaine ! 1° Vos confessions sont terriblement douteuses, comme je viens de vous le prouver ; mais 2° quand elles seraient bonnes, que ne risquez-vous pas dans de si longs intervalles ? Sur douze mois de l'année vous en restez onze dans un état de damnation ! Vous gagez donc votre salut à onze mois contre un !... Vous risquez votre salut onze fois contre une que vous le mettez à l'abri... et encore sous l'abri le plus incertain ! Je vous le demande, est-il en sûreté ? N'est-il pas exposé au plus grand danger ? Voudriez-vous courir un risque pareil pour votre vie ou votre fortune temporelle ? Quelle étrange folie !... Vous jouez votre éternité sur de pareils risques !...

Mais de là que s'ensuit-il ? Que vous commettez un nouveau péché en restant dans cet état de péché si longtemps, parce que ce risque de votre salut est malheureusement trop probable. Or, si on pèche en exposant la vie du corps, à plus forte raison en exposant son âme à une perte éternelle. Mais vous l'exposez à la damnation en demeurant un si long temps dans cet état déplorable ; vous péchez donc, et vous êtes obligés de recourir au sacrement de Pénitence sans attendre le terme ordinaire fixé par l'Eglise. Alors c'est la loi naturelle et divine qui vous oblige à recourir à la confession pour ne pas exposer votre âme à une éternelle réprobation ; d'où il suit que, pour la plupart des Chrétiens, ce n'est pas assez de s'en tenir au commandement de l'Eglise ; ils doivent se confesser plus souvent ; ce n'est plus en vertu d'un précepte ecclésiastique, mais en vertu du précepte naturel et divin de ne pas risquer son salut. Nous avons donc raison, mes enfants et mes frères, de vous exhorter, de vous presser, de vous supplier de venir à confesse plusieurs fois l'année, quoique l'Eglise ne vous y oblige qu'une fois. Nous avons donc raison de craindre pour la sûreté de notre ministère, quand nous voyons des chrétiens si indolents, si indifférents sur leurs intérêts éternels, qui restent des années entières, et peut-être toute leur vie dans un risque perpétuel de leur salut ; nous craignons toujours, et avec raison, qu'ils ne manquent des dispositions nécessaires pour la confession. Voilà pourquoi nous les différons, nous les éprouvons, nous exigeons d'eux une promesse de retourner se confesser dans le cours de l'année.

D. A quel âge commence-t-on à être obligé de se confesser?

R. A l'âge auquel on commence à discerner le bien et le mal, c'est-à-dire à sept ans ou environ.

On a besoin de confession sitôt qu'on est capable de pécher et que l'on est tombé dans le péché. Hélas ! mes enfants, ce n'est que trop tôt ; dès qu'on a l'usage de raison, dès qu'on peut distinguer si l'on fait bien ou mal, on est capable et malheureusement trop souvent coupable de péché. Car le premier usage qu'on fait de sa raison, c'est presque toujours d'en abuser pour offenser celui qui nous l'a donnée. C'est donc vers l'âge de sept à huit ans que l'on va d'ordinaire à confesse ; c'est dès cet âge, encore si tendre, que nous vous appelons au tribunal des miséricordes, sinon encore pour effacer vos péchés, du moins pour les prévenir par des avis salutaires. Venez-y donc, chers enfants, venez-y pleurer les péchés échappés à la légèreté et à la faiblesse de votre âge ; venez les déclarer avec douleur et avec sincérité. Non, vous ne commettez pas encore des fautes bien énormes ; mais accoutumez-vous de bonne heure à concevoir l'horreur du vice ; arrachez de votre conscience encore délicate les premiers germes de l'iniquité, afin qu'elle n'y prenne point de funestes racines.

Voilà, mes enfants, ce que vous ordonne le commandement que nous venons de vous expliquer.

SOUS-DEMANDES.

D. Que signifient ces paroles : *Tous les péchés confesseras ?*
R. C'est-à-dire qu'il faut se confesser tous les ans au moins une fois.
D. Pourquoi ce mot, *tous ?*
R. C'est qu'il faut les confesser *tous*, sans en cacher aucun.
D. Quelles sont ces *dispositions* dont vous parlez dans cette réponse?
R. C'est-à-dire qu'il faut bien s'examiner, et se confesser avec sincérité et avec douleur de tous ses péchés.
D. Si on n'avait pas ces dispositions?
R. On ne satisferait pas au précepte.
D. Pourquoi ?
R. Parce qu'on ferait une confession sacrilége et qu'on ne satisfait pas à un précepte par la profanation d'un sacrement.
D. Pourquoi fait-on cette confession à Pâques ?
R. C'est pour se préparer à la communion pascale.
D. Pourquoi faut-il faire cette confession à son propre Curé ?
R. C'est que l'Eglise l'ordonne, et qu'elle restreint le pouvoir d'absoudre aux seuls propres Pasteurs, pendant la quinzaine de Pâques.
D. Est-ce que tous les Prêtres n'ont pas le pouvoir de remettre les péchés par leur ordination ?
R. Oui ; mais ces pouvoirs sont liés, tant que les Prêtres ne sont pas Curés ou approuvés par un Evêque légitime.
D Qui est-ce qui dit cela ?
R. C'est la doctrine du concile de Latran et du concile de Trente, c'est-à-dire de l'Eglise universelle.
D. Si on allait donc se confesser à un autre que son propre Pasteur, et cela sans sa permission, est-ce que les péchés ne seraient pas remis ?
R. Non, parce qu'un autre Prêtre ou un autre Curé n'a pas le pouvoir d'absoudre celui qui n'est pas son paroissien.
D. Pourquoi l'Eglise a-t-elle mis ces restrictions à Pâques?
R. Parce que l'Eglise est toujours sage, et qu'elle a voulu éviter des abus.
D. Si l'on voulait aller se confesser à un autre, que faudrait-il faire?
R. Il faudrait encore demander la permission à son propre Pasteur, comme le dit le saint concile de Latran.

D. C'est donc le Curé qui approuve un autre Prêtre pour confesser ?

R. Non, il permet seulement à son paroissien de se confesser à un autre Prêtre déjà approuvé.

D. Ceux qui vont chercher un confesseur indulgent, ou pour le tromper plus aisément, ou parce qu'ils en veulent à leur Curé, etc., font-ils une bonne confession ?

R. Non, parce qu'ils n'ont ni douleur ni sincérité.

D. Pourquoi dites-vous qu'on s'expose à faire de mauvaises confessions quand on ne se confesse qu'une fois l'an ?

R. Parce qu'il est très difficile de bien examiner et de bien connaitre ses péchés quand on n'y pense qu'une fois l'année.

D. Pourquoi encore ?

R. Parce qu'on ne peut guère détester le péché quand on l'aime toute l'année.

D. Ces gens-là n'ont donc guère de contrition ni de bonne volonté ?

R. Il y paraît; car ils recommencent la même vie tous les ans, peu après leur confession.

D. Pourquoi dites-vous qu'on néglige son salut quand on ne se confesse qu'une fois l'an?

R. C'est qu'on s'expose beaucoup à mourir dans le péché.

D. Comment cela ?

R. Parce qu'on reste long-temps dans un état dangereux au salut, et qu'on peut aisément y être surpris par la mort.

D. Est-ce que c'est un nouveau péché de demeurer en cet état ?

R. Oui, c'est un nouveau péché, parce qu'on s'expose à mourir dans cet état de péché.

D. On est donc obligé alors d'aller à confesse ?

R. Oui, on pèche si on diffère jusqu'au bout de l'année, parce qu'on risque son salut.

D. Il suivrait donc de là que la plupart devraient se confesser plusieurs fois l'année ?

R. Oui, tous ceux qui ont commis des péchés mortels doivent assurer leur salut en se confessant bientôt après.

D. Pourquoi donc l'Eglise ne l'ordonne-t-elle qu'une fois l'an ?

R. Elle dit : *A tout le moins une fois l'an;* ce qui fait voir qu'elle désire qu'on le fasse plus souvent.

D. Si quelqu'un était retombé dans un péché mortel un mois ou deux après Pâques, il ne devrait donc pas attendre à l'autre Pâques pour se confesser ?

R. Non, car il court un grand risque en restant dix ou onze mois dans son péché.

D. Quel est donc le précepte qui oblige à se confesser plus tôt, sans attendre à Pâques ?

R. Un précepte de droit naturel et divin, le grand précepte de s'aimer soi-même et de sauver son âme.

RÉCAPITULATION PRATIQUE.

1° Soyez exacts à obéir au commandement de la confession annuelle.

2° Suivez toujours sur cela les anciens et seuls vrais principes, de vous adresser au vrai Pasteur légitime, et jamais à d'autres sans sa permission générale ou particulière ; et encore, avec cette permission, prenez bien garde que celui auquel vous vous adresserez soit légitimement et validement approuvé, sans quoi votre absolution serait nulle.

3° N'attendez pas l'année ; c'est une négligence dangereuse et même très coupable. Si vous êtes retombés dans le péché, ayez pitié de votre âme, et ne vous exposez pas à la perdre en la laissant plusieurs mois dans l'état déplorable de la damnation éternelle.

4° Quand vous vous confesserez, faites-le bien et avec toutes les dispositions nécessaires. A quoi vous servirait une confession sacrilège ? A vous rendre plus coupables, sans avoir satisfait au précepte.

5° Demandez au Seigneur la grâce de satisfaire à cette loi et au-delà, par de bonnes et fréquentes confessions pendant l'année. Ayez du moins, pour la pureté de votre âme, le soin que vous avez de la propreté de vos habits et de vos maisons.

Qui diligit cordis munditiam... habebit amicum regem. (Prov. XXII, 11.)

PRIÈRE.

Fallait-il donc un précepte, ô mon Dieu ! pour nous contraindre à aller au tribunal de vos miséricordes implorer notre pardon ? Quel est le criminel qui ne recourût pas avec le plus vif empressement à la miséricorde qui lui serait offerte? Et nous malheureux coupables, dignes de vos éternelles vengeances, il nous faut un commandement exprès, et vous nous l'avez fait avec une espèce de ménagement par l'organe de votre Église. Enfants rebelles! venez du moins une fois l'année recevoir le pardon de la part du bon Père que vous avez offensé! Et nous trouvons ce commandement trop dur et trop pénible! et nous murmurons lorsqu'il s'agit d'y obéir, de recourir à votre clémence paternelle une fois en un an, nous qui avons si besoin d'y recourir tous les jours! Pardon, Seigneur! du mépris que nous avons fait d'une si favorable ressource, de nos dégoûts, de notre négligence, des profanations que nous avons faites d'un remède si salutaire! Mille actions de grâces vous soient rendues, et de nous l'avoir préparé, et de nous avoir instruits aujourd'hui sur cette importante et favorable obligation. Oûi, désormais nous serons plus empressés à en profiter, plus soigneux à en user avec toutes les dispositions nécessaires. Nous tremblerons de tourner un si bon remède en poison; nous en userons avec soumission, reconnaissance et préparation.

Nous en userons plus souvent selon nos besoins, hélas! trop multipliés par nos fautes journalières; nous n'attendrons pas le dangereux délai d'une année; nous recourrons au remède aussitôt après le mal commis. Nous irons comme le prodigue nous jeter à vos pieds; nous dirons : *Pater, peccavi*, etc., *à peccato meo munda me; cor mundum crea in me, Deus*, etc. Et vous nous recevrez entre vos bras, vous nous accorderez notre pardon, vous nous admettrez à votre banquet sacré qui sera pour nous le gage et l'assurance de celui que vous nous préparez dans les Cieux pour toute l'éternité. Ainsi soit-il.

DU IVᵉ COMMANDEMENT DE L'ÉGLISE.

D. Récitez le quatrième commandement de l'Église.

R. Ton Créateur tu recevras, au moins à Pâques humblement.

C'est-à-dire vous communierez tous les ans à Pâques avec dévotion et humilité.

D. Qu'est-ce qu'ordonne le quatrième commandement de l'Eglise?

R. Il ordonne aux fidèles de communier chaque année dans la quinzaine de Pâques.

Tous les fidèles qui ont atteint l'âge de discrétion sont obligés de communier au moins tous les ans à la quinzaine de Pâques, c'est-à-dire depuis le dimanche des Rameaux jusqu'à Quasimodo, et cela avec les dispositions nécessaires. L'Eglise a manifesté ce précepte au concile général de Latran en ces termes : « Que tout
» fidèle, de l'un et l'autre sexe, quand il sera arrivé à
» l'âge de discrétion, confesse seul (c'est-à-dire sans
» témoin) tous ses péchés fidèlement, à son propre Prêtre,
» et qu'il s'applique à accomplir de tout son pouvoir la
» pénitence qui lui aura été imposée, recevant avec
» respect, au moins à Pâques, le sacrement de l'Eucha-
» ristie, à moins que, pour quelque cause raisonnable,
» du conseil de son propre Prêtre, il ne juge à propos
» de s'abstenir de la communion pour un temps ; sinon
» qu'il soit privé pendant sa vie de l'entrée de l'église,
» et après sa mort de la sépulture chrétienne. »
· Voilà, mes enfants, la loi de l'Eglise à laquelle vous êtes obligés d'obéir, sous peine d'être excommuniés, séparés de l'Eglise, et de n'être pas enterrés en terre sainte si vous veniez à mourir en cet état.

Ce mot *humblement*, que vous venez de prononcer, vous exprime les dispositions qu'il faut avoir pour satisfaire légitimement à ce précepte. *Humblement !* Qu'est-ce que cela signifie ? Cela dit beaucoup ; c'est-à-dire 1° avec une conscience purifiée de tout péché mortel, surtout de l'orgueil, de l'amour-propre, qui sont la source de tous les autres péchés ; 2° avec une foi vive, étant bien convaincus de toutes les vérités de la religion, et en particulier de la présence réelle de Jésus-Christ dans l'Eucharistie ; 3° avec une ferme espérance et une vive confiance en Dieu, bien persuadés qu'il nous accordera ses grâces et la vie éternelle qu'il nous a promise ; 4° avec un amour sincère et tendre pour le Dieu qui nous a aimés jusqu'à se donner à nous pour nourriture ; 5° avec l'humilité et la vénération la plus profonde, reconnaissant notre néant, notre indignité et la grandeur de Dieu, qui veut bien s'abaisser jusqu'à nous ; 6° avec la modestie et le recueillement extérieur qu'exige une action si sainte, et pénétrés de la plus vive reconnaissance pour le généreux ami qui veut bien se donner à nous. Voilà, en peu de mots, les dispositions que nous vous développerons en vous instruisant une autre fois sur la communion. Mais la plus essentielle de ces dispositions, c'est d'être en état de grâce et de s'être bien confessé avant de s'en approcher. Que l'homme s'éprouve lui-même et qu'il mange ainsi de ce pain céleste : *Probet autem seipsum homo, et sic de pane illo edat.* (1. Cor. xi, 28.) Si on avait le malheur de communier en état de péché mortel, on ne satisferait pas au précepte, parce qu'on ne peut remplir un commandement par un crime tel que la sacrilége profanation du corps et du sang de Jésus-Christ. *Quiconque mange le corps de Jésus-Christ, et boit son sang indignement, se rend coupable envers ce corps adorable, et mange lui-même sa propre condamnation.* (Ibid. 27 et 29.) Ah ! mes enfants, serait-ce donc par un pareil forfait que l'on accomplirait sa loi sainte ? Et cependant combien de chrétiens malheureux qui communient à Pâques sans quitter, sans déclarer, sans détester leurs péchés ; qui trompent leur Pasteur ou leur confesseur ; qui vont chercher un Prêtre trop indulgent ; qui ne communient que par force, par coutume, par hypocrisie, etc.! Dieu merci, j'ai fait mes Pâques, dit-on ; on s'applaudit d'en être délivré pour un an, et c'est une communion téméraire et sacrilége qu'on a faite. Non, malheureux, vous n'avez point satisfait au précepte de la communion pascale, vous êtes coupables de quatre crimes à la fois : de deux sacriléges, et de la transgression de deux préceptes : la confession et la communion pascale.

7.

L'Eglise vous dit *à tout le moins* à Pâques. Pesons cette expression, *à tout le moins* ; c'est comme si elle vous disait : Mes enfants, je voudrais vous voir tous les jours assis à la table de mon divin époux, du moins quelquefois l'année, à toutes nos solennités ; mais si vous entendez assez peu vos intérêts, si vous avez le cœur assez dur pour trouver que c'est trop souvent, si vous êtes insensibles à mes invitations plus fréquentes, venez-y *à tout le moins* une fois l'année, à la solennité pascale ; je vous l'ordonne, et cela sous peine de mes anathèmes ; mais, hélas ! c'est encore trop ! et je gémis de votre obéissance même, si elle s'accomplit par un sacrilège !

D. Où doit-on faire sa communion pascale?

R. Dans sa paroisse, à moins qu'on n'ait la permission de la faire ailleurs.

Oui, mes enfants, c'est dans votre paroisse qu'il faut communier à Pâques. L'Eglise s'en est expliquée, 1° dans le canon que nous venons de citer, en disant que c'est le propre Pasteur qui doit absoudre ou différer la communion s'il le juge à propos ; 2° telle est sa doctrine, tel est son usage depuis les décisions de ce saint concile. Pourquoi cela ? Parce qu'il convient que les enfants de la même famille se réunissent à la même table pour manger l'agneau pascal. C'est afin de ranger chaque troupeau sous son Pasteur ; c'est pour que celui-ci connaisse ses brebis ; pour qu'il puisse les diriger plus sûrement dans les voies du salut ; pour qu'il sache qui sont ceux qui s'acquittent de ce devoir ou qui ne s'en acquittent pas, pour en rendre compte à l'Eglise selon l'exigence des circonstances. Si l'on a des raisons pour faire ailleurs sa communion pascale, il faut en demander la permission à son Pasteur, qui ne la refusera pas.

D. De quelles peines l'Eglise punit-elle ceux qui ne font point leur communion pascale?

R. Elle les prive de l'entrée de l'Eglise pendant leur vie, et de la sépulture ecclésiastique après leur mort.

C'est la peine portée par le canon du concile de Latran, que nous avons cité. L'Eglise déclare les infracteurs de sa loi sujets à l'excommunication ; c'est-à-dire qu'elle exclut de la communion des Saints ceux qui s'excluent eux-mêmes de la communion du corps de Jésus-Christ ; elle les condamne à rester à la porte de nos temples, comme indignes d'y entrer pour participer aux prières et aux bonnes œuvres des fidèles. Cette censure n'est d'abord que comminatoire ; mais les Pasteurs seraient en droit de la prononcer. Telles sont, mes enfants, les rigueurs terribles, et pourtant salutaires, que notre sainte mère exerce envers nous. Ses vues sont sages et pleines de miséricorde ; elle ne les exerce que pour faire rentrer les coupables en eux-mêmes et les ramener à la résipiscence ; mais s'ils s'obstinent, s'ils persévèrent, s'ils meurent dans cet état, elle les prive de la sépulture ecclésiastique, elle ne veut pas que leurs cendres criminelles soient mêlées avec celles des Saints ; elle veut que leurs corps coupables pourrissent dans une terre profane, comme ceux des animaux.

D. A quel âge est-on obligé de communier?

R. Lorsque les Pasteurs jugent qu'on est instruit et disposé, ce qui est pour l'ordinaire de douze à quatorze ans.

L'âge ordinaire pour faire la première communion, c'est environ quatorze ou quinze ans pour les garçons, et douze ou treize ans pour les filles ; c'est l'âge où l'on commence à avoir plus de discernement, à savoir mieux ce que l'on fait, l'âge de discrétion ; mais cette discrétion, elle arrive plus tôt dans les uns, et plus tard dans les autres ; la raison parvient plus ou moins tôt à cette maturité si nécessaire pour une chose de cette importance ;

c'est au Pasteur à discerner quels sont ceux qui sont dignes de cette grande action.

Pour cela il faut être instruit, savoir bien son Catéchisme, l'entendre passablement, selon sa portée, mais surtout tenir une conduite sage et bien réglée. Voilà l'essentiel pour être admis à la première communion. Les enfants qui ont eu le malheur de perdre l'innocence de leur Baptême ne doivent pas y être admis qu'ils ne l'aient recouvrée. Quand même ils seraient bien instruits, s'ils ne sont pas sages, s'ils sont immodestes à l'église, s'ils ne prient pas Dieu, ou s'ils le prient mal, s'ils sont jureurs, désobéissants, menteurs, libertins, impudiques, voleurs, orgueilleux, paresseux, insolents, etc., alors très certainement ils ne sont pas dignes de recevoir le corps de Jésus-Christ : sa première entrée dans un cœur corrompu serait une entrée de malédiction.

Non, non, mes enfants, ce n'est pas assez de savoir sa religion ; il faut la pratiquer. Nous en trouvons qui apprennent aisément leur Catéchisme, qui l'entendent bien ; mais toute leur science et leur intelligence ne valent pas la piété simple d'un enfant qui ne sait pas lire, qui fait tout ce qu'il peut pour s'instruire.

L'orgueil se trouve partout ; ceux qui savent le mieux en conçoivent quelquefois de la vanité ; ils méprisent les autres qui ont une mémoire et une intelligence plus bornée. Enfants orgueilleux, oui, vous êtes moins dignes de faire votre première communion que ce pauvre idiot que vous dédaignez ; son âme, simple et modeste, est chérie de Jésus-Christ, digne d'être sa demeure ; et la vôtre, qui est superbe et fière, est rejetée. Jésus-Christ n'aime à se communiquer qu'aux enfants humbles et doux qui lui ressemblent. C'est donc à nous, chers enfants, à juger si vous aurez les dispositions nécessaires pour être admis à la première communion ; c'est à nous à voir si vous êtes suffisamment instruits, si vous avez la discrétion et la maturité convenables pour une action si importante, si votre conduite est assez sage et assez réglée.

Nous en répondrons devant Dieu, soit que nous vous admettions, soit que nous vous éloignions mal à propos. Oui, mes enfants, je pèche si je vous refuse avec les qualités requises ; je pèche encore si je vous admets à la table sainte sans les avoir. Nous ne sommes pas les maîtres, mais les administrateurs et les dispensateurs des mystères de Dieu ; nous sommes terriblement responsables de notre administration.

Mais enfin, lorsque vous aurez été une fois admis à la première communion, alors vous serez obligés de vous approcher de la table sainte au moins une fois l'année, à Pâques ; je dis *au moins*, car, je l'espère, mes chers enfants, vous ne vous en tiendrez pas à un terme si éloigné. Quand vous aurez goûté combien le Seigneur est doux, vous mettrez votre bonheur à manger souvent ce pain céleste et délicieux. C'est la plus douce consolation de notre pélerinage ici-bas ; vous direz comme les pélerins d'Emmaüs : Demeurez avec nous, Seigneur : *Mane nobiscum, Domine* ; notre cœur n'était-il pas tout brûlant d'amour à la fraction du pain, et lorsque nous avions le bonheur de communiquer avec notre bon Maître ? *Nonne cor nostrum ardens erat in nobis cùm loqueretur in viâ ;* Écoutez cette histoire. (*Histoire des pélerins d'Emmaüs. Luc.* XXIV.)

SOUS-DEMANDES.

D. Que signifient ces paroles : *Ton Créateur tu recevras,* etc.?

R. C'est-à-dire vous communierez à Pâques avec de saintes dispositions.

D. C'est donc une obligation de communier à Pâques?

R. Oui, on pécherait mortellement si on ne voulait pas communier.

D. Quelle est la quinzaine de Pâques ?

R. C'est depuis le dimanche des Rameaux jusqu'à Quasimodo.

D. Quand l'Annonciation est remise au lendemain de Quasimodo, peut-on encore faire ses pâques ce jour-là?

R. Non, ce n'est plus la quinzaine de Pâques.

D. Si on communiait mal, satisferait-on au précepte?

R. Non, car on ne peut satisfaire à un commandement par un sacrilége.

D. Que signifie ce mot, *humblement ?*

R. C'est-à-dire qu'il faut communier en état de grâce, avec humilité, respect, dévotion.

D. Pourquoi faut-il faire ses pâques en sa paroisse ?

R. Parce que l'Eglise l'ordonne afin que chaque Pasteur sache si ses paroissiens s'acquittent de ce devoir.

D. Est-on excommunié quand on n'a pas fait ses pâques ?

R. On est menacé d'excommunication, et les Pasteurs pourraient la prononcer.

D. Si on excommuniait quelqu'un pour n'avoir pas fait ses pâques, il ne pourrait donc pas entrer à l'église ?

R. Non, car les excommuniés en sont exclus ; ils ne participent point au saint Sacrifice ni aux prières des fidèles.

D. Qu'est-ce qu'on ferait de leur corps après leur mort ?

R. On les enterrerait dans les champs comme les animaux.

D. N'est-ce pas s'excommunier soi-même que de ne pas communier à Pâques ?

R. Oui, puisqu'on se prive de la communion.

D. Mais si on se présentait à confesse et que le confesseur jugeât à propos de différer la communion ?

R. On aurait dès lors commencé à satisfaire au précepte.

D. Le confesseur peut donc alors en différer l'exécution ?

R. Oui, car l'Eglise le charge de juger si les pénitents sont bien disposés, et il doit leur différer la communion pour les y préparer s'ils ne le sont pas.

D. Mais si ces pénitents différés jusqu'à l'Ascension ou à la Pentecôte ne se mettent toujours pas en état de communier ?

R. Alors ils sont coupables, et violent le commandement de la communion pascale.

D. Qui sont ceux qui doivent être admis à la première communion ?

R. Ceux qui sont bien instruits et bien sages.

D. Est-on suffisamment instruit quand on sait bien son Catéchisme par cœur ?

R. Non, il faut encore comprendre et savoir ce qu'on dit.

D. Ceux qui répondent bien aux demandes du Catéchisme et aux explications, sont donc sûrement en état de faire leur première communion ?

R. Ce n'est pas assez de savoir, il faut pratiquer ce que l'on sait.

D. Comment cela ?

R. C'est-à-dire qu'un enfant qui veut faire sa communion doit bien prier Dieu, être bien obéissant, n'être ni jureur, ni menteur, ni médisant, ni impudique, ni libertin, ni voleur, ni orgueilleux, ni envieux, ni paresseux; en un mot, bien pratiquer tout ce qu'on apprend dans le Catéchisme.

D. Sans cela on n'est donc pas en état de communier quand on serait bien savant?

R. Non, car on n'est pas en état de grâce lorsqu'on a quelques-uns de ces vices à se reprocher.

D. Que ferez-vous donc pour vous disposer à votre première communion?

R. Je tâcherai de me corriger de tous mes défauts; j'apprendrai et j'écouterai bien le Catéchisme.

RÉCAPITULATION PRATIQUE.

1° Disposez-vous dès le commencement du carême à la communion pascale, en vous présentant à confesse.

2° Réformez dès lors votre conduite, corrigez-vous de vos défauts, et pour cela faites tous les jours votre examen particulier sur votre passion dominante.

3° Demandez à Dieu pendant tout le carême la grâce de bien faire vos pàques; jeûnez si vous le pouvez, ou du moins mortifiez-vous pour en tenir lieu.

4° Ayant fait vos pàques, maintenez-vous dans le bien et ne faites pas comme ceux qui ne font que suspendre leurs mauvaises habitudes, et qui recommencent tous les ans, peu de jours après Pàques, à vivre comme auparavant.

5° Pour persévérer, n'attendez pas l'année, mais confessez-vous et communiez souvent.

Et vous, enfants, qui vous disposez à la première communion,

1° Soyez bien exacts et bien attentifs au catéchisme.

2° Travaillez soigneusement à vous corriger de tous vos défauts.

3° Présentez-vous plusieurs fois à confesse pour faire une bonne confession générale.

4° Demandez tous les jours à Dieu la grâce de bien faire cette action, la plus importante de votre vie.

PRIÈRE.

Mon Dieu, nous vous remercions de l'instruction que nous venons d'entendre ; nous y avons appris l'obligation où nous sommes de communier tous les ans à Pâques. Divin Sauveur, fallait-il pour cela un commandement? Surtout après tant d'invitations de votre part, fallait-il faire gronder sur nos têtes les foudres de votre Église pour nous forcer d'entrer dans la salle du festin? N'était-ce pas un assez grand bienfait de nous permettre d'en approcher une fois dans la vie? et vous nous y invitez tous les jours. Ah! que nous sommes froids, que nous sommes ingrats, puisqu'il nous faut des ordres et des menaces pour nous faire approcher de vous! Pardon de notre indifférence et de notre ingratitude ; pardon encore plus des sacrilèges dont nous avons profané un si grand bienfait et un précepte si intéressant pour nous! Pardon mille fois !..... Désormais, ô mon Dieu! nous accomplirons cette loi si touchante avec plus de préparation et plus d'exactitude ; nous ne nous bornerons pas à une seule communion pendant l'année ; nous nous rendrons, non-seulement au précepte, mais à vos tendres invitations, nous viendrons avec une sainte avidité nous nourrir du pain des Anges. *Venite, comedite panem meum et bibite vinum quod miscui vobis.... Quemadmodum desiderat cervus ad fontes aquarum, ita desiderat anima mea ad te Deus.* Nous entendrons plusieurs fois l'année votre ministre prononcer ce souhait maternel de notre mère la sainte Église : *Corpus Domini nostri Jesu Christi custodiat animam tuam in vitam æternam. Amen.*

DU V⁰ COMMANDEMENT DE L'ÉGLISE.

D. Récitez le cinquième commandement de l'Église.

R. Quatre-temps, vigiles jeûneras et le carême entièrement.

C'est-à-dire vous jeûnerez les jours de quatre-temps, les vigiles des fêtes et le carême tout entier.

D. A quoi nous oblige le cinquième commandement de l'Eglise?

R. Il nous oblige à jeûner les quarante jours de carême, les quatre-temps de l'année, et les vigiles de certaines fêtes.

Il faut d'abord vous expliquer ce que c'est que *jeûner*; c'est ne faire qu'un repas et s'abstenir de viande ; voilà comme on jeûnait autrefois dans la primitive Eglise ; on ne faisait qu'un repas ; la collation qui s'est introduite depuis n'est qu'une tolérance ; l'Eglise supporte cette faiblesse dans ses enfants , soit à cause de la plus grande délicatesse dans les tempéraments , soit à cause de la dureté de nos cœurs ; cette collation ne doit pas être un repas , mais un léger soulagement à notre défaillance ; si on la fait trop forte , si l'on s'y permet des aliments bien nourrissants , c'est faire un second repas , et ce n'est plus jeûner.

L'heure du repas est encore de l'essence du jeûne ; autrefois on ne mangeait que le soir au soleil couché pendant le carême, ou vers trois heures après midi aux autres jours de jeûne ; c'était toujours après les vêpres. Maintenant on a avancé l'heure du repas vers le midi , et voilà pourquoi on dit les vêpres avant midi en carême, pour rappeler du moins l'ancien usage.

C'est donc encore un autre abus contraire à l'essence du jeûne , de faire son repas vers les neuf à dix heures du matin ; ce n'est plus entrer dans l'esprit de l'Eglise qui a déjà eu l'indulgence de laisser avancer jusqu'à midi un repas qu'on ne prenait autrefois que le soir. D'ailleurs cela met dans la nécessité de faire une collation plus forte qui équivaut à un second repas , et ce n'est plus jeûner.

Charlemagne, roi de France , jeûnait tout le carême ; mais les Evêques de son temps lui reprochaient qu'il ne jeûnait pas avec assez d'exactitude , parce qu'il prenait son repas unique à trois heures après midi ; c'était une irrégularité aux yeux de l'Eglise ; ce prince religieux s'en excusait sur la nécessité où il était d'avancer son dîner pour ne pas faire jeûner trop tard les officiers de sa maison qui ne mangeaient qu'après lui. Quelle différence de ces jeûnes avec ceux d'à présent! Où sont les grands du monde qui jeûnent de la sorte, eux et toute leur maison?

Autrefois, les jours de jeûne, on s'abstenait de vin. Du pain et de l'eau, c'était toute la nourriture de la plupart des fidèles; quelques-uns y ajoutaient de petits poissons; mais on bannissait toute sorte de ragoûts et de sensualités; d'autres ne mangeaient que des aliments crus, des fruits secs, des noix, des amandes ou autres choses pareilles.

Tels étaient les jeûnes ordinaires; il y en avait de plus rigoureux, comme ceux de la semaine-sainte; plusieurs la passaient tout entière, d'autres les trois derniers jours, sans prendre aucune nourriture.

Dans certaines occasions importantes, par exemple, lorsqu'on se disposait au martyre, les premiers chrétiens jeûnaient plusieurs jours de suite sans manger.

On ne demande pas de nous des jeûnes si rigoureux; hélas! nous sommes trop faibles, trop peu fervents pour les subir; mais du moins jeûnons comme l'Eglise l'ordonne, en nous contentant d'un seul repas vers le midi et d'une collation légère le soir.

Cependant, combien de chrétiens rebelles à ce précepte, qui ne jeûnent pas même selon l'indulgence actuelle de cette mère des fidèles; qui paraissent entièrement oublier ou mépriser cette loi; qui ne font pas plus d'attention aux jours de jeûne que s'il n'y en avait point; qui s'imaginent qu'il n'y a que les gens d'Eglise, les religieux, les religieuses, qui soient obligés de jeûner; qui ne font jamais ni carême, ni quatre-temps, ni vigiles; qui boivent et mangent à tout moment, comme les jours ordinaires, sous prétexte de marchés, de politesse, de besoin; qui passent des jours entiers de jeûne au cabaret, sans daigner faire la moindre attention aux lois respectables de l'Eglise; qui en rient, qui s'en moquent, etc.!

Ils pèchent, ces chrétiens indociles; ils pèchent grièvement, quand même ils auraient peut-être quelques raisons d'être dispensés de la loi; ils pèchent, parce qu'ils usent de la dispense au-delà de l'esprit de la loi; parce qu'ils prennent de la nourriture à contre-temps, au-delà de ce qu'il leur en faudrait pour soutenir leur travail ou leur faiblesse.

Voilà, mes enfants, la loi, l'esprit, la forme du jeûne, en quoi il consiste; voyons maintenant en quelles circonstances nous sommes obligés de jeûner.

I. Jeûne du carême.

D. Pourquoi le jeûne du carême a-t-il été institué?

R. Pour imiter le jeûne de Jésus-Christ, et pour nous préparer à célébrer dignement la fête de Pâques.

Voilà donc, mes enfants, deux raisons qui ont fait instituer le jeûne du carême.

1° C'est *pour imiter le jeûne de Jésus-Christ*, car Jésus-Christ a jeûné, tout Dieu qu'il est, tout saint qu'il est, et cela pour nous donner l'exemple de la pénitence, à nous mortels et pécheurs. Ecoutez cette histoire. (*Récit du jeûne de Jésus-Christ.* Matth. iv.) Eh bien! mes enfants, c'est d'après ce divin exemple que les Apôtres ont établi le jeûne du carême parmi les chrétiens (car il est d'institution apostolique); ils ont voulu imiter et faire imiter à tous les disciples de Jésus-Christ leur divin modèle. Celui qui n'avait point fait de péché avait pris sur lui le péché, et faisait pénitence pour en donner l'exemple aux pécheurs et leur en appliquer le mérite. Après cela, mes frères, aurions-nous bonne grâce de murmurer contre les saintes rigueurs du carême, de nous soustraire à l'obligation de jeûner, nous qui sommes les coupables, nous qui avons tant de péchés à expier, tandis que notre divin Rédempteur, qui est la sainteté même, a jeûné quarante jours et quarante nuits dans le désert, sans prendre aucune nourriture?

2° Le carême est institué *pour nous préparer à célébrer*

dignement la fête de Pâques; c'est le temps des confessions, et par conséquent des pénitences et des expiations; c'est pour satisfaire à la justice de Dieu par la mortification de nos corps et de nos passions, que nous jeûnons le carême; c'est pour cela et dans ces vues que nous devons pratiquer le jeûne et l'offrir au Seigneur. Cette sainte quarantaine est, selon la pensée d'un Père, la grande vigile de la plus grande fête de l'année. Nous employons le jeûne et la prière pour chasser les Démons, pour nous sanctifier aux approches de cette grande solennité, pour entrer purs dans la salle du festin solennel préparé alors à tous les chrétiens. C'est donc, mes enfants, dans ce double esprit que nous devons pratiquer l'abstinence et le jeûne du carême, pour imiter notre divin modèle et faire pénitence de nos péchés.

II. Jeûne des quatre-temps.

D. Pourquoi l'Eglise a-t-elle institué le jeûne des quatre-temps?

R. C'est principalement pour sanctifier chacune des quatre saisons de l'année, et pour obtenir de la bonté de Dieu de dignes ministres de son Eglise.

On appelle *quatre-temps,* des jours qui reviennent aux quatre saisons de l'année et qui sont consacrés au jeûne et à la pénitence; l'Eglise a fixé alors une semaine où l'on jeûne le mercredi, le vendredi et le samedi; c'est, disons-nous, la semaine des quatre-temps; pour le printemps, c'est la première semaine du carême; pour l'été, c'est la semaine avant la Trinité; pour l'automne, c'est vers la Sainte-Croix, au mois de septembre; pour l'hiver, c'est la troisième semaine de l'avent; voilà, mes enfants, ce que c'est que les quatre-temps. Or, ces jeûnes sont institués principalement pour deux raisons, comme dit votre Catéchisme : 1° *pour sanctifier chacune des quatre saisons de l'année,* pour rendre grâces à Dieu de la saison passée et solliciter de nouveaux bienfaits pour celle qui va commencer. C'est à quoi nous devons penser en pratiquant le jeûne et l'abstinence des quatre-temps. À ceux du printemps, remercions Dieu des biens spirituels et temporels dont il nous a comblés pendant l'hiver ; de ce qu'il nous a nourris de sa parole pendant cette saison d'instruction, de recueillement ; de ce qu'il nous a accordé le feu, les aliments, la couverture qui nous ont mis à l'abri des rigueurs de cette saison ; demandons-lui un printemps favorable, qui ranime en nous la joie et la vie spirituelle de notre âme, en même temps qu'il anime l'espoir d'une récolte favorable dans la nature. Aux quatre-temps de la Trinité, remercions le Seigneur des mêmes bienfaits et demandons-lui la grâce de faire saintement une bonne récolte. Aux quatre temps d'automne, remerciments pareils et la grâce d'achever la récolte des biens de la terre sans préjudice de ceux du Ciel, d'user des fruits et de la vendange avec sobriété et sans offenser le bon Dieu qui nous comble de délices. Aux quatre-temps d'hiver, remercions Dieu des récoltes précédentes, demandons la grâce d'en user saintement et de recueillir avec autant de soin les instructions qui nous seront données pendant l'hiver, temps de récoltes spirituelles pour la nourriture de nos âmes. Formons la résolution d'éviter les assemblées dangereuses, ordinaires dans cette saison des réunions des sociétés mondaines.

2° Les quatre-temps sont établis pour *obtenir de la bonté de Dieu de dignes ministres de son Eglise :* c'est que les ordinations se font le samedi des quatre-temps ; alors toute l'Eglise est dans le jeûne et la pénitence, pour obtenir du Ciel de bons Prêtres, de bons Pasteurs, de dignes ministres dans la personne de ceux qui vont être ordonnés et consacrés au service des autels et à l'instruction des fidèles. Ah ! mes enfants et mes frères, non, jamais rien ne fut plus digne de nos vœux et de nos prières ; car la plus terrible vengeance que Dieu tire de ses peuples, c'est de leur donner de mauvais prophètes, comme le plus grand de ses bienfaits est de leur en accorder de bons.

Jeûnons donc, mortifions-nous, et prions avec toute l'Eglise en ces jours intéressants ; entrons dans ses sollicitudes maternelles pour notre salut ; demandons de bons Prêtres et une saison heureuse pour l'âme et pour le corps. Tel est le but de ces trois jours de pénitence aux quatre saisons de l'année.

III. Jeûne des vigiles.

D. Pourquoi les vigiles des fêtes ont-elles été instituées ?

R. Pour nous disposer à les bien célébrer.

On appelle *vigile* ou *veille*, le jour qui précède une fête, parce que, dans les premiers temps du christianisme, on passait en prière, à l'église, la nuit qui précédait les solennités, comme cela se pratique encore la nuit de Noël. Temps heureux où, le jour et la nuit, nos temples retentissaient des louanges du Seigneur ; ils ne sont plus, ces temps de ferveur ! Des abus ont forcé l'Eglise à retrancher ces pieuses pratiques ; elle n'a conservé que la pratique du jeûne ; encore en a-t-elle beaucoup retranché par condescendance à la faiblesse ou au relâchement de ses enfants.

Ces jeûnes ont été établis pour nous disposer à bien célébrer les fêtes qu'ils précèdent. Pourquoi cela ? Parce que l'Eglise veut que la pureté et l'innocence soient la principale disposition de ses enfants pour honorer le Seigneur, ses mystères et ses Saints. Elle voudrait que nous fussions toujours exempts de péché quand nous nous présentons devant ses autels pour lui offrir des hommages dignes de lui et de ses amis qu'il veut honorer, parce que l'hommage d'un cœur pur est le plus agréable que nous puissions lui présenter ; or, la pénitence, le jeûne, l'abstinence sont des moyens d'expiation qui servent à nous purifier ; voilà pourquoi l'Eglise nous y rappelle aux approches de ses solennités : entrez donc dans ses vues, mes enfants et mes frères, lorsque vous jeûnerez ou que vous pratiquerez la mortification la veille des grandes fêtes de l'Eglise.

D. Qui sont ceux qui sont obligés de jeûner?

R. Ceux qui, ayant vingt-un ans accomplis, n'ont aucun empêchement légitime.

L'Eglise a fixé à vingt-un ans accomplis l'obligation de jeûner, parce que c'est à cet âge ordinairement que le corps humain a pris tout son accroissement. Jusque-là elle n'y oblige pas, de peur d'altérer le tempérament qui n'est pas encore formé. Ainsi, par exemple, vous, mes enfants, vous n'êtes pas obligés au jeûne. Il y en a qui avant cet âge auraient peut-être assez de force pour jeûner; cependant ils n'y sont pas encore tenus, parce que l'Eglise a fixé un âge déterminé, pour éviter tout embarras de conscience. C'est une loi positive qui n'oblige que dans la détermination fixée strictement; cela n'empêche pas que vous ne puissiez jeûner quelquefois selon vos forces, vous priver d'un peu de nourriture, d'un petit repas, de quelque chose qui flatterait votre sensualité. Le bon jeûne pour vous serait de vous priver de quelque divertissement, de vous appliquer avec un peu plus d'ardeur au travail, à l'étude, et de mortifier votre vivacité, votre colère, votre langue, vos yeux, vos sens, vos passions; voilà un jeûne utile, agréable à Dieu, qui n'affaiblit pas le corps, et qui donne à l'âme sa force, sa beauté, son accroissement dans la vertu; chers enfants, jeûnez de la sorte, et vous deviendrez des Saints; vous vous disposerez par-là à remplir le commandement du jeûne en esprit et en vérité, quand vous aurez l'âge de vingt-un ans.

Cet âge une fois arrivé, je vous annonce que ce sera pour vous une obligation, sous peine de péché mortel, de jeûner les quatre-temps, les vigiles et le carême entièrement, et je vous conjure, mes enfants, d'y être fidèles, malgré tout ce que vous entendrez dire là-dessus par des gens rebelles aux lois de l'Eglise, ou qui dédaignent ses saintes observances; vous y serez, dis-je, obligés, à moins de quelques empêchements légitimes qui vous en dispensent. Voici les plus ordinaires :

1° La maladie ou la faiblesse du tempérament; je dis une faiblesse réelle, et non pas une délicatesse qui porte à trop s'écouter. Les malades et les convalescents sont exempts du jeûne : souffrir patiemment, offrir ses maux en expiation de ses péchés, accepter tout avec une sainte résignation, la peine même qu'on ressent de ne pouvoir jeûner, tout cela équivaut à un jeûne excellent et très agréable à Dieu, par la soumission à son adorable volonté.

2° Les femmes enceintes ou nourrices sont exemptes de jeûne. Hélas! pauvres mères, vous souffrez assez dans cet état pénible; vous faites un bon jeûne, une bonne pénitence, si vous prenez en patience vos dégoûts, vos infirmités, vos angoisses, et si vous offrez tout au Seigneur en satisfaction de vos péchés.

3° Certains vieillards que leur débilité met hors d'état de supporter le jeûne, en sont exempts; je dis ceux-là seulement, car tous ne sont pas hors d'état de jeûner; l'Eglise, qui a fixé un terme pour commencer le jeûne, n'en a point fixé pour le finir; c'est une maxime trop relâchée qui en exempte les septuagénaires. Les vieillards sont obligés au jeûne tant qu'ils ont la force de le supporter; c'est à eux à voir, à consulter, à s'essayer, à faire du moins ce qu'ils peuvent; et si leurs infirmités et leur faiblesse les en dispensent, ils doivent y suppléer par des prières, des aumônes, de bonnes œuvres, ou d'autres mortifications, surtout par la patience, la résignation, par la pensée d'une mort prochaine qui les menace et qu'il faut accepter comme la grande et la dernière pénitence; la vieillesse est le dernier carême qui nous prépare à la solennité éternelle, à la grande pàque, au grand festin de l'Agneau dans le Ciel.

4° Ceux qui travaillent beaucoup et à des ouvrages forts et fatigants, sont exempts du jeûne; leurs travaux leur en tiennent lieu; et c'en est un bon, s'ils les offrent à

Dieu en esprit de pénitence, comme enfants d'Adam condamnés à arroser la terre de leurs sueurs.

Il est pourtant des arts et des métiers qui n'exemptent pas du jeûne, parce qu'ils ne fatiguent pas beaucoup, comme de coudre, filer, écrire, peindre, etc. Ces ouvriers pèchent s'ils ne jeûnent pas, sans autre raison que celle de leurs occupations ordinaires.

Mais en général, ceux qui sont exempts du jeûne à cause de leurs travaux ou pour d'autres raisons, ne sont pas exempts de se mortifier, de se priver de ce qui ne leur est pas nécessaire; ils ont tort de s'imaginer qu'il leur est permis de boire et de manger à chaque instant, de prolonger leurs repas, de passer des journées entières au cabaret, de se livrer à l'intempérance et à l'ivrognerie, sous prétexte de faire des marchés, des affaires, des politesses à leurs amis ; tout cela ne s'accorde pas avec le précepte de l'Eglise. Non, mes frères, quand vous avez pris vos repas ordinaires, suffisamment pour soutenir vos forces au milieu de vos travaux, le reste est superflu, c'est une infraction du jeûne. C'est un double péché quand vous allez jusqu'à l'excès de la débauche et de l'intempérance. Vous péchez contre le commandement de Dieu qui vous défend la gourmandise, et contre la loi de l'Eglise qui vous ordonne le jeûne ; mais si vous portez le mépris des lois jusqu'à manger de la viande, c'est pousser au dernier terme des excès réprouvés de Dieu et de son Eglise.

5° En général, tous ceux qui ne peuvent jeûner ou faire une longue abstinence sans un péril évident de leur santé, sont exempts du jeûne et de l'abstinence ; l'Eglise est une bonne mère ; elle ne veut pas la mort ni la ruine de ses enfants ; elle ne veut que les mortifier. Là-dessus il ne faut pas trop se flatter ; on peut s'en rapporter à la décision d'un médecin sage et chrétien, consulter son confesseur et ne pas être juge dans sa propre cause, de peur de trop se favoriser soi-même; s'essayer, prendre peu, se retrancher à ses repas, se borner au nécessaire, se tenir dans une sainte sobriété. Enfin , à quelque âge et dans quelque état que l'on soit, on n'est jamais exempt de pénitence ; si on ne peut la faire par le jeûne, il faut la faire d'une autre manière, jeûner de paroles, de plaisirs, vaincre son humeur, supporter patiemment les peines de son état ; de cette manière tout le monde peut jeûner ; la vie d'un bon chrétien serait un carême continuel.

D. Que faut-il faire pour rendre le jeûne agréable à Dieu ?

R. Jeûner en esprit de pénitence , joindre la prière au jeûne, et y ajouter l'aumône selon son pouvoir.

1° Il faut *jeûner en esprit de pénitence;* c'est l'esprit, c'est-à-dire l'intention, la bonne volonté, qui vivifie toutes nos actions chrétiennes ; il faut de l'âme à tout ce que nous faisons , sans quoi nos œuvres sont des œuvres mortes ; ce n'est plus qu'un mécanisme grossier comme celui des êtres sans raison ; or, l'esprit qui doit animer notre jeûne, c'est un esprit de pénitence , un désir d'expier nos péchés par la mortification d'une chair criminelle. Pour lui donner cette valeur, cette efficacité, il faut l'unir d'intention à celui de Jésus-Christ dont les mérites infinis peuvent seuls le rendre méritoire et expiatoire. Jeûnons donc en imitant notre divin Maître qui n'avait d'autres péchés à expier que les nôtres; jeûnons en union avec lui, en le conjurant d'appliquer ses mérites à notre jeûne ; et pour cela :

2° *Joignons la prière aux jeûnes* que nous pratiquons , et *ajoutons-y* encore *l'aumône selon nos facultés : Bona est oratio cum jejunio et eleemosyna.* La prière et l'aumône sont comme deux ailes qui élèvent le jeûne jusqu'au trône de Dieu , dit un saint Père : c'est pour cela qu'en carême et aux autres jours de jeûne l'Eglise redouble ses prières; alors elle les mélange de deuil, de tristesse, de componction , pour rappeler ses enfants à une pénitence solide et efficace ; c'est pour cela qu'on invite les fidèles à faire, ces jours-là, des aumônes plus particulières, chacun selon son pouvoir. Le jeûne sera encore plus parfait, plus avantageux, plus méritoire, si l'on y joint la retraite, le silence, l'éloignement des sociétés et des plaisirs même permis, la lecture des livres saints, l'assiduité à visiter les églises, à entendre la parole de Dieu ; c'est pour cela qu'au saint temps de carême l'Eglise rappelle ses enfants à toutes ces pratiques. Ecoutez, mes enfants, ce qu'elle nous chante à ses offices, en ces jours de pénitence :

> *Utamur ergo parciùs,*
> *Verbis, cibis et potibus,*
> *Somno, jocis, et arctiùs*
> *Perstemus in custodia.*

Usons donc avec plus de réserve, *verbis*, de *paroles ;* mettons un frein particulier à notre langue, à notre démangeaison de parler, de railler, de médire. Oh ! le bon jeûne ! Qu'il est dur, pénible, mais avantageux pour les grands parleurs et pour tous ceux que leur silence épargnera !..... *Cibis et potibus.* Jeûnons *d'aliments et de boissons ;* c'est le jeûne ordinaire ; que du moins la sobriété nous en tienne lieu, si nous ne pouvons jeûner dans la rigueur du précepte.... *Sommo*, jeûnons de *sommeil ;* un peu moins de repos, moins de nonchalance à nous lever ; sortons du lit avec une sainte activité, pour nous livrer au travail.... *Jocis*, moins de *jeux* et d'amusements qu'à l'ordinaire, point du tout s'ils sont dangereux ou coupables ; point de danses, de débauchés, de fréquentations suspectes..... *Et arctiùs perstemus in custodia.* Veillons sur nous avec plus d'attention ; fermons nos yeux, nos oreilles et tous nos sens à l'ennemi qui rôde autour de nous et qui cherche à nous dévorer. Voilà, mes enfants et mes frères, comment nous jeûnerons bien et utilement le carême, les quatre-temps et les vigiles.

Et l'heureux effet du jeûne sera 1° de mortifier notre

chair ; 2° d'élever notre esprit vers Dieu ; 3° de dompter nos passions ; 4° de prévenir les tentations.

Et la *vertu* du jeûne sera 1° d'apaiser la colère de Dieu (*Jeûne des Ninivites*, *Hist. Jonas*, III, 5) ; 2° d'attirer des grâces ; 3° de mériter des récompenses éternelles. (*Jeûne de Judith*, *d'Esther*, *de saint Jean-Baptiste. Hist. de Judith*, VIII ; *Esther*, IV, 3 , 16 ; *Marc*, 1 , 6.)

SOUS-DEMANDES.

D. Que signifient ces paroles : *Quatre-temps, vigiles jeûneras et le carême entièrement ?*

R. C'est-à-dire vous jeûnerez les quatre-temps , les vigiles et le carême tout entier.

D. Qu'est-ce que jeûner ?

R. C'est ne faire qu'un repas vers le midi , et une légère collation le soir.

D. Ceux qui dînent vers les neuf ou dix heures ne jeûnent donc pas régulièrement ?

R. Non , il faut se priver de nourriture jusque vers le midi.

D. La collation ne doit donc pas être un repas?

R. Non , ce n'est qu'un léger soulagement que l'Eglise tolère par indulgence.

D. Comment jeûnait-on autrefois?

R. On ne faisait qu'un seul repas après le soleil couché ou vers les trois heures après midi.

D. Quelle nourriture prenait-on autrefois en carême ?

R. On ne mangeait ni œufs, ni laitage ; plusieurs jeûnaient au pain et à l'eau.

D. Qu'est-ce que les quatre-temps?

R. Ce sont des jeûnes que l'on pratique quatre fois l'année aux quatre saisons.

D. En quelle intention doit-on jeûner aux quatre-temps ?

R. Pour remercier Dieu des grâces qu'il a faites en la saison passée , et en demander de nouvelles pour la saison suivante.

D. Pour quelle autre fin encore?

R. Pour demander à Dieu de bons Prêtres et de bons Pasteurs.

D. Pourquoi cette demande?

R. Parce que c'est aux quatre-temps que l'on fait les Prêtres.

D. Qu'est-ce que les vigiles ?

R. Ce mot signifie *veille*, parce qu'on veillait autrefois la nuit des grandes fêtes, comme à Noël.

D. Comment le jeûne nous prépare-t-il à bien célébrer les fêtes?

R. En ce que la pénitence expie nos péchés et nous purifie pour mieux honorer Dieu et les Saints.

D. A quel âge est-on obligé de jeûner ?

R. A vingt-un ans accomplis.

D. Les jeunes gens sont donc exempts de faire pénitence?

R. Non, ils doivent se priver de quelque chose pendant le carême, moins se divertir, combattre leurs passions, plus travailler.

D. Ceux qui ne peuvent pas jeûner, comment doivent-ils remplacer le jeûne ?

R. En faisant des aumônes ou d'autres bonnes œuvres selon leur pouvoir.

D. Comment encore ?

R. En offrant à Dieu leurs infirmités, leurs souffrances, leur travail, pour expier leurs péchés.

D. Ceux qui sont exempts du jeûne peuvent-ils boire et manger à chaque instant du jour?

R. Non, ils ne doivent prendre que la nourriture nécessaire à leur santé ou pour soutenir leur travail.

D. Que pensez-vous donc de ceux qui boivent, mangent sans cesse, qui vont au cabaret, qui s'enivrent pendant le carême?

R. Ils pèchent doublement : 1° contre le jeûne ; 2° contre la tempérance.

D. Comment doit-on jeûner en esprit de pénitence?

R. En offrant à Dieu son jeûne pour l'expiation de ses péchés.

D. Il faut donc prier davantage en carême que dans les autres temps ?

R. Oui, on doit assister plus assidûment à la Messe, aux instructions et aux prières.

D. Ceux qui ne peuvent faire l'aumône, comment peuvent-ils y suppléer ?

R. En rendant quelques services aux pauvres et aux malades.

RÉCAPITULATION PRATIQUE.

1° Respectez le précepte du jeûne comme émané de l'autorité de l'Eglise de Dieu.

2° Jeûnez exactement, selon les règles de l'Eglise, lorsque vous en aurez l'âge et la force.

3° Si vous ne pouvez jeûner réellement, jeûnez de bonne volonté, et offrez à Dieu vos infirmités, vos souffrances, vos travaux, pour vous tenir lieu de jeûne.

4° Jeûnez en esprit de pénitence, unissant votre jeûne à celui de Jésus-Christ pour l'expiation de vos péchés.

5° Demandez à Dieu la grâce d'être fidèles à ce précepte.

PRIÈRE.

Mon Dieu, nous vous remercions de l'instruction que nous venons d'entendre. Nous avons appris ce que c'est que le jeûne, et le commandement que nous fait votre Eglise de jeûner les quatre-temps, les vigiles et le carême. Nous, enfants, nous ne sommes pas encore obligés à ce précepte, parce que nous n'avons pas la force de l'accomplir ; mais nous y serons tenus dans la suite ; en attendant il faut nous mortifier, nous priver de quelque nourriture, de quelques jeux, de quelques plaisirs, combattre nos passions naissantes. Et nous qui sommes soumis à la loi, qui avons l'âge et assez de santé pour lui obéir, comment avons-nous regardé jusqu'ici l'observation du jeûne ? Quelle indulgence ! quelle délicatesse ! quel mépris de cette loi sainte et nécessaire ! Pardon, Seigneur ; désormais nous en serons plus fidèles observateurs ; nous n'écouterons plus une sensualité coupable ; nous jeûnerons en esprit de pénitence, en union au jeûne de Jésus-Christ qui nous en appliquera le mérite ; nous y joindrons la prière et l'aumône, autant que nous le pourrons ; nous rachèterons ainsi nos péchés, et vous nous ferez miséricorde. Ainsi soit-il.

DU VIᵉ COMMANDEMENT DE L'ÉGLISE.

D. Récitez le sixième commandement de l'Eglise.

R. Vendredi chair ne mangeras, ni le samedi mêmement.

C'est-à-dire vous ne mangerez point de viande ni les vendredis ni les samedis.

D. Qu'est ce que nous défend le sixième commandement de l'Église?

R. Il nous défend de manger de la viande le vendredi et le samedi.

Cette demande n'a pas besoin d'explication ; la suivante va nous donner la raison de cette défense.

D. Pourquoi l'Église a-t-elle fait cette défense ?

R. Afin qu'à chaque semaine nous pratiquions quelque œuvre de pénitence pour l'expiation de nos péchés et pour obtenir les grâces dont nous avons besoin.

Puisque nous sommes pécheurs, nous sommes obligés de faire pénitence ; car il faut absolument satisfaire à la justice de Dieu que nous avons offensé ; nous avons des passions à dompter par l'abstinence ; c'est pour nous engager à remplir ces obligations, que l'Église a fixé certains jours de pénitence ; elle a fixé les quatre-temps, les vigiles et le carême pour le cours de l'année, comme nous l'avons expliqué dans le commandement précédent ; elle a fixé d'ailleurs deux jours chaque semaine où elle nous ordonne l'abstinence de la chair ; ce ne sont pas des jeûnes comme pendant le carême, les quatre-temps et les vigiles ; mais c'est une privation de certains aliments qui seraient plus flatteurs et plus nourrissants ; elle nous réduit à une nourriture moins sensuelle et plus frugale, pour nous faire pratiquer cette pénitence et cette mortification dont nous sommes redevables d'ailleurs à la justice divine ; en sorte que c'est péché et *péché mortel* de ne faire aucune abstinence en ces jours-là, et d'y manger de la viande comme aux jours ordinaires, au mépris de la loi, sans aucune nécessité et uniquement par gourmandise ou respect humain. C'est, dis-je, *péché mortel,* parce que c'est violer une loi sainte et sage dans un point considérable et avec des circonstances qui aggravent la désobéissance à une autorité établie de Dieu pour nous gouverner. Cependant, mes enfants et mes frères, à présent, dans le siècle de licence et d'incrédulité où nous sommes, vous entendrez des impies fronder ces lois de l'Eglise, traiter ces observances de minuties, demander froidement : *Qu'est-ce que cela fait à Dieu que je mange de la chair ou du poisson et des légumes* ? mille railleries pareilles de nos saintes lois ecclésiastiques ; en conséquence, un abus presque général s'introduit dans les villes et déjà commence à gagner nos campagnes : plus de maigre, surtout les samedis. On en refuse dans les auberges ; on tourne en ridicule ceux qui ont encore la délicatesse d'en demander ; on rougit de ce prétendu scrupule ; on n'ose se distinguer, et on succombe au scandale et au mauvais exemple.

A cela, mes frères et mes enfants, qu'avez-vous à répondre ? Je suis catholique, enfant de l'Eglise ; elle me défend aujourd'hui telle nourriture ; je respecte sa loi ; non, je ne rougirai pas de lui obéir ; je rougirais plutôt de faire comme les huguenots et les incrédules qui la méprisent. Surtout, si vous êtes père de famille, homme considéré, respecté, capable d'imposer, gardez-vous de rougir de paraître chrétien et catholique ; vous scandaliseriez les petits et les faibles ; faites comme le saint vieillard Eléazar. Ecoutez cette histoire : « C'était un » homme respectable, des plus distingués parmi les » scribes ; on lui ouvrit forcément la bouche pour lui » faire manger des viandes défendues par la loi ; mais » ce courageux vieillard préférant une mort glorieuse à » une vie détestable et criminelle, marchait volontiers » au supplice ; il envisageait la mort avec intrépidité, » déterminé à tout souffrir avec une patience héroïque, » plutôt que de rien faire de coupable par amour de la » vie. Ceux qui étaient présents, touchés d'une compas- » sion mal entendue pour leur ancien ami, le tirant à » part, lui firent apporter des viandes permises, afin » qu'il fît semblant de manger, selon l'ordre du tyran, » de celles qui avaient été offertes aux idoles, afin de

» se délivrer par-là de la mort qui le menaçait. Mais le
» saint vieillard se rappelant la dignité de son âge, la
» blancheur de ses cheveux, et les lois sacrées de son
» Dieu, s'écria en présence de tout le peuple : Non, je ne
» feindrai pas à mon âge une action indigne de moi;
» j'aime mieux descendre avec gloire au tombeau; il
» serait donc dit qu'Eleazar, à quatre-vingt-dix ans, a
» donné un exemple scandaleux à la jeunesse, en abju-
» rant la loi de ses pères par un indigne attachement à
» quelques jours d'une vie périssable! Non, je n'impri-
» merai point cette tache abominable sur ma vieillesse.
» Quand j'éviterais à présent les supplices des hommes,
» je n'échapperai pas après ma mort à la main du Tout-
» Puissant ; ainsi je meurs avec courage, et je veux pa-
» raître aux jeunes gens un modèle digne d'être imité,
» en donnant ma vie pour l'accomplissement de nos
» saintes lois. A ces mots, on le conduisit au supplice,
» on le déchira de coups; il rendit sa grande âme au
» milieu des plus affreux tourments, en bénissant Dieu,
» et laissant à la jeunesse un grand exemple de son
» courage et de sa soumission à la loi. » (*2. Machab.* vi,
18 *et seq.*) Mes frères et mes enfants, ce n'est plus la
mort, mais un peu de privation ou de respect humain,
que vous avez à braver pour observer votre loi et ne
pas manger les viandes qu'elle défend. Si on ne veut
point vous donner de maigre dans une auberge, passez
dans une autre ; si on vous dit qu'on n'a rien, contentez-
vous pour cette fois de pain, s'il le faut, ou de peu de
chose avec. (*Hist. de Daniel, Dan.* 1; *des Machabées*, 1.
Machab. 11.) Ah! mes enfants, soyez fidèles à votre loi
comme ces jeunes martyrs de la loi judaïque..... Quand
vous ne feriez que douter, quelle folie de risquer votre
âme pour une sensualité passagère !.... Mangeriez-vous
un morceau que vous douteriez être empoisonné?

D. Pourquoi l'Eglise a-t-elle choisi le vendredi et
le samedi pour cette abstinence ?

                                              8.

R. Elle a choisi le vendredi parce que c'est le jour de la mort de Jésus-Christ, et le samedi en mémoire de sa sépulture.

C'est, comme vous savez, un vendredi, le Vendredi-Saint, que Notre-Seigneur est mort pour nous : c'est pour compatir à cette triste mémoire, que l'Eglise a voulu que ce fût un jour de pénitence pour ses enfants. Le samedi est le jour où ce divin Sauveur demeura dans le tombeau ; c'est encore pour entrer dans le deuil de sa sépulture, que nous continuons aussi ce jour-là notre pénitence. Vous entendrez des gens mettre encore une distinction, et vous dire : Bon pour le vendredi, parce que c'est le jour de la mort de Notre-Seigneur ; mais le samedi, ce n'est plus la même chose. A cela je réponds : Le commandement de l'Eglise est pour le samedi aussi-bien que pour le vendredi : *ni le samedi mêmement ;* c'est la même autorité qui ordonne l'un et l'autre : il faut donc obéir pour un jour comme pour l'autre.

D. N'y a-t-il aucun vendredi ou samedi auxquels il soit permis de manger de la chair ?

R. Il est permis d'en manger quand la fête de Noël arrive un vendredi ou un samedi, et en vertu d'une ancienne coutume on peut en manger, dans ce diocèse, les samedis depuis Noël jusqu'à la Purification inclusivement.

La fête de Noël est un jour si joyeux, que l'Eglise n'a pas voulu y laisser le mélange de la tristesse et de l'austérité de la pénitence ; voilà pourquoi elle a excepté ce vendredi des autres qui sont consacrés à l'abstinence. Outre cela, comme la sainte enfance de Jésus est un temps de joie, et que les samedis de ce temps-là sont spécialement destinés à célébrer l'allégresse de la sainte Vierge, l'Eglise a encore exempté de l'abstinence, en ces jours-là, dans quelques diocèses, et en particulier dans celui-ci; en sorte qu'il est permis de manger de la viande les samedis depuis Noël jusqu'à la Purification inclusivement, c'est-à-dire, y compris le jour même de la Purification, si elle tombe un samedi; il faut suivre en cela l'usage du diocèse où l'on se trouve.

D. En quel cas peut-on manger de la viande les jours d'abstinence ou de jeûne?

R. On le peut quand on est malade ou infirme, et avec la permission de l'Eglise.

L'Eglise est une bonne mère; elle ne prétend pas ordonner l'abstinence et le jeûne jusqu'à incommoder notablement ses enfants; elle cesse de les y obliger lorsqu'il en résulterait un détriment considérable pour leur santé; c'est pourquoi elle les dispense en cas de maladie ou d'infirmité; mais il ne faut pas trop s'écouter soi-même pour ne pas se tromper par trop d'amour-propre et de délicatesse. Il faut d'abord consulter un médecin sage et chrétien, ensuite demander à l'Eglise la permission de manger de la viande, si cela est nécessaire.

D. A qui faut-il demander cette permission?

R. A son Evêque ou à son Curé.

L'Evêque et le Curé sont les organes de l'Eglise par rapport aux fidèles soumis à leur juridiction; ainsi c'est à eux à accorder la dispense des préceptes lorsqu'on en a besoin; c'est donc à eux qu'il faut s'adresser pour l'obtenir. C'est à l'Evêque seul qu'il appartient d'accorder les dispenses générales, dans certaines circonstances; par exemple, c'est lui seul qui peut permettre de faire gras en carême à tout le diocèse, à raison de la cherté, ou de la rareté du maigre, ou pour d'autres bonnes raisons; mais dans les cas particuliers, où il ne s'agit que d'une dispense personnelle, on peut s'adresser à son Curé pour lui demander la permission de faire gras, à raison de maladie ou d'infirmité; c'est lui qui est le représentant de l'Eglise, et qui en a reçu le pouvoir d'accorder cette dispense ; prenons garde, à ce sujet, de nous donner trop de liberté, et de passer trop légèrement sur ce devoir ; c'est une soumission due à l'autorité sainte et divine, qui a droit de nous gouverner ; l'on devient coupable de la transgression du précepte si on y manque, malgré le besoin que l'on aurait de manger de la viande ; c'est un mépris des lois de l'Eglise. Si donc il y a un malade dans une maison, qui ait besoin de faire gras, il doit envoyer demander la permission au Curé ; les bons chrétiens, les vrais catholiques n'y manquent jamais ; toute votre vie, mes enfants, respectez ce précepte de votre mère, la sainte Eglise.

SOUS-DEMANDES.

D. Que signifient ces mots : *Vendredi chair ne mangeras*, etc. ?

R. C'est-à-dire vous ne mangerez point de viande, ni le vendredi ni le samedi.

D. Pourquoi si souvent des œuvres de pénitence ?

R. C'est que nous péchons souvent.

D. Il y a des gens qui disent : *Qu'est-ce que cela fait à Dieu si je mange gras ou maigre ?*

R. Ils parlent comme des impies et des libertins.

D. Pourquoi Dieu veut-il que nous fassions maigre le vendredi et le samedi ?

R. Parce que Dieu veut que nous pratiquions la mortification et que nous obéissions à son Eglise.

D. C'est donc un grand péché de manger gras les samedis ?

R. Oui, parce que l'Eglise le défend le samedi aussi-bien que le vendredi.

D. Quand on est en campagne, si on ne veut point donner de maigre dans les auberges ?

R. Il faut en exiger et se contenter de ce qu'on trouve ; il y a toujours du maigre.

D. Mais on se moque de ceux qui ont cette délicatesse.

R. On ne doit pas rougir de J.-C. ni de sa loi.

D. Si on vous disait qu'il y a du poison dans un plat de viande, en mangeriez-vous ?

R. Non, je craindrais de m'empoisonner et de mourir.

D. Eh bien ! mon enfant, un morceau de viande le vendredi ou le samedi empoisonnerait votre âme et lui donnerait la mort éternelle ; à ce prix en mangerez-vous ?

R. Non, j'aime mieux m'en passer pour obéir à l'Eglise.

D. A quoi faut-il penser en faisant cette pénitence du vendredi ?

R. A ce que J.-C. souffrait à pareil jour en mourant pour nous.

D. Et le samedi ?

R. Il faut penser à J.-C. enseveli dans le tombeau, et songer que bientôt nous y serons nous-mêmes.

D. Quand on est malade et qu'on ne peut pas faire maigre, que faut-il faire ?

R. Il ne faut pas faire gras sans en avoir demandé la permission à son Pasteur.

D. Ne pourrait-on pas se dispenser soi-même ?

R. Non, l'on pécherait parce qu'on n'obéirait pas à l'Eglise, à moins qu'on ne puisse pas recourir à son Pasteur.

RÉCAPITULATION PRATIQUE.

1° Regardez ce commandement comme une chose grave et importante, puisqu'il est porté par l'autorité de l'Eglise, autorité qui lui vient de Dieu, et ne vous donnez jamais la licence de critiquer cette loi.

2° Observez-la exactement ; ne faites jamais gras ni le vendredi, ni le samedi, parce que l'obligation est la même pour ces deux jours, puisqu'elle vient de la même autorité. Méprisez là-dessus les railleries, et ne rougissez pas d'être bons catholiques.

3° Demandez-en la dispense avec une humble soumission, lorsque vous aurez besoin de faire gras ces jours-là.

4° Offrez votre abstinence au Seigneur pour l'expiation de vos péchés ; unissez-la à celle de Jésus-Christ, à ses souffrances, au fiel, au vinaigre dont il fut abreuvé pour expier nos sensualités.

5° Priez le Seigneur de vous rendre dociles à cette loi, et de vouloir bien accepter cette mortification expiatoire.

PRIÈRE.

Mon Dieu, nous vous remercions de l'instruction que nous venons d'entendre ; nous y avons appris l'obligation où nous sommes de nous abstenir de chair les vendredis et les samedis. Hélas ! peut-être avons-nous déjà entendu autour de nous blasphémer, ridiculiser cette sainte observance, quoique émanée d'une autorité que vous avez déléguée à votre Eglise ! Cependant, grâces vous en soient rendues, jusqu'ici nous avons été fidèles à cette pratique salutaire ; mais, mon Dieu, dans la suite ne permettez pas que nous nous laissions séduire par les discours des impies et des libertins. Qu'une gourmandise basse et animale ne nous porte pas à la transgression d'un précepte si facile à suivre ! Eh quoi ! perdrai-je mon âme pour un vil morceau qui flatterait ce corps de boue ? Non, Seigneur, il n'en sera pas ainsi ; nous continuerons à être dociles à cette loi ; nous vous en demandons la grâce par les mérites du Sauveur qui nous a donné le précepte et l'exemple de la mortification.

DES VERTUS CHRÉTIENNES.

SECTION PREMIÈRE.

D. Pourquoi les commandements de Dieu et de l'Eglise nous sont-ils donnés ?

R. C'est pour nous faire pratiquer les vertus chrétiennes et fuir le péché.

Oui, mes enfants, Dieu et son Eglise, par tous les commandements que nous vous avons expliqués, ne se proposent que de nous rendre sages, de nous porter à la *pratique des vertus chrétiennes*, et à *fuir le péché*. En effet, si nous observons bien les commandements de Dieu et de l'Eglise, nous serons des Saints, parce que nous pratiquerons toutes les vertus, et nous éviterons tous les péchés.

D. Qu'est-ce qu'une vertu chrétienne?

R. Une vertu chrétienne est un don de Dieu ou une inclination surnaturelle qui nous porte à faire le bien et à éviter le mal.

Une vertu est un penchant, une certaine bonne volonté qui nous porte à faire le bien et à éviter le mal; cette inclination est *surnaturelle*, c'est-à-dire au-dessus de la nature. Une vertu purement naturelle ne serait pas une vertu chrétienne, mais tout humaine, qui ne serait d'aucun mérite pour notre salut. Telles étaient les vertus des païens.

Ils pouvaient bien être grands, généreux, courageux, reconnaissants, aimant leurs amis, leur rendant des services. *Ethnici hoc faciunt*, disait Jésus-Christ (*Matth.* v, 47); mais ce n'étaient pas là des vertus chrétiennes telles que les inspire notre sainte religion. Pour vous, mes disciples, disait ce divin Maître, vous devez être plus parfaits, vos vertus doivent être portées jusqu'à l'héroïsme, par exemple, jusqu'à aimer vos ennemis, jusqu'à fuir l'ambition, les honneurs, les richesses de la terre; vos vertus doivent venir d'en-haut et avoir pour fin et pour objet votre Père, qui est dans les Cieux.

D. Pourquoi dites-vous que les vertus chrétiennes sont des dons de Dieu?

R. Parce que l'homme ne peut avoir de lui-même cette inclination et cette facilité pour le bien, et que c'est Dieu qui la lui donne par sa grâce.

Sans moi vous ne pouvez rien, dit le Sauveur : *Sine me nihil potestis facere*. (Joan. xv, 5.) C'est un principe de foi que nous devons croire, *que tout don parfait nous vient du Père des lumières*. (Jac. i, 47.) Il nous faut des secours divins pour pratiquer le bien et éviter le mal selon Dieu et pour Dieu. C'est la grâce de Jésus-Christ qui nous accorde cet heureux penchant qui nous porte au bien, qui nous donne de l'horreur du vice et la force de l'éviter. C'est la grâce de Jésus-Christ qui nous donne la force de surmonter les difficultés qui se rencontrent dans la pratique des vertus. Voilà pourquoi nous disons que les vertus chrétiennes sont des dons de Dieu. Et voilà, mes enfants, ce qui doit nous encourager dans la pratique du bien ; c'est que notre force ne vient pas de nous, et qu'elle ne nous manquera jamais dans le besoin, pour éviter le mal et faire le bien ; nous n'avons qu'à demander, à tendre la main vers celui qui nous dirige dans la voie difficile des vertus que nous avons à pratiquer, pour vivre en véritables chrétiens.

D. Combien y a-t-il de sortes de vertus chrétiennes ?

R. On en distingue de deux sortes , les vertus théologales et les vertus morales.

Voilà donc, mes enfants, deux espèces de vertus chrétiennes que va vous expliquer votre Catéchisme. Nous commencerons d'abord par les vertus théologales, sur lesquelles il est absolument nécessaire d'être instruit, et dont tout chrétien doit produire des actes, sous peine de péché.

D. Qu'entendez-vous par vertus théologales ?

R. J'entends les vertus qui ont Dieu pour objet immédiat et pour fin.

Ce mot *théologal* est un mot grec, qui veut dire *discours de Dieu,* ou qui regarde Dieu. Les vertus théologales sont donc celles qui regardent Dieu directement, qui s'adressent à lui. Par exemple, quand nous aimons Dieu à cause de ses perfections infinies, notre amour est une vertu théologale, qui a Dieu pour objet immédiatement ; c'est lui que nous considérons , c'est par rapport à lui que nous l'aimons.

D. Combien y a-t-il de vertus théologales ?

R. Il y a trois vertus théologales, la foi , l'espérance et la charité.

Voilà, mes enfants, les trois vertus qu'on appelle théo-logales, ces vertus si essentielles qu'on ne peut être sauvé sans les pratiquer et sans en produire des actes.

D. En quoi les vertus théologales ont-elles Dieu pour fin?

R. En ce que par la foi nous croyons en Dieu, par l'espérance nous avons une ferme confiance que nous le posséderons, et par la charité nous l'aimons.

Par la foi nous croyons en Dieu; ainsi, comme vous voyez, Dieu est l'objet de notre foi; c'est lui en qui et auquel nous croyons. Par l'*espérance,* nous espérons posséder Dieu un jour; ainsi Dieu est l'objet de notre espérance, c'est lui dont nous espérons jouir dans le Ciel. Par la *charité*, nous aimons Dieu; il est donc l'objet de notre amour, c'est lui que nous aimons. Voilà, mes enfants, comment Dieu est la fin et l'objet de ces trois vertus théologales. Elles regardent Dieu immédiatement en lui-même. Tout cela se développera encore dans la suite de ces instructions.

SOUS-DEMANDES.

D. Si on suivait bien tous les commandements de Dieu et de l'Eglise, on pratiquerait donc toutes les vertus?

R. Oui, l'on ferait toujours bien et jamais mal.

D. Vous dites qu'une vertu chrétienne est un don de Dieu; qu'est-ce que cela veut dire?

R. C'est-à-dire que c'est le bon Dieu qui nous donne toutes les vertus chrétiennes.

D. Est-ce que nous ne pouvons pratiquer la vertu sans lui?

R. Non, il faut que Dieu nous donne ses secours divins pour cela.

D. Vous dites qu'une vertu chrétienne est une inclination sainte et surnaturelle; qu'est-ce que cela signifie?

R. C'est-à-dire qu'elle vient de Dieu, et qu'elle est au-dessus de la nature humaine.

D. Quand les païens aiment leurs amis, ce n'est donc pas une vertu surnaturelle et chrétienne?

R. Non, c'est une inclination purement naturelle.

D. Que veut dire ce mot *théologal* ?

R. C'est-à-dire *qui concerne Dieu*, qui a Dieu pour objet.

D. Comment est-ce que la foi a Dieu pour objet ?

R. Parce que c'est en Dieu que nous croyons.

D. Comment est-ce que l'espérance a Dieu pour objet ?

R. Parce que c'est en Dieu que nous espérons.

D. Comment est-ce que la charité a Dieu pour objet ?

R. Parce que c'est Dieu que nous aimons.

RÉCAPITULATION PRATIQUE.

1° Puisque la vertu est une inclination au bien, for-mez-vous à cet heureux penchant dès la plus tendre enfance : une sainte habitude deviendra en vous une seconde nature.

2° Puisque cette inclination doit venir d'en-haut, de-mandez-la sans cesse à l'Auteur de tout don parfait.

PRIÈRE.

Seigneur Dieu des vertus ! nous venons d'apprendre ce que c'est que la vertu véritable, quelles sont les vertus divines que le christianisme nous inspire. Nous avons commencé à nous en former une idée générale ; perfectionnez-la, ô mon Dieu ! dans les instructions suivantes. *Divin Législateur, donnez-y votre bénédiction ; faites-nous la grâce de marcher de vertus en vertus, afin de voir le Dieu des Anges et des Saints dans la céleste Sion.*

Benedictionem dabit Legislator : ibunt de virtute in virtutem, videbitur Deus deorum in Sion. Amen.

SECTION DEUXIÈME.

DE LA FOI.

D. Qu'est-ce que la foi ?

R. La foi est un don de Dieu, qui nous fait croire fermement en lui et à tout ce qu'il a révélé à son Église.

La foi est *un don de Dieu*, c'est-à-dire que Dieu nous

donne cette vertu ; nous ne pouvons croire, si Dieu ne nous accorde cette grâce. C'est de lui que nous tenons cette conviction, cette assurance, *qui nous fait croire fermement*, sans douter, sans chanceler dans notre croyance. Nous croyons qu'il y a un Dieu, et nous croyons tout ce qu'il a dit, manifesté à *son Eglise*, à ce tribunal infaillible qu'il a établi lui-même pour perpétuer, jusqu'à la fin des siècles, les vérités qu'il nous a enseignées par ses Apôtres.

Voilà, mes enfants, ce que c'est que la foi, cette vertu première et fondamentale, absolument nécessaire, sans laquelle on ne peut plaire à Dieu, et sans laquelle on sera condamné. *Sine fide autem impossibile est placere Deo.* (Hebr. xi, 6.) *Qui verò non crediderit condemnabitur.* (Marc. xvi, 16.)

D. **Pourquoi croyons-nous tout ce que Dieu a révélé à son Eglise ?**

R. **Parce que Dieu étant la vérité même ne peut ni se tromper ni nous tromper.**

La véracité infaillible de Dieu, voilà, mes enfants, le fondement de notre foi : la raison essentielle pour laquelle nous croyons, c'est que Dieu ne peut nous tromper. Lorsqu'une personne éclairée et véridique vous assure une chose, vous la croyez volontiers, et avec une douce assurance. Pourquoi ? Parce que vous vous dites à vous-mêmes : *Celui-là ne me trompera pas, ce n'est ni un ignorant, ni un menteur.* Or, Dieu ne peut être ni ignorant, ni menteur, parce qu'il a toutes les perfections, et cela à un degré infini ; vous ne pouvez donc être trompés en croyant tout ce qui vous est révélé de sa part dans les Ecritures et par l'organe de son Eglise.

D. **Où est contenu ce que Dieu a révélé à son Eglise ?**

R. **Dans l'Ecriture-Sainte et dans la tradition.**

Dieu a parlé aux hommes : cela est certain ; il a parlé à nos premiers pères, Adam et Eve, à Noé, à Abraham, à Isaac, à Jacob, à Moïse, aux Prophètes, tantôt par des sons articulés, par le ministère de ses Anges, tantôt par des visions et des inspirations, toujours portant dans leur âme la conviction de la vérité. C'est surtout à Moïse qu'il a parlé d'une manière plus particulière, en lui rappelant l'histoire depuis la création du monde, et en lui dictant la loi divine que nous avons reçue de lui. Or, nous savons tout cela : 1° par *l'Ecriture-Sainte;* 2° par *la tradition.* Expliquons l'un et l'autre de ces deux témoignages de la vérité.

D. Qu'entendez-vous par l'Ecriture-Sainte?

R. J'entends les écrits faits par l'inspiration du Saint-Esprit et laissés à son Eglise pour notre instruction.

Oui, mes enfants, nous avons des livres divins, inspirés par le Saint-Esprit à ceux qui les ont écrits. Ces livres sont des histoires saintes, des lois, des conseils, des instructions, des prophéties, des événements miraculeux qui ont fondé notre sainte religion. C'est le langage que Dieu a parlé aux hommes. Il est consigné dans ces livres respectables et divins, qui nous sont conservés et transmis depuis la plus haute antiquité : monuments aussi authentiques, et portant la certitude, même humaine et morale, au point d'évidence que nous offrent les histoires des plus fameux empires ; en sorte que nous ne pouvons pas plus douter des faits rapportés dans les Livres saints, que nous doutons de l'existence de Rome et de la France. Dieu nous a conservé les saintes Ecritures pour servir de témoignage toujours subsistant et visible de la vérité ; pour être expliquées aux fidèles par son Eglise, et perpétuer ainsi les vérités de la religion jusqu'à la fin des siècles. Nous devons croire tout ce qui est dans les Livres sacrés, comme des articles de foi, parce que c'est la vérité même qui nous y parle. N'écoutez donc pas les propos de ces hommes impies qui vous disent : *Le papier se laisse écrire.* Ils blasphèment contre la véracité suprême de notre Dieu. Ils déraisonnent, parce qu'on ne pourrait écrire des faits si publics et si notoires, sans réclamation, s'ils n'étaient pas véritables.

D. Comment nomme-t-on le livre qui contient l'Ecriture-Sainte?

R. On le nomme la Bible.

Ce mot *Bible* signifie *collection de plusieurs livres*. C'est l'assemblage de tous les livres inspirés de Dieu, que nous appelons les Livres saints, parce qu'ils sont véritablement dictés par le Saint-Esprit, et qu'ils ne respirent et n'enseignent que des vérités saintes.

D. Comment se divise la Bible?

R. En Ancien et Nouveau-Testament.

L'Ancien et le Nouveau-Testament : voilà ce qui forme la totalité de ces monuments vénérables où notre Dieu a consigné l'histoire de la religion, ses volontés et ses lois. C'est pour cela qu'on les appelle *testaments ;* c'est le nom que l'on donne à ces actes respectables où les pères consignent leurs dispositions et leurs dernières volontés, pour être observées par leurs enfants.

D. En quoi consiste l'Ancien-Testament?

R. Dans les livres de la Bible écrits avant J.-C.

Le monde avait subsisté quatre mille ans avant la naissance de Jésus-Christ; or, l'Ancien-Testament contient l'histoire de tout ce qui s'est passé pendant tout ce temps-là, les écrits de Moïse et des autres historiens qui l'ont suivi, les livres des Prophètes, les Psaumes de David, les livres de Salomon, de la Sagesse, des Proverbes, en un mot, tout ce que le Saint-Esprit a inspiré aux auteurs sacrés, jusqu'au moment où Jésus-Christ est venu accomplir les prophéties et les figures tracées dans ces écrits qui l'annonçaient.

D. Et le Nouveau-Testament?

R. Dans les livres de la Bible écrits depuis J.-C.

Ces livres du Nouveau-Testament sont, 1° les quatre Evangiles, écrits par saint Matthieu, saint Marc, saint Luc et saint Jean. Ils contiennent l'histoire de la vie de Notre-Seigneur Jésus-Christ; 2° les Actes des Apôtres, qui sont l'histoire des actions et des prédications des Apôtres depuis l'Ascension de Notre-Seigneur; 3° les Epîtres de saint Paul, de saint Pierre, de saint Jean, de saint Jacques, qui contiennent des leçons aux fidèles; et 4° l'Apocalypse, qui contient les visions sublimes de saint Jean l'Evangéliste.

Tous ces livres, tant du Nouveau que de l'Ancien-Testament sont inspirés et divins; c'est la parole de Dieu même que nous devons croire comme la vérité infaillible. Ces deux Testaments concourent à la manifester, parce que le Nouveau est comme le terme et l'accomplissement de l'Ancien; en sorte que la vérité de notre sainte religion résulte de l'accord de ces deux écrits, nécessairement liés ensemble, et conservés avec tous les soins qu'exigent des monuments si respectables. Admirons, mes enfants, et bénissons la Providence, qui nous a transmis, avec tant de fidélité, les fondements solides de notre foi.

D. Qu'est-ce que la tradition?

R. La tradition est la parole de Dieu non écrite dans la Bible, mais transmise jusqu'à nous, par succession, depuis les Apôtres.

On appelle *tradition* un souvenir qui se transmet de père en fils, de successeurs en successeurs, d'âge en âge. Un père dit à son fils : J'ai vu telle chose de mon temps; le fils dit la même chose à ses enfants, ceux-ci aux leurs; voilà une tradition. Un vieillard dit aux jeunes gens : J'ai vu tel événement, je l'ai ouï raconter à mes anciens, qui l'avaient vu; ceux-ci, devenus vieux, font le même récit à la génération suivante; voilà une tradition qui apprend à la postérité des événements non écrits; la vérité les accompagne quand ces narrateurs et leurs récits ont d'ailleurs les autres caractères qui peuvent la constater, surtout quand les événements sont publics et notoires. Or, telle est la tradition de beaucoup d'événements, de coutumes, d'usages concernant la religion. Outre ce que nous lisons dans les Livres saints, il y a beaucoup de choses qui ne sont pas écrites, et qui pourtant sont véritablement la parole de Dieu. Les Apôtres ont appris de Jésus-Christ bien des vérités qu'ils n'ont pas transmises par la voie des Ecritures. C'est ce que nous apprend saint Jean, en finissant son Evangile : *Voilà*, dit-il, *ce que Jésus a fait; mais il y a encore beaucoup de choses. Et, si on voulait tout écrire, je crois que le monde entier ne pourrait contenir les livres qu'il faudrait remplir.* (Joan. xxi, 25.) C'est aussi ce que nous apprend l'Apôtre saint Paul, quand il dit aux Thessaloniciens : *Soyez fermes, et tenez-vous aux traditions que vous avez apprises, soit* PAR NOS DISCOURS, *soit par nos lettres.* (2. Thess. ii, 14.) Dans tous les siècles, les Pères de l'Eglise ont établi la nécessité de la tradition, et en ont été eux-mêmes les organes et les canaux respectables : saint Ignace, disciple de saint Pierre ; saint Irénée, qui vivait au second siècle ; saint Clément d'Alexandrie, Tertullien, etc.

Voici donc comment ces vérités non écrites se sont transmises jusqu'à nous : les Apôtres les ont dites aux Evêques de leur temps, ceux-ci les ont transmises à ceux qui leur ont survécu, ainsi de suite jusqu'à nous, d'âge en âge, et de génération en génération. Mais cette tradition est aussi vraie que l'Ecriture, parce qu'elle nous est transmise par des organes divins et animés du Saint-Esprit comme les saintes Ecritures.

D. Comment connaissons-nous l'Ecriture-Sainte et la tradition ?

R. Par le témoignage et la décision de l'Eglise.

Jésus-Christ a chargé son Eglise de nous instruire, c'est-à-dire ses Apôtres d'abord, et les Evêques leurs

successeurs ; et, pour cela, il les a revêtus de son infaillibilité et de son autorité divine, comme nous vous
l'avons fait voir en vous instruisant sur l'Eglise. Or, c'est
cette Eglise enseignante qui est dépositaire de l'Ecriture-
Sainte. Elle est chargée de nous l'expliquer, de nous en
donner le vrai sens, de nous désigner les Livres saints,
leur nombre, leur canonicité et leur authenticité ; c'est
sur sa décision que nous croyons que tel livre est divin,
que tel est le sens de tel passage. Saint Augustin l'a tellement reconnu qu'il dit : *Je ne croirais pas à l'Evangile
si l'Eglise ne m'y autorisait.* Cela veut dire que c'est à
l'Eglise seule qu'il appartient de discerner les livres ca-
noniques ou vrais, des livres apocryphes ou faux. C'est
à elle aussi qu'il appartient de désigner le véritable sens
des Ecritures et de nous les expliquer. Sans quoi nous
risquons de les mal entendre et d'abonder dans notre
propre sens, comme ont fait de tout temps les hérétiques.

L'Eglise est aussi dépositaire de la tradition apostolique. C'est elle qui nous la montre, et qui nous dit :
*Voilà ce qu'on a toujours cru et enseigné dans l'Eglise de
Dieu ; telle chose nous vient de la tradition des Apôtres.*
Voilà le langage qu'elle tient dans ses conciles ; et, quand
elle nous parle de la sorte, c'est un témoignage qu'elle
rend à la vérité. Nous ne pouvons y résister sans nous
rendre coupables de rébellion à cette infaillibilité dont
elle est revêtue par Jésus-Christ.

Mais, en prononçant de la sorte, elle suit toujours des
règles de sagesse pour constater la vérité. Elle ne reçoit,
comme tradition apostolique, que ce qui est généralement enseigné et pratiqué dans toute l'Eglise, sans qu'on
en sache le commencement, parce qu'il ne serait pas
possible que tous les chrétiens, répandus par tout l'univers, se fussent accordés sur le même point, si cela ne
venait de Jésus-Christ, la source commune, qui a tout
enseigné à ses Disciples. Il suit donc de là que, lorsqu'une chose est enseignée, crue et pratiquée généralement par toute l'Eglise, sans qu'on en connaisse le

commencement, c'est une preuve certaine qu'elle n'a point été inventée, mais qu'elle nous vient des Apôtres, qui, se répandant par tout l'univers, ont enseigné ce qu'ils avaient appris de Jésus-Christ. C'est la remarque de Tertullien et de saint Augustin (1). Ainsi l'Eglise a toujours cru et croit depuis les Apôtres ce qu'elle croit et enseigne aujourd'hui. Ainsi les usages reçus généralement dans l'Eglise et par toute l'Eglise nous viennent des Apôtres par tradition ; par exemple, le jeûne du carême, le signe de la croix, le Baptême des petits enfants, etc. Tout ce qui nous vient donc par l'Ecriture et la tradition, et qui nous est enseigné par l'Eglise, est un objet de notre foi et de notre vénération ; nous péchons grièvement lorsque nous n'y conformons pas notre croyance et notre conduite.

Ah ! mes enfants, tenons-nous fermes à ces principes, dans ces temps d'erreur et de schisme. Tenons-nous à la tradition, comme nous y invite le grand Apôtre.

D. Qui sont ceux qui pèchent contre la foi ?

R. Ceux qui refusent de croire quelqu'une des vérités que l'Eglise enseigne, ou qui négligent de s'en instruire, ou qui doutent volontairement, ou qui n'osent faire connaître qu'ils les croient.

Voilà, comme vous voyez, mes enfants, quatre sortes de personnes qui pèchent contre la foi.

1° *Ceux qui refusent de croire quelqu'une des vérités que l'Eglise enseigne.* Par exemple, je vous dis et je vous enseigne, avec toute l'Eglise, qu'il est de foi que Jésus-Christ est vraiment, réellement présent au saint sacrement de l'Autel, qu'il est de foi que, hors de l'Eglise, point de salut : que l'Eglise est infaillible, etc.... Si vous disiez : Cela n'est pas vrai, vous pécheriez contre la foi.

2° *Ceux qui doutent volontairement* de quelques ar-

(1) Tertull, liv. des Prescriptions, ch. 20, 21. Saint Augustin, liv. 5 du Baptême, ch. 23 et 26, et Lett. 44 ou 118 à Janvier.

ticles de foi. Vous péchez si vous dites en doutant : Cela n'est peut-être pas vrai ;... cela n'est pas sûr ;... le papier se laisse écrire ;... et autres propos qui font voir que vous chancelez dans votre croyance ; propos impies, doutes criminels, blasphèmes qui font mentir le Dieu de vérité ; *mendacem facit eum.* (1. Joan. v, 10.)

Je dis pourtant si vous doutez *volontairement ;* car, si ce doute n'est pas volontaire, si vous rejetez ces pensées contre la foi, vous ne péchez plus.

3° *Ceux qui négligent de s'instruire.* Ceux qui ne savent pas bien leur religion, et qui négligent de l'apprendre, d'assister aux instructions, aux catéchismes, pèchent contre la foi ; leur ignorance est coupable ; ils en rendront compte à Dieu ; ils auront beau vouloir s'excuser devant Dieu au jour du jugement, en disant : Je ne savais pas. Le Seigneur leur répondra : Je vous avais envoyé des Prophètes, des docteurs et des maîtres pour vous instruire ; *mais vous avez négligé mes avis et mes reproches ; maintenant vous êtes inexcusables, et je me rirai de vous à votre mort.* (Prov. 1, 25 et 26.)

4° *Ceux qui n'osent faire connaître qu'ils croient.* C'est pécher contre la foi que de n'oser paraître croire et manifester sa croyance. C'était le péché de ces chrétiens lâches et apostats, qui n'osaient confesser Jésus-Christ devant les tyrans, et qui abjuraient extérieurement une croyance qu'ils avaient dans le cœur. C'est encore aujourd'hui le péché de ceux qui n'osent paraître pieux, dévots, bons chrétiens. Ils rougissent de Jésus-Christ, mais Jésus-Christ rougira d'eux devant son Père.

D. Il ne suffit donc pas de croire intérieurement les vérités de la foi ?

R. Non, il faut encore les confesser de bouche et en faire une profession extérieure.

Corde credo et ore confiteor. Je crois de cœur et je confesse de bouche ; voilà ce que nous disons et ce que nous mettons à la tête de toutes nos professions de foi, et cela doit être. Il faut que notre foi soit manifestée au dehors ; et pourquoi ? Parce qu'il faut que toutes nos facultés de l'âme et du corps rendent hommage et témoignage à la véracité suprême de notre Dieu ; parce que notre foi doit être uniforme, unanime, édifiante, pour que la vérité paraisse la même aux yeux de tout le monde, qu'elle réunisse tous les fidèles sous le même étendard de la religion, ne formant qu'une même société visible ; voilà pourquoi nous avons le même symbole, la même profession de foi publique ; voilà pourquoi l'Eglise a toujours exigé de ses enfants une manifestation de leur foi ; voilà pourquoi elle la faisait prononcer aux catéchumènes en les admettant au Baptême ; voilà pourquoi nous faisons tous cette profession publique de notre foi dans les assemblées des fidèles, au milieu des cérémonies du saint Sacrifice.

Mais il est des occasions où nous devons la professer avec une sainte intrépidité, en affrontant les supplices et la mort, comme faisaient les martyrs. On étalait à leurs yeux les bûchers, les échafauds, les tenailles, les grils ardents et tout l'appareil redoutable des tourments. Les tyrans leur disaient : Abjure ou meurs. Non, répondaient-ils avec une sainte audace ; nous sommes chrétiens, nous croyons au seul Dieu véritable et à Jésus-Christ, son Fils unique ; et ils mouraient ainsi en scellant publiquement de leur sang la foi qu'ils avaient dans le cœur. Les tyrans d'à présent, mes enfants, ce sont les incrédules, les impies, les libertins. Ils vous proposent d'abandonner votre foi et les vertus chrétiennes, ou d'être les victimes de leurs railleries et de leurs persécutions ; gardez-vous de succomber ; professez hautement la foi de vos pères par une adhésion ferme et constante à l'Eglise et à ses véritables chefs, qui sont le Pape et les Evêques légitimes établis par l'Eglise pour gouverner le troupeau de Jésus-Christ.

D. Devons-nous produire des actes de foi ?

R. Oui, surtout dans les tentations et les dangers.

Tout chrétien est obligé de produire des actes de foi de temps en temps, c'est-à-dire qu'on ne doit pas être long-temps sans le faire, et l'on pécherait grièvement si on était, par exemple, six, sept, huit mois, un an, sans en produire; mais, outre cela, il est des circonstances particulières dans la vie où tout bon chrétien doit faire des actes positifs de sa croyance.

1° Lorsqu'on approche des sacrements, en particulier de Pénitence et d'Eucharistie, dans ces moments heureux où notre Dieu nous comble de ses bienfaits, nous lui devons un témoignage sincère et affectueux de notre foi sur les vérités fondamentales de la religion, sur la nature et les effets de ces sacrements que nous recevons.

2° On doit produire des actes de foi *dans les tentations*; d'abord dans les tentations contre la foi. C'est une excellente manière d'y résister, que de dire : *Mon Dieu, je crois... Seigneur, augmentez ma foi... Je crois, Seigneur, mais faites que je croie davantage...* On ne combat jamais mieux un défaut que par un acte de vertu contraire; l'incrédulité, que par une profession vive et formelle de sa croyance. Mais cet acte de foi est encore un grand préservatif contre toute autre tentation, d'orgueil, d'envie, d'injustice, d'impureté, etc.; opposez cette formule de résistance : *Je crois un Dieu juste*, une éternité de bonheur ou de supplices; si vous avez une conviction intime des vérités éternelles, voilà de quoi résister à tout; vous avez une victoire assurée contre toutes les tentations.

3° Il faut produire des actes de foi *dans les dangers*. Nous venons de le dire, non-seulement dans les dangers de l'âme, qui sont les tentations, mais aussi dans les dangers du corps où il s'agit de la vie; à l'article de la mort; c'est surtout alors qu'il faut réveiller notre foi et en produire des actes. Pourquoi? Pour opérer en nous la contrition, la conversion qui doit naître de notre persuasion des grandes vérités; pour nous soutenir, nous encourager à ce redoutable passage en envisageant les objets de notre foi et les grandes miséricordes de Dieu;

pour opposer de nouvelles armes à l'ennemi de notre salut, qui cherche alors à nous dévorer, à répandre autour de nous des obscurités et des doutes sur la foi ; c'est, dis-je, surtout dans ces moments critiques et dangereux, que ceux qui environnent les moribonds doivent leur suggérer des actes de foi, tantôt sur les vérités consolantes s'ils sont trop effrayés, tantôt sur les vérités terribles s'ils sont endurcis ; tantôt sur l'adorable Trinité, puisque c'est la foi en ce mystère qui appuie les recommandations de l'Eglise et ses espérances pour le salut de ses enfants. *Egredere, anima christiana,* sortez, âme chrétienne, sortez avec confiance de ce monde, car, quoique vous ayez péché, cependant votre foi va vous recommander à Dieu ; croyez avec assurance au Père, au Fils et au Saint-Esprit ; vous portez le sceau de l'adorable Trinité ; à ce titre le Seigneur vous fera miséricorde.

Enfin, mes enfants, faites souvent des actes de foi ; la pratique de tous les bons chrétiens est d'en faire à toutes leurs prières du matin et du soir, ainsi que des autres vertus théologales, comme nous le dirons dans la suite.

D. Faites un acte de foi.

R. Mon Dieu, je crois tout ce que vous avez révélé et que votre Eglise nous propose de croire ; je le crois fermement, parce que vous êtes la vérité même, et que vous ne pouvez ni vous tromper ni nous tromper.

Apprenez tous, mes enfants, cet acte de foi, et dites-le souvent ; mais, pour le bien réciter, pesons toutes les paroles de cette formule, et apprenons à ne plus la prononcer sans attention] et peut-être sans adhésion, sans que le cœur en soit touché. *Mon Dieu, je crois.* C'est à Dieu que vous parlez et que vous protestez que vous croyez en lui. *Tout ce que vous avez révélé, tout,* sans exception d'aucun article. Vous mentez donc au Seigneur s'il y a un seul point que vous ne croyiez pas, si vous admettez ceci et si vous rejetez cela. Qui dit tout n'excepte rien, et c'est en matière de foi surtout, que celui qui manque en un point manque en tous les autres ; *qui peccat in uno factus est omnium reus.* (Jac. II, 40.) *Et que l'Eglise nous propose de croire.* Remarquez ces paroles, mes enfants et mes frères ; c'est l'Eglise qui nous propose de croire tout ce que nous croyons. Elle est donc pour nous l'organe de Dieu et de ses vérités saintes ; c'est par elle qu'il nous les annonce ; si donc nous refusons de croire à l'Eglise, c'est à Dieu que nous résistons, et nous ne croyons plus rien.

Je le crois fermement, sans douter, sans hésiter, avec la conviction la plus intime ; et pourquoi ?

Parce que vous êtes la vérité même ; voilà le motif et le fondement de notre croyance, la véracité infinie de notre Dieu et de son Eglise revêtue de son infaillibilité.

Et que vous ne pouvez ni vous tromper, ni nous tromper. Dieu est infiniment parfait ; il ne peut se tromper ; il sait tout, il connaît tout, il ne peut tomber ni dans l'erreur, ni dans l'ignorance ; il ne peut non plus nous tromper par le mensonge, la séduction, ce qui serait une perfidie dont il ne peut être capable. Voilà, mes enfants, le développement de cet acte de foi et de ses motifs ; prononcez-le, dis-je, avec l'attention et les sentiments qui doivent l'animer. Mais si quelques-uns avaient trop de difficulté de l'apprendre, en voici un plus abrégé et à la portée de tout le monde : *Mon Dieu, je crois en vous, parce que vous êtes la vérité même.*

Revenons maintenant sur tout ce que nous avons dit, et voyons si vous avez bien entendu notre explication.

SOUS-DEMANDES.

D. Qui sont ceux qui ont la vertu de la foi ?

R. Ceux qui croient bien fermement tout ce que Dieu a révélé.

D. Pourquoi dites-vous que la foi est un don de Dieu ?

R. Parce que c'est Dieu qui nous la donne.

D. Qu'entendez-vous quand vous dites, *croire fermement?*

R. C'est quand on croit sans douter, sans hésiter.

D. Comment savez-vous que Dieu ne vous trompera pas?

R. C'est que Dieu est infiniment parfait ; or, ce serait un défaut de se tromper ou de nous tromper.

D. Vous dites que Dieu a *révélé*; que veut dire ce mot *révélé?*

R. C'est-à-dire que Dieu a parlé aux hommes et qu'il leur a fait connaître la vérité.

D. A qui a-t-il parlé?

R. Il a parlé à Adam, à Noé, à Abraham, à Isaac, à Jacob, à Moïse, aux Prophètes, soit de vive voix, soit par inspiration.

D. Comment savons-nous cela?

R. Par les saintes Ecritures qui sont des livres inspirés de Dieu, et aussi authentiques que les histoires des nations.

D. C'est donc Dieu qui a parlé dans les Livres saints?

R. Oui, c'est Dieu qui les a inspirés ; tout ce que nous y lisons est vrai.

D. Tout ce que nous devons croire est-il dans la Bible?

R. Non, il y a beaucoup de choses qui nous sont révélées par la tradition.

D. Expliquez ce que vous entendez par tradition.

R. C'est ce que nous apprenons de père en fils, de génération en génération, quoique non écrit.

D. Comment les vérités non écrites sont-elles venues jusqu'à nous?

R. J.-C. les a dites à ses Apôtres, ceux-ci à leurs successeurs, et ainsi de suite jusqu'à nous.

D. Ce témoignage et cette décision de l'Eglise sont-ils bien sûrs?

R. Oui, parce que l'Eglise est inspirée de Dieu et ne peut se tromper ni nous tromper.

D. Comment prouvez-vous cela?

R. Parce que J.-C. a dit à son Eglise : *Je suis avec vous jusqu'à la consommation des siècles.*

D. Il y a pourtant des gens qui disent : *Cela n'est pas vrai, le papier se laisse écrire,* etc.

R. Ces gens-là blasphèment contre la vérité de Dieu, et pèchent grièvement contre la foi.

D. Et ceux qui doutent, qui ne croient pas fermement ?

R. Ils pèchent contre la foi, si leur doute est volontaire.

D. Et ceux qui, ne sachant pas leur religion, ne vont pas aux instructions?

R. Ils pèchent contre la foi ; leur ignorance et coupable, parce qu'elle vient de leur négligence.

D. Les chrétiens qui reniaient J.-C. de peur de mourir, faisaient-ils un grand péché?

R. Oui, ils étaient renégats et apostats.

D. Et maintenant ceux qui rougissent de leur foi, de paraître chrétiens et dévots?

R. Ils sont comme renégats. Jésus-Christ a dit *qu'il rougirait d'eux devant son Père, comme ils rougissent de lui devant les hommes.*

D. Comment fait-on une profession extérieure de foi?

R. En paraissant bon chrétien dans ses discours et dans sa conduite, et en faisant des actes de foi.

RÉCAPITULATION PRATIQUE.

1° Souvenez-vous que la foi est le fondement des vertus chrétiennes, et absolument nécessaire au salut.

2° Croyez fermement tout ce que Dieu a révélé à son Eglise; pensez qu'il ne peut nous tromper.

3° Produisez souvent des actes de foi, mais surtout lorsque vous doutez ou que vous êtes tentés.

4° Demandez à Dieu la grâce de croire fermement jusqu'à la fin, et de mourir dans votre sainte foi.

PRIÈRE.

Vous venez, ô mon Dieu! de nous apprendre la vérité des vérités, ce principe fondamental de notre sainte religion, qu'il faut croire d'abord pour s'approcher de vous, *accedentem ad Deum credere oportet....* Nous vous remercions de cette instruction si importante et si nécessaire. Oui, nous croyons, Seigneur; *credo, Domine;* nous croyons en vous, nous croyons tout ce que vous avez révélé à votre Eglise, parce que vous ne pouvez nous tromper. Mais, mon Dieu, notre foi est chancelante, faites que nous croyions avec plus de fermeté et d'assurance; *sed credam firmius.* Augmentez en nous cette foi si nécessaire pour être sauvé; *Domine, adauge nobis fidem.* Faites-nous la grâce d'être fidèles à notre foi, de vivre et de mourir dans la foi de notre mère la sainte Eglise catholique, apostolique et romaine, qui en est le dépositaire; nous vous la demandons, cette grâce, par les mérites de Jésus-Christ Notre-Seigneur, par l'intercession de sa très sainte Mère, en nous mettant sous sa protection. *Sub tuum præsidium confugimus.*

SECTION TROISIÈME.

DE L'ESPÉRANCE.

D. Qu'est-ce que l'espérance ?

R. L'espérance est un don de Dieu qui fait que nous attendons de lui, avec une ferme confiance, la vie éternelle et les moyens pour y parvenir.

L'espérance. C'est quand on espère, qu'on s'attend que l'on aura quelque chose. Par exemple, vous espérez que vous posséderez un jour une maison, un héritage de vos pères et mères ; voilà une espérance humaine. Mais l'espérance chrétienne est une vertu, *un don de Dieu;* c'est le bon Dieu qui nous la donne ; nous ne l'avons pas de nous-mêmes. Or, cette vertu, lorsque le Seigneur l'a répandue dans nos cœurs, fait que nous attendons, espérons, désirons, *avec une ferme confiance,* sans douter, sans hésiter, étant bien assurés que nous obtiendrons.... Et quoi ? Le plus grand de tous les biens, *la vie éternelle,* le Paradis, *et les moyens pour y parvenir.* Nous allons dire ce que c'est que ces moyens ; mais auparavant il est bon de vous dire que cette vertu est absolument nécessaire pour être sauvé. Non, vous ne pourrez jamais parvenir à ce bonheur éternel, si vous ne l'avez espéré et attendu sur la terre avec cette ferme confiance qu'on doit à la parole d'un Dieu infiniment bon, miséricordieux, fidèle à ses promesses. Voyez, mes enfants, comment en agit envers nous ce Dieu libéral et magnifique ! Il nous ordonne la pratique d'une vertu qui fait notre félicité dès ici-bas, qui nous soutient, qui nous anime dans nos maux ; il nous fait jouir par anticipation du bonheur qu'il nous prépare, puisqu'une ferme espérance est déjà une jouissance anticipée d'un avantage promis ; et, outre cela, il nous récompense encore d'une vertu si douce et si consolante ! Qu'il est bon ! qu'il est généreux !

9.

D. Quels sont ces moyens?

R. Ce sont les **grâces** et les **secours** que Dieu nous donne par Jésus-Christ, pour faire le bien et y persévérer jusqu'à la fin.

Ce n'est pas assez d'avoir un bel avenir en perspective, il faut des moyens pour y arriver; notre divin bienfaiteur ne se contente pas de nous montrer le Ciel qu'il nous promet, il nous offre encore les moyens pour y parvenir.

Ces moyens sont *les grâces et les secours pour faire le bien*, c'est-à-dire les lumières, les instructions, les connaissances que Dieu nous donne pour savoir le bien que nous devons pratiquer et le mal que nous devons éviter ; les forces, le courage, la constance nécessaires pour marcher et persévérer dans la voie de ses commandements, qui nous conduit à cet heureux terme. Enfin c'est le don précieux de la persévérance, qui seule sera couronnée.

Or, ces moyens, notre Dieu nous les a promis et il tiendra sa parole ; sa grâce ne nous manquera pas, pourvu que nous la demandions sincèrement, et que nous n'y mettions point d'obstacle. Ainsi, comme dit le Roi-Prophète, il nous donnera la grâce et la gloire, *gratiam et gloriam dabit Dominus.* (Psal. LXXXIII, 12.) Mais cela est-il bien vrai? Notre espérance est-elle bien appuyée? C'est ce que nous allons voir dans la demande suivante.

D. Sur quoi est fondée notre espérance?

R. Sur les promesses de Dieu, et sur les mérites de Jésus-Christ.

C'est-à-dire, quel est le fondement, l'appui de notre espérance? Qu'est-ce qui nous assure l'exécution de la chose que nous attendons? Pourquoi et sur quoi espérons-nous le Ciel et les grâces pour y parvenir? Le voici, mes enfants.

Ce sont 1° *les promesses de Dieu même*. Elles sont infaillibles, un Dieu ne peut manquer à sa parole ; ce serait une imperfection, un mensonge, une tromperie dont un être infiniment parfait ne peut être capable ; or, ce Dieu, fidèle à ses promesses, *voulant montrer aux héritiers de son royaume l'infaillibilité de ses promesses, a interposé la foi du serment* pour appuyer sa divine parole ; *interposuit jusjurandum*. (Hebr. **vi**, 17.)

Il peut tout, il a tout promis ; après cela pourrions-nous craindre et nous défier ? Non, assurément ; voilà un fondement bien solide à notre espérance. Quel est l'autre encore ? 2° *Les mérites de Jésus-Christ.* Il faut mériter une récompense pour l'avoir ; mais, hélas ! mes enfants, de quoi sommes nous capables ? Pourrions-nous mériter de nous-mêmes une gloire infinie ? Non, certainement ; nous ne sommes que péché, faiblesse, infirmité, misère, incapables de mériter par nous-mêmes : mais nous pouvons tout par les mérites infinis d'un Dieu fait homme, notre Sauveur et Rédempteur ; par lui toutes nos actions, nos œuvres, nos souffrances, nos misères même, deviennent méritoires pour le Ciel. *Nous pouvons tout en celui qui nous fortifie.* (Philip. **iv**, 13.)

Nous sommes sûrs que tout nous sera accordé pour notre salut, puisque c'est pour cela même que ce Dieu fait homme a bien voulu descendre sur la terre et opérer le grand ouvrage de notre rédemption. Tout est promis à ce divin Médiateur et aux vœux qu'il adressera pour nous à son Père. Tout ce que nous demanderons en son nom nous sera accordé. Nous sommes transformés en Jésus-Christ ; à ce prix nos mérites, si faibles par eux-mêmes, deviendront d'un prix infini lorsqu'ils seront unis à ceux du chef divin dont nous sommes les membres.

Voilà, mes enfants, le double et solide appui de notre espérance, les promesses d'un Dieu et les mérites d'un Dieu. Avec cela ne sommes-nous pas assurés de notre bonheur éternel, à moins que nous n'y mettions obstacle ? Ne faut-il pas tous les efforts de nos iniquités pour nous en priver ? Eh quoi ! manquerions-nous un bien si solidement promis ? Non, mes enfants, vivons dans une ferme espérance, allons avec confiance nous jeter aux pieds du trône de la grâce ; *adeamus ergò cum fiducia ad thronum gratiæ, ut misericordiam consequamur, et gratiam inveniamus in auxilio opportuno* (Hebr. ɪᴠ, 16) ; et nous trouverons sûrement la miséricorde, la grâce et tous les secours dont nous aurons besoin dans les différentes circonstances de la vie, pour arriver au terme de notre espérance, et l'espérance nous sauvera, *spe salvi facti sumus.* (Rom. ᴠɪɪɪ, 24.)

D. Devons-nous aussi attendre les biens de ce monde?

R. Oui, car c'est Dieu qui nous les donne ; mais nous ne devons les souhaiter et les demander que par rapport à notre salut.

Comme vous voyez, mes enfants, c'est le bon Dieu qui nous promet et qui nous donne encore tous les biens nécessaires à cette misérable vie ; c'est lui qui vous donne le pain que vous mangez, les habits qui vous couvrent, les maisons que vous habitez. C'est lui qui fait croître le blé qui vous nourrit, ce chanvre, ce lin, cette toison dont on fait vos habits, la soie, l'or, l'argent, les belles couleurs qui parent les plus beaux ornements ; c'est lui qui couvre la terre de moissons, de verdure, de ces vastes forêts qui fournissent à tous nos besoins et à tous nos plaisirs. Il nous donne tout, jusqu'aux délices, *usque ad delicias ;* vous auriez beau cultiver la terre et l'arroser de vos sueurs, elle ne produirait rien si Dieu ne lui donnait la fécondité, s'il n'y répandait la chaleur et les pluies abondantes qui en multiplient et développent les productions. Cette santé, cette force, cette industrie qu'il faut pour travailler et gagner votre vie, c'est encore votre Dieu qui vous la donne. C'est lui qui rend si forts, si dociles, si souples, ces animaux qui labourent, qui vous servent si efficacement dans tous vos travaux, et qui vous alimentent de leur propre substance. Que feriez-vous sans tous ces secours puissants ? C'est donc Dieu qui fait tout en vous, par vous et pour vous ; c'est lui qui nourrit tous les animaux et les plantes qui vous servent à vous-mêmes de nourriture. C'est lui qui nourrit les oiseaux du ciel et qui embellit les fleurs de nos campagnes. Voyez, chers enfants, qu'il est bon, votre Père céleste, qui vous donne tout avec tant d'abondance et de générosité ! Recourez donc toujours à lui pour ces biens, même temporels. Reconnaissez que vous les tenez de lui ; ne dites pas comme ces impies qui ne connaissent point de Dieu : Ce sont nos mains qui ont opéré toutes ces merveilles ; *manus nostra excelsa, et non Dominus, fecit hæc omnia* (Deut. xxxii) ; c'est nous qui avons fait croître ces moissons. *Les dieux des champs sont les fumiers*, disent certains grossiers habitants de nos campagnes. Les malheureux ! ils mériteraient que Dieu frappât leurs héritages de stérilité. Gardez-vous, mes enfants, de ce langage insolent et impie. Souvenez-vous toujours que c'est le Seigneur qui donne la fertilité à nos campagnes ; ne jouissez pas des biens qu'elles produisent sans lever vers lui vos yeux reconnaissants ; ne les désirez, ne les demandez qu'en vue du salut, pour en user sobrement et saintement. Dieu se plaira à vous distribuer des biens que vous ne voudrez faire servir qu'à sa gloire et à votre sanctification. Cherchez premièrement le royaume de Dieu, et le reste vous sera accordé ; *quærite primùm regnum Dei et justitiam ejus, et hæc omnia adjicientur vobis*. (Matth. vi, 33.)

D. Comment pèche-t-on contre l'espérance ?

R. On pèche contre l'espérance en deux manières, par présomption et par désespoir.

C'est-à-dire qu'on pèche ou par excès, ou par défaut ; par trop, ou trop peu d'espérance ; la présomption est le trop, et le désespoir est le manquement ou le trop peu d'espérance. Cela va se développer par l'explication des demandes suivantes.

D. Qui sont ceux qui pèchent contre l'espérance, par présomption ?

R. Ce sont ceux qui comptent trop sur leurs propres forces , ou qui, présumant trop de la bonté de Dieu , remettent leur conversion.

Les présomptueux sont ceux qui s'imaginent être assez forts pour résister d'eux-mêmes aux tentations, aux occasions de péchés, et qui, comptant sur leurs forces, s'exposent au danger d'offenser Dieu. On fréquente de mauvaises compagnies ; on va au bal, au spectacle ; on lit des livres contre la foi ou contre les mœurs, etc., et on dit : Non , je ne succomberai point, cela ne fait point d'impression sur moi ; j'aurai assez de force pour résister dans cette fréquentation, dans ces tête-à-tête, ces familiarités, etc. Ah ! jeunesse téméraire, vous vous fiez trop sur vous-même, vous tentez Dieu ; c'est lui seul qui pourrait vous soutenir, et vous affrontez hardiment le péril ! Vous subirez une honteuse défaite...... Vous vous jetez dans les flammes ; croyez-vous qu'il vous empêchera de vous brûler ? Vous vous jetez dans le précipice ; eh ! croyez-vous qu'il vous soutiendra? Non, *vous périrez dans le danger, parce que vous aimez le danger ;* c'est la menace de Jésus-Christ même , votre divin défenseur. Mais vous vous trompez encore plus, si vous comptez sur vos forces. Samson , le vigoureux Samson, lorsqu'il était revêtu de la force de Dieu, terrassait des milliers de Philistins ; lorsqu'il l'eut perdue au sein de la volupté, réveillé au bruit des ennemis qui l'environnent , il s'écrie : Je m'en tirerai comme ci-devant, *egrediar sicut ante feci.* (Jud. XVI, 20.) Mais son Dieu l'avait abandonné. C'est en vain qu'il croit vaincre à son ordinaire ; il tombe sans force entre les mains des ennemis ; ils lui crèvent les yeux, et ils le précipitent dans un affreux cachot. Jeunesse inconsidérée et présomptueuse, voilà votre sort ; parce que vous comptez trop sur vous-même, vous tomberez dans le péché, l'aveuglement, l'opprobre et l'ignominie ; et, après y être tombée par la présomption de vos forces, vous y persévérerez par une présomption excessive des bontés de votre Dieu, *en remettant votre conversion.*

C'est encore le langage de ces pécheurs hardis et invétérés qui disent : Dieu est bon ; si nous sommes grands pécheurs, il est grand *pardonneur ;* un bon *peccavi* à la mort, et nous serons sauvés. Quel langage insolent, ingrat, téméraire ! Ah ! mes enfants, si vous parlez ainsi, vous méritez que votre Dieu cesse d'être bon à votre égard, et qu'il vous abandonne à la présomption et à la méchanceté de votre cœur ! Quoi ! parce qu'il est si bon, vous en prenez sujet de l'offenser plus long-temps, avec plus d'audace et de sécurité ! Non, non, pécheur présomptueux, vous ne l'aurez pas, cette grâce de contrition, de conversion, que vous attendez à la mort ; vous ne la méritez pas ; vous méritez au contraire d'en être privé. Vous fermez le cœur paternel de votre Dieu, vous provoquez sa colère, son indignation, son refus ; il n'aura plus que des foudres et des vengeances pour punir votre présomption.

D. Qui sont ceux qui pèchent par désespoir ?

R. Ce sont ceux qui désespèrent du pardon de leurs péchés, ou de vaincre leurs habitudes, et ceux qui manquent de confiance en la Providence.

On pèche par défaut d'espérance lorsqu'on en manque au point de désespérer du pardon. Ce fut le péché de Caïn. Ce malheureux avait tué son frère ; c'était un grand crime ; il pouvait cependant en espérer le pardon, parce qu'aux yeux de la grande miséricorde de notre Dieu, il n'y a point de crime impardonnable. Le Seigneur lui offrait sa grâce s'il eût voulu espérer son pardon ; mais il s'écria dans son désespoir, en poussant des hurlements affreux : Mon crime est trop grand pour m'être pardonné, *major est iniquitas mea quàm ut veniam merear.* (Genes. IV, 13.) Ce fut le crime de Judas. Ce perfide Apôtre avait vendu son divin Maître et l'avait livré entre les mains des Juifs. Ce bon Maître voulait l'attendrir par ces douces paroles : *Eh ! mon ami, qu'avez-vous fait ?* (Matth. XXVI, 50.) *Vous trahissez le Fils de l'Homme par un baiser.* (Luc. XXII, 48.) Mais, au lieu de se laisser toucher à ce tendre reproche, il se livre à un désespoir féroce ; il jette au milieu du temple le prix fatal du sang du Juste, il va se pendre, il s'étrangle lui-même et meurt en réprouvé. Voilà le désespoir et ses effets ; il conduit jusqu'à la réprobation.

On pèche encore par désespoir lorsqu'on désespère de vaincre ses mauvaises habitudes. Par exemple, vous êtes sujets aux jurements, à la colère, à la médisance, à l'impureté, à l'ivrognerie, de manière à retomber souvent dans ces défauts ; voilà de mauvaises habitudes ; il faut travailler à les vaincre et à vous en corriger. Si vous les laissez croître, si vous vous découragez, si vous dites en laissant tout là : Non, je ne pourrai jamais venir à bout de me réformer ; si vous continuez à vous y livrer par dégoût, lâcheté, voilà un désespoir ; c'est manquer de confiance en la force qui vous vient d'en-haut ; vous devriez dire : Je puis tout en celui qui me fortifie, si je ne puis rien par moi-même. *Omnia possum in eo qui me confortat.* (Philip. IV, 13.)

On pèche contre l'espérance quand on manque de confiance en la Providence. Ceci regarde le temporel. C'est le péché de ceux qui craignent de manquer des choses nécessaires à la vie, qui s'inquiètent pour l'avenir. Cette défiance est un outrage que nous faisons à la bonté de Dieu. Ecoutez, mes enfants, comment notre bon Père nous rappelle à la douce confiance que nous devons avoir en sa prévoyance paternelle.

Ne soyez point inquiets du lendemain : Que mangerons-

nous ? que boirons-nous ? (Matth. VI, 31.) *Votre Père céleste aura soin de vous ; lui qui nourrit les oiseaux du ciel, et qui embellit les fleurs de la campagne, comment n'aurait-il pas soin de ses enfants, qui sont bien plus chers à son cœur ?* (Matth. VI, passim.) Abandonnez-vous entre ses bras, jetez-vous dans son sein, et il vous nourrira. *Jacta super Dominum curam tuam, et ipse te enutriet.* (Psal. LIV, 23.)

Cependant cette confiance a ses bornes ; elle dégénère en présomption si elle n'est pas accompagnée d'un soin et d'un travail raisonnables. Ce serait tenter Dieu si l'on se tenait les bras croisés, attendant tout de la Providence. *Aide-toi, je t'aiderai,* voilà le proverbe. Dieu nous l'adresse aussi en nous offrant ses dons ; notre confiance doit être mêlée d'une sollicitude active et raisonnable.

D. Notre espérance doit-elle être exempte de crainte ?

R. Non, nous devons craindre, parce que nous sommes faibles ; mais nous devons espérer, parce que Dieu est bon.

Voilà, mes enfants, une belle leçon, et le juste tempérament de notre confiance. Défiance de nous-mêmes, confiance en Dieu.

1° Défiance de nous-mêmes, parce que nous sommes faibles ; nous sommes sujets à mille passions, *penchés vers le mal dès notre jeunesse* (Gen. VIII, 21), incapables de tout par nous-mêmes. Hélas ! si pour notre salut nous étions abandonnés à nous-mêmes, nous ne pourrions l'opérer, nous serions perdus. Mais Dieu veut y travailler avec nous ; il nous l'a promis, et c'est ce qui doit nous rassurer. Ainsi, à la crainte nous devons 2° joindre la confiance en Dieu qui peut tout, et qui nous fortifie, parce qu'il est bon, miséricordieux, patient, généreux, toujours disposé à nous ouvrir son sein paternel, à nous combler de ses grâces quand nous viendrons avec un sincère repentir implorer ses miséricordes.

II. 10

Marchons donc entre la crainte et l'espérance ; c'est la voie sage et assurée qui nous conduira, à travers les écueils de la présomption et du désespoir, au terme où nous devons aspirer.

D. Devons-nous produire souvent des actes d'espérance ?

R. Oui, surtout lorsque nous sommes tentés de désespoir, et aux approches de la mort.

Vous vous souvenez, mes enfants, de ce que nous vous avons dit au sujet des actes de foi ; c'est la même chose pour les actes d'espérance. Nous devons en produire de temps en temps, à nos prières journalières, à la réception des sacrements, mais surtout lorsque nous sommes tentés de désespoir. On combat les contraires par les contraires, les vices par les vertus. Ce sera donc par des actes d'espérance que vous combattrez la présomption ou le désespoir. Ainsi, lorsque vous sentirez en vous le découragement, la crainte, la défiance, la pusillanimité, faites aussitôt des actes de confiance en Dieu ; jetez-vous dans le sein de sa miséricorde, comme un enfant épouvanté entre les bras de sa mère.

C'est surtout à l'article de la mort que vous devez recourir à ce remède consolant ; car alors l'ennemi du salut cherche à jeter les moribonds dans la défiance. Recourez en ces moments à ses miséricordes ; rappelez-vous qu'il ne vous a créés que pour vous sauver. Recourez d'abord aux remèdes établis par sa clémence, aux derniers secours qu'il offre lui-même aux mourants. L'espérance doit vous y préparer, faire naître et accompagner vos dispositions ; et ces bonnes dispositions vous inspireront la confiance si nécessaire en ces derniers moments ; car, hélas ! si vous ne les recevez pas ou si vous les recevez mal, votre confiance ne sera qu'une présomptueuse sécurité. Quand donc vous aurez satisfait à ce devoir avec les dispositions nécessaires, alors élevez-vous au-dessus de

la terreur ; répétez avec confiance ces douces paroles :
Misericordiæ Domini quia non sumus consumpti. (Thren.
III , 22.) C'est par un effet des grandes miséricordes du
Seigneur que je n'ai point été saisi par la mort dans le
malheureux état du péché où j'étais. J'ai mis en vous ma
confiance , ô mon Dieu ! et je ne serai pas confondu dans
l'éternité. *In te Domine speravi, non confundar in æter-*
num. (Psal. xxx, 1.) *Mon Dieu, mon Dieu, pourquoi*
m'avez-vous abandonné ?...... (Psal. xxi , 1.) *Mais non,*
vous ne délaisserez pas mon âme..... (Psal. xv , 10.) *Vous*
m'avez racheté, Seigneur, Dieu de vérité , je remets mon
esprit entre vos mains. (Psal. xxx , 6.) L'Ecriture vous
fournira mille élans pareils de confiance et d'espoir pour
vous soutenir et vous consoler dans ces tristes moments ,
et vous encourager à ce terrible passage de cette vie à
l'éternité. O vous , mes frères , qui environnez quelquefois
le lit funèbre des moribonds, rassurez-les dans ces instants
de crise et d'alarmes ; suggérez-leur ces actes de confiance ; hélas ! ils sont incapables de les produire eux-
mêmes. Prononcez-les pour eux ; vous ne savez pas ce
qui se passe dans leur âme ; elle est peut-être dans le
trouble ; faites-leur entendre ces paroles de consolation
et de paix , c'est un service essentiel à leur rendre. Ah !
vous serez bien aises qu'on vous en rende un jour un
pareil ; faites pour vos frères ce que vous désirez que
l'on fasse pour vous lorsque vous serez vous-mêmes
étendus sur le lit de mort.

D. Faites un acte d'espérance.
R. Mon Dieu , j'espère de votre bonté infinie , par
les mérites de Jésus-Christ mon Sauveur, la vie éternelle et les grâces pour y parvenir.

Tous les jours vous dites ces paroles consolantes ; mais ,
mes enfants, y faites-vous attention? En sentez-vous
bien toute l'onction? Je vais vous les expliquer, écoutez-
moi : Mon Dieu, *j'espère*, j'attends avec confiance *de votre*

bonté infinie : oui, mon Dieu, c'est parce que vous êtes infiniment libéral et magnifique, c'est parce que vous êtes le père des miséricordes et la source de toute consolation, que j'ai mis en vous toute ma confiance. Hélas ! si je ne considère que moi, je mérite plutôt des châtiments que des grâces. Ce n'est donc pas sur mes œuvres que je dois compter, mais *sur les mérites seuls de Jésus-Christ mon Sauveur;* lui seul peut fléchir votre juste colère, lui seul a pu mériter mon salut et vos grâces par sa mort et sa passion ; c'est là-dessus que j'ai fondé mon espérance et que j'attends la vie éternelle, *expecto vitam futuri sæculi,* le bonheur sans fin et sans mélange de maux, que vous avez promis à vos élus ; mais je ne puis y arriver par mes propres forces, il faut que vous me tendiez la main et que vous m'y conduisiez vous-même. *C'est encore ce que j'espère de vos bontés;* j'espère que vous m'accorderez les lumières, les connaissances, les bons sentiments, les forces nécessaires pour vaincre les obstacles et suivre la route qui me conduira à cet heureux terme.

Voici, mes enfants, un autre acte plus court, à la portée de ceux qui ne pourraient apprendre celui qu'on vient de réciter : *Mon Dieu; j'espère en vous, parce que vous êtes fidèle à vos promesses.*

Revenons maintenant sur l'explication que vous venez d'entendre, et voyons si vous avez bien écouté et bien compris. N., répondez-moi :

SOUS-DEMANDES.

D. Vous dites que l'espérance est un *don de Dieu.* Qu'est-ce que cela veut dire?

R. Que c'est le bon Dieu qui nous donne l'espérance.

D. *Une ferme confiance.* Qu'est-ce que cela signifie?

R. Qu'il faut espérer sans craindre, sans nous défier de la bonté de Dieu.

D. Et qu'est-ce que nous espérons?

R. Le Paradis et les moyens pour y arriver.

D. Vous dites que ces moyens sont des secours et des grâces ; qu'entendez-vous par-là ?

R. Ce sont de bonnes connaissances, de bons sentiments, la force de pratiquer le bien.

D. Vous dites par Jésus-Christ ; c'est donc par lui que nous obtenons tout ?

R. Oui, c'est J.-C. qui nous a tout mérité, qui obtient tout pour nous ; voilà pourquoi toutes les prières de l'Eglise finissent par ces paroles : *par N.-S. J.-C.*, etc.

D. Qu'entendez-vous en disant que notre espérance est fondée sur les promesses de Dieu ?

R. C'est que le bon Dieu nous a promis le Paradis, et qu'il ne peut nous tromper dans ses promesses.

D. Et sur les mérites de J.-C.?

R. C'est-à-dire que J.-C. nous a mérité le Paradis et les grâces pour y arriver.

D. Tout cela est-il bien solide ?

R. Oui, car c'est la promesse d'un Dieu et les mérites d'un Dieu.

D. Comment est-ce que Dieu nous donne les biens de ce monde?

R. Parce que c'est lui qui fait venir toutes les productions de la terre.

D. N'est-ce pas le travail des hommes qui fait venir tout cela?

R. C'est Dieu qui nous donne la force de travailler, et qui donne l'accroissement à tout.

D. Qu'entendez-vous quand vous dites qu'il ne faut souhaiter et demander les biens de la terre que par rapport au salut ?

R. C'est-à-dire qu'il ne faut les souhaiter et les demander que pour en bien user, pour vivre et servir Dieu, et se sauver.

D. Que signifie ce mot *présomption ?*

R. C'est quand on se croit plus fort que l'on n'est ; quand on compte sur la bonté de Dieu pour l'offenser davantage.

D. Est-ce un grand péché que de désespérer de son pardon ?

R. Oui, c'est le péché de Caïn et de Judas.

D. Que fit Judas?

R. Il se pendit de désespoir.

D. Comment devons-nous espérer de vaincre nos mauvaises habitudes ?

R. En travaillant à nous corriger et en demandant la grâce d'en venir à bout.

D. Qui sont ceux qui se défient de la Providence ?

R. Ceux qui craignent de manquer. J.—C. nous dit de ne pas trop nous inquiéter, que notre Père céleste aura soin de nous.

D. Il faut donc se tenir tranquillement sans rien faire ?

R. Oh ! non ; il faut nous aider et Dieu nous aidera.

D. Il faut donc craindre et espérer tout à la fois ?

R. Oui, il faut nous défier de nous-mêmes et nous confier en Dieu.

D. Pourquoi nous défier de nous-mêmes ?

R. Parce que nous sommes faibles.

D. Pourquoi nous confier en Dieu ?

R. Parce qu'il est bon et qu'il veut nous aider.

D. Qu'est-ce que vous diriez au bon Dieu si vous étiez tenté de désespoir ?

R. Je dirais : *Mon Dieu, j'espère ; faites-moi espérer avec plus de confiance.*

D. Et aux approches de la mort, qu'est-ce que vous direz ?

R. Je dirai : *Mon Dieu, j'espère en vous, je ne serai point confondu ! Mon Dieu, je remets mon âme entre vos mains !*

D. Que diriez-vous à un mourant si vous étiez au chevet de son lit ?

R. Je lui suggérerais ces paroles de confiance en Dieu.

D. Voyons, mon enfant, vous N., qui ne savez pas lire, dites après moi cet acte d'espérance court.

R. *Mon Dieu, j'espère en vous, parce que vous êtes bon et fidèle à vos promesses.*

RÉCAPITULATION PRATIQUE.

1° Souvenez-vous que l'espérance est une vertu absolument nécessaire au salut.

2° Espérez toujours en Dieu, mettez en lui toute votre confiance, et pour cela rappelez-vous souvent sa bonté, ses promesses, les mérites de Jésus-Christ.

3° Produisez souvent des actes d'espérance, surtout quand vous serez tenté de désespoir, en recevant les sacrements, à la mort, et suggérez ces actes aux mourants.

4° Demandez pardon à Dieu de vos présomptions, de vos désespoirs, de vos défiances de sa divine providence.

5° Demandez sans cesse cette vertu d'espérance, puisqu'elle est un don de Dieu.

PRIÈRE.

Douce et consolante vertu qui nous soutenez dans les misères de cette vie pénible et dangereuse, et qui nous faites aspirer vers notre céleste patrie, espérance chrétienne ! nous venons d'apprendre à connaître votre nécessité, vos charmes, vos solides appuis. Soyez béni de cette instruction, ô Dieu de toute consolation ! vous qui êtes la source, l'appui, l'objet et le terme fortuné de notre espérance ! Que nous avons été aveugles jusqu'ici, d'avoir méconnu un si grand bien, ou de n'en avoir pas profité ! Pardon, Seigneur, des défauts et des excès commis contre cette vertu. Pardon d'avoir présumé de vos miséricordes jusqu'à nous en appuyer pour vous offenser avec plus de sécurité, de vous avoir outragé avec plus d'audace parce que vous êtes bon. Pardon aussi d'avoir peut-être manqué de confiance au meilleur et au plus puissant de tous les amis, de nous être défiés de cette providence admirable qui nourrit les oiseaux du ciel. Désormais, ô mon Dieu ! nous saurons mieux apprécier vos dons et vos bontés ; désormais l'espoir d'une vie future nous consolera dans nos peines, nous encouragera dans cette route périlleuse et difficile. Oui, mon Seigneur et mon Dieu, j'espère en vous, j'y ai mis toute ma confiance.

Domine Deus meus, in te speravi (1).

In Domino confido (2). Vous êtes mon refuge, ma ressource et mon appui. *Dominus fortitudo mea, Dominus firmamentum, et refugium meum, et liberator meus* (3). Non, ce n'est ni sur mes forces ni sur mes mérites que je puis espérer, mais sur votre grâce et sur les mérites de Jésus-Christ mon Sauveur ; c'est vous, mon Dieu, qui me donnerez le terme et les moyens, la grâce et la gloire, *gratiam et gloriam dabit Dominus* (4). Ainsi soit-il.

SECTION QUATRIÈME.

DE LA CHARITÉ.

D. Qu'est-ce que la charité ?

R. La charité est un don de Dieu qui fait que nous l'aimons pour lui-même, par-dessus toutes choses,

---

(1) Ps. VII. — (2) Ps. X. — (3) Ps. XVII. — (4) Ps. LXXXIII.

et notre prochain comme nous-mêmes, par rapport
à Dieu.

La charité, c'est-à-dire l'amour chrétien, *est un don
de Dieu.* C'est Dieu qui nous donne cette vertu comme la
foi et l'espérance dont nous avons parlé, et comme toutes
les autres vertus chrétiennes que nous ne pouvons ni
avoir ni exercer par nous-mêmes et sans la grâce de
Dieu. Or, cette vertu fait que *nous aimons Dieu pour
lui-même,* c'est-à-dire à cause de lui-même, par rapport
à ses perfections infinies, parce qu'il est infiniment grand,
beau, bon, juste, aimable, etc. Nous l'aimons *par-dessus
toutes choses*, plus que toutes choses au monde. Et outre
cela, cette vertu fait que *nous aimons notre prochain
comme nous-mêmes,* lui désirant, lui procurant le même
bien qu'à nous-mêmes. *Par rapport à Dieu,* c'est-à-dire
à cause de Dieu, considérant Dieu qui l'ordonne ; et en
cela, comme vous voyez, mes enfants, la charité chrétienne est bien différente de l'amitié purement humaine ;
c'est toujours Dieu qui est la source et l'objet de notre
dilection.

La charité renferme deux choses, l'amour de Dieu et
l'amour du prochain. C'est toute la loi et les prophètes ;
c'est la réunion et la plénitude de toutes les vertus. Ah !
chers enfants, si je vous apprends bien ce que c'est, je
vous aurai tout appris, et si je puis ouvrir vos jeunes
cœurs à cette dilection sacrée, vous deviendrez des Saints.
Développons cette instruction en suivant votre Catéchisme.

D. Qu'est-ce qu'aimer Dieu pour lui-même ?

R. C'est aimer Dieu uniquement parce que ses
perfections divines le rendent souverainement aimable.

Aimer Dieu *pour lui-même,* à cause de lui, par rapport
à lui seul, c'est un amour bien différent de l'aimer par
rapport à nous, à cause du bien qu'il nous fait. Voilà

pourquoi les théologiens distinguent deux sortes d'amour: l'un plus parfait, où le cœur ne considère que l'objet aimé, et c'est celui que nous disons ; l'autre moins parfait, où le cœur considère le bien qui nous revient de l'objet aimé, se replie ainsi sur lui-même, et chérit son bienfaiteur dans la jouissance de ses dons. C'est toujours aimer Dieu ; mais la charité pure et sublime dont il est ici question, c'est cet amour qui ne considère que Dieu en lui-même, sa grandeur, sa beauté, sa sagesse et toutes ses perfections divines qui le ravissent, qui le transportent, comme les Bienheureux qui contemplent sa gloire dans le Ciel. Voilà ce qu'on appelle aimer Dieu pour lui-même. C'est à cette dilection si belle qu'il faut aspirer autant qu'il est en nous, avec la grâce qui seule peut la répandre dans nos cœurs. Aimez donc votre Dieu, jeunes et tendres cœurs ; aimez-le d'abord dans tous les bienfaits dont il vous comble tous les jours ; c'est le premier degré pour monter plus haut à cette charité parfaite qui ne considère que lui. Dites-lui sans cesse : Je vous aime, Seigneur ; mais faites que je vous aime avec plus d'ardeur : *Amo, Domine, sed amem ardentiùs.*

D. Qu'est-ce qu'aimer Dieu par-dessus toutes choses ?

R. C'est aimer Dieu plus que soi-même et plus qu'aucune chose qui soit au monde.

C'est-à-dire, mes enfants, que dans la concurrence entre Dieu et les créatures, si nous aimons véritablement le bon Dieu, nous lui donnerons la préférence sur tout autre objet ; nous préférerons sa volonté, ses commandements, ses perfections, à nos parents, à nos amis, à nous-mêmes, à nos intérêts, à nos plaisirs, à notre vie s'il le faut ; nous souffrirons, nous sacrifierons, nous perdrons tout, plutôt que de lui déplaire en aimant d'autres objets, ou en obéissant à d'autres qu'à lui ; c'est ainsi que le grand Apôtre aimait son Dieu lorsqu'il disait : *Je suis assuré que ni la mort, ni la vie, ni les Anges, ni les Principautés, ni les Puissances, ni les menaces, ni la force, ni la hauteur, ni la profondeur, ni aucune créature ne pourra me séparer de la charité de Dieu qui est en Notre-Seigneur Jésus-Christ.* (Rom., VIII, 38 et 39.) (*Voyez une plus ample explication au* 1er *commandement,* 6me *demande, sect.* 1re.) C'est ainsi, mes enfants, qu'il faut l'aimer ; aimez-le donc de la sorte ; consacrez à son amour les prémices de votre enfance et de votre jeunesse : *Memento Creatoris tui in diebus juventutis tuœ.* (Eccle., XII, 1.) Il vous demande votre cœur, ce cœur encore pur et innocent, ce cœur qui n'a pas encore été souillé par un amour étranger et profane. Mon enfant, donne-moi ton cœur : *Prœbe, fili mi, cor tuum mihi.* (Prov. XXIII, 26.) Ce cœur si tendre et si sensible ! il est fait pour aimer votre Dieu, par préférence à tout autre objet. Donnez-lui-en les prémices : *Separate apud vos primitias Domino.* (Exod., XXXV, 5.) Ah ! chers enfants, puisse-t-il n'aimer jamais que lui, rien plus que lui, rien que par rapport à lui !

D. Qu'est-ce qu'aimer le prochain par rapport à Dieu ?

R. C'est aimer Dieu dans le prochain, parce que Dieu nous l'ordonne, et que le prochain est fait, comme nous, à l'image et à la ressemblance de Dieu.

Aimer quelqu'un parce qu'il est aimable, c'est un penchant tout humain ; les païens même le font, dit Jésus-Christ : *Ethnici hoc faciunt.* (Matth., V, 47.) Mais aimer son semblable par rapport à Dieu, c'est la vertu de charité d'un chrétien. Or, voici comment cet amour du prochain se rapporte à Dieu ; c'est 1° en l'aimant parce que Dieu nous l'ordonne. Vous me l'avez dit, Seigneur, vous aimerez votre prochain comme vous-même : *Diliges proximum tuum sicut teipsum.* (Matth., XIX, 19.) C'en est assez, j'obéis ; j'aime mon prochain puisque vous me le commandez ; c'est d'abord votre loi sainte et juste que je considère, et voilà pourquoi j'aime ce frère que vous voulez que je chérisse. Mais d'ailleurs je vois en lui votre image, 2° raison pour l'aimer. Quand on aime bien quelqu'un, on aime aussi ce qui lui ressemble ; à ce titre combien je dois aimer mes frères ! Ils sont formés à votre image et ressemblance, ô mon Dieu ! Ils sont votre ouvrage, ils portent comme moi sur le front l'empreinte de la divinité ; ils ont comme moi une âme spirituelle capable de vous connaître et de vous aimer ; combien tout cela doit les rendre chers et aimables à mes yeux ! oui, mon Dieu, c'est vous que j'aime en la personne de mon prochain.... Mettez toujours Dieu à la place du prochain, et vous l'aimerez toujours comme vous-mêmes, parce que Dieu vous ordonne d'aimer son image.

D. Qu'est-ce qu'aimer le prochain comme soi-même ?

R. C'est lui souhaiter et lui procurer, autant qu'on le peut, le même bien qu'à soi-même.

Faites à autrui ce que vous voudriez que l'on vous fît à vous-même, voilà la grande maxime de l'amour de nos semblables ; elle est fondée sur la justice, le droit naturel, la raison ; toute la société repose sur elle, tous les peuples du monde l'ont connue, et l'Evangile n'a fait que la perfectionner. Vous aimerez donc vos frères comme vous-mêmes si vous faites pour eux ce que vous voudriez qu'ils fissent pour vous-mêmes ; si vous désirez pour eux ce que vous désirez pour vous-mêmes ; si vous leur procurez les biens, les avantages que vous cherchez pour vous-mêmes. Par exemple, vous désirez pour vous la paix, la santé, la prospérité, les biens nécessaires à cette vie, et la félicité future. Eh bien ! il faut souhaiter la même chose à votre prochain. Vous seriez bien aises qu'on vous rendît tel service en telle occasion ; rendez-le à votre prochain dans la même circonstance. Vous êtes bien aises qu'on ne s'en tienne pas à votre égard à la froideur et

à l'indifférence ; vous aimez qu'on vous fasse honnêteté,
bon accueil ; faites de même aux autres ; tout cela, dis-je,
est conforme à la raison, à la sociabilité ; mais ennoblissez
tout cela, sanctifiez tout cela en le faisant par rapport à
Dieu ; ce sera le plus digne exercice de la charité chrétienne.

D. Qu'entend-on par le prochain ?

R. Par le prochain on entend tous les hommes sans
exception, même les ennemis.

Ce mot *prochain* signifie qui est proche ; c'est le terme
que la religion emploie pour désigner nos semblables,
les autres hommes avec qui nous avons à vivre. Nom expressif, liant, favorable à la société ; comme si elle nous
disait : Oui, mes enfants, vous êtes proches, frères,
amis ; vous devez tous vous aimer comme tels ; les
hommes les plus étrangers, les plus barbares, les plus
méchants, vos ennemis même, ceux qui vous outragent,
vous persécutent, vous ravissent votre bien et votre réputation, voilà votre *prochain ;* la charité chrétienne les
embrasse tous.

D. Nous devons donc aimer aussi nos ennemis ?

R. Oui, Dieu nous ordonne d'aimer nos ennemis,
de prier pour eux, de leur faire du bien.

Oui, mes enfants, Dieu nous ordonne d'aimer jusqu'à
nos ennemis ; voilà jusqu'où va l'héroïsme de la charité
chrétienne. Qu'il est beau, qu'il est sublime, ce précepte
divin ! C'est Jésus-Christ qui nous le donne. Ecoutez
comment il s'exprime : « Vous avez appris qu'il a été dit
» aux anciens : Vous aimerez votre prochain, mais vous
» haïrez vos ennemis ; et moi je vous dis : Aimez vos
» ennemis, faites du bien à ceux qui vous haïssent, priez
» pour ceux qui vous persécutent et qui vous calomnient,
» afin que vous soyez les enfants dignes de votre Père
» qui est dans les Cieux ; il fait lever son soleil sur les

» bons et sur les méchants ; il fait tomber la rosée du
» ciel sur le juste et sur l'injuste. Si vous n'aimez que
» ceux qui vous aiment, quelle récompense aurez-vous ?
» Les publicains ne le font-ils pas ? Si vous ne saluez que
» vos frères et vos amis, que faites-vous plus qu'eux ?
» Les païens n'en font-ils pas autant ? Soyez donc par-
» faits comme votre Père céleste est parfait. » (*Matth.*, v,
43 *et seq.*)

Voyez, mes enfants, quelle est l'excellence de la charité chrétienne, et combien elle l'emporte au-dessus de
l'amitié des païens ; aussi les païens l'admiraient-ils eux-
mêmes dans les premiers chrétiens ; et en voyant ces
hommes extraordinaires chérissant leurs ennemis, priant
pour leurs persécuteurs et leurs bourreaux, ils s'écriaient :
Cela est divin : *Divinum est.*

D. Qui sont ceux qui pèchent contre la charité
envers Dieu ?

R. Ce sont ceux qui s'aiment eux-mêmes, ou qui
aiment quelque chose plus que Dieu, ou sans rapport à Dieu, ou qui n'aiment pas leur prochain pour
l'amour de Dieu.

Voilà donc quatre manières dont on pèche contre la
charité envers Dieu, 1° lorsqu'on *s'aime plus que lui* ; par
exemple, lorsqu'au préjudice de sa loi on aime ses goûts,
ses plaisirs, on suit ses inclinations dépravées, en faisant
quelque chose qu'il défend ; c'est là s'aimer plus que le
bon Dieu, puisqu'on se préfère à lui, à sa volonté, à ses
commandements.

2° Lorsqu'on *aime quelque chose plus que Dieu* ; lorsqu'on
s'attache à des personnes, à des objets terrestres, plus
qu'à Dieu même. Par exemple, si vous formez des amitiés, des inclinations que Dieu vous défend ou par lui-
même, ou par l'organe de vos parents ou de vos supérieurs ; si vous vous attachez trop aux honneurs, aux
richesses, aux biens méprisables de ce monde contre la
loi de Dieu ; alors c'est aimer les créatures plus que Dieu.

3° On pèche contre la charité envers Dieu, quand on aime quelque chose *sans rapport à Dieu*, c'est-à-dire sans la rapporter à Dieu, comme auteur, ou comme fin dernière; par exemple, ceux qui jouissent des biens de la vie sans en remercier celui qui est l'auteur de tout bien, qui reçoivent ses bienfaits sans penser à lui, sans bénir sa main bienfaisante, qui s'en servent au contraire pour l'offenser par la plus monstrueuse ingratitude.

On pèche contre l'amour de Dieu quand ce n'est pas *à cause de lui que l'on aime le prochain*. C'est manquer à Dieu que de ne pas l'aimer dans nos frères parce qu'il l'ordonne, parce qu'ils sont ses images; ce n'est plus la charité, c'est un amour purement naturel, c'est tout au plus une vertu morale. Mais c'est un vice, un désordre, un crime, si cet amour est déréglé et contraire à sa loi sainte.

Tout en Dieu, tout pour Dieu, tout comme émané de Dieu; voilà, chers enfants, comme il faut aimer pour pratiquer la vraie charité envers Dieu.

D. En quoi pèche-t-on contre la charité envers le prochain?

R. En ne lui donnant pas, autant qu'on le peut, les secours spirituels et temporels dont il a besoin.

La charité doit être active et efficace envers le prochain; elle exige que nous lui rendions des offices et pour le temps et pour l'éternité. Nous péchons donc contre cette vertu si nous ne remplissons pas ces devoirs importants.

1° *Secours spirituels :* instruire, donner de salutaires avis, corriger, solliciter au bien, convertir les pécheurs; voilà des obligations, au moins pour certaines personnes en place, que le zèle et la charité doivent suggérer à d'autres; or, c'est pécher contre la charité que d'y manquer. C'est à vous, pères et mères, à vous, maîtres, c'est à nous surtout, pasteurs de vos âmes, que ce devoir est imposé. Nous répondrons devant Dieu âme pour âme si nous ne travaillons pas à vous sauver.

2° *Secours temporels :* faire l'aumône, soulager les malheureux, vêtir les nus, rendre service dans certaines occasions, dans certains besoins urgents ; c'est un devoir de charité quand on le peut. On pèche contre la charité quand on y manque ; c'est une dureté, une cruauté, une barbarie détestée de Dieu et des hommes. En un mot, nous péchons contre la charité quand nous ne faisons pas pour nos frères ce que nous voudrions légitimement, justement, raisonnablement qu'ils fissent pour nous si nous étions dans les mêmes circonstances. C'est toujours le principe, la loi première, universelle de la charité. Souvenez-vous-en bien, mes chers enfants, votre bon cœur vous la rappellera toujours ; et aussitôt qu'il s'agira de secourir vos frères, vous vous demanderez à vous-mêmes : Qu'est-ce que je voudrais que l'on me fît en telle ou telle occasion ? et faites-le aussitôt.

D. Comment perd-on la charité ?

R. On perd la charité par le péché mortel.

Hélas ! oui, mes pauvres enfants ! Tout est perdu pour vous ! plus de charité, elle n'habite plus en vous, dès lors que vous avez eu le malheur de commettre un péché mortel ; vous n'aimez plus Dieu, et Dieu a cessé de vous aimer. La charité est la vie de notre âme ; elle est morte lorsque la charité n'y est plus ! Quel état, mes enfants ! Votre corps n'est plus qu'un cercueil qui renferme la mort ! Vous portez un cadavre ambulant dans les rues, dit saint Cyprien ; *Ipsa funus tuum portas.*

En ce déplorable état, plus de charité habituelle : vous avez perdu la grâce qui est l'habitude de la charité ; plus de charité actuelle : les actes en sont faux, mensongers ; c'est en vain que vous dites à Dieu : Mon Dieu, je vous aime ; non, vous ne l'aimez pas, puisque vous avez transgressé sa loi. Dans ce déplorable état, plus de vraie charité envers le prochain ; vous l'avez perdue directement si c'est par un péché de haine ou de vengeance, d'injustice, de médisance, de calomnie ; vous la perdez an moins indirectement par tout autre péché ; puisque vous n'aimez plus le Seigneur, ce n'est plus par rapport à lui que vous aimez vos frères. Ah ! mes enfants, comment pourriez-vous rester un jour, une heure dans un état si digne de vos regrets et de vos larmes, dans un état si périlleux pour votre salut ? Et cependant on voit des pécheurs invétérés, insensibles, endurcis, abrutis, plongés dans un abîme d'iniquités, s'y plaire, y persister des années entières, toute leur vie, et mourir dans cet état de haine et d'indignation de leur Dieu, sans penser à recourir à lui par un acte de charité qui répare la plus grande de toutes les pertes !..... Cela arriverait-il un jour à quelques-uns de vous, mes enfants?..... Non, vous craindrez, vous fuirez avec horreur tout péché, puisqu'il vous ferait perdre le don inestimable de la charité ; et si quelque jour il vous arrivait de la perdre, vous ferez tous vos efforts pour la recouvrer par une sincère pénitence et par des actes formels et réitérés de charité.

D. Doit-on produire souvent des actes de charité ?

R. Oui, on ne peut produire trop souvent des actes de charité.

Appliquons encore ici ce que nous avons dit des deux autres vertus théologales ; on doit en produire des actes de temps en temps.

1° Quoiqu'il ne soit pas possible et que nous ne soyons pas obligés de faire continuellement des actes d'amour de Dieu ; quoiqu'il ne soit pas même possible de déterminer dans le détail toutes les circonstances où nous y sommes obligés, toutefois il est certain qu'aimer Dieu de cœur et le *confesser de bouche* est l'obligation principale de l'homme. Nous devons donc faire des actes d'amour de Dieu, les multiplier même tellement que nous ne soyons pas condamnés pour avoir manqué à cet indispensable exercice. C'est évidemment à quoi s'exposent ceux qui le négligent un temps considérable, par exemple, six mois ou une année ; et cependant on passe les années entières dans le péché, c'est-à-dire dans un état de révolte contre Dieu, et par conséquent sans faire un seul acte *vrai* de son amour.

2° Il convient de produire des actes positifs et formels de charité lorsqu'on approche des sacrements ; c'est alors que le feu de la charité doit embraser notre âme et se répandre au-dehors par les expressions les plus vives et les plus ardentes.

3° Il convient d'en produire dans les dangers, dans les tentations. Un acte de charité est un acte opposé au péché et aux suggestions de l'esprit tentateur ; c'est un désaveu qui nous sauve et qui nous délivre de ses attaques. Un acte de charité est un acte de contrition parfaite qui nous sauve quand même nous péririons dans les dangers de la vie.

4° Enfin, à l'article de la mort, il faut en produire, en suggérer aux moribonds. Heureuse mort si notre âme sort au milieu des saintes ardeurs de la charité ! (*Voyez ce que nous avons dit au premier commandement sur les actes d'amour de Dieu.*)

D. Faites un acte de charité.

R. Mon Dieu, je vous aime de tout mon cœur, par-dessus toutes les créatures, et plus que moi-même, parce que vous êtes infiniment aimable ; et j'aime mon prochain comme moi-même, pour l'amour de vous.

Voilà, mes enfants, l'acte que vous faites ordinairement à vos prières ; mais comment prononcez-vous ces paroles qui expriment de si beaux sentiments ? Hélas ! souvent sans réflexion, sans vous pénétrer de ce qu'elles signifient ! Cependant ce n'est pas assez de les dire de bouche ; il faut qu'elles partent d'un cœur véritablement embrasé de l'amour de Dieu et du prochain. Ecoutez bien, je vais vous expliquer cette formule expressive de la charité qui doit animer tous les cœurs.

Mon Dieu, je vous aime de tout mon cœur, c'est-à-dire
de toute l'affection dont je suis capable, de toutes les
facultés de mon âme, de tout mon esprit, de toutes mes
forces ; tout ce que j'ai en moi vient de vous, je veux
qu'il soit pour vous ; que ne puis-je réunir et consacrer
à votre amour, sans aucune exception, tout ce que j'ai
et pourrais avoir de sentiments ! *Je vous aime par-dessus
toutes les créatures ;* c'est-à-dire, mon Dieu, comme vous
êtes au-dessus de tout, le plus digne de mon amour, je
vous préfère à tout autre objet ; je veux vous plaire, accomplir vos volontés et vos préceptes préférablement à
tout autre ; parents, amis, puissances de la terre, rien
n'entrera jamais en parallèle avec vous dans mon cœur,
dans ma conduite ; j'obéis à vous plutôt qu'aux hommes.
Je vous aime plus que moi-même, c'est-à-dire je suis prêt
à sacrifier mes plaisirs, mes plus chers intérêts, ma vie
même pour votre amour et plutôt que de vous déplaire :
Fortis ut mors dilectio. (Cant. viii., 6.) Ni les tourments,
ni les persécutions, ni la mort, ne seront capables de me
séparer de la charité de mon Dieu qui est Notre-Seigneur
Jésus-Christ. Et ce qui me détermine à vous aimer de la
sorte, ô mon Dieu ! *c'est parce que vous êtes infiniment
aimable*, c'est que je reconnais en vous toutes les perfections infinies qui doivent ravir mon amour. Mais, mon
Dieu, comme vous nous aimez tous au point de vouloir
voir la paix et l'union la plus intime entre nous ; comme
vous nous ordonnez d'aimer aussi notre prochain, pour
que ma charité soit complète, je vous proteste que *je l'aime
comme moi-même ;* je lui souhaite et je veux lui procurer
tout le bien que je désire pour moi ; et cela, non pas par
une amitié purement naturelle, *mais pour l'amour de
vous*, parce que vous m'ordonnez d'aimer mes frères et
que je vois en eux votre image et votre ressemblance.

Voilà, mes enfants, ce que vous dites tous les jours
à vos prières ; faites-y réflexion et vous ferez de bons
actes de charité.

Revenons maintenant sur toute cette instruction.

SOUS-DEMANDES.

D. Est-ce que nous ne pouvons avoir la charité par nous-mêmes ?
R. Non, c'est le bon Dieu qui nous la donne.
D. En quoi consiste la charité ?
R. A aimer Dieu et le prochain.
D. Que fait en nous cette charité ?
R. Elle fait que nous aimons Dieu et le prochain.
D. Comment est-ce qu'on aime Dieu par rapport à lui ?
R. C'est quand on n'envisage que lui en l'aimant.
D. Est-ce que nous pouvons aussi aimer Dieu par rapport à nous ?
R. Oui, quand nous l'aimons à cause du bien qu'il nous fait ; cet amour est bon, mais moins parfait que le premier.
D. Comment aime-t-on Dieu plus que soi-même ?
R. C'est quand nous préférons sa sainte volonté et ses commandements à nos plaisirs, à nos intérêts, à notre vie même.
D. Expliquez-nous encore cela davantage.
R. Par exemple, j'aimerais mieux tout perdre, la vie même, que d'offenser le bon Dieu.
D. Comment aime-t-on Dieu plus que toute chose au monde ?
R. En le préférant à tout, en lui obéissant plutôt qu'à ceux qui nous commanderaient de mal faire.
D. Est-ce ainsi que vous aimez le bon Dieu, mon enfant ?
R. C'est ainsi que je voudrais l'aimer.
D. Pourquoi aimez-vous votre prochain ?
R. Parce que Dieu me l'ordonne, et que je vois l'image de Dieu dans mon prochain.
D. Mais si vous n'aimiez votre camarade que parce qu'il est bien aimable ?
R. Ce serait une amitié toute naturelle ; ce n'est plus là la charité chrétienne.
D. Est-ce un péché d'aimer une personne qui est aimable ?
R. Ce serait un péché si cet amour était déshonnête et criminel.
D. Comment témoignerez-vous au prochain que vous l'aimez comme vous-même ?
R. En lui faisant ce que je voudrais qu'il me fît à moi-même.
D. Est-ce que nos ennemis sont aussi notre prochain ?
R. Oui, ce sont nos semblables et nos frères ; Dieu nous ordonne de les aimer.

D. Mais cela est bien difficile?

R. Dieu nous en fera la grâce, puisqu'il nous l'ordonne.

D. A quoi penserez-vous pour vous encourager à aimer vos ennemis?

R. Je dirai au bon Dieu : C'est vous que j'aime dans la personne de celui qui m'a fait du mal.

D. Est-ce une grande vertu que d'aimer ses ennemis et de leur faire du bien?

R. Oui, cela est divin; on éprouve la plus douce consolation en faisant le bien pour le mal.

D. Vous dites qu'on pèche quand on s'aime plus que Dieu; comment cela arrive-t-il?

R. On pèche, par exemple, quand on préfère son plaisir à la loi; alors on s'aime plus que Dieu.

D. Comment arrive-t-il qu'on aime quelque chose plus que Dieu?

R. Par exemple, si on s'attache à une personne par un amour criminel; si on aime les biens de ce monde injustement, contre la loi de Dieu.

D. Comment aime-t-on sans rapport à Dieu?

R. C'est lorsqu'on s'attache aux choses de la terre sans remonter à Dieu qui en est l'auteur, sans le remercier du bien qu'il nous fait.

D. Est-ce que nous devons au prochain des secours spirituels?

R. Oui, nous devons l'instruire, lui donner de bons avis, procurer son salut autant que nous pouvons.

D. Quels sont les secours temporels que nous lui devons?

R. L'aumône et les services que nous voudrions qu'on nous rendît dans le besoin.

D. C'est donc pécher que de manquer à cela?

R. Oui, c'est pécher quand on ne le fait pas selon son pouvoir et son état.

D. Quoi! mon enfant, il ne faut qu'un péché mortel pour perdre la charité?

R. Oui, un blasphème, un vol, une médisance grave, suffisent pour perdre la charité.

D. Si on était un an sans produire des actes de charité, serait-ce un péché?

R. Oui, peut-on aimer Dieu, et être un an sans lui dire qu'on l'aime?

D. Ceux qui sont en péché mortel et qui veulent y rester, font-ils de vrais actes de charité?

R. Non, car on ne peut aimer Dieu et le péché tout à la fois.

D. Que feriez-vous si vous étiez au chevet du lit d'un moribond?

R. Je lui suggérerais des actes de charité.

D. Vous, N., mon enfant, qui ne pouvez apprendre l'acte de charité qu'on vient de dire, faites-en un plus court avec moi.

R. *Mon Dieu, je vous aime de tout mon cœur, parce que vous êtes souverainement aimable, et j'aime mon prochain à cause de vous.*

RÉCAPITULATION PRATIQUE.

1° Envisagez la charité comme l'âme et la principale de toutes les vertus chrétiennes, comme étant de la première obligation; la foi, l'espérance, la charité, mais la principale est la charité : *Major autem horum est charitas.* (1. Cor. XIII, 13.)

2° Aimez Dieu et le prochain, et vous accomplirez la loi et les prophètes.

3° Ennoblissez et sanctifiez l'amour du prochain et des créatures, en élevant votre cœur et vos pensées vers Dieu, qui est l'auteur de tout ce que vous aimez.

4° Produisez souvent des actes de charité; faites-vous une sainte pratique d'en produire tous les jours à vos prières, toutes les fois que vous serez exposés à offenser Dieu, ou toutes les fois que vous sentirez quelque indisposition contre vos frères, surtout à la mort, afin de mourir dans l'état de charité, sans lequel vous ne pouvez être sauvés; suggérez-en de pareils aux mourants.

5° Demandez sans cesse au Dieu de toute charité qu'il la conserve toujours dans votre âme, afin que vous puissiez mourir dans l'heureux état de la dilection et de la paix.

PRIÈRE.

O charité! vertu divine, je viens d'apprendre à vous connaître; j'ai reconnu votre importance et votre nécessité; je le dis avec l'Apôtre : Quand j'aurais tout au monde, si je n'ai pas la charité, je n'ai rien, je ne suis rien. Dieu de toute charité, nous vous rendons mille actions de grâces pour l'instruction importante que nous venons de recevoir; nous venons d'apprendre à vous aimer et à aimer notre prochain comme nous-mêmes pour l'amour de vous. Mais, mon Dieu, que nous avons été peu fidèles à la plus importante et la plus universelle de nos obligations ! Vous nous aviez donné un cœur pour vous aimer ; et ce cœur si jeune encore, dont vous deviez avoir les prémices, ce cœur léger et volage, s'est égaré par mille penchants étrangers, frivoles, profanes, peut-être criminels! Pardon, mon Dieu, de l'abus que j'ai fait d'une faculté que vous ne m'aviez donnée que pour vous aimer ; désormais, Seigneur, je veux vous aimer par-dessus toute chose, n'aimer que vous dans mon prochain et dans toutes les créatures ; *diligam te, Domine* ; que je vous aime, Seigneur ; faites-moi la grâce de vivre et de mourir dans l'état et l'effusion de la charité, de vous aimer dans le temps et dans l'éternité. Ainsi soit-il.

SECTION CINQUIÈME.

DES VERTUS MORALES ET CARDINALES.

D. Qu'entendez-vous par vertus morales ?

R. J'entends les vertus qui, sans avoir Dieu pour objet immédiat, règlent nos mœurs, et nous donnent de la facilité pour faire de bonnes actions.

Vertus *morales*, c'est-à-dire vertus qui règlent les mœurs, qui nous portent au bien, qui nous facilitent les bonnes actions ; elles ne regardent pas Dieu directement comme les vertus théologales dont nous avons parlé ; mais elles le regardent indirectement en ce qu'elles viennent de lui, comme *tout don parfait qui descend du Père des lumières*, et en ce que nous lui rapportons les bonnes actions que ces vertus nous inspirent. Par exemple, je rends service à quelqu'un ; cette action n'a pas Dieu pour objet immédiat ; mais elle se rapporte à Dieu indirectement, en ce que je la fais par amour pour Dieu, pour lui plaire, parce qu'il me l'ordonne. Les vertus morales chrétiennes sont bien différentes de celles qu'exerçaient les païens : ceux-ci ne suivaient qu'un penchant naturel, une certaine sensibilité, en secourant les malheureux, en aimant leurs parents; au lieu que nous, nous rapportons tout à Dieu dans le bien que nous pouvons faire, si nous agissons véritablement en chrétiens. Mais malheureusement, dans ce siècle incrédule, on ne veut plus que la religion influe sur la morale. On prétend que nous pouvons être gens de bien sans elle. On ne parle plus que d'*humanité*, de *sensibilité*, d'heureux *penchants*, sans vouloir considérer celui qui les donne, et qui doit en être la fin dernière. On affecte de vanter sans cesse les vertus morales, on n'a que le nom de vertu à la bouche. Mais, mes enfants, défiez-vous de toutes ces belles paroles et de toutes ces vertus prétendues qui n'en ont que les dehors. Elles ne sont, pour la plupart, animées que par l'orgueil; elles n'ont rien de solide, elles disparaissent dans le secret lorsqu'elles n'ont plus leur aliment frivole. Alors *le masque tombe, l'homme reste, et le héros s'évanouit.* Mais parlons ici des vertus morales chrétiennes.

D. Combien y a-t-il de vertus morales?

R. On les réduit à quatre, que l'on nomme vertus cardinales, parce que les autres vertus morales en dépendent et s'y rapportent.

Parmi les vertus morales, il y en a quatre plus distinguées, que l'on nomme vertus *cardinales*. Ce mot *cardinal* vient d'un mot latin *cardo*, qui signifie le gond d'une porte; car, comme une porte roule sur les gonds qui la soutiennent, de même les autres vertus morales roulent sur ces quatre vertus principales qui en sont la base, le fondement, l'appui; voilà pourquoi on les appelle vertus cardinales.

D. Nommez les quatre vertus cardinales.

R. Les quatre vertus cardinales sont la prudence, la justice, la force et la tempérance.

D. Qu'est-ce que la prudence?

R. La prudence est une vertu qui éclaire notre esprit et qui nous fait prendre les moyens les plus propres pour notre salut.

On est prudent lorsqu'on prend bien garde à ce qu'on fait, qu'on ne s'expose pas au danger. Pour cela, il faut des lumières, des connaissances, des vues, de la circonspection ; il faut prendre des moyens sages, efficaces pour parvenir à son but ; voilà ce qu'on appelle agir avec prudence. Cette vertu serait tout humaine, si l'on agissait pour des objets, par des vues et des moyens purement humains. Mais la prudence chrétienne agit par des principes bien supérieurs ; c'est pour le salut, pour l'éternité ; voilà ce qu'elle cherche ; elle s'éclaire des lumières d'en-haut, elle cherche les secours divins ; elle prend des avis salutaires ; elle fuit les occasions dangereuses ; elle prend le parti le plus sûr pour parvenir au salut ; elle prend garde de le risquer par légèreté, par présomption, par une aveugle impétuosité à suivre ses penchants ; elle s'arrête avec une circonspection sage dans les doutes et les ambiguïtés, à la vue des précipices, etc.

Voilà la prudence chrétienne ; suivez-la toujours, mes enfants ; hélas ! où est-elle à l'âge où vous êtes, dans ces jours de légèreté, d'inconsidération, de passions naissantes et fougueuses ? Aussi est-ce à vous spécialement, jeunesse inconsidérée, que s'adresse l'avis du Sage : Ne vous fiez pas à votre prudence : *Ne innitaris prudentiæ tuæ*. (Prov. iii, 5.) Mais appuyez-vous sur celle des autres, de vos pères et mères, de vos instituteurs, de vos directeurs, des personnes mûres et sages qui ont acquis de l'expérience pour elles et pour vous. N'ayez pas la présomption de vous croire plus éclairés et plus sages que les anciens, trop souvent dédaignés par une jeunesse orgueilleuse et suffisante. A votre âge, on croit tout savoir et tout pouvoir ; papillons folâtres, vous vous brûlez au flambeau qui vous éblouit.

D. Qu'est-ce que la justice ?

R. La justice est une vertu qui nous porte à rendre à Dieu et au prochain ce que nous leur devons.

Rendre à chacun ce qui lui est dû, voilà la justice ; à chacun le sien ; tout le monde sent cela ; à Dieu ce qui est à Dieu ; aux hommes ce qui est aux hommes ; c'est ce que Jésus-Christ nous rappelle par ces belles paroles : *Rendez à César ce qui appartient à César, et à Dieu ce qui appartient à Dieu.* (Matth. XXII, 21.) Ce sont là, mes enfants, de ces principes qui ne doivent jamais s'effacer de vos cœurs ; nous voudrions pouvoir les y graver en traits ineffaçables. Or, vous rendrez à Dieu ce que vous lui devez, en accomplissant toute sa loi sainte, qui est justice et vérité. Et vous rendrez au prochain ce qui lui est dû, en faisant pour lui ce que vous voudriez qu'on fît pour vous-mêmes, en ne lui faisant tort ni dans ses biens, ni dans sa personne. Cette vertu morale serait purement humaine, si vous ne vous y portiez que par le penchant et les motifs d'une probité naturelle ; mais vous l'élèverez à la dignité d'une vertu chrétienne, en rendant au prochain ce qui lui est dû, par rapport à Dieu, qui vous le commande, et qui est la source de toute justice.

D. Qu'est-ce que la force?

R. La force est une vertu qui fait tout souffrir plutôt que de rien faire contre la fidélité que nous devons à Dieu.

Cette force, dont il est ici question, n'est pas la force du corps, mais la force de l'âme. C'est le courage intrépide qui nous engage à tout souffrir, à résister à tout, plutôt que de rien faire contre nos devoirs, contre les commandements de Dieu, contre la foi, contre l'amour, contre l'obéissance que nous lui devons par préférence à tout. Telle était la force des martyrs ; ils enduraient les plus affreux tourments, la mort même, plutôt que de renoncer à leur religion. En ce sens, et dans cette conduite, cette vertu morale a tout son rapport à Dieu ; nous devons la pratiquer dans toute occasion où il s'agit de nous montrer de vrais serviteurs de Dieu ; nous devons rester fermes, attachés à nos devoirs et à la religion de nos pères, malgré les railleries, les persécutions, les violences et la mort même. Voilà comme nous montrerons un courage vraiment chrétien.

La force est une vertu morale tout humaine, lorsqu'elle cesse de se rapporter à Dieu ; et même elle devient vicieuse quand elle n'est animée que par l'orgueil et le désir de se faire un nom. Tel était souvent le courage des héros païens ; tel est ce point d'honneur qui fait affronter la mort au milieu des combats, pour laisser après soi une vaine fumée de réputation. Les héros Machabées, les héros chrétiens ont affronté les mêmes dangers, mais par des principes tout différents. Ils combattaient pour le Dieu des armées ; ils n'aspiraient qu'à lui plaire, et à mériter cette gloire éternelle qui est l'âme des héros de la religion.

D. Qu'est-ce que la tempérance ?

R. La tempérance est une vertu qui réprime notre inclination déréglée pour les plaisirs des sens, et qui nous porte à n'user qu'avec modération de ceux qui nous sont permis.

Tempérer, modérer, c'est empêcher les excès ; la tempérance est donc une vertu qui réprime les excès auxquels pourraient nous entraîner nos penchants déréglés pour les plaisirs des sens. Par exemple, c'est la tempérance qui fait éviter les excès dans le boire et le manger. On est tempérant lorsqu'on ne boit et mange que pour vivre, sans altérer sa santé, sans perdre ou obscurcir sa raison ; au contraire, on est intempérant lorsqu'on se livre à des excès d'ivrognerie ou de gourmandise, qui abrutissent la raison, qui surchargent le corps, ou lorsqu'on met trop de recherche dans la boisson et la nour-

riture. Il en est de même des autres penchants. Dieu ne
nous les a donnés que pour un bien, pour les suivre
selon les lois, avec les réserves et dans les bornes qu'il
nous a prescrites. Si nous les franchissons, nous tombons
dans le péché. Ainsi nous devons nous modérer dans les
plaisirs même permis, dans les jeux, les divertissements,
les récréations, qui sont quelquefois nécessaires au soulagement de l'humanité. Les philosophes païens mêmes
ont recommandé la tempérance, non-seulement comme
une vertu, mais comme un moyen de vivre plus heureux, et de jouir d'une santé meilleure. Car les ivrognes
et les gourmands, par exemple, sont ordinairement punis
dès cette vie par les douleurs, les maladies que leur
causent leurs propres excès. Mais cette tempérance est
tout humaine et sans mérite devant Dieu. Pour vous,
mes enfants, soyez toute votre vie sobres et tempérants, parce que Dieu le commande ; *sobriè vivamus ;*
domptez vos penchants dès l'âge tendre ; n'attendez pas
qu'ils soient devenus indomptables ; modérez-vous dans
le boire et le manger. Ne soyez point si impétueux dans
vos désirs, dans vos plaisirs, dans vos divertissements ;
et d'abord la paix, la tranquillité, la bonne santé en
seront les heureux effets ; mais, de plus, vous aurez lieu
d'attendre l'objet d'une heureuse espérance, la possession du grand Dieu, du Roi de gloire, et l'arrivée de
notre Sauveur Jésus-Christ : *Expectantes beatam spem,
et adventum gloriæ magni Dei, et Salvatoris nostri Jesu
Christi.* (Tit. II, 13.)

D. Les autres vertus morales sont-elles des suites
des vertus cardinales ?

R. Oui : par exemple, la piété est une suite de la
justice ; la patience une suite de la force ; la sobriété
et la chasteté sont des suites de la tempérance.

Ces quatre vertus cardinales ou principales produisent
d'autres vertus ; par exemple, *la justice produit la piété.*

Comment cela? C'est que, quand on est juste, on rend à chacun ce qui lui est dû ; par conséquent on est pieux envers Dieu, on le prie, on le révère, on craint de l'offenser, parce que ce serait une injustice de lui refuser ces devoirs. On est pieux envers le prochain, on est bon, serviable, bienfaisant à son égard, parce qu'on sent que ce serait une injustice de lui refuser ce que nous serions bien aises qu'il nous fît à nous-mêmes.

La patience est la suite de la force. Comment? C'est que lorsqu'on est fort, courageux, on souffre sans émotion, courageusement, patiemment, les injures, les mauvais traitements ; on pardonne héroïquement à ses ennemis ; on endure l'adversité sans se laisser abattre à l'infortune : c'est ainsi que la force produit la patience.

La sobriété et la chasteté sont les suites de la tempérance ; c'est-à-dire que, lorsqu'on est tempérant dans le boire et le manger, lorsqu'on sait tenir en bride ses passions, on est sobre et chaste ; car l'ivrognerie et la gourmandise fournissent des aliments aux passions de la chair. Le moyen donc de les réprimer et de les éteindre, c'est de leur ôter cet aliment qui est dans les excès du boire et du manger. Soyez tempérants, vous serez sobres; soyez sobres, vous serez chastes : *Nolite inebriari vino in quo est luxuria.* (Eph. v, 18.) Ainsi, mes enfants, voulez-vous acquérir toutes les vertus? attachez-vous d'abord à ces quatre vertus principales : soyez prudents, justes, courageux, tempérants, et bientôt vous aurez toutes les vertus qui font le bon chrétien, et même l'honnête homme selon le monde. Mais élevez-vous au-dessus de l'humanité par les sentiments divins qui doivent vous animer ; sans cela, ce ne seront plus que des ombres sans âme, sans solidité, sans utilité véritable, des simulacres de vertu ; des vertus d'orgueil et d'ostentation, telles que les pratiquaient les philosophes païens ; ils affectaient de paraître vertueux aux yeux des hommes, et souvent ils cachaient les vices les plus infâmes sous des apparences trompeuses. En voici des traits. Diogène était un philosophe qui affectait beaucoup de mépris pour les richesses; il vivait dans un tonneau, couvert de haillons. Platon lui dit un jour : *Je vois ton orgueil à travers les trous de tes habits.* Une autre fois, ce Diogène marchait avec fierté et mépris sur un beau tapis dans un appartement riche et fastueux du même Platon : Je foule aux pieds le faste de Platon, disait Diogène : *Oui*, reprit Platon, *mais c'est par un autre faste.* L'orgueil était donc l'âme de la plupart des vertus morales apparentes des païens philosophes. Non, mes enfants, il n'y a que le christianisme qui enfante des vertus solides et véritables; elles sont fondées sur la modestie et l'humilité, qui ne cherchent point à paraître; elles n'ont pas besoin des applaudissements des hommes; elles portent sur les fondements inébranlables de l'éternité et de l'immortalité.

Revenons maintenant sur cette instruction, et voyons si vous l'avez bien comprise.

SOUS-DEMANDES.

D. Vous dites que les vertus morales n'ont pas Dieu pour objet immédiat; qu'est-ce que cela veut dire ?

R. C'est-à-dire qu'elles ne regardent pas Dieu directement comme les vertus théologales.

D. Faire l'aumône, c'est pratiquer une vertu; est-ce qu'elle ne regarde pas Dieu directement ?

R. Elle s'adresse au prochain d'abord; mais si on fait l'aumône pour l'amour de Dieu, elle regarde Dieu aussi, mais pas si directement que la foi, l'espérance et la charité qui ont Dieu pour objet immédiat.

D. Vous dites que ces vertus règlent nos mœurs; comment ?

R. C'est que, lorsqu'on a de bons penchants, on ne donne pas si aisément dans le déréglement et le désordre.

D. Et cela nous aide à faire le bien ?

R Oui, car, quand on y est porté, on le fait mieux et plus aisément.

D. Que signifie ce mot *cardinales* ?

R. C'est-à-dire vertus principales de qui viennent les autres.

D. Comment est-ce que la prudence éclaire notre esprit ?

R. C'est que, quand on est bien prudent, on prend garde à soi, on choisit de bons moyens pour bien faire.

D. Comment est-ce que la justice nous porte à rendre à Dieu et au prochain ce que nous leur devons ?

R. C'est que, quand on est juste, on rend à chacun ce qui lui est dû, par conséquent à Dieu ce qui est dû à Dieu, et au prochain ce qui est dû au prochain.

D. Cette force dont vous parlez, est-ce celle du corps, des bras, etc. ?

R. Non, c'est la force de l'âme, le courage, comme celui des martyrs qui mouraient pour la foi.

D. En quoi consiste la tempérance ?

R. A se modérer dans les plaisirs même permis ; par exemple, dans le boire, le manger, les divertissements.

D. Comment est-ce que la piété vient de la justice?

R. C'est que, si on est juste, on révère Dieu, et on est bon envers le prochain, comme cela se doit par justice.

D. Comment est-ce que la patience suit de la force?

R. C'est que, quand on a du courage, on souffre patiemment.

D. Comment la sobriété et la chasteté sont-elles les suites de la tempérance?

R. C'est que la tempérance réprime les excès du vin qui portent à l'impureté.

RÉCAPITULATION.

1° Concevez une grande estime des vertus morales ; mais envisagez-les toujours selon Dieu et la religion.

2° Formez-vous, dès l'enfance, aux principales vertus ; mettez-en le germe dans vos cœurs, afin qu'elles y produisent toutes les autres.

3° Pratiquez chrétiennement les vertus morales ; n'écoutez pas ceux qui ne vous parlent que d'humanité sans rapport à la religion ; loin de vous ces prétendues vertus qui ne sont que vanité et ostentation ; n'ayez que Dieu en vue dans tout le bien que vous ferez.

4° Demandez-en la grâce à celui de qui vient tout don parfait.

PRIÈRE.

Dieu des vertus, nous venons d'apprendre à connaître les véritables vertus morales, surtout celles qui sont la source des autres, les vertus cardinales. Ce beau nom retentit sans cesse à nos oreilles ; mais les méchants n'étalent à nos yeux que de vains simulacres bien différents de ce que votre loi nous prescrit ; *narravarunt mihi iniqui fabulationes, sed non ut lex tua.* La vraie morale est celle qui vient de vous et qui remonte à vous ; la vraie prudence est votre lumière ; la vraie justice vient de vous, ô source de toute justice ! la vraie force est celle dont vous nous appuyez, *Dominus fortitudo mea* ; la vraie tempérance est le frein que vous mettez vous-même à nos passions. Dieu des vertus, faites-nous la grâce de les pratiquer selon vous, afin qu'elles nous conduisent à vous. Ainsi soit-il.

DU PÉCHÉ,

ET EN PARTICULIER DU PÉCHÉ ORIGINEL.

D. Comment appelle-t-on les actions contraires aux vertus ?

R. On les appelle mauvaises actions ou péchés.

Le vice est opposé à la vertu, les mauvaises actions aux bonnes ; ces mauvaises actions sont des péchés. Ainsi, mes chers enfants, après vous avoir entretenus des différentes vertus, nous allons vous entretenir de ces désordres affreux qui leur sont opposés, des différentes sortes de péchés. Nous vous avons dit : *Faites le bien ;* maintenant nous allons vous dire : *Évitez le mal. Declina à malo et fac bonum.* (Psalm. XXXVI, 27.) Voyons donc d'abord en général :

D. Qu'est-ce que le péché ?

R. Le péché est une désobéissance à la loi de Dieu.

On commet un péché lorsqu'on désobéit à ce que Dieu nous commande, ou à ce qu'il nous défend. Par exemple, Dieu vous ordonne d'obéir à vos parents, vous péchez en ne leur obéissant pas ; Dieu vous défend de jurer en vain, de voler, etc., vous péchez en jurant en vain et en volant, parce que vous désobéissez à la loi de Dieu ; voilà le péché. Ah ! chers enfants, puissiez-vous ne jamais le connaître dans la pratique ! mais, hélas ! pauvres enfants, vous l'avez peut-être déjà commis bien des fois, sans concevoir toute l'horreur d'une désobéissance à la loi de Dieu ! Voyons maintenant :

D. Combien y a-t-il de sortes de péchés ?

R. Il y en a de deux sortes : le péché originel et le péché actuel.

Nous allons expliquer ce que c'est que ces deux sortes de péchés ; ce sera la matière de plusieurs instructions. Commençons par le péché originel.

D. Qu'est-ce que le péché originel ?

R. Le péché originel est celui dans lequel nous sommes conçus, et avec lequel nous naissons comme **enfants d'Adam.**

Ce mot *originel* veut dire qui vient de notre *origine*. Adam est notre premier père et notre *origine* ; c'est de lui que ce péché a passé jusqu'à nous : voilà pourquoi on l'appelle *péché originel*. Il commit une désobéissance à la loi de Dieu ; voici comment. Dieu ayant créé Adam et Eve, les plaça dans le paradis terrestre, etc. (*Hist. Gen.* 11. *Voyez le chapitre de la chute de l'homme, sect. 3, art. 1er du Symbole.*) Telle fut la désobéissance et la chute de nos premiers parents ; nous en sommes les héritiers malheureux, et leur dégradation a passé à tous leurs descendants.

D. Nous naissons donc tous coupables du péché originel ?

R. Oui, nous avons tous péché en Adam, et nous naissons tous coupables de son péché.

D. Comment cela peut-il se faire?

R. C'est un mystere que nous ne comprenons point, mais que nous devons croire, parce que Dieu nous l'a révélé.

O profondeur! ô jugements incompréhensibles! Qui pourrait sonder les vues de notre Dieu, ou entrer dans ses conseils impénétrables? C'est un mystère que nous ne pouvons approfondir, comme les autres que notre foi nous oblige de croire sans les concevoir, parce que Dieu nous les a révélés. Il a parlé, c'en est assez pour nous convaincre de cette vérité, tout incompréhensible qu'elle est; elle n'est pas contre la raison, mais au-dessus de notre raison. Cette vérité est consignée et souvent répétée dans les Livres saints. *Hélas!* s'écriait le Roi-Prophète, *je suis né dans l'iniquité, et c'est dans le péché que ma mère m'a conçu.* (Psal. L, 7.) *Le péché,* dit saint Paul, *est entré dans le monde par un seul homme, et plusieurs sont devenus pécheurs par la désobéissance d'un seul.* (Rom. v, 12.) *Nous naissons tous enfants de colère, etc.* (Eph. II, 3.) C'est un dogme fondamental de notre foi, sur lequel est appuyée toute la religion chrétienne; car, s'il n'y avait point de péché originel, il n'était pas besoin d'un Rédempteur; point d'incarnation, point de rédemption, point de sacrements, et dès lors plus de religion chrétienne. Cependant, quand la vie et la mort, la doctrine et les miracles de Jésus-Christ, quand le monde converti et attiré à lui après sa mort, conformément à sa prédiction, ont prouvé sa divinité; quand en lui ont été littéralement accomplies les nombreuses prophéties qui avaient annoncé un Rédempteur, fixé le temps de sa venue, et marqué les différentes circonstances de sa naissance, de sa vie et de sa mort, comment ne pas croire qu'il est ce Rédempteur promis? Comment ne pas voir en lui la nature divine unie à la nature humaine? Comment, en un mot, ne pas croire à l'incarnation, à la rédemption, et conséquemment au péché originel que supposent ces deux mystères, pour lequel ils se sont opérés dans le temps, et dont la parole de Dieu nous atteste l'existence dans tous les hommes? *In quo omnes peccaverunt* (Rom. v, 12.) Peu importe que ce dogme du péché originel soit environné d'obscurités, et que notre faible raison ne puisse le concilier avec la justice divine. Dieu, qui est essentiellement vérité et justice, ayant révélé que, *par le péché d'un seul, tous sont tombés dans la condamnation* (Ibid. v, 16), cette condamnation existe, elle est juste; nous devons croire ces deux choses, quoique nous ne soyons pas capables de les concilier.

Voici cependant une comparaison qui peut concilier la rigueur ou l'injustice apparente qui paraît nous révolter. Supposons un prince qui élève un de ses sujets gratuitement à une dignité qu'il ne lui doit pas, en promettant la même faveur à toute sa postérité, si pourtant il lui demeure fidèle. Il le met à l'épreuve; le sujet ingrat lui désobéit; n'est-il pas justement déchu de sa prérogative, lui et toute sa postérité, à qui ce souverain ne devait rien?..... Or, voilà ce qui est arrivé. Dieu avait dit à Adam : Vous serez heureux et immortel, vous et vos descendants, mais à condition que vous me prouverez votre soumission par l'épreuve légère à laquelle je mets votre fidélité. Adam désobéissant n'a pas rempli la condition; le voilà déchu de cette grâce, lui et toute sa postérité : c'est ainsi que sa disgrâce a passé jusqu'à nous. Quel droit avons-nous de nous plaindre? Un vase d'argile a-t-il droit de demander au potier pourquoi il ne l'a pas formé plus riche et plus beau?

Mais, mes enfants, si nous sommes étonnés de cette justice rigoureuse, admirons d'un autre côté les merveilles de la miséricorde divine en faveur des descendants de ce père coupable. Voyez avec quelle surabondance elle a réparé le mal qu'avait fait notre premier père. La grâce surabonde avec une profusion infiniment généreuse où le péché avait abondé : *Ubi abundavit delictum, superabundavit gratia.* (Rom. v, 20.) Nous étions morts en Adam, et nous sommes ressuscités avec Jésus-Christ et par Jésus-Christ en Dieu ; nous sommes affranchis de notre esclavage, nous sommes devenus justes, saints, enfants de Dieu, héritiers de Dieu, cohéritiers de Jésus-Christ, membres de Jésus-Christ, temples et organes du Saint-Esprit. Voyez, mes frères, quelle charité de la part de notre Dieu ; il nous appelle ses enfants, nous le sommes en effet ; il nous adopte, il nous en donne tous les droits. *Videte qualem charitatem dedit nobis Pater, ut filii Dei nominemur et simus.* (1. Joan. III, 1.)

O heureuse faute ! s'écrie saint Augustin ; *ô felix culpa!* elle a mérité d'avoir un tel Rédempteur ! L'homme élevé au-dessus de sa condition naturelle par son Créateur, était déchu de cette grandeur par sa faute ; mais il est relevé par un Dieu Sauveur au-dessus de son élévation primitive, par une adoption toute céleste ! Il est rentré dans ses droits au-delà de ses espérances ; les débris même de sa chute ont tourné à son profit, à son bonheur, à sa gloire ; ils formeront sa couronne par la patience, les combats, les victoires qu'il remportera avec la grâce méritée par le Rédempteur : *Superabundavit gratia.* La justice et la paix se sont conciliées, *justitia et pax osculatæ sunt.* (Psal. LXXXIV, 11.) L'amour de notre Dieu envers nous a été plus grand que nos iniquités : voilà, mes enfants, ce qui doit animer éternellement les transports de notre amour et de notre reconnaissance, jusque dans les suites que nous éprouvons du péché originel.

D. Ne ressentons-nous pas en nous les suites du péché originel?

R. Oui, nous ressentons en nous-mêmes les suites du péché originel, lors même qu'il nous est remis.

C'est la doctrine du saint concile de Trente, et il est

de foi 1° que la mort de l'âme nous est transmise comme celle du corps, par le péché d'Adam (*de peccato orig. decr.* 2); 2° que cette mort de l'âme exclut du royaume de Dieu, et que, pour y entrer, le Baptême est nécessaire aux enfants qui n'ont pu pécher eux-mêmes (*Ibid. decr.* 4); 3° que ce sacrement efface le péché originel et fait revivre à la grâce, de manière que rien n'empêche l'entrée du Ciel à ceux qui l'ont reçu : *Ita ut nihil eos ab ingressu Cœli remoretur ;* mais qu'il ne détruit pas la concupiscence et toutes les autres suites du péché, qui restent même après le Baptême. *Manere autem in baptizatis concupiscentiam..... fatetur.* (Ibid. decr. 5.) Ainsi le bain salutaire qui enlève la tache originelle, nous en laisse les effets durant la vie. Dieu l'a ainsi voulu, afin que notre vertu fût éprouvée et perfectionnée par les passions que nous sommes obligés de combattre, et tous les maux que nous avons à souffrir. *Virtus in infirmitate perficitur.* (2. Cor. XII, 9.) Il a donc, en cela même, des desseins de miséricorde sur nous. C'est toujours un bon père, qui nous aime tendrement et ne nous éprouve que pour notre avantage, puisqu'il nous assiste au temps des épreuves et combat avec nous, afin que nous en sortions victorieux et plus dignes de lui.

D. Quelles sont les suites du péché originel ?

R. Nous en éprouvons de deux sortes : les unes dans notre corps, les autres dans notre âme.

L'âme et le corps ont participé au péché de nos premiers parents ; le corps, par la gourmandise, l'âme, par l'orgueil et la curiosité. Voilà pourquoi cette désobéissance funeste infecte le corps et l'âme des malheureux enfants d'Adam. Examinons chacune de ces déplorables suites.

D. Quelles sont les suites du péché originel, par rapport au corps ?

R. Les suites du péché originel, par rapport au

corps, sont les peines et les misères de la vie, et la nécessité de mourir.

Aussitôt que nos premiers parents eurent péché, le Seigneur prononça le juste arrêt de punition qu'ils avaient mérité. L'homme fut condamné à arroser la terre de ses sueurs et de ses larmes, et la femme à enfanter avec douleur ; tous deux devinrent sujets aux infirmités, aux maladies, aux misères et à la mort : *Vous êtes poussière, et vous retournerez en poussière.* (Gen. III, 19.) Tel est aussi le partage des enfants d'Adam ; tous naissent sujets aux chagrins, aux tribulations, aux gémissements, aux calamités publiques ou particulières ; tous sont malheureux depuis le moment où leur naissance s'annonce par des cris, jusqu'à celui où ils rentrent en soupirant dans le sein de la terre, leur mère commune. Les riches comme les pauvres, les grands comme les petits, les rois comme leurs sujets, subissent le même sort, parce que tous naissent infectés de la tache originelle.

Oui, pauvres enfants, infortunés habitants de nos campagnes, n'enviez pas le sort des grands du monde ; ils sont aussi malheureux que vous ; les épines croissent autour du trône comme autour de vos humbles chaumières ; les plus heureux, en apparence, sont sujets, comme vous, aux misères de l'humanité dégradée ; tous seront, comme vous, livrés à la mort, aux vers, à la pourriture ; tous rentreront dans la poussière, d'où ils sont sortis : *Pulvis es, et in pulverem reverteris.*

D. Quelles sont les suites du péché originel par rapport à l'âme ?

R. Les suites du péché originel par rapport à l'âme, sont l'ignorance et la concupiscence.

C'est-à-dire que le péché originel a occasionné dans l'âme de tous les hommes deux désordres : l'ignorance et la concupiscence.

Et d'abord, qu'est-ce que l'ignorance ? Vous le voyez,

vous l'éprouvez, mes enfants; quand vous êtes venus au monde, vous ne saviez rien, votre raison était enveloppée de ténèbres; et depuis ce temps-là, que de peines, que d'application ne vous a-t-il pas fallu pour apprendre quelques petites choses! encore, que savez-vous? que savent les plus savants des hommes, ceux qui ont le plus étudié? Rien; c'est l'aveu qu'ont fait les gens les plus distingués par leur savoir : tout ce que je sais, c'est que je ne sais rien, *unum scio, quod nihil scio.* Tout n'est qu'erreur et mensonge dans les connaissances humaines, même dans ce siècle, que l'on prétend le siècle des lumières, où l'on croit tout savoir. Oui, mes enfants, l'Intelligence suprême, du haut des Cieux, regarde en pitié ces orgueilleux aveugles, qui veulent sonder ses profondeurs; *Dieu a livré le monde à leurs disputes* (Eccle. iii, 11), à leurs discussions incertaines; il se rit de leurs efforts impuissants, parce qu'il sait les bornes qu'il a mises à leurs connaissances. Il réprouve les systèmes extravagants qu'ils ont forgés; ils se sont perdus dans la Divinité et ses ouvrages. En un mot, tout n'est qu'ignorance et obscurité parmi les enfants des hommes.

D. Quels sont les effets de l'ignorance que produit en nous le péché?

R. Elle affaiblit en nous la connaissance de Dieu, de nous-mêmes, de nos devoirs et de la fin pour laquelle nous avons été créés.

Voilà donc quatre effets principaux de notre ignorance.

1° *Par rapport à Dieu.* Le péché originel a beaucoup affaibli en nous cette sublime connaissance qu'en avaient nos premiers parents, dans les beaux jours de leur élévation primitive. Hélas! quelle idée s'en sont formée les plus savants en apparence, les philosophes de tous les temps? Ce sont eux qui ont le plus déraisonné sur la Divinité, parce qu'elle les a livrés à l'extravagance de leur orgueil. Mais nous tous, quelle connaissance en avons-nous? De nous-mêmes nous ne pouvons en acquérir aucune; il a fallu que notre Dieu se fît connaître à nous par la révélation. C'est ainsi qu'il a réparé notre faiblesse, en nous laissant tout à la fois la conviction de notre ignorance, et de ses grandeurs impénétrables à nos lumières dégradées.

2° *Par rapport à nous-mêmes.* Non, mes enfants, nous ne nous connaissons pas nous-mêmes. Notre corps est un mécanisme imperceptible à nos yeux, et notre âme est encore plus incompréhensible à notre faible intelligence; nos passions nous aveuglent, elles nous déguisent nos défauts et nos vices; notre amour-propre ne nous étale que de bonnes qualités et des perfections. La connaissance de nous-mêmes est l'étude de toute la vie; encore ne se connaît-on pas. Nous ne voyons pas la poutre qui nous crève les yeux. Nous croupissons, nous mourrons dans nos crimes, si le Père des lumières ne nous les montre pas, et ne nous tend pas la main pour nous en tirer.

3° *Par rapport à nos devoirs.* La loi de Dieu est publiée, elle nous est manifestée; malgré cela, que de leçons, que d'instructions ne faut-il pas pour nous la faire connaître, pour nous rappeler à son observance! Que d'obscurités, que d'incertitudes dans la morale, et cela par un fonds de mauvaise volonté, qui vient toujours du péché de notre origine. Ah! que vous nous faites bien voir, ô mon Dieu! combien nous avons besoin de vos lumières et de vos secours pour marcher dans la voie de vos commandements!

4° *Par rapport à la fin pour laquelle nous sommes créés.* L'homme dégradé s'est courbé vers la terre; il a oublié sa sublime destinée pour le Ciel; l'homme, devenu animal par le péché, méconnaît les choses de Dieu; il ne cherche son bonheur que dans les plaisirs de l'animalité. Voilà ce que nous serions, si un Dieu réparateur ne nous disait pas: Mortels régénérés, dégagez-vous de cette

terre ; levez la tête, et ne soupirez qu'après le bonheur
céleste, pour lequel vous avez été formés ; ne vous laissez
pas entraîner par des penchants qui ne vous sont restés
que pour augmenter votre gloire, en vous donnant l'occasion d'en triompher.

D. Qu'est-ce que la concupiscence ?

R. La concupiscence est l'inclination au mal et
l'éloignement pour le bien.

Fuyez le mal et faites le bien, dit le Seigneur ; et, au
contraire, la concupiscence dit : Faites le mal et fuyez le
bien. C'est ainsi, mes enfants, que nous entrons dans le
monde avec des penchants qui nous éloignent de la vertu
et nous précipitent dans le vice. L'Apôtre saint Jean
distingue trois branches de concupiscence : la concupiscence de la chair, la concupiscence des yeux, et l'orgueil de la vie. *Concupiscentia carnis, concupiscentia
oculorum, et superbia vitæ.* (1. Joan. ii, 16.)

1° *Concupiscence de la chair.* C'est l'amour excessif
des plaisirs des sens, la gourmandise, la sensualité, la
mollesse, les voluptés d'une chair qui se révolte contre
l'esprit, malgré les lois qui devraient la tenir dans la
dépendance.

2° *Concupiscence des yeux.* C'est cette curiosité qui
veut tout voir et tout savoir ; cette avidité de tout apprendre, qui nous porte à des lectures où nous puisons
l'irréligion et la corruption des mœurs ; ce désir de voir,
qui nous conduit à des spectacles où nous puisons la mort
par les yeux et les oreilles ; cette démangeaison maligne
que nous avons de connaître les défauts d'autrui pour en
nourrir notre haine et notre jalousie ; en un mot, ce désir
insatiable que nous avons d'apprendre le mal plutôt que
le bien.

3° *L'orgueil de la vie.* C'est cette enflure d'esprit et de
cœur qui nous élève au-dessus de nos frères, qui nous
les fait mépriser, ou qui nous irrite contre leurs mépris.
C'est cette ambition, ces prétentions, cet amour de la

domination, qui excitent les querelles, les guerres, les hérésies et la plupart des désordres qui ravagent les sociétés. C'est cette vanité qui nous porte à rechercher les honneurs, les distinctions, l'estime des hommes au détriment de la gloire de Dieu. C'est cet amour du faste, de la magnificence, des parures, qui cherche à briller, à se distinguer, à s'attirer les regards des hommes au lieu de ceux de Dieu.

Ces trois espèces de concupiscence sont tout à la fois et la suite et la cause du péché ; elles sont la suite du péché originel et la cause de tous les autres péchés où nous entraînent nos penchants malheureux.

C'est en cela précisément que nos premiers parents ont péché.

1° *Par sensualité*. Le fruit leur parut beau, et ils en voulurent manger pour satisfaire leur appétit, contre la défense qui leur en était faite.

2° *Par curiosité*. Ils voulurent avoir la connaissance du bien et du mal, contre les desseins de Dieu, qui voulait les laisser dans la simplicité et la candeur de l'innocence.

3° *Par orgueil*. Ils voulurent être comme des Dieux : prétention qui avait précipité dans l'abîme le tentateur qui voulait les y entraîner après lui. *Quis ut Deus?* qui peut être semblable à Dieu ? C'est la devise avec laquelle l'Archange saint Michel foudroya les Anges superbes qui voulurent s'égaler à Dieu.

Telle est, mes chers enfants, cette concupiscence effrénée qui nous fait une guerre continuelle. Nos penchants nous dominent, il faut continuellement les combattre. Mais tout n'est pas perdu ; au contraire, par un effet merveilleux de notre réparation, la grâce du Seigneur fait tourner à notre avantage les effets malheureux de notre décadence ; des victoires, des couronnes, une gloire immortelle deviennent le prix de nos combats entre les mains du Tout-Puissant, qui sait tirer le bien du mal même. C'est ce que va vous apprendre la dernière demande.

D. La concupiscence est-elle un péché?

R. Non, et même elle devient un sujet de mérite en ceux qui lui résistent.

La concupiscence n'est point un péché, quoiqu'elle nous porte au péché. Nos penchants ne deviennent coupables que lorsque nous en suivons la pente au-delà des bornes de la loi. Ainsi cet amour du plaisir, cette envie de savoir, cette fierté, qui sont des passions, peuvent être bonnes; elles sont comme les ressorts de l'âme, pour lui donner de l'activité. Elles ne sont point un mal si elles ne se portent pas sur des objets défendus, et si elles se contiennent dans de justes bornes. Elles deviennent une victoire, un sujet de mérite, si nous y résistons pour obéir à la loi. Alors le Dieu bon, qui nous les a laissées pour remplir les vues de sa providence, veut bien récompenser nos combats et nos triomphes, et couronner ses propres dons.

Comme vous voyez, mes enfants, le péché originel est réparé avec une surabondance de grâce, de miséricorde, de libéralité et de magnificence, qui doivent exciter continuellement notre courage, notre patience, notre amour et notre reconnaissance. La concupiscence devient un sujet de vertu. Par-là notre Dieu augmente notre couronne en nous aidant lui-même à la conquérir. C'est ainsi que le Tout-Puissant fait tout servir à sa gloire et à notre salut, pourvu que nous n'y mettions pas obstacle par un abus fatal de notre liberté.

Oui, encore une fois, mes enfants, *la grâce a surabondé où le délit avait abondé, en sorte que, comme le règne du péché avait produit la mort, de même la grâce a régné par la justice, et a produit la vie éternelle par Jésus-Christ Notre-Seigneur.* (Rom. v, 20 et 21.)

Tel a été le péché originel, telle est sa réparation. Revenons maintenant sur ce que nous avons dit, et répondez-moi, N.

SOUS-DEMANDES.

D. Qu'entendez-vous quand vous dites que le péché est une désobéissance à la loi de Dieu?

R. C'est-à-dire que nous désobéissons à Dieu en faisant ce qu'il nous défend, ou en ne faisant pas ce qu'il nous commande : voilà le péché.

D. Que veut dire ce mot *originel*, péché originel?

R. Que ce péché nous vient de notre origine, par Adam notre premier père.

D. Est-ce que nous l'apportons en venant au monde?

R. Oui, nous sommes conçus dans ce péché.

D. Racontez-nous en peu de mots l'histoire du péché originel, la chute d'Adam.

R. Dieu avait placé Adam et Eve dans un jardin magnifique appelé le Paradis terrestre. Parmi les arbres du jardin, il y en avait un dont il leur défendit de manger le fruit, pour éprouver leur obéissance. Le démon prit la figure du serpent; il tenta Eve; elle en mangea, elle en présenta à son mari qui en mangea aussi. Dieu punit leur désobéissance, il les chassa du Paradis terrestre; il les condamna aux misères et à la mort; ils perdirent le Ciel qui était promis à leur fidélité; et tous ces malheurs ont passé à leurs descendants. Voilà comme nous naissons coupables de ce péché appelé originel, parce que nous le tirons de notre origine.

D. Devons-nous croire cela comme article de foi?

R. Oui, c'est une vérité que Dieu nous a révélée avec toute la religion chrétienne.

D. Quelle est la liaison de cette vérité avec les autres ?

R. C'est que, s'il n'y avait point de péché originel, il n'était besoin ni de rédemption, ni de rédempteur. Tout l'ensemble de la religion chrétienne suppose donc le péché originel.

D. La rédemption de J.-C. a-t-elle effacé tous les effets du péché originel ?

R. Non, Dieu nous les a laissés pour éprouver notre vertu et nous faire mériter le Paradis.

D. Toutes les misères de cette vie viennent donc du péché originel?

R. Oui, tous nos maux viennent du péché originel.

D. Vous dites que l'ignorance en est une suite ; qu'est-ce que l'ignorance ?

R. C'est que nous venons au monde ne sachant rien, et que dans la suite nous avons bien de la peine pour apprendre ; encore savons-nous bien peu de chose.

D. Qu'est-ce que la concupiscence?

R. C'est le penchant que nous avons à faire le mal.

D. Si on résiste à ses mauvais penchants, on mérite donc le Paradis?

R. Oui, Dieu veut bien accorder cette récompense aux victoires qu'il nous fait remporter par sa grâce.

RÉCAPITULATION PRATIQUE.

1° Considérez souvent ce que c'est que le péché, quel mal c'est de désobéir à Dieu, et fuyez-le comme le serpent, *quasi à facie colubri fuge peccata.* C'est l'avis du Sage. (Eccli. xxi, 2.)

2° Considérez en particulier ce que c'est que le péché originel, cette première source de tous les autres péchés. Faites quelquefois des actes de foi sur cette triste, mais incontestable vérité.

3° Gémissez sur les suites funestes que nous en éprouvons tous les jours ; mais tirez-en votre profit selon les vues de notre divin Réparateur, qui nous a rétablis dans nos droits primitifs avec une surabondance de grâce si généreuse.

4° Remerciez-le souvent de ce qu'il vous a tirés de l'esclavage du péché et du Démon, et de ce qu'il a si merveilleusement tourné nos malheurs à notre éternelle félicité.

5° Demandez-lui la grâce de profiter d'un changement si salutaire, et de ne pas succomber aux effets de la concupiscence, ni aux autres suites du péché originel.

PRIÈRE.

Ecce.... in iniquitatibus conceptus sum, et in peccatis concepit me mater mea. Voici donc que j'ai été formé dans l'iniquité, et c'est dans l'état déplorable du péché que ma mère m'a conçu! Triste et humiliante vérité !.... Vérité de foi, vérité fondamentale de la religion divine que nous professons ! Nous devons la croire, ô mon Dieu! puisque c'est vous-même qui nous l'avez révélée. Nous gémissons, il est vrai, sous une si lamentable origine ! Mais nos fers sont brisés; nous sommes relevés de cette fatale dégradation. Vous nous avez rétablis au-dessus de notre grandeur primitive, *puisque votre grâce surabonde où avait abondé le péché.* Nous vous remercions, ô notre divin Réparateur! de tant de bienfaits et de leçons importantes que nous venons de recevoir. Pardon, Seigneur, d'avoir méconnu nos misères et vos grandes miséricordes! Oui, désormais nous voulons mettre à profit les unes et les autres; faites-nous-en la grâce, ô mon Dieu!

Et vous, Vierge immaculée, qui avez été exempte de cette tache originelle, vous qui avez contribué à la réparer, obtenez-nous de votre cher Fils, notre divin Réparateur, la grâce de profiter d'un si grand bienfait, et de jouir avec vous du bonheur que nous avons si heureusement recouvré. Ainsi soit-il.

DU PÉCHÉ ACTUEL.

D. Qu'est-ce que le péché actuel?

R. Le péché actuel est celui que nous commettons par notre propre volonté.

Ce mot *actuel* vient du mot *action.* Le péché *actuel* est appelé ainsi parce que nous le commettons par notre propre action et le choix libre de notre volonté; au lieu que le péché originel, dont nous avons parlé, nous est venu par notre origine. On ne peut être coupable du péché actuel que lorsqu'on a atteint l'âge de raison, et qu'on sait ce que l'on fait, c'est-à-dire vers sept à huit ans. Les petits enfants, qui n'ont pas encore la raison, ne pèchent pas, parce qu'ils ne savent pas encore discerner le bien du mal; mais vous, mes enfants, qui avez déjà atteint cet âge, vous commettez des péchés actuels quand vous faites quelque chose de contraire à la loi de Dieu. Hélas! malheureusement c'est souvent le premier usage que l'on fait de ses lumières! On s'en sert pour offenser celui qui nous les a données! Quelle ingratitude! quel abus des dons de votre Créateur, si vous avez déjà péché ! Quoi ! si jeune encore, vous auriez déjà souillé cette belle robe d'innocence qui vous fut donnée au Baptême ! Vous seriez rentré sous les chaînes et dans l'esclavage du Démon dont vous aviez été délivré !..... Encore enfant et déjà pécheur, déjà l'ennemi de votre Dieu ! Ah ! quel malheur ! Il n'est donc que trop vrai que l'homme est enclin au mal dès ses premières années ? *Sensus et cogitatio humani cordis in malum prona sunt ab adolescentia sua.* (Gen. xiii, 21.)

D. En combien de manières commet-on le péché actuel ?

R. En quatre manières : par pensée, par parole, par action et par omission.

1° On pèche *par pensée*, en pensant au mal ou à mal faire, avec réflexion, avec plaisir, en s'y arrêtant volontairement ; car Dieu est le souverain maître de nos âmes comme de nos corps. Il sonde les esprits et les cœurs, il défend jusqu'à la pensée et au désir de faire le mal ; devant lui la volonté est réputée pour le fait ; le crime est déjà commis dès que l'on en a eu la pensée volontaire et réfléchie. Ce sont là les péchés de l'âme ; les autres sont les péchés du corps.

On pèche *par parole*, en parlant mal ; par exemple, en jurant, blasphémant, en disant des paroles injurieuses au prochain, des mensonges, des médisances, des calomnies, des paroles déshonnêtes ; voilà les péchés de la langue, si nombreux, si funestes, que saint Jacques nous dit qu'elle *renferme toutes les iniquités.* (Jac. iii.) « Nous péchons tous beaucoup, dit cet Apôtre ; mais il
» semble que tous les péchés se réduisent à ceux de la
» langue. Un homme qui ne pèche pas par la langue est
» un homme parfait ; il peut contenir et diriger tout son
» corps avec le frein. Nous venons à bout de dompter les
» chevaux les plus fougueux et de les conduire à notre
» gré. Le moindre gouvernail suffit pour diriger de vastes
» vaisseaux au milieu des vagues et des tempêtes ; mais la

» langue, ce petit membre, ne peut être arrêté. Il occa-
» sionne les plus grands ravages. Une étincelle embrase
» une grande forêt. Oui, la langue est un feu dévo-
» rant ; c'est la source universelle de toutes les iniquités.
» Ce malheureux instrument du péché, placé parmi nos
» autres membres, répand ses taches et sa noirceur par
» tout le corps. La langue, enflammée par le feu de
» l'enfer, embrase le cours de nos années. On vient à
» bout de dompter la nature des bêtes féroces, des ser-
» pents, des oiseaux ; mais nul homme ne peut dompter
» la langue. C'est un mal inquiet, sans repos ; la langue
» est remplie d'un poison mortel. »

Voyez, mes enfants, quel affreux portrait de la langue
humaine. Voyez quel fleuve d'iniquités sort continuellement de cette source empoisonnée. *Universitas ini-*
quitatis.

3° On pèche *par action* lorsqu'on fait des actions défendues par la loi de Dieu, comme de voler, de frapper
son prochain, de lui intenter des procès injustes, de faire
des choses honteuses et déshonnêtes, etc. Ce sont là des
péchés d'action.

4° *Par omission.* C'est lorsqu'on ne fait pas ce qu'on
devrait faire. Par exemple, en manquant à ses prières,
à la Messe, aux offices du dimanche, etc. Voilà ce qu'on
appelle péchés d'omission.

Voyez, mes enfants, combien de manières d'offenser
Dieu. Toutes les facultés de notre corps sont des instruments de péché et de damnation, si nous n'y prenons
garde. Hélas ! chers enfants, c'est bien notre faute : c'est
que nous avons la malice de tourner contre notre souverain Bienfaiteur tous les dons qu'il a bien voulu nous faire.

D. Combien y a-t-il de péchés actuels ?

R. Il y en a de deux sortes : le péché mortel et le
péché véniel.

Faites bien attention à cette demande. Ce n'est pas la
même que celle que l'on vous a faite au chapitre précé-

dent ; on ne vous demande plus ici combien il y a de péchés en général, mais combien il y a de sortes de péchés actuels ; c'est-à-dire, comment distingue-t-on ces péchés que nous commettons par notre propre volonté ? On les distingue, répondez-vous, en péchés mortels et en péchés véniels. C'est-à-dire que les uns sont de grands péchés qu'on appelle *mortels*, les autres de moindres péchés qu'on appelle *véniels*, comme nous allons vous l'expliquer.

D. Qu'est-ce que le péché mortel ?

R. Le péché mortel est celui que l'on commet en chose grave et avec un parfait consentement.

Les péchés mortels sont les grands péchés que l'on commet en chose *grave*, importante. Par exemple, si on prenait une grande somme d'argent ; si on faisait un grand dommage ; si on disait de grosses injures ; si on faisait de graves médisances, des calomnies atroces, de faux serments.

On ajoute : *avec un parfait consentement ;* c'est-à-dire si on se livre à ces grands péchés avec réflexion, délibération, volonté pleine et entière, sans faire aucune résistance à ses passions. Par exemple, si on prend plaisir volontairement à de mauvaises pensées, à de mauvais désirs, à des suggestions, à des attaques dangereuses, sans efforts contraires, sans recourir à Dieu, voilà des péchés mortels, parce que l'on y donne un consentement libre, complet, réfléchi, soutenu.

C'est donc la volonté, le consentement libre, qui fait le péché. On ne pèche pas quand on fait une mauvaise action sans liberté, sans savoir ce que l'on fait, comme les enfants qui n'ont pas la raison, les fous, qui l'ont perdue, les malades dans le transport, les personnes endormies, etc. ; cependant un homme ivre est coupable dans son ivresse, quoiqu'il n'ait point la présence de l'esprit, parce que c'est sa faute s'il a perdu la connaissance, et s'il s'est réduit à l'état des bêtes. Il a commis un grand péché mortel en s'enivrant, et il est encore coupable dans les effets qui en sont la suite ; de même on est coupable dans les mauvaises pensées et les tentations qui viennent, quand on s'est exposé volontairement et présomptueusement aux occasions du péché. On a beau dire : Je n'ai pu résister, je n'étais pas libre, etc. ; il ne fallait pas vous exposer ni vous mettre dans une circonstance où vous ne seriez plus maître de vous-même ; vous avez péché dans la cause qui a produit ce malheureux effet.

D. Pourquoi l'appelle-t-on mortel?

R. Parce qu'il donne la mort spirituelle à notre âme, en lui faisant perdre la vie de la grâce.

Le terrible mot, mes chers enfants ! *mortel ! péché mortel !* qui donne la mort ! et quelle mort ?..... la mort de l'âme, la mort éternelle ! Voilà pourquoi on appelle ce péché *mortel.* Hélas ! aussitôt que vous l'avez commis, si vous avez eu ce malheur, vous avez perdu la grâce qui était la vie de votre âme, l'innocence, la sainteté du Baptême, l'amitié de Dieu. D'abord que vous avez eu prononcé ce jurement, ce blasphème, cette imprécation horrible ; aussitôt que vous avez eu désobéi, résisté, répondu insolemment à vos père et mère ; d'abord après cette action honteuse et déshonnête, votre âme criminelle est tombée dans un état de mort ; et, si vous êtes encore dans ce déplorable état, elle ne vit plus, vous la portez dans votre corps comme un cadavre dans un cercueil. *Funus tuum ipse circumportas.* Aux yeux des hommes vous êtes vivant, mais vous êtes mort aux yeux de Dieu. *Nomen habes quod vivas, et mortuus es.* (Apoc. III.) Vous portez au-dehors la vigueur, la force, la santé, les charmes de la jeunesse ; mais, dans le fond, *vous n'êtes qu'un sépulcre blanchi qui renferme au-dedans les ossements et la pourriture.* (Matth. XXIII, 27.) C'est mille fois pire que la pourriture des cadavres. Celle-ci ne fait horreur qu'aux hommes, mais la vôtre fait horreur à

Dieu ; elle est chargée de son indignation et de ses ana-thèmes ; il n'a qu'à briser ce corps, cette frêle argile qu'il tient à sa main, et votre âme tombera dans l'abîme. Ah ! chers enfants, ah ! mes frères, le déplorable état ! Sortez-en donc ; réveillez-vous, morts ; *surgite, mortui.* Que ne puis-je, mes chers enfants, graver dans vos cœurs encore tendres une si profonde horreur du péché mortel, que jamais vous n'en commettiez dans votre vie ! C'est ce que fit autrefois une vertueuse princesse, mère du plus saint de nos rois, saint Louis. Voici ce qu'elle lui disait : *Mon fils, je vous aime tendrement, vous êtes destiné à monter sur le trône de vos aïeux ; cependant, mon enfant, j'aimerais mieux vous voir mort que coupable d'un seul péché mortel !* Paroles efficaces qui firent de cet enfant un grand Saint et un grand roi. Il conçut tant d'horreur du péché mortel, qu'au rapport des auteurs de sa Vie, il n'en commit jamais, tant ces ardentes paroles s'étaient gravées profondément dans cette âme tendre et docile ! Pères et mères, répétez-les sans cesse à ces jeunes enfants que vous élevez dans vos maisons, et vous les prémunirez efficacement contre ce mal funeste, et vous en ferez des Saints.

D. Quels sont les effets du péché mortel ?

R. Le péché mortel nous rend ennemis de Dieu, esclaves du Démon, et sujets aux peines de l'enfer.

Voilà, mes enfants, trois grands maux que produit en nous le péché mortel.

1° *Il nous rend ennemis de Dieu.* Oui, pauvres enfants, si actuellement vous êtes en état de péché mortel, vous êtes ennemis de votre Dieu ; votre âme, souillée, dé-gradée, profanée, est un objet d'abomination à ses yeux, parce que, étant la sainteté même, il déteste né-cessairement l'iniquité partout où elle se trouve. Dans ce déplorable état vous êtes, comme dit un Prophète, pleins de l'indignation du Seigneur, *pleni indignatione Domini.* (Isai. LI, 20.) Être l'ennemi de son Dieu ! de son Père céleste! concevez-vous bien ce que c'est ? quel malheur! combien il est amer d'avoir abandonné son service et sa loi sainte ! *Scito et vide quia malum et amarum est dereliquisse te Dominum Deum tuum.* (Jerem. II, 49.) Il vous abandonne à son tour, il vous repousse, il vous rejette avec horreur comme vous l'avez laissé vous-mêmes. *Scito et vide ;* voyez-le par une comparaison sensible : si vous aviez outragé votre père et votre mère, si, courroucés contre vous, ils vous repoussaient de leur présence, s'ils vous disaient : Retirez-vous, enfant ingrat, indocile, rebelle, dénaturé; que je ne vous voie pas devant mes yeux... Allez, vous vous êtes rendu indigne de ma tendresse, je ne vous aime plus, etc. Quel serait votre chagrin !..... Eh bien ! voilà ce que vous dit le Seigneur : Non, tu n'es plus mon enfant ! va, tu n'es plus digne que de ma colère et de mes vengeances.

2° Le péché mortel *nous rend esclaves du Démon.* Le Démon a péché dès le commencement ; c'est par lui que le péché est entré dans le monde. Le péché a été l'instrument fatal de ses victoires; c'est par-là qu'il a triomphé de nos premiers parents ; ils en devinrent les esclaves, et nous après eux. Nés sous son empire, nous en fûmes affranchis au Baptême ; mais, si nous péchons mortellement après cela par notre propre choix, nous retombons dans ses fers. Il règne en souverain dans une âme coupable ; là est son trône et sa demeure. Si vous mouriez dans cet état, dit saint Augustin, ce maître impitoyable vous revendiquerait comme sa conquête ; il dirait à Dieu : Ce pécheur, cette pécheresse m'appartiennent ; je les ai saisis sur mon empire ; ils portent mes livrées ; ils ont repris mon joug ; grand Dieu, je les réclame comme mes sujets et mes esclaves. Que répondrait le Seigneur ? Oui, je les abandonne au maître qu'ils ont indignement choisi après avoir abjuré ma loi et les engagements qu'ils avaient pris avec moi à leur Baptême.

3° Le troisième effet du péché mortel est de *nous rendre sujets aux peines de l'enfer.* Aussitôt que vous avez eu péché mortellement, mes pauvres enfants, le Paradis a été fermé pour vous ; votre nom a été effacé du royaume des Cieux, votre place perdue. *Non*, dit l'Apôtre, *ni les impudiques, ni les voleurs, ni les médisants, ni les calomniateurs, ni les ivrognes, ni les gourmands, ne posséderont le royaume de Dieu ;* leur place est dans les enfers avec les Démons qui les ont vaincus. L'enfer, ce lieu d'horreur et de supplice, cette fournaise ardente où il n'y aura que pleurs et grincements de dents ; voilà votre demeure éternelle, si vous êtes actuellement en péché mortel, si vous y vivez, si vous y mourez. Vous êtes morts à la grâce, et votre sépulture est dans *le puits de l'abîme.* Placés sur cet affreux précipice, vous y êtes suspendus par un fil ; votre vie ne tient qu'à ce fil fragile ; le Dieu que vous avez offensé, et que vous outragez encore, le tient en sa main. Il peut le trancher à chaque instant, et vous y voilà pour jamais... Quel état ! Comment peut-on vivre dans un si grand danger, et dormir tranquille en cette déplorable situation, sujet à l'enfer, déjà condamné à ses affreux supplices, ennemi du Dieu irrité qui peut nous y plonger entre les mains des Démons, qui s'efforcent de nous y entraîner ?... Un moment de réflexion sur ces terribles vérités, elles sont de foi ; c'est l'Evangile, c'est l'Apôtre, c'est Jésus-Christ lui-même qui nous les annoncent. Quel état ! encore une fois ; y êtes-vous ? Oui, quand vous n'auriez qu'un seul péché mortel sur la conscience.

D. Un seul péché mortel suffit-il pour faire perdre la grâce de Dieu ?

R. Oui, un seul péché mortel suffit pour nous faire perdre la grâce de Dieu.

Hélas ! oui, mes chers enfants, un seul péché mortel suffit pour produire en vous tous les déplorables effets dont nous venons de parler. La grâce perdue, tout est perdu pour vous ! vous voilà les ennemis de Dieu, les

esclaves du Démon et les victimes déplorables destinées
à ses terribles vengeances... Il ne faut qu'un seul péché
mortel ! Et il est si aisé d'en commettre ! Et on en commet tant en une année, en un mois, en une semaine, en
un jour, en un moment ! Il n'en faut qu'un !... Et peut-
être vous en avez déjà commis des milliers, tout jeunes
que vous êtes. Examinez, voyez ; un coup-d'œil sur
votre conscience. Vous êtes encore enfants, et cependant
déjà que de jurements ! que de blasphèmes ! que d'imprécations ! que de paroles déshonnêtes ! que d'injures !
que d'outrages ! que de mensonges ! que de vols ! que
de dommages ! que d'actions honteuses ! que d'omissions
de vos devoirs ! que d'irrévérences, etc. ! Hélas ! si
jeunes encore, et déjà si coupables ! Et déjà une masse
énorme d'iniquités vous entraîne dans l'abîme ! Et déjà
une légion d'esprits infernaux vous possède !

D. Nous devons donc bien craindre le péché
mortel ?

R. Oui, plus que tous les maux du monde.

C'est la conclusion pratique que nous devons tirer de
tout ce que nous venons de dire. Puisque le péché est un
si grand mal, il faut le craindre, l'éviter, nous en tirer.
Soyez donc sur vos gardes contre les tentations, les attaques du Démon ; fuyez, fuyez le péché et tout ce qui
peut vous y conduire ; fuyez comme à l'aspect d'une couleuvre qui vous effraie : *Quasi à facie colubri fuge peccata.* (Eccli. xxi, 2.) C'est le Sage qui vous donne cet
avis. Si vous rencontrez un serpent caché sous l'herbe,
ah ! quelle est votre frayeur ! comme vous fuyez ! Telles
doivent être vos alarmes à l'aspect du vice. Fuyez-le
comme un monstre qui va vous dévorer ; fuyez-le avec
mille fois plus d'horreur et de précautions, parce qu'il
peut vous faire infiniment plus de mal. Et, si vous êtes
malheureusement dans ce déplorable état, sortez-en au
plus tôt. Chers enfants, si vous aviez avalé du poison,
ne feriez-vous pas promptement tous vos efforts pour le

vomir ! vite et vite, au secours, au remède, pour ne pas mourir. Hélas ! si vous avez péché mortellement, un fatal poison est dans votre âme, il la dévore ; recourez au remède, allez vite au tribunal des miséricordes ; expectorez ce venin funeste, recourez au médecin de cette âme prête à mourir, sortez de ce bourbier, etc.

D. Qu'est-ce que le péché véniel ?

R. Le péché véniel est celui que l'on commet en chose légère ou sans un parfait consentement.

Les péchés véniels sont les moindres péchés, les péchés légers ; ils sont moins considérables que les mortels, parce qu'on les commet en chose légère ou de peu de conséquence. Par exemple, voler un sou, ce n'est pas un grand péché comme de voler un louis ; dire un petit mensonge, ce n'est pas un grand péché comme d'inventer une calomnie atroce. Le péché est encore véniel quand on le commet *sans un parfait consentement*, c'est-à-dire quand on n'a pas le temps de la réflexion, quand on n'a pas une bien mauvaise volonté, quand on est surpris, entraîné vivement par la tentation, et qu'on fait beaucoup d'efforts pour résister. Par exemple, on est emporté par la vivacité, ce n'est qu'un petit mouvement de colère que l'on réprime en un instant ; une parole échappe à l'étourderie et à la légèreté de la langue, et on la rétracte sur-le-champ. Ce sont là des fautes légères échappées à la fragilité humaine ; elles sont inséparables de notre faiblesse. Le Sage dit que le juste même pèche sept fois le jour. Mais notre Dieu sait de quel limon il nous a pétris ; il pardonne aisément ces fautes légères et peu consenties ; c'est pour cela qu'on les appelle vénielles.

D. Pourquoi nomme-t-on ce péché véniel ?

R. Le mot véniel veut dire pardonnable, et signifie un péché plus aisé à expier.

Ce mot *véniel* vient du mot latin *venia*, qui veut dire

pardon. Un péché véniel est un péché plus aisé à pardonner qu'un grand péché commis en matière considérable, avec toute la liberté, la réflexion, la malignité dont le cœur humain est capable. Le péché véniel est aussi plus aisé à expier que le péché mortel, car Dieu n'exige pas qu'il soit déclaré à la confession ; il ne le punit pas si sévèrement ; il n'en exige pas une si grande pénitence. Cependant, mes enfants, ne concluez pas de là que l'on soit autorisé à le commettre sans crainte ; qui dit pardon ou pardonnable, suppose une faute. Or, une faute doit toujours être évitée avec soin, quelque légère qu'elle soit.

D. Devons-nous éviter soigneusement le péché véniel ?

R. Oui, parce qu'il diminue en nous la grâce, nous conduit au péché mortel, et nous rend dignes des peines temporelles dans ce monde ou dans l'autre.

Voilà, chers enfants, trois raisons qui doivent spécialement nous faire éviter le péché véniel.

1° *Il diminue en nous la grâce*. Et qu'est-ce que cette grâce ? C'est l'amitié de Dieu pour nous ; c'est le secours que Dieu nous donne dans nos besoins. Expliquons tout cela. L'amitié se refroidit à mesure que nous offensons une personne qui nous aime. Un père aimerait-il bien tendrement, bien constamment un enfant qui lui déplairait à chaque instant par mille petits traits d'étourderie, de malignité, de désobéissance ? Le bon Dieu vous aimera-t-il bien si vous lui déplaisez par mille petits mensonges, mille vivacités, mille petits traits de légèreté, de dissipation, de paresse, de sensualité, etc. ?... Ces fautes, à la vérité, n'outragent pas votre Père céleste jusqu'à l'indignation ; mais elles refroidissent peu à peu son amour et sa tendresse à votre égard ; elles diminuent ainsi la grâce habituelle qui est en vous ; et, par une conséquence naturelle, ces péchés diminuent la grâce actuelle en resserrant les libéralités de votre souverain

Bienfaiteur. Car, comment voulez-vous qu'il vous donne généreusement, si vous êtes si peu généreux à son égard; si vous laissez perdre une partie de ses dons par une certaine négligence à les faire fructifier? Il doit donner moins à qui lui donnera moins, à qui lui déplaira par mille infidélités. Vous ne crucifiez pas Jésus-Christ comme par le péché mortel; mais vous l'affligez, vous *contristez le Saint-Esprit au-dedans de vous;* tout cela établit un refroidissement mutuel entre Dieu et vous, qui diminue la charité réciproque de Dieu pour vous, et de vous pour Dieu. S'aime-t-on quand on offense et qu'on est offensé? Et de cette conduite que résulte-t-il? L'abandon total et une chute mortelle, car

2° *Le péché véniel conduit au mortel.* C'est l'avertissement que nous donne le Sage : *Quiconque méprise les petites fautes tombera peu à peu dans les grandes.* (Eccli. xix, 1.) Le péché véniel ne donne pas la mort à l'âme, mais il la rend malade. Et comme une maladie négligée, longue, invétérée, conduit à la mort, de même les péchés véniels commis avec négligence, facilité, sans crainte, sans remords, conduisent à la mort de l'âme. Petit à petit on se familiarise avec le mal; on s'y accoutume; la conscience s'élargit, les forces de l'âme s'affaiblissent, et enfin elle périt misérablement. On s'accoutume à de petits jurements, et bientôt on en vient aux blasphèmes, aux imprécations et aux faux serments. On s'accoutume à des mensonges légers, et bientôt on fait de faux témoignages et des calomnies. On s'accoutume à prendre une épingle, une plume, un liard; et enfin on prend des sommes, on usurpe des héritages. Cartouche, ce fameux voleur, a commencé par voler des plumes à l'école, et il a fini sur un échafaud. Si vous vous accoutumez à être de petits pécheurs maintenant, vous serez de grands pécheurs dans la suite... Que dis-je, dans la suite?. Ah! à l'instant même où vous croyez ne commettre qu'un péché véniel, que sait-on si vous n'êtes pas coupables d'un péché mortel? Connaît-on, aperçoit-on si aisément les *limites qui les séparent*, pour ne pas se laisser emporter au-delà, surtout dans certaines circonstances critiques, lorsqu'on s'y est trop accoutumé, lorsqu'on les commet sans crainte et sans réserve? Hélas! on franchit bientôt ces limites imperceptibles. On croit ne dire qu'un bon mot, une plaisanterie, et l'on dit une obscénité, on fait une horrible médisance. Voilà comme le péché véniel conduit au mortel. *On est tiède, et déjà Dieu commence à vous vomir de sa bouche.* (Apoc. iii, 16.) *On croit vivre encore, on en a la renommée, et déjà l'on est mort à la grâce.* (Ibid. 1.) Mais, quand le péché véniel n'aurait pas ces suites funestes, ses châtîments seuls ne devraient-ils pas nous le faire éviter soigneusement?

3ᵉ·Raison de l'éviter : *il nous rend dignes des peines temporelles en cette vie et dans l'autre.* Tout péché porte sa peine ; il faut qu'il soit expié par des peines, ou volontaires ou forcées, dans ce monde ou dans l'autre. Les peines de la vie sont les punitions du péché ; le Dieu juste que nous offensons les proportionnera à nos fautes. Plus nous en commettrons, plus nous subirons de peines, ou ici, ou en purgatoire. Mais, ces souffrances du purgatoire, est-ce donc si peu de chose que l'on puisse les affronter de gaîté de cœur? Les Pères de l'Eglise nous assurent qu'elles sont aussi rigoureuses qu'en enfer, excepté la durée et le désespoir. Une année de purgatoire, un mois, un jour, une heure même, quel est celui d'entre vous qui voudrait l'endurer, s'il en connaissait les tourments? Si on vous disait : Tu seras brûlé pendant un mois, un seul jour, pour un vol de dix sous, quel est celui qui oserait le commettre? Qui oserait dire ce petit mensonge, manquer à sa prière, rester une demi-heure de plus dans son lit, etc.? Voilà cependant ce qui vous arrivera, si vous mourez en péché véniel.

Voilà, chers enfants, bien des raisons pour éviter le péché véniel ; mais la principale, c'est qu'il offense Dieu, et que c'est le plus grand mal après le péché mortel ; plus grand que tous les malheurs de la vie, que les grêles,

les orages, les tempêtes qui ravagent vos champs ; plus grand que le renversement de vos fortunes, les pestes, les maladies, la mort ; car tous ces maux ne sont que le mal de l'homme, et le péché, même véniel, est le mal de Dieu. Ces calamités temporelles peuvent se changer en biens spirituels, et sont des biens véritables pour nous entre les mains de Dieu, au lieu que le péché, quelque léger qu'il soit, ne peut jamais être qu'un mal. Evitez donc avec soin les plus petites fautes, chers enfants ; évitez les petites colères, les petits mensonges, les petites gourmandises, les petites paresses, les petites vanités, les petites désobéissances, les distractions dans vos prières, etc. Hélas ! malgré toute votre vigilance, vous pécherez encore véniellement, on le sait ; cela est inséparable de la fragilité humaine, surtout de la légèreté, de la vivacité, de l'inconsidération de votre âge ; le juste même pèche sept fois le jour ; mais du moins vos fautes seront moins fréquentes, moins coupables, plus dignes de pardon de la part du Père compatissant, qui sait de quel limon il nous a pétris, parce qu'il verra dans votre cœur, dans vos efforts, dans votre vigilance, un fonds de bonne volonté pour le bien qui le touchera. Semblable à une tendre mère qui voit broncher à chaque pas un enfant qu'elle aime, il vous tendra la main, il vous soutiendra, il vous relèvera de ces chutes de faiblesse.

SOUS—DEMANDES.

D. Que signifie ce mot actuel ?

R. Cela veut dire le péché que nous commettons par notre propre action, par nous-mêmes.

D. Est-ce que tout le monde commet des péchés quand il a la raison ?

R. Non, il y en a qui conservent l'innocence de leur Baptême. Heureux ceux qui la gardent jusqu'à la mort !

D. C'est donc un grand malheur de perdre l'innocence de son Baptême ?

R. Oui, c'est le plus grand de tous les malheurs : on perd la grâce et l'amitié de Dieu.

D. Vous dites qu'on pèche par pensée ; qu'est-ce que cela veut dire ?

R. Quand on pense au mal ou qu'on le désire, c'est un péché.

D. Et par parole ?

R. On pèche quand on dit des mauvaises paroles, comme des juremens, des injures, de vilains mots.

D. Par action ?

R. On pèche par action quand on fait des choses qui sont mal, comme de voler, de se battre, etc.

D. Par omission ?

R. C'est quand on ne fait pas des choses que l'on devrait faire, comme quand on manque à ses prières, à la Messe du dimanche, etc.

D. Vous dites que le péché mortel est celui que l'on commet en choses graves ; qu'est-ce que veut dire ce mot grave ?

R. C'est quand on fait un grand mal, comme lorsqu'on vole une grande somme.

D. Et avec un parfait consentement ?

R. C'est lorsqu'on fait le mal volontiers, avec toute réflexion, sachant bien que l'on fait mal.

D. Un homme ivre ne sait pas ce qu'il fait, il ne pèche donc pas ?

R. Il ne devait pas s'enivrer ; il est coupable de tout le mal qu'il fait dans cet état de bête, parce qu'il s'y est mis librement.

D. Vous dites que le péché mortel donne la mort ; cependant il y a bien des gens qui en sont coupables, et ils ne sont pas morts ?

R. C'est l'âme qui est morte, car elle n'a plus la vie de la grâce.

D. Vous dites que le péché mortel nous rend ennemis de Dieu ; est-ce un grand mal ?

R. Oui, être haï de Dieu, c'est le plus grand des malheurs.

D. Esclaves du Démon ; qu'est-ce que c'est ?

R. C'est que le Démon est le maître de ceux qui sont en état de péché mortel.

D. Sujets aux peines de l'enfer ?

R. C'est que, si l'on mourait en péché mortel, on irait en enfer.

D. Et il ne faut qu'un péché mortel pour cela ?

R. Oui, un seul péché mortel nous perdrait éternellement si nous mourions en cet état.

D. Qu'est-ce qu'il faut donc faire pour éviter ce malheur ?

R. Se confesser aussitôt qu'on est tombé en péché mortel, et tâcher de n'y plus retomber.

D. Vous dites que le péché véniel est celui que l'on commet en chose légère ; qu'est-ce que cela veut dire, en chose légère ?

R. C'est quand on fait un petit mal, comme de prendre un liard.

D. Sans un consentement parfait ?

R. C'est quand on est surpris, quand on agit par légèreté, par étourderie, quand on ne sait guère ce que l'on fait.

D. Que veut dire ce mot *véniel*?

R. Il veut dire pardonnable.

D. On en peut donc commettre tant que l'on voudra ?

R. Non, car le plus petit péché véniel outrage Dieu, ce qui est un mal plus grand que tous les maux de la vie.

D. Comment est-ce qu'il diminue la grâce ?

R. C'est que le bon Dieu ne nous aime plus tant, et qu'il nous donne moins de secours.

D. On n'aime donc guère le bon Dieu quand on commet aisément des péchés véniels ?

R. Non, car ce n'est guère l'aimer que de lui déplaire si aisément.

D. Comment le péché véniel conduit-il au mortel ?

R. C'est qu'on s'accoutume à mal faire, et petit à petit on en vient à de grands péchés.

D. De quelles peines nous rend-il dignes en ce monde?

R. Des afflictions et des misères dont Dieu le punit.

D. Et dans l'autre vie ?

R. Des peines du purgatoire.

D. Vous éviterez donc soigneusement les petits péchés?

R. Oui, il suffit que cela déplaise à ce bon Dieu que je veux aimer de tout mon cœur.

RÉCAPITULATION PRATIQUE.

1° Concevez ce que c'est que le péché. *Sachez et voyez quel mal c'est, et combien il est amer d'avoir abandonné le Seigneur votre Dieu.*

2° Fuyez le péché et les occasions du péché, comme la peste, ou comme vous *fuiriez à l'aspect d'un serpent.*

3° Si vous êtes en état de péché mortel, sortez vite de ce dangereux et déplorable état. Si vous aviez du poison dans le corps, vite vous chercheriez un remède pour vous en débarrasser. Vomissez ce poison mortel de votre âme. Ne vous endormez pas remplis de *l'indignation de Dieu.*

4° Demandez à Dieu la grâce de sortir de cet état. Tendez vers lui la main, pour qu'il vous aide à vous

tirer de ce bourbier où vous êtes plongés, pour n'y plus
retomber, pour n'y pas mourir.

PRIÈRE.

Je le sais, je le vois, je viens de l'apprendre, ce que c'est que le
péché.... Hélas ! je ne le savais que trop dans la pratique, mais je
n'en concevais pas toute la malice et l'énormité ; j'avalais l'iniquité
comme l'eau ; mais maintenant, ô mon Dieu ! je suis instruit, l'on
m'a fait sentir toute l'horreur du plus grand de tous les maux.
Gravez profondément dans mon cœur l'instruction que je viens d'entendre ; que jamais je n'oublie quel mal c'est que le péché. Pardon,
mon Dieu, d'y avoir si peu fait d'attention jusqu'ici ; je me suis
fait un jeu du péché, je me jouais sur un précipice éternel ! Hélas !
j'ai peut-être déjà des milliers de péchés sur ma conscience ! Le
premier acte de ma raison a été un péché ; j'étais affranchi du joug
de Satan, et je l'ai repris par mon choix, par ma propre volonté ;
j'ai perdu l'innocence de mon Baptême, la grâce, l'amitié de mon
Père céleste ; je suis dans sa disgrâce actuellement !.... En quel état
suis-je réduit, moi l'enfant de Dieu ? Enfant prodigue ! j'ai tout
dissipé, tout perdu ! les richesses, la beauté dont mon âme était
décorée.... O bon Père ! voici le prodigue à vos pieds ; j'ai péché
en votre divine présence et contre vous ! Pardon ! ouvrez-moi votre
cœur paternel et recevez-moi entre les bras de votre miséricorde.
Oui, je sens ma confiance se ranimer avec ma douleur, je vais être
admis à la table de mon Père, il va faire pour moi un festin délicieux. Je vais recevoir le gage de mon pardon et de l'immortalité
bienheureuse. Ainsi soit-il.

DES PÉCHÉS CAPITAUX,

ET EN PARTICULIER DE L'ORGUEIL.

D. Combien y a-t-il de péchés capitaux ?

R. Il y a sept péchés capitaux : l'orgueil, l'avarice, la luxure, l'envie, la gourmandise, la colère
et la paresse.

D. Pourquoi nomme-t-on ces péchés capitaux ?

R. Parce que chacun de ces péchés est la source de plusieurs autres.

Ce mot *capital* vient d'un mot latin *caput*, qui signifie *tête, chef, principe, source*. Les péchés capitaux sont appelés ainsi, parce qu'ils sont en effet les chefs, la cause, le principe, la source des autres péchés. Comme la tête conduit le corps et lui imprime le mouvement, de même les péchés capitaux impriment le mouvement à l'âme pour commettre les autres péchés. Ce sont les passions primordiales, les penchants que nous avons tous dans le cœur ; elles seraient bonnes si elles étaient bien réglées ; mais elles deviennent péchés lorsqu'elles sont déréglées et nous emportent au-delà des bornes fixées par la loi de Dieu.

Toutes ces passions, appelées *péchés* parce qu'elles sont déréglées, se réduisent à une principale qui est l'amour de nous-mêmes. Cet amour, qui est bon en lui-même lorsqu'il est bien réglé, devient péché lorsqu'il est désordonné et qu'il occasionne d'autres péchés. Par exemple, si nous aimons notre gloire, nos plaisirs, jusqu'à transgresser la loi de Dieu, voilà un amour déréglé de nous-mêmes. Ce premier mobile du cœur humain se partage en sept branches différentes, ou en sept passions, que nous appelons péchés capitaux, parce que ces penchants déréglés occasionnent tous les péchés que nous commettons ; on les appelle aussi les sept péchés mortels, parce que souvent ils sont mortels et nous conduisent à de grands péchés. Ces passions ou péchés sont, comme vous venez de le dire, l'orgueil, l'avarice, la luxure, l'envie, la gourmandise, la colère et la paresse. *Les uns*, dit saint Grégoire, *sont des péchés de l'esprit ; les autres, des péchés du corps.* L'orgueil, l'envie, l'avarice, la colère, la paresse, sont des péchés de l'âme ; la gourmandise, la luxure, sont des péchés du corps ; la *différence* qu'y remarque ce saint Docteur, *c'est que les péchés de l'esprit sont plus graves et plus coupables, et ceux de la chair portent avec eux une plus grande infamie.* Mais enfin tous ces malheureux désordres de nos passions ont leur influence sur l'âme et sur le corps, et produisent en nous les plus funestes effets, parce qu'ils sont la source de tous nos péchés, qui sont nos plus grands maux.

D. Qu'est-ce que l'orgueil?

R. L'orgueil est un amour déréglé de soi-même qui fait qu'on se préfère aux autres.

On a de l'orgueil quand on s'aime soi-même jusqu'à se préférer aux autres et à se croire plus que l'on n'est; c'est trop s'aimer; cet amour de soi est déréglé. L'orgueil attaque les droits de Dieu, sa gloire, en ce que l'homme s'élève, s'enfle en s'attribuant ce qui ne lui appartient pas. *Mihi gloria*, à moi la gloire, dit le Seigneur; quand l'homme se glorifie lui-même, il usurpe donc les droits de Dieu à qui appartient tout l'honneur et la gloire; voilà pourquoi le Seigneur résiste aux superbes et se plaît à les confondre, *Deus superbis resistit.* (Jac. IV, 6.) L'orgueil est le péché des Démons qui se crurent plus qu'ils n'étaient et qui voulurent s'égaler à Dieu.

Ce vice odieux est aussi détesté dans la société. Eh! mes enfants, c'est que chacun de nous a ce même fonds d'amour-propre qui fait que nous n'aimons pas voir les autres s'élever au-dessus de nous; en conséquence, nous souffrons impatiemment ces esprits hautains qui veulent dominer; nous cherchons à les humilier. Une société d'orgueilleux serait une société de lions acharnés à se renverser les uns les autres.. Les orgueilleux sont détestés de Dieu et des hommes. Mais nous verrons mieux ce que cette passion a de criminel en la considérant dans ses effets.

D. Quels sont les effets de l'orgueil?

R. Les effets de l'orgueil sont la vaine gloire, la présomption, le mépris du prochain, l'ambition et l'hypocrisie.

C'est-à-dire l'orgueil produit en nous les défauts suivants :

1° *La vaine gloire.* Quand nous avons de l'orgueil, nous avons une gloire vaine, fausse, qui ne nous appartient pas ; nous nous glorifions de qualités que nous n'avons pas ou qui ne viennent pas de nous. L'orgueil fait que l'on recherche les louanges et l'estime des hommes dans le bien que l'on fait. Par exemple, vous avez de l'orgueil si vous apprenez bien, si vous répondez bien au catéchisme afin qu'on vous loue, qu'on dise que vous avez bien de l'esprit ; si vous travaillez afin que l'on dise que vous êtes des enfants laborieux : c'est le vice que Jésus-Christ reprochait aux pharisiens. Ils exterminent leur visage, ils veulent paraître maigres et défaits, pour paraître jeûner. *Exterminant facies suas, ut videantur hominibus jejunantes.* (Matth. VI, 16.) Ils font leurs aumônes avec éclat pour paraître charitables ; mais aussi, je vous le dis en vérité, ils ont reçu leur récompense dès ce monde (*Matth.* VI, 2) ; ils n'en ont plus à attendre du Ciel, puisque ce n'est pas pour lui qu'ils ont fait leurs bonnes œuvres.

Vous avez encore de la vaine gloire si vous vous complaisez dans la parure et la beauté, si vous vous glorifiez de vos talents, de vos richesses, de vos parents, de votre force, de votre science, etc., parce que tout cela ne vient pas de vous. Tout don parfait nous vient de Dieu qui est le père des lumières ; *omne donum perfectum desursùm est descendens à Patre luminum.* (Jac. I, 17.) Votre gloire est donc vaine, puisque tout cela ne vous appartient pas. Vous usurpez les droits de Dieu à qui appartient la gloire de tout cela ; vous l'outragez en faisant parade de ses dons. *Vous êtes un ingrat,* dit saint Thomas, *vous vous attribuez ce qui vient d'un autre ; ainsi cet orgueil tient au vice de l'ingratitude.* Mais de plus, voyez, mes enfants, combien cet orgueil est extravagant, puéril, ridicule ; c'est comme si une statue se glorifiait de ce que la main du statuaire l'a faite belle, ou de ce qu'on l'aurait

couverte de riches draperies. *O insensé ! pourquoi donc vous glorifiez-vous en ce que vous avez reçu, comme si vous ne l'aviez pas reçu ?* « C'est en vain, ô mon Dieu !
» s'écrie saint Augustin, que nous voulons être loués des
» hommes, tandis que vous nous méprisez. Non, non,
» ces hommes qui nous applaudissent ne nous défendront
» pas contre vous lorsque vous nous jugerez ; ils ne nous
» arracheront pas d'entre vos mains lorsque vous nous
» condamnerez. » Concluez de tout cela, avec l'Apôtre saint Paul, *qu'il ne faut pas désirer la vaine gloire*, ni nous repaître de cette fumée. *Non efficiamur inanis gloriæ cupidi.* (Gal. v, 26.)

2° L'orgueil produit en nous *la présomption*. L'on est présomptueux quand on se fie trop sur ses propres forces, quand on se croit capable de tout ; quand on croit pou- voir, par soi-même, faire le bien, éviter le mal, résister aux tentations, aux dangers, aux occasions de péché ; fréquenter les mauvaises compagnies, lire de mauvais livres, en disant audacieusement : Je ne risque rien, je suis assez fort, je ne succomberai pas. Je m'en tirerai comme j'ai déjà fait ; *egrediar sicut ante feci*, disait Samson (Judic. xvi, 20) ; mais il n'avait plus en lui la force de Dieu ; sa présomption fut punie : il tomba entre les mains des Philistins. Il faut toujours se défier de soi- même et mettre toute sa confiance en Dieu. Toute la science de l'homme est de savoir qu'il n'est rien par lui- même, parce que tout ce qu'il est, il l'est de la part de Dieu et pour Dieu ; car, qu'est-ce que vous avez que vous n'ayez reçu ? *Hæc est tota scientia hominis scire quia per se nihil est, quoniam quidquid est, à Deo est et propter Deum ; quid enim habes quod non accepistis?* (Aug. in Ps. lxx.)

3° L'orgueil nous inspire *le mépris du prochain*... Quand on se croit plus que l'on n'est, on se croit aussi plus que les autres ; on les méprise, on les regarde de sa hauteur. Un grand, un riche méprise le petit et le pauvre. L'enfant du riche, enflé d'orgueil du bien de son père, méprise l'enfant du pauvre. On s'imagine avoir plus d'esprit, être plus savant qu'un autre, on le regarde avec mépris. Pitoyable enflure de l'orgueil ! Eh ! mes enfants, celui que vous méprisez est peut-être mille fois plus estimé, plus aimé de Dieu que vous. Vous méprisez votre compagne, parce qu'elle n'a pas de si beaux habits que vous ; eh ! cette pauvre enfant a la parure de l'âme ; elle est plus belle que vous aux yeux de Dieu. L'orgueilleux est bien aveugle et bien extravagant ; il va bien contre ses propres intérêts, il se couvre de mépris en méprisant les autres ; car, remarquez-le bien, mes enfants, on déteste les orgueilleux ; on se moque toujours de ces gens fiers qui veulent s'élever au-dessus des autres. La parole de Jésus-Christ s'accomplit dès cette vie contre eux : *Quiconque s'élève sera humilié ; quiconque s'abaisse et s'humilie sera exalté.* (Matth. xxiii, 12.) Voulez-vous donc être vraiment estimables et estimés des autres ? Soyez modestes ; regardez-les toujours comme plus parfaits et plus estimables que vous.

4° L'orgueil porte à *l'ambition.* Qu'est-ce que l'ambition ? C'est le désir de s'élever toujours plus ; c'est la soif des honneurs et des distinctions : autre effet de l'orgueil que Jésus-Christ reprochait aux pharisiens, lorsqu'il disait : *Ils aiment les places distinguées dans les repas et les premières chaires dans les synagogues.* (Ibid., 6.) L'ambition est le péché ordinaire des grands : ils veulent toujours avancer dans les rangs et les emplois distingués ; c'est la passion des rois, des guerriers, des conquérants, qui veulent toujours étendre leur empire. Hélas ! que de sang répandu par l'ambition ! C'est de là que sont venues toutes les guerres qui ont ravagé la terre depuis le commencement du monde. Le dirai-je ? Ce fruit fatal de l'orgueil a germé jusque dans nos campagnes ; on y est ambitieux à sa manière, jusque dans les conditions les plus simples ; chacun a ses prétentions et dit : Je monterai encore plus haut ; *ascendam semper.* Encore ce bien, encore cet héritage ; tâchons de parvenir à cette place honorable ; j'y veux élever mes enfants ; je veux qu'ils soient plus riches , plus élevés en dignité que moi , agrandissons notre famille. O tourment ! ô vanité ! ô cœurs insatiables ! on le voit, vous êtes faits pour quelque chose de grand , puisque rien ici-bas ne peut vous satisfaire ; mais ambitionnez des grandeurs dignes de vous , la gloire éternelle.

5° L'orgueil nous porte à *l'hypocrisie ;* passion fourbe et trompeuse, elle prend le masque de la vertu. On veut paraître sage , dévot, honnête homme , etc., sans l'être en effet. Sépulcres blanchis, disait le Sauveur, vous paraissez revêtus d'ornements aux yeux des hommes , et dans le fond vous ne renfermez que les ossements et la pourriture. (*Matth.,* xxiii , 27.) Vous affectez un extérieur pénitent , mortifié ; vous faites de longues prières en public pour vous concilier l'estime , et vous êtes médisants, injustes, jaloux, faux, trompeurs, corrompus dans l'âme. Ce vice que Notre-Seigneur reproche avec tant de force aux pharisiens , ne peut-on pas l'appliquer à beaucoup de personnes qui affectent la piété et la dévotion? On est hypocrite , mes enfants, lorsque l'on cache ses péchés à confesse pour surprendre une absolution , lorsque l'on communie sacrilégement à Pâques ou à d'autres solennités , pour être estimé, de peur d'être remarqué : c'est le défaut des enfants , des domestiques , des inférieurs et d'autres qui veulent satisfaire à des yeux vigilants qui les observent, et captiver leur estime et leur bienveillance par les dehors de la dévotion. Ecoutez là-dessus, chers enfants , ce que vous dit notre divin Maître : Prenez garde de faire vos bonnes œuvres devant les hommes pour en être considérés ; autrement vous n'aurez point de récompense auprès de votre Père qui est dans les Cieux. *Attendite ne justitiam vestram faciatis coràm hominibus , ut videamini ab eis ; alioquin mercedem non habebitis apud Patrem vestrum qui in Cœlis est.* (Matth., vi , 1.)

Il y a encore un autre effet de l'orgueil dont il n'est point parlé ici dans votre Catéchisme ; c'est *l'opiniâtreté,* cet entêtement à vouloir soutenir ses opinions envers et contre tous, à tort et à travers. C'est ce genre d'orgueil qui a produit toutes les hérésies et les schismes qui ont désolé la religion dans tous les siècles ; orgueil inflexible et rebelle qui n'a jamais voulu plier sous les décisions et l'autorité de l'Eglise ; esprit de parti qui a toujours entraîné les séditions, les désordres et la perte de plusieurs millions d'âmes.

L'*opiniâtreté* dans les particuliers est ordinairement le tourment des sociétés. Chacun veut y abonder dans son sens et dominer par ses sentiments ; de là les querelles, les disputes, la désunion jusque parmi les frères et les amis ; de là les procès, les chicanes, que l'on pousse à toute outrance. On ne veut pas avoir tort, on ne veut pas céder, et pour cela on emploie tous les moyens, licites ou non : piéges, artifices, méchancetés, subornations, faux témoignages, travaux, dépenses, voyages, rien n'est épargné : on sacrifie son repos, sa fortune, son corps et son âme pour faire réussir une mauvaise affaire et triompher d'un concurrent à qui on ne veut pas céder une juste victoire. O orgueil ! ô effets funestes de l'orgueil ! que de ravages vous avez occasionnés dans tous les temps et dans toutes les sociétés ! Mais aussi quelles vengeances le Seigneur a-t-il toujours tirées de ce vice antisocial ? Ecoutez-en l'histoire, mes enfants. (Histoires des punitions de l'orgueil : Nabuchodonosor. (*Dan.* iv.) Balthazar. (*Dan.,* v.) Aman. (*Esther,* vii.) Antiochus. (2. *Machab.,* ix.) Hérode. (*Act.*, xii.)

D. Quelle est la vertu opposée à l'orgueil ?
R. C'est l'humilité.

L'humilité, dit saint Thomas, est une vertu qui fait considérer à l'homme ses défauts, et le tient au dernier rang avec une sage réserve. *Humilitas est virtus qua homo considerans suum defectum tenet se in infimis, secundùm suum modum.* (Thom., xxii, Q. 160.) Etre humble, c'est s'abaisser, se reconnaître très petit devant Dieu et les hommes. Humilité! vertu charmante, vertu sociale, vertu paisible, vertu chérie et estimée généralement, excepté par l'orgueilleuse philosophie qui la traite d'avilissement et d'apathie, et qui la regarde comme le défaut d'un homme sans âme et sans vigueur. Nous allons vous faire connaître cette vertu en vous en développant les heureux effets.

D. Quels sont les effets de l'humilité?

R. Les effets de l'humilité sont de se mépriser soi-même, de ne mépriser personne, et de céder volontiers aux autres.

A ces traits, chers enfants, ne reconnaissez-vous pas la vertu la plus douce et la plus sociale?

1° *Se mépriser soi-même.* Une âme humble ne considère que ses défauts ; elle *aime à être ignorée et réputée pour rien ;* elle se tient tranquillement à l'écart, sans prétention, sans ambition, sans concurrence, sans aspirer aux honneurs ni aux distinctions, sans trouble, sans agitation, sans vouloir s'agrandir aux dépens des autres ; elle ne cherche ni l'estime, ni la considération dans le monde ; elle ne se glorifie ni de ses talents, ni de ses richesses, ni de sa naissance, ni d'aucune qualité estimable ; elle en renvoie la gloire à *Dieu comme à l'auteur de tout don parfait.*

2° Une âme si modeste *ne méprise personne.* Elle croit tous les autres plus sages, plus ingénieux, plus savants, plus remplis de mérite et de bonnes qualités qu'elle. Quand même elle trouverait en elle-même un mérite supérieur, quand elle verrait dans les autres des défauts, elle n'en conçoit aucun mépris ; elle sent qu'elle en a ou qu'elle peut en avoir de plus grands ; elle sait que nous sommes tous égaux aux yeux de Dieu ; que le rang, les qualités, les talents distribués par sa main à l'un plus qu'à l'autre, n'autoriseront jamais les dédains d'un cœur droit et juste qui ne s'attribue à lui-même aucun mérite.

3° L'âme véritablement humble *cède volontiers aux autres*. Elle cède les premières places, les honneurs, *le manteau et la tunique* (Matth. v, 40), plutôt que de troubler la paix par des concurrences orgueilleuses ou intéressées ; elle cède dans la dispute plutôt que de vouloir dominer par des sentiments opiniâtres. Elle est douce et paisible, parce qu'elle est humble. O douceur ! ô humilité ! vertus inséparables, vertus pacifiques, vertus que notre divin Maître nous a tant de fois prêchées par ses discours et ses exemples ; vertus aimables, délices des sociétés ! Non, jamais on ne verrait ni querelles, ni dissensions parmi nous, si l'humilité, compagne de la douceur, y régnait. Heureux ceux qui n'ont à vivre qu'avec des hommes humbles, parce qu'ils sont pacifiques ! Heureux les humbles pacifiques, parce qu'ils seront appelés les enfants de Dieu ! Heureux les petits qui sont comme des enfants, parce que c'est à eux qu'appartient le royaume des Cieux ! C'est vous que cela regarde, pauvres petits enfants ; soyez donc toujours comme vous êtes, humbles et petits, sans orgueil et sans vanité. Reprenons cette instruction importante et répondez-moi, N.

SOUS-DEMANDES.

D. Nous venons de parler des péchés capitaux, de l'orgueil en particulier, qui est le premier des péchés capitaux. Que veut dire ce mot péché capital ?

R. Ce mot *capital* veut dire la tête, le chef des autres péchés, leur source.

D. Les péchés capitaux sont donc la source de tous les autres péchés ?

R. Oui, tous les autres péchés viennent de ces passions primordiales.

D. Vous dites que ces péchés *sont un amour déréglé de soi-même* ; comment cela ?

R. C'est qu'on s'aime trop ; cet amour est contre la loi, contre les règles.

D. Comment est-ce que l'orgueil est un amour déréglé de soi-même ?

R. C'est qu'on s'aime d'une manière déréglée lorsqu'on se préfère aux autres par orgueil.

D. Quand est-ce qu'on pèche par vaine gloire?

R. C'est quand on se glo ifie vainement et sans sujet.

D. Avons-nous jamais sujet de nous glorifier?

R. Non, car nous n'avons rien de nous-mêmes, tout don parfait nous vient de Dieu.

D. Il y en a cependant qui aiment bien les louanges, les beaux habits, etc.?

R. C'est là ce qu'on appelle vanité, ou vaine gloire.

D. Vous dites que la présomption est un effet de l'orgueil; qu'est-ce que la présomption?

R. C'est quand on se croit capable de tout, et qu'on s'expose au danger comptant sur ses forces.

D. Le mépris; qu'est-ce que mépriser?

R. C'est quand on se croit et qu'on s'estime plus que les autres en les regardant au-dessous de soi.

D. Et l'ambition?

R. C'est quand on désire les honneurs, et qu'on s'élève au-dessus de son état.

D. Qu'est-ce qu'être hypocrite?

R. C'est quand on veut paraître sage et pieux, sans l'être en effet.

D. Est-ce que l'opiniâtreté vient aussi de l'orgueil?

R. Oui, c'est par orgueil qu'on ne veut pas avoir le dessous dans les disputes ou les procès.

D. Combien coûte cet entêtement orgueilleux aux plaideurs?

R. Bien de l'argent, et leur salut qu'ils perdent.

D. Qu'est-ce que l'humilité?

R. C'est quand on s'abaisse devant Dieu et devant les hommes.

D. Qu'entendez-vous par ces effets de l'humilité?

R. C'est que, quand on est humble, on regarde les autres au-dessus de soi, on cède aisément, on ne méprise personne.

RÉCAPITULATION PRATIQUE.

1° Concevez de l'horreur des péchés capitaux, puisqu'ils sont la cause de tous les autres péchés.

2° Combattez vos passions, et en particulier celle qui domine en vous, parce qu'elle serait la cause de bien des péchés.

3° Voyez en particulier ce que c'est que les orgueilleux, et combien ils sont haïs de Dieu et des hommes.

4° Soyez toujours humbles, doux et modestes, et vous aurez bien des vertus qui vous rendront agréables à Dieu et à tous ceux avec qui vous aurez à vivre.

5° Demandez à Dieu la victoire de toutes vos passions, et en particulier de l'orgueil.

PRIÈRE.

Mon Dieu ! nous venons d'apprendre ce que c'est que les péchés capitaux, ces sources empoisonnées des autres péchés, et en particulier l'orgueil, ce vice primordial qui a précipité les Anges dans l'abîme. Hélas ! nous n'en concevions pas toute l'énormité et les suites funestes ; mais grâces vous en soient rendues, nous les connaissons aujourd'hui. Pardon, Seigneur, d'avoir été si orgueilleux, si fiers, si hautains, si présomptueux, si ambitieux, si insolents, si hypocrites ! Nous allons descendre de cette montagne d'orgueil qui nous précipiterait dans l'abîme. Parlez, Seigneur, faites retentir jusqu'au fond de nos cœurs cette aimable leçon : *Apprenez de moi que je suis doux et humble de cœur.* Nous l'écouterons ; nous vous suivrons, ô notre divin modèle ! nous serons doux et humbles comme vous ; nous laisserons aux autres la vanité, l'ambition, les honneurs ; nous aimerons mieux vivre ignorés et tranquilles, connus de vous seulement, puisque *nous ne sommes que ce que nous sommes à vos yeux et rien de plus.* Conservez-nous toujours dans la petitesse des enfants, puisqu'il faut être petit comme eux ; et à ce prix accordez-nous l'entrée du royaume des Cieux. Ainsi soit-il.

DE L'AVARICE, DE LA LUXURE

ET DE L'ENVIE.

D. Qu'est-ce que l'avarice ?

R. L'avarice est l'amour déréglé des biens de la terre.

On est avare quand on aime trop les biens de ce monde, l'or, l'argent, les terres ; quand on les amasse avec trop

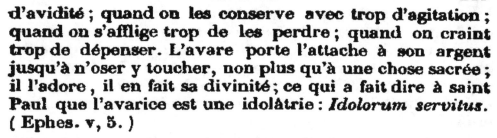

d'avidité ; quand on les conserve avec trop d'agitation ; quand on s'afflige trop de les perdre ; quand on craint trop de dépenser. L'avare porte l'attache à son argent jusqu'à n'oser y toucher, non plus qu'à une chose sacrée ; il l'adore, il en fait sa divinité ; ce qui a fait dire à saint Paul que l'avarice est une idolâtrie : *Idolorum servitus.* (Ephes. v, 5.)

D. A quoi porte l'avarice ?

R. L'avarice porte aux tromperies pour s'enrichir, à l'oubli du salut, à la dureté pour les pauvres, à prendre ou à retenir injustement le bien d'autrui.

Ceux qui veulent devenir riches, dit l'Apôtre, *tombent dans la tentation et dans les piéges du Démon, dans plusieurs désirs inutiles et nuisibles qui plongent les hommes dans la mort et la perdition ; car la cupidité est la racine de tous les maux ; ceux qui s'y sont livrés ont erré dans la foi, et se sont précipités dans une infinité de malheurs.* (1. Timoth. vi, 9.) Et voici en effet, mes enfants, les principaux péchés dont l'avarice est la source funeste.

1° *L'oubli du salut.* Pourquoi? C'est que l'avare est si occupé du désir d'amasser, de ses projets, de son travail, de son commerce, de ses affaires, de ses acquisitions, etc., qu'il néglige la prière, les offices, la sanctification des dimanches et fêtes, la confession, la communion, le soin de ses affaires éternelles. C'est une âme courbée vers la terre et vide des choses du Ciel qu'elle ne regarde jamais. Voilà comme l'avare oublie son salut. Avares, non, ce n'est pas vous qui rachèterez vos péchés ni le Paradis par vos aumônes, car

2° *La dureté envers les pauvres* est une seconde suite de l'avarice. L'avare a si peur de toucher à ses trésors, qu'il refuse au malheureux jusqu'aux miettes qui tombent de sa table. Lazare est couché à sa porte et ce mauvais riche y est insensible. (*Hist. du mauvais riche*, Luc. xvi.)

3° *L'avarice porte à prendre ou à retenir injustement le*

bien d'autrui. Quand on est dévoré par cette soif insatiable des richesses, il n'est rien qu'on ne fasse pour en amasser. Vols, fraudes, artifices, usurpations, usures, procès, vexations, chicanes, injustices de toutes les espèces ; tout est bon entre ces mains avides et rapaces qui ne disent jamais c'est assez, et qui toujours veulent entasser.

Et ce n'est pas tout ; quand l'avare tient, il ne veut plus lâcher. Il craint si fort de se dépouiller, qu'il ne peut se résoudre à rendre ce qu'il a pris ; il ne paie ni ses créanciers, ni ses serviteurs, ni les ouvriers malheureux qu'il emploie. *Leur salaire frustré, resté entre ses mains tenaces, crie vengeance et pénètre jusqu'aux oreilles du Dieu vengeur du pauvre opprimé.* (Jac. v, 4.)

O funeste avarice ! passion aussi insensée que ridicule ! L'avare est dans l'abondance, et il n'en jouit pas ! il est plongé dans un fleuve, et il meurt de soif ! il est couché sur un tas de blé, et il meurt de faim ! il a tout, et il n'ose toucher à rien ! Pauvre au milieu de ses richesses, il est continuellement agité par les inquiétudes et la crainte de perdre ; et ce qu'il y a de plus singulier et de plus funeste, c'est que cette passion vieillit avec l'homme. *Un vieil avare*, voilà le proverbe. Quand la mort le traîne au tombeau, il semble s'attacher encore plus à ses biens ; on dirait qu'il veut y emporter son argent. Mais le dernier et le plus grand de tous les malheurs, c'est qu'il est emporté par cet attachement criminel jusqu'au fond des enfers. Il y expie, par une soif éternelle, sa soif insatiable des richesses, et pendant ce temps-là elles sont entre les mains de ses héritiers joyeux qui se rient de ses épargnes sordides. *Relinquent alienis divitias suas, et sepulcra eorum domus illorum in æternum.* (Ps. xlviii, 11 et 12.) Ils les dissipent à grands flots ; ils arrosent sa tombe des vins qu'il n'avait osé boire ; ils ne se souviennent de leur bienfaiteur forcé, qu'avec le mépris et la joie dérisoire que mérite sa folie. Le malheureux ! il a travaillé pour les autres et n'a rien fait pour lui, ni pour ce monde, ni

pour l'autre : *Dormierunt somnum suum et nihil invene-
runt omnes viri divitiarum in manibus suis.* (Psal. LXXV,
6.) Pour ce monde, il n'a pas joui de ses biens; pour
l'autre, il a thésaurisé des injustices, il a amassé des
trésors de colère. Le royaume des Cieux n'est point pour
les ravisseurs qui accumulent aux dépens d'autrui. A
quoi sert à l'avare d'avoir amassé ce tas de boue? Il
s'est écoulé de ses mains, et il a perdu son âme! Écoutez,
mes enfants, écoutez l'histoire des avares dont il est
parlé dans les Écritures, et concevez de l'avarice toute
l'horreur qu'elle mérite. (*Hist. d'Acham.* Josué, VII..)
(*de Naboth.* 3. Reg. XXI.) (*de Judas.* Matth. XXVI.) (*du
mauvais riche.* Luc. XVI.)

L'avarice n'est pas ordinairement le défaut des enfants;
mais ce vice vient avec l'âge. Il viendra un temps où
vous croirez peut-être devoir accumuler pour vous ou
votre famille; il le faudra, mais avec une sage et pru-
dente économie, mêlée d'un détachement généreux des
biens d'ici-bas. C'est la vertu opposée à l'avarice; pratiquez-la pour prévenir et combattre ce vice détestable
et détesté. Sachez vous contenter toujours de ce que la
divine Providence veut bien accorder à un travail honnête et assidu, pour l'entretien d'une famille, chacun
selon son état. Adorez cette Providence bienfaisante
jusque dans ses rigueurs, si elle vous enlève des biens
qui pourraient vous devenir nuisibles, lorsqu'elle voudra
vous maintenir dans un état de médiocrité et même de
pauvreté, qui vous mettra à l'abri du danger des richesses. Ayant le vêtement et la nourriture, soyons satisfaits, sans vouloir trop accroître nos biens : *Habentes
alimenta et quibus tegamur, his contenti simus.* (1. Timoth.
VI, 8.) *Bienheureux les pauvres d'esprit,* c'est-à-dire
ceux qui ont le cœur détaché des choses de la terre, *car
ils auront en partage le royaume des Cieux.* (Matth. V, 3.)
Ils jouiront d'une douce tranquillité à l'abri de cette soif
dévorante qui tourmente les avares.

SOUS-DEMANDES.

D. Qu'entendez-vous par ces mots : *un amour déréglé des biens de la terre?*

R. C'est quand on aime trop les biens de ce monde.

D. Qu'est-ce donc qu'un avare ?

R. C'est celui qui est trop attaché aux richesses.

D. Comment l'avarice porte-t-elle aux tromperies et aux injustices ?

R. C'est que ceux qui aime trop les richesses trompent et volent pour en amasser.

D. Comment est-ce qu'un avare oublie son salut ?

R. C'est qu'il est tout occupé d'amasser du bien.

D. Comment arrive-t-il que les avares sont durs pour les pauvres?

R. C'est qu'ils n'aiment pas à donner.

D. Est-ce que l'avarice fait qu'on retient le bien d'autrui ?

R. Oui, car les avares n'aiment pas rendre ce qu'ils tiennent.

RÉCAPITULATION PRATIQUE.

1° Concevez dès à présent une grande horreur pour l'avarice, afin de ne pas vous en laisser posséder un jour.

2° Si vous êtes attachés à l'argent, pensez qu'il faudra un jour tout quitter. Quatre planches et six pieds de terre ; voilà tout ce qui vous restera.

3° Soyez généreux et bienfaisants selon vos facultés. La générosité est une vertu estimée et chérie de Dieu et des hommes.

4° Demandez au Seigneur le détachement des biens de la terre. Adressez-lui souvent cette belle prière de Salomon :

Mendicitatem et divitias ne dederis mihi : tribue tantùm victui meo necessaria. Seigneur, ne me donnez ni la pauvreté ni les richesses ; donnez-moi seulement les choses nécessaires à la vie. (*Prov.* xxx, 8.)

DE LA LUXURE.

D. Qu'est-ce que la luxure ?

R. La luxure est l'amour des plaisirs contraires à la pureté.

La luxure ou l'impureté, c'est la même chose. C'est ce vice honteux que saint Paul nous défend de nommer. *Fornicatio et omnis immunditia nec nominetur in vobis sicut decet Sanctos.* (Eph. v, 3.) C'est le penchant déréglé des libertins pour les plaisirs déshonnêtes. Cette passion est si honteuse qu'elle se cache dans les ténèbres, parce qu'elle porte à des choses infâmes qui couvrent de honte ceux qui s'y livrent. Elle est criminelle tant qu'elle n'est pas renfermée dans les bornes d'un mariage légitime et dans les vues qui doivent diriger des Saints dans toute leur conduite. *Sicut decet Sanctos.*

D. Quelles sont les suites de la luxure ?

R. Les suites de la luxure sont l'aveuglement de l'esprit, l'endurcissement du cœur, l'oubli de Dieu, et souvent l'impénitence finale.

Voilà, mes enfants, comme vous voyez, quatre grands malheurs, qui sont les effets et les suites du vice infâme de l'impudicité.

1° *L'aveuglement de l'esprit.* Un jeune homme, une jeune personne qui suivent ce penchant malheureux, s'aveuglent sur les vérités de la foi et de la religion. Ils détournent leurs yeux pour ne point voir le Ciel ni les jugements des justes. Tels furent ces vieillards infâmes qui attentèrent à la vertu de la chaste Suzanne. *Declinaverunt oculos suos ut non viderent Cœlum, neque recordarentur judiciorum justorum.* (Dan. xiii, 9.) On s'étourdit sur des vérités terribles, qui mettraient un frein à une passion trop chérie. Le libertin demande s'il y a

une éternité, des vengeances; il dit dans son cœur corrompu : *Il n'y a point de Dieu* (Psalm. XIII, 1); en conséquence, il ferme les yeux à la lumière, il est sourd aux
instructions, aux avis, aux exhortations, aux lectures,
qui troubleraient son âme endormie dans la fange de
son iniquité, et son cœur s'endurcit.

2° *Endurcissement du cœur.* Hélas! oui, mes enfants,
un cœur abruti par ce vice honteux, devient dur comme
le bronze. Voyez ce jeune impudique; il a perdu tous
les beaux sentiments qu'il avait dans les jours heureux
de son innocence; il n'a plus rien de cette piété tendre
qui lui faisait aimer le Seigneur; ce n'est plus qu'un
homme animal, qui n'a plus de goût pour les choses de
Dieu : *Animalis homo non percipit ea quæ sunt spiritûs
Dei.* (1. Cor. II, 14.) Cette enfant, cette fille, autrefois
si douce et si docile envers ses parents, n'a plus pour eux
ni tendresse, ni affection, ni soumission, ni docilité. On
ne voit plus qu'arrogance, fierté, insolence, dureté, révolte contre les mains paternelles et maternelles qui
voudraient mettre un frein à une passion fougueuse, et
détourner une inclination déréglée. Rien ne touche un
cœur plongé dans la fange : ni l'honneur, ni les charmes
de la vertu, ni la délicatesse des sentiments, ni les touchantes leçons de la sagesse. C'est un front d'airain, qui
ne rougit de rien, qui n'a plus ni modestie, ni pudeur,
ni réserve. Il se couvre d'infamie; il plonge sa famille et
ses proches dans la confusion et l'opprobre, sans rougir
de la honte qui l'environne; ce n'est plus qu'une bête
brute, un vil pourceau qui se vautre dans la fange, sans
en sentir les exhalaisons fétides. Beaux sentiments! sainte
pudeur! crainte religieuse! qu'êtes-vous devenus? Non,
vous n'habitez plus dans ce cœur endurci par l'impudicité. On a beau lui parler honneur, vérités éternelles,
mort, jugement, Paradis, enfer; rien ne l'épouvante,
rien ne peut émouvoir ce cœur endurci; hélas! il a oublié Dieu.

3° *Oubli de Dieu.* Non, le souvenir de Dieu, l'esprit de

Dieu n'habite plus dans un cœur impudique. Le Seigneur lui-même l'avait annoncé à la vue des crimes infâmes qui couvraient la terre, lorsqu'il résolut de la renouveler par le déluge; *non permanebit spiritus meus in homine,..... quia caro est.* (Genes. vi, 3.) Mon esprit ne demeurera pas dans l'homme, parce qu'il est chair. Non, cet esprit de pureté ne peut habiter dans une âme avec l'esprit impur. L'impudique ne pense qu'à ses sales voluptés; il oublie la prière, la lecture sainte, la fréquentation des sacrements; il craint même de s'en approcher, parce qu'il faudrait faire l'aveu de ses honteux désordres, les quitter, en faire pénitence; il aime mieux abandonner tout cela, son salut, ses intérêts éternels, son Dieu, que de renoncer à ses habitudes criminelles. Sa vie est une espèce d'apostasie qui abjure les vérités éternelles; et enfin cet aveuglement de l'esprit, cet endurcissement du cœur, cet oubli de Dieu, le conduisent presque infailliblement au quatrième effet de l'impudicité.

4° *L'impénitence finale.* L'impudique vit dans l'abrutissement, et porte ses penchants malheureux jusque dans l'âge décrépit; jusque sous ses cheveux blancs, il brûle des ardeurs qu'il a nourries dans sa jeunesse. C'est toujours un volcan, quoiqu'il soit couvert de neige. Combien de vieillards qui entretiennent toujours dans le cœur des passions qu'ils ne peuvent plus satisfaire! ils regrettent les jours d'une jeunesse voluptueuse; ils suppléent, par des désirs et des souvenirs infâmes, à ce que leur refuse un corps énervé par le crime; ils parlent jusqu'aux derniers moments le langage d'une passion toujours vivante; ils la respirent jusqu'au dernier souffle, et ils meurent sans avoir fait pénitence de leurs désordres. Je dis *sans faire pénitence;* car quelle pénitence fait-on lorsqu'on est impudique? quelles confessions? quelles communions, même à la mort? Dans la jeunesse, on cache ce honteux péché; on continue de même pendant la vie; on approche des sacrements par hypocrisie, pour voiler toujours la honte de sa conduite; on accumule sacriléges sur sacriléges; on multiplie ces lames d'acier qui endurcissent le cœur; on persévère jusqu'à la fin, on entasse un mélange affreux de profanations et d'impudicités; et au lit de la mort, même sous son suaire, on cache encore ce honteux péché. La dernière confession, la dernière communion, l'Extrême-Onction, sont encore profanées, et l'on finit par trois sacriléges ajoutés à cette multitude innombrable d'autres profanations et de crimes qu'on a commis pendant une vie de volupté et de débauche. Et cette âme impure sort enfin de ce corps de péché pour tomber entre les mains du Dieu saint, toute souillée de ses infamies. Et voilà comme l'impureté conduit à l'impénitence finale.

Ce n'est pas tout, mes enfants; la luxure a encore d'autres suites, qui ne sont pas exprimées ici; écoutez-les, et concevez-en toute l'horreur que mérite ce péché capital, qui est la source d'une infinité d'autres péchés.

Il produit *le vol*. Quand de jeunes libertins ou libertines veulent entretenir leur mauvais commerce, ils prennent partout où ils peuvent, chez leurs parents et ailleurs, pour fournir à leurs débauches. Les femmes perdues sont des gouffres qui absorbent les fortunes les plus opulentes; elles sont aussi insatiables que le vice qui les possède. Combien de larcins secrets, de friponneries, d'injustices, pour remplir ces cloaques engloutissants! C'est ainsi que le jeune prodigue dissipa tous ses biens avec des courtisanes. *Dissipavit omnem substantiam suam vivendo luxuriosè.* (Luc. xv, 13.) La prodigalité et la dissipation de tous les biens temporels et spirituels, voilà donc encore une suite de la luxure.

En voici d'autres : elle produit le mensonge, la duplicité, les détours, les ruses, les artifices, parce qu'on veut tromper les yeux des pères et mères ou des autres surveillants. Elle produit l'indocilité, la désobéissance, les révoltes, les mariages forcés, criminels, honteux, malheureux; elle porte la désolation et l'opprobre dans les familles. Elle produit les fureurs jalouses, les poisons,

les duels, les assassinats, les parricides; on a vu des
enfants plonger leurs mains dans le sang de leurs pères
et mères, pour se délivrer d'une surveillance et d'un
obstacle à cette passion fougueuse; on a vu des amis
s'entr'égorger pour le méprisable objet de leur attache.
On a vu des époux et des épouses employer le fer et le
poison pour se délivrer d'un lien qui enchaînait leurs
désirs; on les a vus s'ouvrir un chemin de sang à l'adultère et à des alliances passionnées. On a vu sortir de ce
foyer terrible les incendies qui ont embrasé des empires,
lorsque cette flamme impure dévorait des potentats; on
a vu des guerres cruelles, des flots de sang répandus,
des royaumes bouleversés par cette passion funeste, lorsqu'elle agitait de ces âmes puissantes, capables de sacrifier tout l'univers à leurs violents désirs.

Non, mes enfants, il n'est point de crimes et de ravages que n'enfante cette passion impétueuse, si elle
n'est réprimée dès l'âge le plus tendre. A l'âge où vous
êtes, si vous n'en éteignez les premières étincelles, ah!
craignez d'en éprouver un jour les terribles dégâts; arrachez donc de vos cœurs, encore bons et innocents, les
premiers germes de ce vice déplorable; suivez cette belle
leçon du Sage : *Lorsque j'ai su que je ne pourrais être
chaste sans que le Seigneur m'en donnât la grâce, j'ai eu
recours à lui, et je lui ai dit de tout mon cœur : Dieu de
mes pères, donnez-moi la sagesse; qu'elle soit assise à mes
côtés.* (Sap. VIII et IX.) Demandez-la tous les jours avec
instance, cette sagesse, qui doit guider vos premières
années au milieu des écueils qui les environnent. Attachez-vous dès à présent à pratiquer la vertu contraire à
ce vice infâme, la chasteté chrétienne.

Qu'est-ce que la chasteté? C'est une vertu qui nous
tient en garde contre tout ce qui peut blesser la pudeur
et nous porter au péché déshonnête; c'est cette vertu
angélique dont la beauté vous rendra semblables aux
esprits célestes, vivant dans un corps comme si vous
n'en aviez point : vertu délicate *que nous portons,* dit

l'Apôtre, *dans des vases fragiles*. Pour la conserver, veillez sur vous-mêmes, gardez-vous, comme dit le même Apôtre, *teipsum castum custodi*. (1. Timoth. v, 22.) Soyez en garde contre tout ce qui vous environne ; que cette vertu modeste rougisse à la moindre parole, au moindre coup-d'œil, au moindre geste qui pourrait y porter la plus légère atteinte. C'est une belle glace, le moindre souffle la ternira, le moindre choc la brisera. *Teipsum custodi*. Souvenez-vous de cette parole de Jésus-Christ : *Quiconque a regardé une femme avec un coupable désir, a déjà commis l'adultère dans son cœur*. (Matth. v, 28.) Soyez toujours modestes dans vos habits, dans vos manières, dans vos entretiens ; environnez-vous de la chasteté et de la modestie, comme d'une haie d'épines impénétrable à tous les discours séducteurs, à toutes les tentatives indiscrètes. Fuyez les danses, les entrevues, les promenades, les divertissements tant soit peu dangereux à votre âge, afin que vous puissiez dire comme la jeune et chaste Sara : *Vous savez, mon Dieu, que jamais je ne me suis mêlée aux jeux licencieux de la jeunesse*. (Tob. III, 17.) Soyez sobres dans le boire et le manger ; la sobriété est la gardienne de la chasteté ; enfin, *veillez et priez, pour ne point succomber à la tentation* (Matth. xxvi, 41) ; c'est l'avis de Jésus-Christ même. (*Voyez le 6° commandement de Dieu.*) Histoires, punitions de l'impureté, le déluge, Sodome et Gomorrhe.

SOUS-DEMANDES.

D. C'est donc un grand mal d'aimer les plaisirs déshonnêtes ?

R. Oui, c'est un vice honteux et très coupable.

D. Comment la luxure est-elle un péché capital ?

R. C'est qu'elle cause beaucoup d'autres péchés et bien des maux.

D. Comment ce vice produit-il l'aveuglement de l'esprit ?

R. C'est qu'on perd la foi ; on ne veut pas voir Dieu quand on se livre à cette honteuse passion.

D. Comment produit-elle l'endurcissement du cœur ?

R. C'est que les impudiques deviennent insensibles aux instructions, aux bons avis, à la grâce de Dieu.

D. Comment occasionne-t-elle l'oubli de Dieu ?

R. C'est qu'on ne pense guère à Dieu ni aux choses saintes lorsqu'on est livré à l'impureté.

D. Comment conduit-elle à l'impénitence finale ?

R. C'est qu'on persévère dans l'attache à ce péché, on le cache à confesse, et l'on meurt sans le déclarer et sans se convertir.

RÉCAPITULATION PRATIQUE.

1° Concevez beaucoup d'horreur du péché d'impureté ; considérez sa honte, ses suites affreuses, les maux où il pourrait vous entraîner.

2° Examinez si vous n'en êtes point infectés, si déjà il n'a pas gagné votre jeune cœur.

3° Travaillez à l'extirper de bonne heure et à combattre ce monstre naissant, de peur qu'il ne croisse et ne devienne plus fort que vous.

4° Demandez-en à Dieu la grâce.

DE L'ENVIE.

D. Qu'est-ce que l'envie ?

R. L'envie est un déplaisir que l'on ressent du bien qui arrive au prochain.

Les envieux ont un déplaisir dévorant lorsqu'ils voient les autres estimés, aimés, enrichis, prospérant dans leurs affaires ; au contraire, ils éprouvent un plaisir malin lorsqu'ils voient l'humiliation et le mal d'autrui. Ce péché vient de l'orgueil ou de l'intérêt : on n'aime pas à voir les autres plus estimés, plus aimés que soi, plus grands, plus florissants, plus riches, plus distingués par leurs talents, surtout si on est de la même profession, ce qu'on appelle *jalousie de métier*, dépit rongeur et méchant, qui porte lui-même sa punition ! C'est le même sentiment qui nous fait éprouver une joie cruelle du mal qui arrive à

eeux dont nous sommes jaloux, comme si leur abaissement élevait l'envieux ; il triomphe au milieu de leur
décadence et de leurs débris ; comme si nous étions
grands parce qu'un autre est petit ou abattu à nos côtés.
Passion barbare et extravagante ! tu ne te nourris que de
fiel, d'amertume, de dépit, de honte, d'opprobres et de
malheurs ! Passion infernale et diabolique ! c'est toi qui
animais le Démon, qui a fait tomber nos premiers parents, pour les rendre semblables à lui, parce qu'il était
jaloux du bonheur et de la gloire qui leur étaient destinés. Envieux ! voilà votre caractère.

D. Quels sont les effets de l'envie?

R. Les effets de l'envie sont la médisance et la calomnie contre le prochain, l'interprétation maligne
de ses actions, et le plaisir que l'on prend à ses
fautes, au mal qui lui arrive, et à entendre mal parler de lui.

Il n'est sorte de méchancetés, d'injustices, d'atrocités,
où ne porte la passion détestable de l'envie ! Voyez, mes
enfants, quels en sont les déplorables effets.

1° *La médisance et la calomnie.* Quand on est envieux
contre quelqu'un, on fait tout ce que l'on peut pour le
noircir, pour l'humilier, pour le mettre au-dessous de
soi; on en dit tout ce qu'on sait et ce qu'on ne sait pas;
on invente, on exagère; on tourne en ridicule, on dégrade, par tous moyens, un rival qui déplaît. Par exemple, si on envisage d'un œil jaloux une charge, un
emploi, une dignité, un mariage où l'on avait des prétentions, il n'est sorte de manœuvres, de rapports, de
satires, de mensonges, de mauvais propos, de trahisons
que l'on n'emploie pour empêcher de réussir, ou pour
se venger bassement du succès du concurrent que l'on
déteste.

2° *L'interprétation maligne de ses actions.* La vertu,
la piété, les bonnes qualités offusquent des yeux jaloux ;

alors que fait l'envieux? Il tourne tout en mal ou en ridicule. Il appelle cela hypocrisie, ostentation, vues d'intérêt ou d'ambition. Cœurs pervers! parce que votre œil est méchant, vous voyez tout coloré de noir; votre noirceur ternit les plus beaux objets, vous couvrez de fange et d'écume tout l'éclat qui vous offusque.

3° *Le plaisir que l'on prend à ses fautes.* Plaisir infernal et diabolique! c'est celui des envieux; ils aiment à voir leurs rivaux tomber dans quelques fautes, mal réussir dans leurs projets, couverts d'opprobres et de mépris, déshonorés par quelque chute ignominieuse; un cœur jaloux s'en réjouit comme d'un bien qui lui en résulte. Quelle joie barbare! se repaître du malheur ou du crime de ses frères!

4° *On aime à entendre mal parler* de ceux dont on est jaloux. Voyez cet envieux, il tressaille de joie, il est au comble de ses délices, parce qu'il voit déchirer à belles dents celui dont le mérite lui fait ombrage, comme si ce mérite abattu relevait le sien. Plaisir féroce! plaisir digne des tyrans, qui voient avec joie couler le sang des victimes que leur rage immole!

Mais il est une jalousie qui a des effets encore plus funestes; c'est celle de l'amour, la jalousie entre les époux; elle dévore, elle consume les cœurs qui en sont malheureusement affectés; elle allume le flambeau de la discorde dans les familles; les divorces, les poisons, les assassinats, les duels, les plus horribles fureurs, en sont les suites ordinaires.

Dans les tableaux qu'on fait de l'envie, on la représente avec une figure pâle, décharnée, un teint livide, des torches, des serpents à la main, des ongles déchirants. Pourquoi? Parce que cette passion dévorante fait autant de mal à ceux qu'elle possède qu'à ceux qui en sont l'objet. *Celui qui est envieux*, dit saint Cyprien, *imite le Démon jaloux; il est écrit : C'est par l'envie du Diable que la mort est entrée sur la terre.... Les autres maux ont des bornes, mais l'envie n'en a point.... De là* son front menaçant, son regard farouche, la pâleur qui couvre sa face, ses lèvres tremblantes, ses outrages effrénés. (Cyprian. de zelo et livore, pag. 454.)

Le remède à l'envie, ou la vertu qui lui est opposée, c'est une charité humble et désintéressée; c'est cette charité dont parle saint Paul, qui n'est point envieuse, *charitas non æmulatur* (1. Cor. XIII. 4), qui ne s'enfle point d'orgueil en cherchant à briller aux dépens d'autrui, *non inflatur.* (Ibid.) Soyez humbles et aimez vos frères, et vous ne serez point offusqués de leur mérite ni de leurs succès. Heureuse tranquillité d'une âme douce, sans orgueil, sans ambition, sans prétention de rivalité! Elle voit, avec une satisfaction aimable, le bien qui arrive à ses semblables; elle n'est point troublée de ce qu'ils sont plus heureux, plus riches, plus considérés, plus florissants qu'elle. Voyez donc, mes enfants, comme nos passions sont nos tourments, de quelle paix nous jouirions, quel calme régnerait dans notre âme, si nous savions les dompter, et en particulier cette envie dévorante qui fera toujours le supplice des méchants, comme des Démons, dans les enfers!

Histoire de Joseph, victime de l'envie de ses frères. (*Gen.* XXXVII.)

SOUS—DEMANDES.

D. C'est donc un défaut bien odieux que d'être envieux?

R. Oui, on est bien mauvais quand le bien d'autrui nous afflige, ou que son mal nous réjouit.

D. On dit que c'est le péché du Démon?

R. Oui, car c'est par envie qu'il a fait pécher nos premiers parents, pour les perdre avec lui.

D. Est-ce que l'envie occasionne bien des péchés?

R. Oui, elle fait dire et faire bien du mal contre ceux dont on est jaloux.

D. Comment est-ce que l'envie occasionne la médisance et la calomnie?

R. C'est qu'on dit tout le mal que l'on peut contre ceux qu'on n'aime pas voir plus estimés que soi.

D. Qu'entendez-vous quand vous dites que l'envie occasionne les interprétations malignes ?

R. C'est que l'envieux tâche de tourner en mal tout le bien qui lui fait ombrage.

D. Est-il possible qu'on soit assez méchant pour prendre plaisir aux fautes des autres ?

R. Oui, car le méchant voudrait voir les autres plus méchants que lui.

D. Vous prendrez donc bien garde à ne vous pas laisser dominer par l'envie ?

R. Oui, je tâcherai d'être humble ; j'aimerai bien mon prochain, et je ne serai pas envieux du bien qui lui arrivera.

D. Vous éviterez surtout la jalousie entre frères et sœurs?

R. Oui, car cette jalousie désole les familles.

RÉCAPITULATION PRATIQUE.

1° Considérez la méchanceté, la folie, l'horreur et les tourments de l'envie.

2° Voyez si elle ne prend pas racine dans votre cœur ; les enfants y sont sujets : souvent ils sont jaloux contre leurs frères et sœurs.

3° Voyez les suites affreuses de cette passion infernale.

4° Tâchez de vous en corriger, arrachez-en les premiers germes.

5° Demandez-en la grâce.

PRIÈRE.

Mon Dieu, qu'ils sont affreux ces trois péchés sur lesquels on vient de nous instruire : l'avarice, l'impureté et l'envie ! Que de crimes sont sortis de ces sources empoisonnées ! Elles sont dans bien des cœurs ! Seraient-elles dans le mien ? L'avarice n'est pas encore le vice de mon âge ; mais ne viendra-t-elle pas un jour dessécher mon âme par la soif insatiable des richesses? La luxure, l'envie n'ont-elles pas commencé à infecter mon jeune cœur ? Hélas ! ces passions déplorables ne sont que trop ordinaires à la jeunesse ! je le sens ; je commence à en éprouver les atteintes. Seigneur mon Dieu, déracinez-les de mon cœur, tandis qu'il est encore tendre ! J'y vais travailler moi-même ; oui , je vais y répandre les germes précieux des vertus contraires. A l'avarice j'opposerai un généreux détachement des biens de la terre ; à l'impureté, la modestie, la vigilance, l'horreur et la fuite des plaisirs dangereux ou coupables ; à l'envie , j'opposerai cette charité humble et douce qui n'est point jalouse. Mais ce serait en vain , ô Dieu des vertus ! que j'essaierais de combattre ces monstres, si vous ne me mettez pas les armes à la main. *Ecce Dominus Deus auxiliator meus.* Le Seigneur est mon secours et mon appui, il me donnera les forces, la grâce, et je triompherai de ces ennemis redoutables , et lui-même sera ma couronne. Ainsi soit-il.

DE LA GOURMANDISE, DE LA COLÈRE

ET DE LA PARESSE.

D. Qu'est-ce que la gourmandise?

R. La gourmandise est l'amour déréglé du boire et du manger.

On est gourmand quand on aime trop à boire et à manger ; lorsqu'on boit ou mange au-delà du nécessaire, sans besoin , avec excès, de manière à s'incommoder , hors des repas ; quand on recherche des nourritures trop exquises , ce qu'on appelle friandises, ou vulgairement chatteries. La gourmandise est un vice bas, animal, qui dégrade l'homme et le rend semblable aux animaux , et même l'abaisse au-dessous des animaux; car, remarquez-le bien , les bêtes ne mangent jamais au-delà de leur suffisance ; toujours la même nourriture, point de recherche , point d'apprêt ; et l'homme est souvent l'esclave de son corps et de ses appétits, jusqu'à noyer sa raison dans le vin. Il absorbe cette âme sublime , cette portion, cette image de la Divinité , dans la crapule et les excès de la nourriture et de la boisson.

D. Quelle est la gourmandise la plus dangereuse ?

R. C'est l'ivrognerie.

D. Quelles sont les suites de l'ivrognerie ?

R. Les suites de l'ivrognerie sont l'abrutissement de la raison, les paroles indiscrètes, les querelles, l'impureté.

L'ivrognerie est en effet l'espèce de gourmandise la plus dangereuse, et qui a les suites les plus terribles, et c'est malheureusement la plus commune dans nos campagnes, et parmi ceux qui n'ont pas le moyen de satisfaire leur sensualité par des repas somptueux et des mets recherchés. Les riches sont intempérants dans le boire et le manger, par la variété et la multitude des ragoûts, des assaisonnements, des vins, des liqueurs, etc. Mais les gens moins aisés donnent dans d'autres excès d'intempérance, en buvant trop des vins les plus communs, et cela jusqu'à s'enivrer et à perdre la raison. Je voudrais, mes enfants, vous inspirer, pour toute votre vie, la plus grande horreur contre un vice si détestable ; voyez comme votre Catéchisme vous détaille les suites ordinaires de l'ivrognerie ; et vous, anciens, écoutez-les.

1re Suite de l'ivrognerie, c'est *l'abrutissement de la raison*. Que veut dire ce mot *abrutissement* ? C'est-à-dire que quand on boit trop, on devient bête, on s'abrutit comme les animaux sans raison. Voyez un ivrogne, il ne sait ni ce qu'il dit, ni ce qu'il fait, ni pourquoi il agit ; il n'est donc plus raisonnable. Son corps même n'a plus sa consistance naturelle ; il tombe, il se vautre dans la boue comme un pourceau ; les animaux même sont moins brutes que lui, puisque jamais leurs membres ne sont captivés et sans forces, comme les siens ; sa langue est aussi embarrassée que sa raison ; il bégaie, il ne saurait articuler des sons réguliers ; il parle à tort et à travers, il n'y a ni suite ni sens dans ses discours ; dans cet état d'abrutissement, on le montre au doigt, et on s'en moque, on en rit comme d'un extravagant, d'un fou, qui n'a plus

13.

que la figure humaine ; il est le jouet des enfants, qui s'en
divertissent comme d'un animal extraordinaire, qui a
moins de raison qu'eux ; au reste, si cette brutalité n'é-
tait que stupide et sans action, les suites en seraient
moins funestes ; mais elle devient quelquefois semblable
à celle des animaux les plus féroces ; on voit des ivrognes
transportés de fureur et de rage, comme des chiens et
des loups ; ils hurlent, ils crient, ils écument, ils déchirent, ils brisent, ils frappent à droite, à gauche, sur
une femme, des enfants, des domestiques ; ils jurent, ils
blasphèment, ils ne respectent ni Dieu ni les hommes ;
en un mot, un ivrogne n'est plus un homme, mais une
bête féroce. Tel est son état d'abrutissement dans les
accès de son ivresse ; mais cet état déplorable devient
habituel et permanent dans la suite ; le vin use les organes, affaiblit le cerveau, la mémoire, le raisonnement,
l'esprit ; voilà pourquoi on voit de vieux ivrognes qui ne
peuvent plus supporter un verre de vin sans perdre la
raison ; qui sont dans un état continuel de stupidité, de
bêtise, incapables de conduire leurs maisons, leurs affaires, leur personne même, et l'on dit : C'est un homme
abruti par le vin. Un père montrait à son fils un homme
ivre ; l'enfant demanda : *Quel animal est-ce là ?* et il en
conçut pour toute sa vie une horreur qui le préserva pour
toujours des excès du vin.

2° La seconde suite de l'ivrognerie, c'est *l'indiscrétion
dans les paroles.* Un homme ivre, qui ne sait ce qu'il dit,
ne peut manquer d'être indiscret dans ses paroles ; il dit
tout ce qui lui vient à la bouche, sans rien considérer,
sans modération, sans réserve ; il dit tout le mal qu'il
sait et qu'il ne sait pas sur les uns et sur les autres ; il
tient les propos les plus indécents contre la religion,
contre les mœurs, contre la charité, devant des enfants,
devant les siens propres ; il chante, ou plutôt il détonne
des chansons licencieuses ; il répand autour de lui le
scandale et la corruption sans s'en apercevoir, et cependant il n'en est pas moins coupable ; pourquoi se mettait-

il dans cet état de déraison et d'extravagance? Paroles
indiscrètes! Hélas! il en dit souvent qu'il voudrait bien
retenir après; il trahit son secret, ses intérêts, son honneur, son commerce, ses affaires; l'homme ivre est trans-
parent comme le verre; des trompeurs rusés voient tout
ce qu'il a dans l'âme; ils lui arrachent des arrangements,
des marchés inconsidérés et ruineux, dont il a grand
lieu de se repentir quand il est sorti de sa folie; d'autres
fois, ses paroles indiscrètes sont des injures qui entraînent
la troisième suite.

3 *Les querelles.* Combien de disputes allumées au feu
de la débauche! La colère s'enflamme, on se dit toutes
les injures qui viennent à la bouche, on en vient aux
mains; souvent des batailles sanglantes, les meurtres,
les assassinats, sont les suites affreuses de l'ivrognerie.
Alors, dans la fureur d'un duel, d'une bataille, sous les
coups dirigés par une colère aveugle, on vomit, entre les
mains de Dieu, une âme qui sort de la crapule, et souillée
de tous les crimes qui l'accompagnent. Combien d'ivrognes
sont allés paraître devant Dieu dans ce déplorable état!
Quelle surprise! se réveiller de son ivresse entre les
mains du Dieu vengeur de l'intempérance et des excès
qu'elle entraîne!

4° *Suite de l'ivrognerie, l'impureté.* Le Sage l'a dit il
y a long-temps: *Le vin porte à la luxure, l'ivresse agite
les passions; quiconque y met son plaisir ne sera plus
sage. (Prov. xx, 1.)* Et après lui le grand Apôtre nous
dit: *Ne vous livrez point au vin et à l'ivrognerie; là se
trouve l'impureté.* (Eph. v, 18.) Le vin donc enflamme
cette passion, déjà si fougueuse, et quand on a perdu sa
raison, à quels désordres ne se livre-t-on pas? Voilà
pourquoi on voit les jeunes gens si licencieux, si indécents au sortir d'un festin. Filles chrétiennes, fuyez un
jeune homme ivre ou porté au vin, comme vous fuiriez
un ours furieux qui aurait brisé sa cloison; vous êtes
moins en sûreté avec lui qu'au milieu des bêtes féroces.
Le corps d'un ivrogne est un cloaque d'impuretés. *Lors-*

qu'il est rempli par la plénitude des aliments de la gour-
mandise, dit saint Grégoire, *alors la vertu de l'âme est*
détruite par la luxure. (Greg. iv, 3. Moral. c. 17.) La
sainteté du mariage, la fidélité conjugale est-elle respectée
par des époux abrutis par le vin? Mais si ce vice affreux
a gagné les femmes, qu'est-ce qu'une femme pareille?
Une infâme, une prostituée!

Mes enfants, votre Catéchisme n'a pas tout dit. Voici
encore bien d'autres effets de la gourmandise et de l'i-
vrognerie; elle ruine la fortune, la paix, le corps et
l'âme.

1° *La fortune*. Où conduit la gourmandise? A perdre
son temps dans les plaisirs de la table. Que de moments,
que de journées utiles perdues par ces ouvriers, ces artisans livrés à l'intempérance! A toutes les fêtes, il faut
un lendemain d'oisiveté et de débauche; et, pendant ce
temps-là, gagne-t-on sa vie et celle d'une femme et des
enfants? Double perte; ne rien gagner et dépenser davantage; que devient le fruit des travaux d'une semaine?
Il est absorbé le dimanche au cabaret. Un ivrogne ne sait
rien ménager; pour sa passion, il dépense et prodigue,
sans aucune réserve, tout ce qui devrait nourrir une
épouse et des enfants malheureux qui, pendant ce temps-
là, languissent de faim et de misère; et, au bout d'une
vie pareille, que reste-t-il dans une famille? La crasse,
la pauvreté, les lambeaux! Combien de maisons aisées,
ou qui le devraient être, ainsi ruinées par la gourmandise et l'intempérance! Combien de pauvres qui le sont
devenus par leur faute, et qui, comme le prodigue, ont
dévoré *toute leur substance dans une vie de profusion et
de débauches!* (Luc. xv, 13.)

2° *Ruine de la paix dans le ménage*. Nous l'avons déjà
dit, l'ivrognerie entraîne les querelles et les disputes;
mais c'est surtout dans les ménages, entre un mari débauché et une femme qui gémit de ses désordres. Qu'arrive-t-il? On le voit tous les jours : une épouse malheureuse, réduite aux abois, poussée à bout, pleure, gémit,

s'emporte contre un époux qui revient ivre à la maison, ou qu'elle est forcée d'aller chercher. L'un est transporté hors de raison par la chaleur du vin, l'autre est au désespoir et excédée de chagrin. De là quelles paroles ! quels traitements ! Vous ne l'éprouvez que trop, malheureuses épouses, les juremens, les emportements, les imprécations, les coups, etc. C'est en vain qu'une mère désolée présente entre ses bras un enfant innocent à ce père furieux ; rien n'arrête cette bête féroce, la mère et l'enfant sont tous deux victimes de la brutalité ; guerre, guerre journalière et continuelle dans ces malheureuses familles !

3° *Ruine du corps* et de la santé. Nécessairement les excès du vin et des aliments surchargent l'estomac, brisent les forces, usent le tempérament. Voyez ces vieux ivrognes, ces hommes de crapule et de débauche, voyez leur teint brûlé ou livide. Voyez ces membres chancelants sur le bord de leur fosse ; ces cadavres ambulants, tenaillés par la goutte et mille autres infirmités ; comme ils se traînent à pas tremblants vers leur tombeau ; voilà où les ont réduits leurs excès ; malgré cela, ils se vantent d'avoir résisté aux fatigues de la table ; mais déjà la mort les saisit ; elle traîne avec précipitation au tombeau la plupart de ces hommes de chair et de sang. Ils ne verront pas la moitié de leurs jours ; des blessures, des chutes dangereuses, l'abondance des humeurs, corrompues par la crapule, heurteront, briseront, détruiront ces corps usés par la débauche, et le proverbe ancien sera toujours vrai : *La gourmandise a plus tué d'hommes que le glaive : Plures occidit gula quàm gladius.*

4° *Ruine de l'âme.* Nous l'avons déjà dit : elle la ruine par la multitude de vices qu'elle entraîne, l'abrutissement, la licence des discours, l'impureté, la colère, les emportements, les meurtres, etc. J'ajoute encore ici les friponneries, les vols, les injustices auxquels on est entraîné par le désir de satisfaire sa gourmandise, par les besoins qu'elle entraîne ; j'ajoute encore l'impénitence finale où elle conduit ; car quelle est la fin ordinaire des ivrognes ? Ils meurent comme ils ont vécu, ou dans leurs funestes habitudes d'ivrognerie, ou dans un état d'ivresse.

Dans leurs habitudes. Vous savez le proverbe : *Qui a bu, boira ;* il n'est que trop vrai et vérifié tous les jours par l'expérience ; les ivrognes se convertissent rarement ou faussement, ou pour peu de temps. *Rarement ;* il est très rare de voir un ivrogne changé ; il est des vices que l'âge consume et amortit ; mais celui-ci au contraire, plus on est vieux, plus la soif du vin rappelle ; on a pour maxime que le vin est le lait des vieillards, qu'il faut boire pour ranimer sa vigueur et pour soutenir ses membres chancelants, et on les fait chanceler davantage ; les organes sont usés, et la moindre quantité plonge dans l'ivresse. Ainsi il est très rare de voir des ivrognes devenir sobres sur leurs vieux jours.

Faussement. Si quelquefois un ivrogne paraît changé aux environs de Pâques, s'il s'est abstenu de vin pendant le carême, très communément ce n'est que pour attraper une absolution ; la conversion est fausse ; ou, quelque vraie qu'elle paraisse, on voit bientôt l'ivrogne reprendre le cours de son habitude ; le lendemain, quelques jours après la solennité, on le revoit sortir chancelant des cabarets. La conversion sincère et constante d'un ivrogne est une de ces raretés qu'on met au nombre des miracles. Un homme apostolique disait : Il y a quarante ans que j'exerce le ministère, je n'ai converti qu'un ivrogne, encore ne l'a-t-il été que six mois. Craignez donc, chers enfants, craignez de contracter une si damnable habitude ; car on meurt sans s'en corriger.

Mais ce qu'il y a de plus terrible, c'est que souvent les ivrognes meurent dans cet état même de leur ivresse. Vous l'entendez dire tous les jours : Un tel était ivre, et il est tombé dans les eaux, il s'est noyé ; cet autre a été trouvé mort dans la neige ; celui-là est tombé du haut d'un mur ou d'un couvert ; ce voiturier a été écrasé sous sa voiture. Les malheureux, ils sont morts dans un état de déraison et d'ivresse ; ils ont vomi leur âme criminelle avec le vin qu'ils avaient bu par excès, et les voilà entre les mains de la justice divine. Quel état ! quelle vie ! quelle mort !

De tout cela, mes enfants, que conclure ? Qu'il faut éviter la gourmandise et l'ivrognerie. Prenez garde dès l'âge encore tendre où vous êtes, prenez garde de contracter cette indigne habitude : *Nolite inebriari*. Souvenez-vous toute votre vie qu'il est écrit dans les Livres saints, *que les ivrognes ne posséderont pas le royaume des Cieux*. (1. Cor. vi, 10.) *Sur qui doit tomber le malheur ? Sur ceux qui aiment à boire*. (Prov. xxiii, 29 et 30.) Et vous, anciens, qui peut-être seriez dans cette habitude funeste, faites vos efforts pour la détruire, conjurez le Seigneur de vous en faire la grâce, condamnez-vous à boire modérément. La tempérance, voilà la vertu opposée à la gourmandise et à l'ivrognerie, elle en est le remède. Heureuse sobriété ! vertu avantageuse au corps et à l'âme ! On est sobre quand on boit et mange avec modération ; il est infiniment important de s'accoutumer dès la jeunesse à vivre sobrement, à ne boire et à ne manger qu'autant qu'il le faut pour la santé de l'âme et du corps. Les excès en ce genre ruinent le corps et accélèrent sa chute ; c'est en les évitant qu'on le conserve sain et robuste. Soyez donc sobres dans le boire et dans le manger ; *sobrii estote* (1. Petr. v, 8), et vous serez à l'abri de mille dangers, de tous les malheurs de l'âme et du corps qui menacent les intempérants.

SOUS-DEMANDES.

D. Qu'est-ce que cela veut dire : *amour déréglé du boire et du manger* ?

R. C'est quand on aime trop à boire ou à manger.

D. Qu'entendez-vous dire par ce mot *abrutissement* ?

R. C'est qu'on devient comme des bêtes quand on boit trop.

D. Qu'est-ce que c'est que des paroles indiscrètes ?

R. C'est que les ivrognes disent tout ce qui leur vient à la bouche.

D. Pourquoi des querelles ? les ivrognes sont si bons amis !

R. Très souvent dans la chaleur du vin on se dispute, on se bat, et quelquefois on se tue, parce qu'on ne sait ce qu'on fait.

D. Est-ce que le vin porte à l'impureté?

D. Oui, c'est l'Apôtre et le Sage qui le disent : L'impureté est dans le vin.

D. Que faut-il donc faire pour éviter la gourmandise et surtout l'ivrognerie ?

R. Il ne faut boire et manger que selon ses besoins et jamais trop.

RÉCAPITULATION PRATIQUE.

1° Ayez en horreur tous les excès de la bouche, et même toutes les petites gourmandises qui y conduisent.

2° Contentez-vous de ce qu'on vous donne pour votre nourriture, sans jalousie, sans murmures ; il est honteux d'être sujet à la bouche.

3° Accoutumez-vous vous-mêmes à vous priver de quelques petites choses pour vous former à la sobriété et à la mortification.

4° Demandez à Dieu la grâce de ne pas former en vous l'habitude du vin, ou la grâce de rompre cette habitude, si malheureusement elle était formée.

DE LA COLÈRE.

D. Qu'est-ce que la colère ?

R. La colère est un mouvement de l'âme qui nous porte à rejeter avec violence ce qui nous déplaît.

La colère est un *mouvement de l'âme*, c'est-à-dire que l'âme est en mouvement, dans une agitation violente, quand elle est dans la colère ; et ce mouvement *nous porte* à employer *la violence*, les coups, les injures, quand nous trouvons quelque chose ou quelqu'un qui nous déplaît. On se fâche, on s'irrite, on dit des injures, on se venge, on résiste, on repousse vivement, violemment tout ce qui peut déplaire. Un homme en colère est prodigieusement agité ; ses yeux s'enflamment, ses lèvres tremblent et écument, ses cheveux se dressent, tout son visage est en feu, ses paroles sont furieuses, aigres, véhémentes, bruyantes, entrecoupées ; tout son corps est dans des mouvements convulsifs ; ce n'est plus un homme, c'est un lion rugissant, c'est une bête féroce qui déchire tout, si on ne la retient. Hélas ! mes enfants, tout jeunes que vous êtes, vous n'éprouvez que trop ce que c'est que la colère ; ce vice est né avec vous, l'enfance n'en est pas exempte, il n'est point de petits enfants qui n'en ressentent les atteintes ; elle est même plus vive, plus impétueuse d'abord ; un enfant prend feu pour rien, heureusement sa colère s'apaise aussi bien vite ; au lieu que, dans l'âge avancé, elle est plus durable, plus réfléchie, elle a des suites plus funestes.

D. Quels sont les effets de la colère?

R. Les effets ordinaires de la colère sont la discorde, les querelles, les injures, les procès, le désir de nuire, et les meurtres même.

Voyez, mes enfants, ce que c'est que la colère et combien elle entraîne de malheurs. Cette passion furieuse est la cause de bien des péchés ; elle produit *la discorde,* car la désunion, la dissension, les haines, tout cela est la même chose ; tout cela commence communément par un mouvement de colère ; on se fâche, *on se querelle,* on se dit *des injures,* on se maltraite de paroles, et quelquefois les coups s'y mêlent ; on cherche à se venger par d'autres moyens, à faire du mal à ceux contre qui on est animé ; on garde contre eux la rancune pendant des mois et des années ; *on se fait des procès,* ou pour ces injures et ces mauvais traitements, ou par une suite plus étudiée de machinations et de mauvais procédés. Ce n'était d'abord qu'une étincelle de colère ou de vivacité, et bientôt elle a allumé un incendie qui dure des mois et des années, et qui fait les plus grands ravages dans les familles et les sociétés ; quelquefois même les *meurtres* et les assassinats sont les suites de la colère ; un homme furieux ne se possède pas ; il perd la raison ; dans la première fougue impétueuse, il se porte aux dernières extrémités ; un coup donné, une pierre lancée, une arme que l'on tient à la main, servent malheureusement trop sa fureur ; un malheur arrive en un instant ; la mort est la suite de ces emportements. Combien d'exemples n'a-t-on pas de ces funestes effets de la colère. Caïn tue son frère Abel dans sa fureur jalouse. (Colère d'Esaü contre Jacob, elle dure vingt années. *Histoire.*) Batailles d'enfants ; les pierres, etc. ; enfants tués.

J'ajoute encore d'autres suites de la colère : Dieu n'est pas plus épargné que les hommes par un homme furieux ; quels torrents de blasphèmes, de juremens, d'imprécations, de paroles horribles contre Dieu, sa religion, sa providence, on entend sortir de ces bouches écumantes agitées par la colère ! La colère est le vice des enfants souvent encore plus que des grandes personnes ; chez eux elle dure un moment, mais elle est plus vive, plus impétueuse, plus inconsidérée. Quand vous êtes en colère, vous n'écoutez rien, ni raison, ni religion ; prenez garde, mes chers enfants, de laisser naître en vous un défaut dont les commencements même sont si funestes ; réprimez-en de bonne heure les premières saillies ; ne vous fâchez pas, *nolite irasci ;* ne vous faites pas justice à vous-mêmes ; ne prenez jamais des moyens violents pour vous défendre, dit l'Apôtre saint Paul, cédez plutôt ; *non vosmetipsos defendentes.* (Rom. xii, 49.) Laissez éclater la colère des autres, lassez-la par votre patience et votre douceur, car il est écrit : A moi la vengeance ; c'est moi qui me charge de rendre aux hommes colères et emportés la punition qui leur est due, dit le Seigneur. N'opposez, dis-je, que la douceur à la colère des autres ; une réponse douce et tranquille abat la colère, *responsio mollis frangit iram.* (Prov. xv, 4.) Ces mouvements impétueux, qui s'animent par la résistance d'une colère opposée, viennent se briser contre la douceur d'une âme tranquille et paisible. Mettez tout le tort du côté de votre adversaire ; *date locum iræ. Si votre ennemi a faim*, dit saint Paul, *donnez-lui à manger ; s'il a soif, donnez-lui à boire. Par cette conduite, vous amasserez des charbons ardents sur sa tête. Ne vous laissez point vaincre par le mal et la méchanceté des autres, mais triomphez du mal par le bien* (Rom. xii, 20 et 21) ; forcez vos ennemis à vous céder les honneurs de la victoire remportée sur une passion fougueuse. Triomphez de votre colère même par votre douceur. Oui, la douceur, cette vertu pacifique, sera aussi le remède à vos emportements ; c'est la vertu opposée à la colère ; pratiquez-la, mes chers enfants, Jésus-Christ lui-même vous en donne l'exemple. Apprenez de moi, dit-il, que je suis doux et humble de cœur. *Discite à me, quia mitis sum et humilis corde.* (Matth. xi, 29.) A la vue de ce modèle divin, pourriez-vous ne pas chérir, admirer, pratiquer ces vertus charmantes ? je dis ces vertus, car l'humilité est la compagne inséparable de la douceur. D'où vient se fâche-t-on si aisément et si souvent ? C'est qu'on n'est pas humble, c'est qu'on n'aime pas à être humilié. Soyez donc humbles et patients comme votre divin modèle, et ces douces vertus éteindront en vous les feux impétueux de la vivacité et des emportements. Heureux les doux, parce qu'ils posséderont la terre ! *Beati mites, quoniam ipsi possidebunt terram !* (Matth. v, 4.) Ils se rendent maîtres du cœur de leurs ennemis mêmes. Ils posséderont leur âme en paix ; ils posséderont le Ciel, qui est la terre des vivants. *Heureux les pacifiques*, heureux ces hommes tranquilles qui n'excitent point de querelles, et qui, au contraire, cherchent à les apaiser, *parce qu'ils seront appelés les enfants de Dieu !* (Matth. v, 9.) *Histoire.* Douceur de saint François de Sales.

SOUS—DEMANDES.

D. Répondez à cette première demande plus simplement : Qu'est-ce que la colère ?

R. C'est quand on se fâche.

D. Vous dites que la discorde est un effet de la colère. Qu'est-ce que cela veut dire ?

R. C'est qu'on ne s'aime pas quand on se met en colère les uns contre les autres.

D. Comment est-ce qu'elle occasionne les querelles ?

R. C'est qu'on se dispute, on se dit des injures dans la colère.

D. Comment est-ce qu'elle occasionne les procès ?

R. C'est qu'on plaide ordinairement quand on s'est fâché et dit des injures.

D. Vous dites le désir de nuire ?

R. C'est qu'on cherche à faire du mal quand on est fâché contre quelqu'un.

D. Est-ce que la colère occasionne des meurtres ?

R. Oui, on se tue quelquefois dans la colère.

D. Vous tâcherez donc d'être bien doux ?

R. Oui, je me rappellerai les paroles de J.-C. : Apprenez que je suis doux et humble de cœur.

RÉCAPITULATION PRATIQUE.

1° Concevez de la colère toute l'horreur qu'elle inspire ; craignez de vous laisser dominer par une passion si funeste.

2° Attachez-vous à la prévenir ou à vous en corriger si vous y êtes sujets.

3° Pour cela, employez les remèdes contraires ; tâchez d'opposer la douceur à votre colère et à celle des autres. Sitôt qu'il vous est échappé un trait de colère, demandez-en pardon à Dieu, imposez-vous une pénitence, etc.

4° Demandez à Dieu la victoire sur cette passion fougueuse, et prenez Jésus-Christ pour modèle.

DE LA PARESSE.

D. Qu'est-ce que la paresse ?

R. La paresse est une lâcheté et un dégoût qui fait que l'on omet plutôt ses devoirs que de se faire violence.

Hélas! mes enfants, à votre âge on ne sait que trop ce que c'est que la paresse. Quand même vous ne pourriez pas dire ce que c'est, vous sentez bien comme vous êtes quand vous êtes paresseux, n'est-il pas vrai ? Vous êtes lâches, indolents, dégoûtés volontairement de vos devoirs ; vous y manquez souvent ; vous négligez de les accomplir, vous ne vous faites là-dessus aucune violence, vous aimez mieux les laisser là que de vous gêner pour le travail, pour la prière, etc. On est paresseux quand on n'aime pas à se lever matin, quand on aime à rester dans son lit ; quand on se tient sans rien faire pendant la journée, quand on ne veut pas faire les ouvrages de la maison ou d'autres, quand on ne veut pas aller à l'école, quand on ne veut ni lire, ni étudier, ni apprendre ce qu'on doit savoir. Voilà la paresse. Or, écoutez, mes enfants, comme le bon Dieu menace les paresseux, ces arbres stériles qui ne produisent rien : Tout arbre qui ne produit pas de bons fruits sera coupé et jeté au feu. *Omnis arbor quæ non facit fructum bonum excidetur et in ignem mittetur.* (Matth. vii, 19.) Prenez ce serviteur inutile, jetez-le dans les ténèbres extérieures. *Inutilem servum ejicite in tenebras exteriores.* (Matth. xxv, 30.)

D. Quels sont les effets de la paresse ?

R. Les effets de la paresse sont l'oubli de Dieu et du salut, la perte du temps, et la négligence des devoirs de son état.

Voilà, mes enfants, où conduit la paresse, et les malheureux effets qu'elle produit.

1° *L'oubli de Dieu et du salut.* Une âme lâche et nonchalante se dégoûte d'abord de ses devoirs de religion ; elle oublie ce qu'elle doit à Dieu, les prières, les offices, le saint sacrifice de la Messe, tout l'ennuie, la dégoûte ; elle trouve tout trop long ; elle se déplaît à l'église et avec son Dieu ; et, par une suite nécessaire, l'âme paresseuse oublie et néglige son salut ; elle néglige l'étude et la pratique de ses devoirs, la fréquentation des sacrements, la confession, la communion ; tout cela demanderait des soins, des préparatifs, de la vigilance, des efforts, des combats contre ses passions ; tout cela fatiguerait son indolence et troublerait le repos dont elle veut jouir. La lecture, les sermons, les instructions l'ennuient ; le soin du salut la gêne et la fatigue. De là, stupidité, insensibilité, indifférence, dégoût pour tout ce que la religion nous prêche : funeste indifférence, funeste inaction, sommeil léthargique, qui laisse le paresseux bien loin de la voie du salut ; premier effet.

Deuxième effet. *La perte du temps.* Ce trésor précieux est perdu entre les mains d'un paresseux qui ne sait ni ne veut s'occuper utilement. Que de moments, qui pourraient fructifier, perdus pour le temps et l'éternité ! Que de moments passés à ne rien faire, ou à faire des riens, ou à faire du mal ! Le temps s'enfuit, il ne reviendra plus ; sa perte est irréparable, et vous le laissez s'échapper d'entre vos mains ! Paresseux, vous rendrez compte à Dieu de ces moments qu'il vous avait confiés pour les employer au travail, à l'étude, aux affaires de votre famille, à la grande affaire de votre salut. Ah ! si un réprouvé avait une de ces journées que vous perdez dans l'oisiveté et dans l'inaction, quel profit n'en tirerait-il pas ? Et vous la laissez perdre. Que faites-vous là tout le jour, sans occupation ? disait le père de famille à ces hommes inutiles qui se tenaient les bras croisés sur la place. *Quid hic statis tota die otiosi ?* (Matth. xx, 6.) C'est à vous, paresseux, que s'adresse ce reproche ; travaillez à la vigne du Seigneur, cultivez votre âme, vaquez à vos affaires. *Ite in vineam meam.* (Ibid. 7.) Quel compte aurez-vous à rendre, si vous laissez passer la onzième heure, la dernière de votre vie, sans avoir rien fait, ni pour l'autre monde, ni pour celui-ci ? car un troisième effet de la paresse c'est

3° *La négligence des devoirs de son état.* Si c'est un enfant qui est paresseux, il néglige l'étude, la lecture, l'écriture, son instruction dans les sciences divines et humaines ; il ne fait pas ce qu'on lui commande à la maison ou dans les champs ; car ce sont là les devoirs de votre état, mes enfants. Si c'est un père de famille, il néglige ses affaires, son commerce, son labourage. Si c'est une mère de famille, elle laisse là son ménage, le soin de ses enfants et de ses domestiques. Si c'est un homme en place, un juge, un magistrat, un homme d'affaires, il abandonne les intérêts publics et particuliers ; tout est perdu entre ses mains. Quel compte à rendre à Dieu et aux hommes de toutes ces négligences !... Négligences funestes pour cette vie : que devient la fortune des paresseux ? *Le bien ne vient pas en dormant,* en se tenant les bras croisés.

Combien qui étaient riches et qui sont devenus pauvres ! Combien de maisons réduites à la mendicité parce que les chefs paresseux sont restés dans l'inaction et l'indolence ! La crapule et l'ivrognerie occupent des moments oisifs dont on ne sait que faire : on ne fait rien d'un côté, et on dépense tout de l'autre ; est-ce le moyen de s'enrichir ? La paresse réduit à la mendicité ; c'est le lâche et indigne métier que choisissent les paresseux. Plutôt que de se gêner pour gagner leur pain, ils trouvent plus commode d'aller le demander de porte en porte. Vie indolente, méprisable, indigne de l'homme et du chrétien ; elle le dégrade, l'énerve, le corrompt, le plonge dans la débauche et dans tous les vices qui sont les suites de la paresse, etc. O paresseux ! êtes-vous des hommes ?

Non, vous êtes moins que des bêtes, bien moins utiles
que ces animaux laborieux qui cultivent vos sillons. Ces
animaux utiles vous produisent du pain, et vous, vous
n'êtes propres à rien, vous ne faites rien sur la terre;
vous la surchargez d'un poids inutile ! Paresseux, allez à
l'école de la fourmi, *vade ad formicam, ô piger !* (Prov.
vi, 6.) « Considérez son activité, et apprenez d'elle les
» leçons de la sagesse : sans autre guide que son instinct,
» elle ramasse pendant l'été les aliments qui doivent la
» nourrir pendant l'hiver ; et, dans cette saison où elle
» est confinée dans la retraite, elle se nourrit des fruits
» de son travail ; et vous, fainéants, vous restez dans
» une honteuse et stérile inaction. Jusqu'à quand vous
» endormirez-vous de la sorte ? Quand sortirez-vous de
» ce sommeil ruineux ? Vous dormirez, oui, vous dor-
» mirez, vos croiserez vos mains et vos bras pour vous
» livrer au repos, et la pauvreté viendra fondre sur
» vous comme un voyageur armé, et vous tomberez
» dans l'indigence et la misère. (*Ibid. 7 et seq.*) Les désirs
» tuent les paresseux ; *desideria occidunt pigrum*. »
(Prov. xxi, 25.) Le besoin, les regrets du temps perdu,
la faim, l'infortune, termineront misérablement une vie
malheureuse d'inaction et d'indolence.

Encore, si tout se bornait à des pertes et à des misères temporelles ; mais non, la paresse est un vice qui
tue l'âme aussi-bien que le corps ; c'est un vice qui produit une infinité d'autres vices. *L'oisiveté*, dit le Sage,
a enseigné bien du mal. *Multam malitiam docuit otio-
sitas.* (Eccli. xxxiii, 29.) Les autres péchés capitaux produisent d'autres péchés ; mais l'oisiveté enfante tous les
vices ; elle est appelée par excellence la mère de tous les
vices. Les Proverbes dictés par l'Esprit saint ne sont que
trop prouvés par l'expérience : une âme lâche, qui est dans
l'inaction, est ouverte à toutes les tentations, et ne se fait
aucune violence pour y résister; quand on ne s'occupe pas,
il n'est sorte de péché auquel on ne soit sujet ; quand on ne
sait que faire, on est communément porté à faire du mal.

D'abord on néglige ses devoirs de religion, comme nous l'avons dit ; ensuite on néglige les devoirs de son état, et combien de péchés en sont la suite ! Il faut passer le temps, ou, comme on dit, *tuer* le temps ; et comment le passe-t-on ? On va trouver des gens oisifs comme soi. A quoi s'occupe-t-on ? A des entretiens contre la charité, à la médisance, à passer en revue les uns et les autres, à des discours obscènes ; on va passer ces moments perdus au cabaret, aux jeux, aux divertissements, aux spectacles ; et combien de vices remplissent ces jours si mal employés ! Boire, manger, dormir, parler à tort et à travers, jouer, prendre ses plaisirs, permis ou non, voilà la vie des paresseux. Mais, dans quel cloaque d'impureté surtout se plonge une âme oisive ! Cette âme, stagnante et désœuvrée, est accessible à toutes les pensées, à tous les désirs, à tous les projets, à tous les souvenirs les plus infâmes ; ses yeux ; ses oreilles, tous ses sens sont ouverts à tous les objets les plus capables de la corrompre ; le corps énervé se porte à toute la mollesse de la volupté. Actions honteuses, entrevues criminelles, voilà de quoi s'occupent ceux qui n'aiment pas le travail.

Ajoutez encore ici un autre vice ; c'est le vol et l'injustice. Un paresseux a plus tôt fait de prendre que de gagner ; il aime mieux voler, pour subvenir à ses besoins et à ses plaisirs, que de travailler ; combien de fainéants, mendiants ou autres, qui sont voleurs ! Voyez, chers enfants, s'il est un seul commandement que ne transgresse un paresseux, s'il est un seul vice auquel il ne se livre. Il est donc bien vrai que la paresse est la mère de tous les vices.

Ah ! paresseux, quel compte aurez-vous à rendre, 1° de la nullité de votre vie ; 2° de tous les péchés dont votre oisiveté aura été le principe !

Je dis *de la nullité* de vos jours. Ecoutez quel en sera le jugement. Le père de famille avait confié un talent à ce serviteur ; il se contente de l'envelopper, il ne le fait pas fructifier ; quand on lui en demande compte : *Voilà votre talent*, dit-il ; *je l'ai laissé enveloppé dans un linge, parce que je vous ai craint. Mauvais serviteur, répond le maître, je vous juge par votre propre bouche ; puisque vous me redoutiez, pourquoi n'avez-vous pas fait fructifier cet argent ? Eh bien ! qu'on lui enlève ce talent que je lui avais confié* (Luc. XIX, 20 et seq.), *et qu'on le jette dans les ténèbres extérieures, où il n'y aura que pleurs et que grincements de dents.* (Matth. XXV, 30.)

Je dis 2° *de tous les péchés* qui en sont la suite. Quelle multitude innombrable de péchés dans une longue vie toute d'oisiveté, de plaisirs, de débauche, de discours, d'actions licencieuses, etc. ! Paresseux, comptez si vous le pouvez, etc.

La vertu opposée et le remède à la paresse, c'est l'amour du travail, c'est une sainte ardeur à remplir tous ses devoirs de religion, une raisonnable activité dans l'accomplissement de tous les devoirs de son état. Le travail est le préservatif contre toutes les tentations. Que le Démon vous trouve toujours occupé, *Diabolus te inveniat semper occupatum*, il ne pourra trouver d'accès dans une âme active et laborieuse ; tous ses efforts seront inutiles sur un corps appliqué au travail, et, moyennant cela, vous ne succomberez pas à la tentation ; vous en faites chaque jour l'épreuve, vous, surtout, laborieux ouvriers de nos campagnes ; votre vie est innocente aux jours de travail et tant que vous y êtes appliqués ; elle est coupable dans les jours ou les moments de repos et d'inaction.

SOUS-DEMANDES.

D. Quand est-ce qu'on est paresseux ?

R. C'est quand on n'aime pas le travail.

D. Est-ce paresse que de ne pas remplir ses devoirs de religion ?

R. Oui, c'est la paresse la plus coupable.

D. Ceux qui se dégoûtent volontairement à l'église sont donc des paresseux ?

R. Oui, car ils n'aiment pas leurs devoirs de religion.

D. Comment est-ce que la paresse fait oublier Dieu et son salut?

R. C'est que, quand on est paresseux, on néglige les offices, les instructions, les sacrements, etc.

D. Comment est-ce que la perte du temps est un effet de la paresse?

R. C'est que, quand on est paresseux, on passe le temps à ne rien faire ou à mal faire.

D. Comment est-ce qu'elle cause la négligence des devoirs de son état?

R. C'est que, quand on est paresseux, on n'aime pas travailler selon qu'on y est obligé chacun dans son état.

D. Comment est-ce qu'elle occasionne la misère?

R. C'est qu'un paresseux ne gagne rien et perd tout.

D. Comment est-ce qu'elle est la mère de tous les vices?

R. C'est que, quand on ne fait rien, on a l'âme ouverte à toutes les tentations, et on passe le temps à mal parler, à boire, à mal faire.

D. Que ferez-vous pour éviter tous ces maux?

R. J'aimerai le travail et je m'occuperai toujours.

RÉCAPITULATION PRATIQUE.

1° Ayez horreur de la paresse et de la vie oisive, comme d'une eau croupissante qui n'exhale que puanteur et corruption.

2° Regardez-la comme une source de misère et de désordre, qui vous perdra.

3° Aimez le travail, accoutumez-vous-y de bonne heure, faites des efforts pour vaincre la paresse.

4° Demandez à Dieu la grâce de la vaincre, si vous vous y sentez portés.

PRIÈRE.

La gourmandise, la colère, la paresse, voilà les trois vices qui ont fait la matière de l'instruction que nous venons d'entendre. Quels défauts, ô mon Dieu! et quelle foule d'autres défauts en dérivent! Nous l'avons considéré, nous en sommes convaincus. Pardon, Seigneur, de nous y être livrés jusqu'ici. Malheur à nous si nous les laissons vivre plus longtemps dans nos cœurs si susceptibles des plus mauvaises impressions! Quels autres vices ne s'y in-

troduiraient et n'y régneraient pas avec eux! Mais non, nous tra-
vaillerons désormais à détruire ce mauvais levain qui corrompait
toute la masse, à arracher ces germes empoisonnés qui nous donne-
raient la mort éternelle. Bénissez, Seigneur, soutenez nos efforts,
donnez-leur un plein succès; c'est la grâce que nous vous demandons par l'entremise de la sainte Vierge, sous la protection de
laquelle nous nous mettons pour combattre tous ces vices capitaux
qui engendrent les autres péchés. *Sub tuum præsidium*, etc.

DE LA GRACE.

D. Pouvons-nous, par nos propres forces, garder
les commandements de Dieu ?

R. Non, nous ne le pouvons sans la grâce de Dieu.

Non, mes enfants, nous ne pouvons rien sans la grâce
de Dieu ; c'est Jésus-Christ qui l'a dit : Sans moi vous ne
pouvez rien, *sine me nihil potestis facere.* (Joan. xv, 5.)
La grâce nous est absolument nécessaire pour faire le
bien : c'est encore une décision du saint concile de Trente,
fondée sur les mêmes paroles de notre divin Maître.
Voici comme s'exprime un canon de ce concile œcuménique : Si quelqu'un ose dire que l'homme peut croire,
espérer, aimer, faire pénitence, sans l'inspiration de
l'Esprit saint et sans son secours, qu'il soit anathème.
(*Concil. Trid.*, *sess.* 6, *can.* 3.) Il est donc de foi que
nous ne pouvons garder les commandements de Dieu
sans la grâce.

Telle est, mes chers enfants, notre dépendance de
celui qui nous a donné l'être : il faut qu'il nous soutienne
encore et nous dirige dans tout ce que nous avons à faire
pour accomplir ses ordres et remplir ses desseins sur
nous. C'est un bien pour nous, car cela nous rappelle
continuellement le respect que nous lui devons et le besoin que nous avons de lui, et la confiance que nous

devons avoir en lui, puisque notre sort est entre les mains du meilleur de tous les maîtres, *in manibus tuis sortes meæ.* (Psalm. xxx, 13.)

D. Qu'est-ce que la grâce?

R. La grâce est un secours surnaturel que Dieu nous accorde par Jésus-Christ, pour faire le bien, éviter le mal, et opérer notre salut.

La grâce est un *secours*, un appui qui nous aide, comme quand une mère prête la main à son enfant pour l'aider à marcher. Nous marchons comme de faibles enfants dans les voies de Dieu; nous chancelons, nous avons besoin de soutien; nous tomberions si le bon Dieu ne nous tendait la main pour soutenir nos faibles démarches.

Ce secours est *surnaturel*, c'est-à-dire *au-dessus de la nature;* il nous vient d'en-haut, il nous est donné pour les choses du salut; c'est ce qui distingue la grâce proprement dite des secours purement naturels que Dieu nous donne aussi, comme la santé, la force du corps, la solidité du jugement, la vivacité de l'esprit et les autres avantages semblables; ces dons, même naturels, sont aussi des grâces de Dieu; mais la véritable grâce dont je vous instruis à ce moment, c'est cette grâce *surnaturelle* qui nous est donnée pour marcher dans la voie des commandements de Dieu, et parvenir au terme d'une vie spirituelle, qui est le Ciel.

C'est *par Jésus-Christ* que Dieu nous accorde ce secours spirituel, parce que nous sommes incapables de le mériter et de l'obtenir par nous-mêmes; c'est donc en vue et par les mérites de Jésus-Christ que nous devons le demander, comme fait l'Eglise dans toutes ses prières. *Pour faire le bien :* la grâce nous est accordée pour faire les bonnes actions et pratiquer la vertu; *pour éviter le mal*, c'est-à-dire le péché, la tentation, l'occasion du péché, et pour n'y pas succomber, et, par ce moyen, *opérer notre salut,* gagner le Paradis, nous sauver;

voilà, mes enfants, ce que c'est que la grâce, ce bienfait que vous sollicitez dans vos prières lorsque vous dites : Mon Dieu, faites-moi *telle grâce*, la grâce d'être bien sage, etc.

D. Pourquoi ce secours est-il appelé grâce ?

R. Parce que Dieu nous l'accorde gratuitement, ou sans mérite de notre part.

Gratuitement, c'est-à-dire qui n'est pas dû. Dieu ne nous doit rien ; il est le maître de nous accorder, ou non, ce qu'il veut bien nous donner ; nous ne le méritons pas, et nous ne pouvons le mériter par nous-mêmes. Si ces secours pouvaient se mériter par nos œuvres, ce ne serait plus une grâce. *Si autem gratia, jam non ex operibus; alioquin gratia jam non est gratia.* (Rom. xi, 6.)

Tout le mérite de l'homme pécheur consiste dans le bon usage qu'il fait de la grâce. Ce bon usage, qui vient de la grâce, peut attirer d'autres grâces, et ainsi, de grâce en grâce, l'homme parvient à la vie éternelle par Jésus-Christ.

D. En quoi consiste ce secours ?

R. En ce que Dieu éclaire notre esprit par sa divine lumière, et touche notre cœur par les bons mouvements qu'il y forme.

Dieu *éclaire notre esprit*, c'est-à-dire qu'il nous fait connaître ce que nous devons faire ; *il nous touche le cœur*, c'est-à-dire qu'il nous donne de la bonne volonté, du goût, un attrait, du courage, pour faire accomplir ce qu'il nous montre. Revenons à la comparaison de cette bonne mère qui conduit son enfant : s'il y a des ténèbres, elle prend un flambeau pour éclairer ses pas, *voilà la lumière;* elle le soutient, le conduit par la main, *voilà le mouvement;* c'est ainsi que Dieu éclaire notre esprit, dirige et soutient notre cœur pour faire le bien et éviter le mal. Ainsi, par exemple, il s'agit pour vous de faire une

chose commandée par la loi de Dieu et l'ordre de vos
parents, comme d'aller à la Messe, à l'école, d'étudier,
de travailler à la maison ; là-dessus Dieu vous éclaire par
sa grâce en vous disant : Mon enfant, il faut obéir à Dieu
et à ceux qui ont droit de vous commander ; voilà une
lumière, une connaissance qui vous est donnée par la
grâce attachée à nos instructions ; vous savez vos devoirs ;
outre cela, vous sentez au-dedans de vous un bon mouvement, et comme une voix intérieure qui vous dit : Fais
cela, et qui vous y porte par un doux penchant, ou qui
vous presse de vaincre votre répugnance : Surmonte ta
paresse, fuis cette mauvaise compagnie, évite ce danger, prends garde à toi, etc., etc.

Voilà les bons mouvements du cœur ; en même temps
Dieu vous donne la force, vous aide à faire tout cela ;
voilà la grâce ; avec cela vous pouvez faire le bien et
éviter le mal, et vous le pouvez librement.

D. Coopérons-nous librement à la grâce de Dieu ?

R. Oui, et sans cette liberté nous n'aurions point
de mérite.

Ce mot *coopérer* veut dire *agir avec* : coopérer à la
grâce, c'est *agir* avec la grâce ; elle agit avec nous, et
nous agissons avec elle, *gratia Dei mecum.* (1. Cor.
xv, 10.) C'est à peu près comme quand un maître vous
mène la main pour écrire ; vous formez les lettres avec
lui, et il les forme avec vous ; si ce maître vous laisse la
liberté, vous êtes libres de rejeter sa main ou d'y
soustraire la vôtre ; si donc vous consentez à suivre ses
mouvements, vous coopérez librement avec lui pour former vos lettres. C'est ainsi que nous agissons avec la
grâce ; elle nous conduit, et cependant nous sommes
libres sous son impression douce et bienfaisante. Le bon
maître qui agit avec nous ne prétend pas nous forcer ; il
veut que nous ayons le mérite d'agir sous sa direction
divine, de bien ou mal faire avec liberté, car sans cela
nous ne pourrions ni mériter ni démériter ; on ne peut

récompenser ou punir, avec justice, un homme enchaîné ou invinciblement entraîné à faire le bien ou le mal.

D. D'où vient notre coopération à la grâce ?

R. Elle vient de la grâce même qui coopère en nous et avec nous.

Non ego, sed gratia Dei mecum. (Ibid.) Ce n'est pas moi, dit saint Paul, mais c'est la grâce qui opère avec moi. Revenons à notre comparaison. C'est cette main qui guide la vôtre dans votre écriture, qui vous imprime la force, l'adresse, la tournure qui forme la lettre ; vous agissez avec cette main, et c'est par elle que vous opérez ; de même c'est Dieu qui, par sa grâce, vous inspire et vous guide pour faire une bonne action ; c'est par une force aimable et sans contrainte que vous agissez avec cette grâce bienfaisante.

D. Pouvons-nous résister aux mouvements intérieurs de la grâce ?

R. Oui, et nous n'y résistons que trop souvent.

Nous pouvons résister à la grâce, et cela n'est que trop vrai, puisque nous lui résistons si souvent ; il n'est personne de nous qui n'en ait fait la triste expérience. Voilà pourquoi l'Apôtre saint Paul nous dit : Prenez garde, faites attention de ne pas manquer à la grâce : *Contemplantes ne quis desit gratiæ Dei.* (Hebr. xii, 15.) Nous l'avons dit, Dieu nous laisse libres sous l'impression de sa grâce ; il nous propose la vie ou la mort. *Testes invoco hodiè Cœlum et terram quòd proposuerim vobis vitam et mortem, benedictionem et maledictionem.* (Deut. xxx, 19.)

Mais son désir le plus ardent est que nous choisissions la vie : *Elige ergò vitam.* (Ibid.) Ce n'est qu'en gémissant qu'il nous voit choisir la mort, et qu'il prononce l'arrêt de malédiction qui punit nos résistances à ses mouvements salutaires. *Nous n'y résistons que trop souvent !*

C'est ce qui nous arrive toutes les fois que nous péchons ; c'est toujours par une résistance à la grâce que nous transgressons la loi de Dieu, car cette grâce ne nous manque jamais si nous la demandons comme il faut ; et nous avons toujours la grâce de la prière pour la solliciter ; *petite et dabitur vobis* (Matth. VII, 7), demandez et vous recevrez. Si donc nous tombons dans le péché, c'est que nous résistons aux secours divins qui nous étaient donnés pour l'éviter et pour faire le bien.

D. Pouvons-nous, sans le secours de la grâce, faire quelque chose qui mérite le Ciel ?

R. Non, sans le secours de la grâce, nous ne pouvons rien faire qui mérite le Ciel.

Nous ne pouvons rien faire de bon et d'utile pour le salut sans la grâce, qui nous est donnée par Jésus-Christ, nous ne pouvons de nous-mêmes, ni accomplir les commandements, ni prier Dieu, ni avoir une bonne pensée, ni un bon désir par rapport au salut éternel : nous avons besoin pour tout cela de la grâce de Jésus-Christ ; et, quand même nous ferions quelque chose de bon par un mouvement purement naturel, comme les païens qui faisaient l'aumône par une compassion naturelle, ces bonnes actions ne seraient d'aucun mérite pour le Ciel, parce qu'elles ne seraient pas inspirées et conduites par la grâce, en vue de Dieu et dans l'ordre du salut.

Il suit de là qu'à chacune de nos actions nous avons, pour la bien faire, besoin d'une grâce particulière, et que, sans cela, nous sommes incapables de penser, de parler ou d'agir jamais d'une manière méritoire pour le Ciel. *Toute notre suffisance vient de Dieu*, nous dit l'Apôtre. *Sufficientia nostra ex Deo est.* (2. Cor. III, 5.) Bien plus, la concupiscence nous incline si fortement au mal, que nous le ferions nécessairement et souvent, si dans la tentation la grâce nos manquait.

Cependant nous ne sommes jamais dans l'impossibilité de pratiquer le bien, ni dans la nécessité de faire le mal ;

14.

et quand Dieu exige l'un et l'autre de notre faiblesse, il est toujours disposé à nous en donner le pouvoir, en nous aidant de sa grâce, et en la faisant même surabonder là où l'iniquité abonde. *Ubi abundavit delictum, superabundavit gratia.* (Rom. v, 20.) Je peux tout, nous dit aussi le même Apôtre, dans le Seigneur qui me fortifie. *Omnia possum in eo qui me confortat.* Demandons avec humilité et confiance ce que nous ne pouvons pas ; la grâce nous fortifiera aussi afin que nous le puissions. Dieu l'a promis, et il sera fidèle.

D. Comment appelle-t-on la grâce qui nous est nécessaire pour agir?

R. On l'appelle la grâce actuelle.

Ce mot *actuel* vient du mot *action*. La grâce actuelle est celle qui nous est nécessaire pour faire telle ou telle action, dans tel moment, telle circonstance : par exemple, il s'agit de calmer votre colère, de pardonner, de patienter en telle occasion ; il vous faut une grâce actuelle pour dominer votre impatience, votre ressentiment, votre penchant malheureux dans une circonstance embarrassante ou délicate, pour éviter une chute, une action mauvaise, pour en faire une bonne ; voilà la grâce qu'on nomme actuelle, parce qu'elle nous dirige et nous soutient dans une action que nous avons à faire.

D. Il y a donc une grâce d'une autre sorte?

R. Oui : c'est celle qu'on appelle grâce habituelle?

D. Qu'est-ce que la grâce habituelle?

R. La grâce habituelle est une qualité surnaturelle que Dieu met en nous et qui y demeurant nous rend justes et agréables à ses yeux.

Ce mot *habituel* vient du mot latin *habere*, qui signifie avoir, posséder, garder avec une certaine continuité. Une grâce habituelle est donc une grâce que l'on a, que l'on possède en soi, qui y demeure pendant un certain temps. Or, cette grâce est une qualité surnaturelle, au-dessus de notre nature, qui nous vient de Dieu, qu'il met dans notre âme, qui y demeure tant que nous ne la perdons pas ; nous sommes les amis de Dieu, agréables à ses yeux tant que nous possédons cette précieuse qualité ; il nous aime à cause des vertus qui embellissent notre âme en nous rendant des objets dignes de son amitié.

Cette grâce est encore appelée sanctifiante, parce qu'en cet heureux état nous marchons dans la voie de sainteté ; nous sommes veritablement saints et sans tache, selon notre vocation et la belle dénomination que l'Apôtre donnait aux premiers fidèles : *Elegit nos ut essemus sancti et immaculati.* (Ephes. I, 4.) Heureux état où nous étions tous au sortir du Baptême, et où nous rentrons au sortir du tribunal de la Pénitence, après une bonne confession ! Heureux état, seul vraiment digne de nos désirs et de notre ambition ! Heureux état, où nous devons vivre et mourir pour arriver au bonheur suprême, qui n'est promis qu'à ceux qui persévèrent et meurent dans la grâce habituelle de la charité !.... Heureux état... dont on peut déchoir, et dont on ne déchoit que trop souvent et trop aisément !

D. Comment perd-on la grâce sanctifiante?
R. On la perd par le péché mortel.

Le péché, mes enfants, un seul péché mortel ! en voilà assez pour perdre le précieux trésor de la grâce sanctifiante. Un jurement, un blasphème, une imprécation, une désobéissance grave, une injure, une vengeance, une parole, une action déshonnête, une injustice, un dommage considérable, une médisance griève, etc., en voilà assez pour tout perdre ! Alors vous n'avez plus rien de cette beauté qui vous rendait si agréables aux yeux de votre Dieu ; vous n'êtes plus dans ses bonnes grâces ; il cesse de vous aimer, il vous déteste comme un objet abominable. Quelle dégradation ! quelle déplorable chute ! Au lieu de la grâce habituelle, c'est le péché qui demeure en cette âme déchue de sa beauté. Ah ! mes enfants, que le Ciel vous préserve d'une si grande perte ! Veillez sur vous et autour de vous ; prenez garde au vautour qui peut vous enlever ce précieux trésor, au Démon, au mauvais compagnon, au séducteur qui veut vous ravir votre innocence ; fuyez, fuyez le péché comme la couleuvre, puisqu'il vous ferait perdre cette grâce habituelle et sanctifiante qui est le plus grand de tous les biens ; fuyez comme vous fuiriez un voleur qui voudrait vous ravir un trésor.

Voyons maintenant si vous avez bien entendu l'explication que nous venons de vous faire, reprenons les demandes du Catéchisme.

SOUS-DEMANDES.

D. Est-il bien vrai que nous ne pouvons garder les commandements sans la grâce ?

R. Oui, cela est de foi, car J.-C. nous a dit : *Vous ne pouvez rien sans moi.*

D. Qu'est-ce donc que ce secours dont vous parlez ?

R. C'est comme quand une mère aide à marcher à son enfant.

D. Pourquoi appelez-vous ce secours surnaturel ?

R. C'est qu'il est au-dessus de notre nature.

D. Est-ce que Dieu ne nous donne pas aussi les forces naturelles ?

R. Oui, mais la grâce est un secours pour conduire au salut ; cela est surnaturel.

D. Pourquoi dites-vous, *par Jésus-Christ ?*

R. C'est que nous n'avons la grâce que par les mérites de Jésus-Christ.

D. C'est donc la grâce qui nous fait faire le bien et éviter le mal ?

R. Oui, car nous ne pouvons rien sans la grâce.

D. Est-ce que Dieu ne nous doit pas la grâce ?

R. Non, il nous la donne sans que nous la méritions par nous-mêmes ; c'est J.-C. qui l'a méritée pour nous.

D. Qu'est-ce à dire que Dieu éclaire notre esprit ?

R. C'est-à-dire qu'il nous donne les connaissances nécessaires au salut.

D. Qu'est-ce à dire qu'il nous touche le cœur ?

R. C'est-à-dire qu'il nous donne la bonne volonté, de bons sentiments.

D. Que veut dire ce mot *coopérer*?

R. C'est agir avec la grâce.

D. Librement?

R. C'est que nous agissons librement sans être forcés par la grâce.

D. Pourquoi faut-il être libre pour mériter?

R. C'est qu'on ne mérite ni récompense, ni châtiment, quand on ne peut pas faire autrement qu'on ne fait.

D. C'est donc la grâce qui fait que nous méritons le Ciel?

R. Oui, sans elle nous ne méritons rien pour le salut.

D. Que veut dire ce mot, grâce actuelle?

R. C'est-à-dire grâce pour faire une bonne action.

D. Et grâce habituelle?

R. C'est-à-dire grâce que l'on a, que l'on possède en soi habituellement.

D. En quoi consiste cette grâce habituelle?

R. En ce qu'on est dans l'amitié de Dieu.

D. N'appelle-t-on pas encore cette grâce sanctifiante?

R. Oui, parce qu'elle nous rend saints, et que nous sommes saints tant que nous la gardons.

D. Et vous dites que le péché nous fait perdre ce précieux trésor?

R. Oui, un seul péché mortel nous fait perdre la grâce sanctifiante, et nous rend ennemis de Dieu.

D. Vous prendrez donc bien garde de la perdre, cette grâce sanctifiante?

R. Oui, je veillerai, je prierai, je fuirai toutes les occasions de péché qui pourraient me la faire perdre.

RÉCAPITULATION PRATIQUE.

1° Estimez la grâce actuelle et habituelle comme le plus précieux de tous les biens; concevez-en la nécessité absolue pour faire votre salut. Point de Paradis pour vous, si vous ne secondez la grâce actuelle, et si vous n'avez pas la grâce habituelle à la mort.

2° Recourez à Dieu dans toutes vos actions importantes, dans tous les dangers, dans toutes les tentations, et demandez-lui la grâce de faire le bien et d'éviter le mal.

3° Soyez toujours docile aux lumières et aux mouvements de la grâce ; ne vous en rendez pas indignes par de coupables résistances.

4° Conservez la grâce habituelle, l'innocence, l'amitié de votre Dieu comme le plus précieux de tous les trésors ; veillez et priez sans cesse pour sa conservation, et que la mort vous trouve en cet heureux état.

PRIÈRE.

Gratia Dei sum id quod sum. C'est par votre grâce, ô mon Dieu ! que je suis tout ce que je suis, que j'ai tout ce que j'ai ; voilà la grande vérité qu'on vient de nous développer. Nous venons d'apprendre ce que c'est que la grâce, sa nécessité, les heureux effets qu'elle produit lorsqu'elle est répandue et habite dans nos cœurs ! Mon Dieu ! que vous êtes bon, libéral et magnifique envers vos créatures déchues de leur grandeur primitive ! *Oui, la grâce surabonde où avait abondé le péché.* Nous le reconnaissons avec la plus touchante évidence ; cependant quel usage avons-nous fait jusqu'ici d'un pareil bienfait ? quel usage en ferons-nous dans la suite ?.... Pardon, Seigneur, des abus que nous avons faits des secours divins que vous nous avez prodigués avec tant de générosité ; pardon d'avoir profané des corps et des âmes où le Saint-Esprit habitait par sa grâce ! Oui, mon Dieu, désormais nous serons plus dociles aux impressions salutaires de votre grâce, nous veillerons davantage à la conservation de ce bien suprême. *Gratia Domini nostri Jesu Christi, et charitas Dei, et communicatio Sancti Spiritûs sit cum omnibus nobis. Amen.*

DE LA PRIÈRE.

SECTION PREMIÈRE.

D. Qu'est-ce que la prière?

R. La prière est une élévation de notre âme à Dieu, pour lui rendre nos devoirs et lui demander nos besoins.

Cela dit beaucoup, mes enfants ; il faut vous expliquer ce que signifie chacune de ces paroles.

La prière est une *élévation de notre âme à Dieu*. C'est-à-dire que notre pensée, notre esprit, notre cœur, s'élèvent vers Dieu pour s'entretenir avec lui, pour communiquer avec lui. Ah ! mes enfants, quand vous priez, vous quittez en quelque sorte la terre pour prendre un essor sublime dans les Cieux ! Vous vous plongez dans le sein de la Divinité, au milieu des Anges et des Saints qui l'environnent ! *Sursum corda*. (Præf. Mis.) Non, vous n'êtes plus sur la terre, vous êtes dans les Cieux, tête à tête, cœur à cœur avec Dieu, comme Moïse sur la montagne. Votre conversation est dans les Cieux : *Nostra autem conversatio in Cœlis est*. (Philip. III, 20.) Vous êtes pour ainsi dire divinisés, parce que vous parlez à l'Être suprême. Concevez donc par-là, mes enfants, ce que c'est qu'une véritable prière ; que, pour être bonne, elle doit partir du cœur ; que vous ne priez pas quand ce n'est que la langue qui parle ; que si vos pensées, vos désirs, votre affection ne sont pas vers Dieu, vous avez beau dire de belles paroles, vous n'êtes plus qu'un airain sonnant, une cymbale retentissante : *Æs sonans, aut cymbalum tinniens* (1. Cor. XIII, 1) ; que le Seigneur pourrait dire de vous ce qu'il disait de son peuple : *Ce peuple m'honore du bout des lèvres, mais son cœur est bien loin de moi*. (Is. XIX, 15.)

Ainsi, mes enfants, comme vous voyez, ce qui prie en nous, ce n'est pas la langue, c'est ce cœur, cette âme spirituelle, cette noble portion de nous-mêmes faite à l'image de Dieu ; voilà ce qui s'approche de lui, qui communique avec lui, tandis que notre corps, cette masse de matière, reste appesanti sur la terre. La langue articule des sons, elle concourt à la prière ; mais ses paroles ne doivent être que les interprètes et le dehors des sentiments du cœur ; elle ne fait que publier les pensées et les affections qui doivent être réellement au fond de nos âmes élevées vers notre Dieu. Mais cette élévation de notre âme a deux objets : c'est 1° de rendre nos hommages au Seigneur ; 2° de lui demander nos besoins. Ces deux motifs de nos prières se développent dans ce que nous allons vous dire.

D. Comment notre âme s'élève-t-elle à Dieu ?

R. Notre âme s'élève à Dieu par l'adoration, la louange, l'amour et l'action de grâces.

Notre âme s'élève à Dieu, 1° *par l'adoration* ; c'est-à-dire qu'en élevant notre âme à Dieu, nous lui rendons nos hommages comme à notre souverain Créateur et Seigneur ; nous le reconnaissons comme l'Être suprême, l'auteur de notre existence, dont nous dépendons en toutes choses.

2° *Par la louange*, c'est-à-dire que nous louons le Seigneur, nous l'exaltons, nous le glorifions comme possédant toutes les perfections infinies qui sont dignes de nos éloges ; à lui la gloire de tout, comme l'auteur et la source de tout bien.

3° Notre âme s'élève à Dieu par *l'amour*, c'est-à-dire qu'en le priant nous avons, ou nous devons avoir pour lui des sentiments affectueux, cet attachement de préférence, de soumission, d'obéissance, qui caractérise le véritable amour. Pour prier Dieu comme il convient, il faut l'aimer, ou du moins vouloir l'aimer ; sans cela notre cœur s'éloigne de lui plutôt que de s'en approcher.

4° Notre âme s'élève à Dieu par *l'action de grâces*, c'est-à-dire qu'alors nous le remercions, ou nous devons le remercier des bienfaits dont il nous a comblés. C'est ce que nous faisons quand nous avons obtenu quelques grâces de quelqu'un. Si nous sommes honnêtes et reconnaissants, nous remercions d'abord du bien qu'on nous a fait ; à plus forte raison devons-nous remercier notre souverain Bienfaiteur. *Benedic, anima mea, Domino, et omnia quæ intra me sunt nomini sancto ejus ; benedic, anima mea, Domino, et noli oblivisci omnes retributiones ejus.* (Ps. cii, 1 et 2.)

D. Combien y a-t-il de sortes de prières?

R. Il y en a de deux sortes, la prière vocale et la pr ère mentale.

D. Dans la prière vocale, suffit-il de prier de bouche?

R. Non, il faut y joindre les sentiments du cœur.

Nous joignons ici ces deux demandes, parce qu'elles s'expliquent l'une par l'autre : la prière vocale est celle des lèvres ; la prière mentale est celle du cœur ; mais celle-ci doit accompagner l'autre. Expliquons tout ceci.

La prière *mentale* ou de l'esprit, c'est celle où notre âme seule s'entretient avec Dieu, sans le ministère des organes de notre corps, sans articuler des mots qui expriment nos sentiments. Notre Dieu n'a pas besoin de nos paroles ; il sonde nos cœurs ; il voit tout ce qui s'y passe : *Scrutans corda.* (Ps. vii, 10.) Il voit nos pensées et nos désirs ; nous pouvons les lui exposer sans parler ; un regard, une aspiration vers lui, en voilà assez pour être entendu ; une pensée, une réflexion sur sa loi divine, un élan du cœur, sans même rien prononcer, voilà une excellente prière. On peut donc prier sans réciter ces formules que nous voyons dans les livres, sans savoir lire, sans pouvoir s'exprimer par de belles paroles. Oui, mes enfants, on le peut, et c'est ce qui doit faire votre consolation, vous, âmes simples, qui vous plaignez quelquefois de ne savoir que dire à Dieu ; montrez-lui simplement vos désirs et vos besoins, comme un pauvre étale ses misères, ses lambeaux aux yeux d'un riche pour toucher sa compassion ; comme un muet qui n'a point de langue pour s'exprimer ; soupirez, gémissez en sa présence. Pauvre affligé, pauvre malade, vous vous plaignez de ne pouvoir réciter des prières dans votre état de langueur et de souffrance. Eh ! souffrir, c'est prier ! Oui, vous pouvez toujours prier, malgré votre accablement, vos douleurs, les embarras de votre langue, de votre poitrine ; malgré le déplorable état où vous êtes

II. 15

réduit ; pensez seulement à celui qui est le refuge des affligés ; tenez-vous en sa présence comme ces paralytiques qui demeuraient étendus sur le passage de Jésus bienfaisant ; un soupir, une plainte, un gémissement vers lui, voilà une excellente prière ; et c'est même en ce sens que vous pouvez toujours prier, comme Jésus-Christ nous l'a recommandé. La prière mentale peut vous accompagner partout, dans vos occupations domestiques, dans vos travaux champêtres, chez vous, à l'église, seul, en compagnie, pendant vos repas, jusque dans vos récréations, vos délassements ; pendant la nuit même, vous pouvez dire comme l'épouse des Cantiques : *Je dors, mais mon cœur veille.* (Cantic. v, 2) ; votre cœur sera toujours avec Dieu, si vous le voulez, tandis que votre corps sera occupé à vos travaux extérieurs. Heureuse communication ! elle se fait doucement, sans gêne, sans effort, sans contrainte ; elle se fait en considérant le Seigneur dans ses ouvrages, dans sa magnificence, dans ses bienfaits ; en l'aimant, le bénissant en tout et partout, jusque sous sa main paternelle qui vous châtie, dans vos afflictions, vos pertes, vos malheurs. Voilà, dis-je, une excellente prière ; il n'est besoin ni de science, ni d'esprit, ni de belles paroles pour prier de la sorte ; le cœur dit tout.

Voilà, mes enfants, ce qu'on appelle la prière ou oraison mentale. Comme vous voyez, elle n'est pas si relevée qu'on se l'imagine ; tout le monde la peut faire. C'était la prière continuelle de tous les Saints ; c'est ainsi qu'ils marchaient toujours en présence du Seigneur. Ce doit être la prière de tous les bons chrétiens dans tous les états ; elle peut vous conduire à la plus grande sainteté, parce qu'elle renferme une pratique continuelle de toutes les vertus chrétiennes.

La prière *vocale* est celle qui manifeste les sentiments du cœur par l'expression de la parole ; telles sont ces formules ordinaires de prières que nous lisons, que nous récitons ; par exemple, le *Pater*, cette prière divine que le Seigneur nous a lui-même enseignée, les psaumes, ou toute autre prière que nous prononçons, que nous chantons en public ou en particulier. Je dis que la prière *vocale* est l'expression extérieure des sentiments du cœur, car il n'est point de vraie prière purement vocale. Les paroles de la bouche supposent et expriment ce que nous avons dans l'âme, nos vœux, nos désirs, nos hommages, notre reconnaissance, sans quoi ce n'est plus qu'un langage vain et stérile; sans cela, nous aurions beau faire de longues prières, dire beaucoup de *Pater* et d'*Ave*, réciter des psaumes, de belles formules qui sont dans nos livres; si le cœur ne les accompagne pas, nous méritons le reproche que faisait Jésus-Christ aux pharisiens : Vous faites de longues prières hypocrites. *Orationes longas orantes*. (Matth. xxiii, 14.)

En un mot, l'âme peut prier sans le corps, comme nous venons de le dire; mais le corps ne prie jamais bien sans l'âme. Il y a bien une prière purement mentale, mais il n'y a point de vraie et bonne prière purement vocale.

Objection. Les prières extérieures sont donc inutiles, et c'est assez de rendre à Dieu l'hommage du cœur.

R. Je ne dis pas cela, mes enfants; à Dieu ne plaise que je parle ici le langage d'une philosophie destructive du culte divin, qui voudrait tout réduire à des hommages intérieurs, secrets, arbitraires! J'ai dit que la prière purement intérieure et mentale était bonne, excellente en mille circonstances de la vie; mais je n'ai pas prétendu qu'elle suffisait toujours; au contraire, je soutiens que nous devons encore à Dieu un hommage extérieur, et qu'il faut souvent joindre la prière des lèvres à celle du cœur. Pourquoi cela? C'est que nous sommes composés de corps et d'âme, et que l'un et l'autre doivent concourir à la gloire du Créateur, qui nous les a donnés. Nous lui devons l'hommage de toutes nos facultés; la bouche, les lèvres, les mains, doivent donc se joindre au cœur pour manifester nos sentiments, pour faire éclater les transports de notre amour et de notre reconnaissance. *Labia mea laudabunt te; sic benedicam te in vita mea, et in nomine tuo levabo manus meas;.... labiis exultationis laudabit os meum.* (Ps. LXII, 4, 5 et 6.)

Pourquoi encore? Parce que nous sommes faits pour vivre en société, pour nous édifier les uns les autres, pour nous engager, nous animer mutuellement à bénir, à glorifier le Maître commun. Or, c'est ce que nous faisons par les prières publiques : c'est comme si nous nous disions les uns aux autres : Venez, mes frères, adorons, glorifions le Seigneur qui nous a faits ; prosternons-nous en sa divine présence ; versons ensemble des larmes de componction et d'allégresse : *Magnificate Dominum mecum.* (Psal. XXXIII, 4.) *Venite, adoremus et procidamus, et ploremus ante Dominum qui fecit nos.* (Psal. XCIV, 6.) Voilà, dis-je, pourquoi nous prions à haute voix, nous publions nos sentiments et nos transports dans ces cantiques sacrés que nous chantons dans nos temples ; nous voulons que toutes nos facultés rendent hommage au Seigneur, et nous voudrions embraser tous ceux qui nous environnent du beau feu dont nous brûlons nous-mêmes. De là ces assemblées publiques, où la religion nous réunit pour prier en commun ; elle prétend rassembler tous les cœurs et toutes les voix pour former un concert unanime à la gloire du souverain Maître. Alors nous sommes autour de lui comme les enfants d'une même famille, qui environnent un bon père avec un respect filial et une charité fraternelle. Nous parlons les uns avec les autres, et les uns pour les autres. Nous nous animons à glorifier et à chérir un si aimable Père ; nous formons, comme dit Tertullien, une douce armée de suppliants, qui fait une tendre violence au Ciel, pour attirer plus efficacement ses bienfaits sur le public et les particuliers. Voilà, mes enfants et mes frères, ce que c'est que la prière vocale et mentale, publique ou particulière. Quelle qu'elle soit, elle est absolument nécessaire et d'obligation pour nous ; c'est ce que nous allons voir dans la demande suivante.

D. Est-il nécessaire de prier Dieu?

R. Oui, il est très nécessaire de prier Dieu.

D. Pourquoi ce devoir est-il si essentiel?

R. A cause du besoin continuel que nous ayons du secours de Dieu.

La prière est tout à la fois un devoir et un besoin pour nous; c'est un hommage et une demande que nous adressons à Dieu. Comme hommage, c'est un devoir; comme demande, c'est un besoin et une nécessité pour nous. On doit des hommages à la grandeur et à la souveraineté; c'est ce qui se pratique parmi les hommes; c'est à ce titre que nous révérons les rois, les grands de la terre. Le Seigneur notre Dieu est le Roi de l'univers, le Roi des rois, le dominateur suprême de toutes les puissances du monde. *Rex regum et Dominus dominantium.* (1. Tim. vi, 15.) Serait-il donc moins l'objet de nos hommages que ces mortels qui ne brillent que de sa grandeur? Ainsi, mes enfants, gloire, honneur, adoration, louange, offrandes, actions de grâces au souverain Maître du Ciel et de la terre; adoration, puisqu'il est le Créateur et le souverain Seigneur; honneur et louange, puisqu'il est le seul infiniment parfait, *mihi gloria;* reconnaissance, puisqu'il nous comble de ses bienfaits, et que *tout don parfait nous vient du Père des lumières* (Jacob. i, 17); offrande, puisque tout lui appartient.

Or, voilà la prière proprement dite; c'est par ces actes de religion que notre âme s'élève à son Dieu pour lui rendre hommage. La prière est donc un devoir de nous à Dieu, à ne considérer d'abord que les droits qu'il a sur ses créatures; c'est la vertu de religion qui est pour nous d'une obligation indispensable.

Objection. Mais, dit l'impie, qu'importe à l'Être suprême l'hommage d'un mortel si petit, si éloigné de cette majesté infinie?

Réponse. Je reconnais la distance infinie qui me sépare de mon Dieu; j'avoue qu'infiniment heureux par lui-même, il peut se passer de mes faibles hommages, cependant il est mon Créateur, il m'a fait pour lui ; tout Dieu qu'il est, il n'a pu avoir d'autre fin, parce que lui seul est digne de lui, et qu'il ne peut agir que pour lui. *Universa propter semetipsum operatus est Dominus.* (Prov. xvi, 4.) Je dois donc entrer dans ses desseins, tout petit que je suis ; or, j'y entre, je me conforme aux décrets adorables de sa providence, en lui payant le tribut de mes hommages. Je vois tous les autres êtres le glorifier à leur manière ; je vois les Cieux et la terre publier ses grandeurs : *Cœli enarrant gloriam Dei.* (Psal. xviii, 4.) Serais-je donc insensible, indifférent, muet, tandis que tout parle dans l'univers à la louange du Créateur ? Que dis-je, mes enfants ? Sans l'homme, tout est insensible et muet dans la nature. Dieu nous a placés entre lui et ses autres ouvrages pour lui en renvoyer la gloire ; l'homme est cet être intelligent et raisonnable, qui peut connaître et manifester la magnificence de ses œuvres divines ; c'est donc à nous, à vous, mes enfants et mes frères, à moi, à tous les hommes, de payer ce tribut d'hommages au Seigneur notre Dieu, en le bénissant, en le glorifiant dans tous ses ouvrages et ses bienfaits. Nous ne sommes que des stupides, des ingrats, des monstres dans la nature, si nous ne rendons pas à notre Créateur, au souverain Maître de toutes choses, l'adoration, l'honneur et l'action de grâces qui lui sont dus, quoiqu'il puisse se passer de nos faibles hommages.

Mais non, il ne les dédaigne pas ; au contraire, il les exige, il nous en fait une loi : *Vous adorerez le Seigneur votre Dieu.* (Matth. iv, 40.) Qu'est-ce que ce commandement, sinon un précepte de la prière, une obligation qui nous en est imposée ? Ennemis de ma religion et de mon Dieu, laissez-moi lui rendre le culte qu'il daigne exiger de moi ; pourquoi voulez-vous m'empêcher de communiquer avec lui, de m'élever jusqu'au trône de sa gloire et de ses miséricordes, où il m'appelle ? Je la chéris, cette obligation ; elle fait ma gloire, mes délices, ma ressource dans mes besoins; c'est pour moi la plus douce nécessité.

Oui, mes enfants, ce devoir est essentiel pour nous, à cause du besoin continuel que nous avons du secours de Dieu, comme vous venez de le dire; c'est pour nous une nécessité d'implorer sans cesse les secours du souverain Dispensateur de tous les dons. Il pourrait, à la vérité, les répandre sur nous, sans attendre nos sollicitations; il pourrait nous accorder la nourriture et le vêtement, comme aux oiseaux du ciel et aux lis de la campagne; mais il a voulu mettre une différence entre nous et ces êtres insensibles ou sans raison. Il a voulu établir un rapport de besoin et de dépendance entre lui et nous, pour nos propres intérêts, pour nous forcer à recourir à Lui, nous rappeler continuellement son pouvoir, sa bonté, sa libéralité, et former ainsi une liaison nécessaire de commerce avec lui; en sorte que l'obligation et la nécessité de prier entre dans ce plan magnifique de providence qui lie les créatures au Créateur, et les créatures entre elles, par la plus touchante harmonie. Toute la loi, toute la religion est une loi de prière; tous les Livres saints ne respirent, pour ainsi dire, que la prière; notre Dieu veut être, pour ainsi dire, importuné par la prière; il veut tout accorder à nos prières, il aime à se laisser désarmer par nos prières.

Priez, dit le Sauveur du monde, *priez sans cesse, il faut toujours prier.* (Luc. xviii, 1.) Il faut, ce mot désigne une obligation, une loi, une nécessité. *Demandez et vous recevrez.* (Joan. xvi, 24.) *Frappez et on vous ouvrira.* (Matth. vii, 7.) *Vous ne pouvez rien sans moi.* (Joan. xv, 5.) *Priez, pour que vous ne succombiez pas à la tentation.* (Luc. xxii, 40.) *Demandez votre pain quotidien.* (Luc. xi, 3.) Partout, en un mot, en toute occasion, ce divin Maître exhorte ses Disciples à la prière, comme à un moyen nécessaire pour parvenir au royaume des Cieux; et, quoiqu'il n'en eût aucun besoin lui-même, il nous en a donné l'exemple. Il priait jour et nuit; *erat*

pernoctans in oratione. (Luc. vi , 12.) Après avoir prié
et enseigné tout le jour dans le temple, il se retirait sur
la montagne des Oliviers, pour y passer la nuit en prière ;
noctibus exiens morabatur in monte qui vocatur Oliveti.
(Luc. xxi , 37.) Les Apôtres nous ont transmis le même
précepte et les mêmes exemples ; leurs écrits sont pleins
d'exhortations à la prière : *Sine intermissione orate.*
(1. Thessal. v, 17.) *Si quelqu'un a besoin de sagesse,
qu'il la demande à Dieu, qui donne à tous abondamment.*
(Jacob. i, 5.) Hé! mes enfants, qui est-ce qui n'a pas
besoin de cette sagesse, et par conséquent de la prière,
qui doit la faire descendre sur nous? Nous ne savons que
trop, par notre expérience, le besoin que nous avons de
la prière. Sans elle, notre âme est sans force et sans vigueur ; si nous ne prions pas, notre Dieu nous abandonne
à notre faiblesse, à notre présomption, à notre orgueil,
à notre suffisance. Voyez saint Pierre : il était averti de
prier, il s'endort au lieu d'unir sa prière à celle de Jésus
au jardin des Olives ; il présume de ses forces, et le
moment après il succombe à la tentation, il renie son bon
Maître. Combien d'autres sont tombés comme lui! Et
nous-mêmes, n'est-ce pas au défaut de prier que nous
devons attribuer tant de déplorables chutes? La prière
est donc pour nous d'une nécessité indispensable, à cause
de nos besoins spirituels et temporels. Plus nous sommes
faibles, portés au péché, exposés à la tentation, aux
dangers, aux misères de l'âme et du corps, plus il est
nécessaire pour nous de recourir à la prière : nous sommes
des pauvres, des malades : réclamons la puissance de
notre Dieu, sa compassion, sa charité, sa miséricorde
dans nos besoins continuels. Heureuse nécessité, qui
entretient le commerce le plus sublime et le plus avantageux entre notre souverain Bienfaiteur et nous ! Prions
donc, mes enfants, prions sans cesse ; *Oportet semper
orare et non deficere.* (Luc xviii, 1.) Comment faut-il le
faire? C'est ce que nous allons voir dans la demande
suivante.

D. Comment faut-il prier?

R. Il faut prier avec humilité, confiance et persé-vérance.

Voilà, mes enfants, trois qualités essentielles à la prière ; nous pourrons encore y en joindre d'autres, qui ne sont qu'un développement de celles-ci.

1° *Il faut prier avec humilité.* Ah! mes enfants, nous parlons au Maître suprême du Ciel et de la terre ; nous sommes sous les yeux de toute la cour céleste ; les Anges et les Saints nous regardent ; ils sont témoins des vœux que nous faisons monter vers le trône de la gloire et de la majesté divine ; nous devons donc prier avec la plus profonde humilité, soit intérieure, soit extérieure.

Humilité intérieure. Je parlerai à mon Dieu, quoique je ne sois que poussière et cendre : *Loquar ad Dominum meum cùm sim pulvis et cinis.* (Gen., XVIII, 27.) Voilà, mes enfants, le sentiment d'abaissement, d'anéantissement qui doit nous saisir quand nous entrons en commerce avec la Divinité. Qui sommes-nous? Cendre et poussière en effet,.... moins que cela, pécheurs, criminels, au-dessous du néant..... A qui parlons-nous? A la souveraine grandeur, au Dieu trois fois saint! Quelle distance entre l'infini et le néant! la sainteté et la corruption! Voilà, mes enfants, les extrémités que rapproche la prière! Quelle profondeur d'humilité doit donc se trouver dans de méprisables créatures qui s'entretiennent avec leur Créateur! Soyons bien pénétrés de ces sentiments, et notre âme s'anéantira devant Dieu. Que l'âme s'abaisse la première, et le corps s'inclinera dans l'attitude du respect et de la vénération.

Humilité extérieure. A genoux, prosternés, les mains jointes, les yeux baissés, voilà l'expression naturelle de l'humilité et du respect que nous devons à Dieu dans la prière. Tout petits que nous sommes, nous sommes encore trop grands devant lui ; il faut nous rappeler notre petitesse par cette attitude raccourcie ; c'est comme si nous disions à la grandeur suprême : Mon Dieu, je reconnais que je suis devant vous moins qu'un insecte et qu'un atome ; je me rappelle, en votre présence, le néant d'où je suis sorti ; vous pouvez m'y replonger comme vous m'en avez tiré.

Les mains jointes, c'est le geste d'un suppliant, qui demande avec instance ; c'est ainsi qu'un criminel paraît devant son juge les mains chargées de chaînes.

Nous sommes l'un et l'autre devant Dieu, nous attendons tout de lui, et mille fois nous l'avons outragé par nos crimes.

Les yeux baissés, c'est l'expression de la confusion d'un pécheur qui rougit de ses désordres ; ainsi parlait le prodigue aux genoux du bon père qu'il avait quitté ; *il n'osait lever les yeux vers lui.* Prions donc les yeux baissés ; ou si quelquefois nous osons les lever vers le Père des miséricordes, que ce soit pour les lui montrer baignés de nos larmes.

C'est ainsi, mes enfants, que l'Église nous invite à prier, lorsqu'elle nous y appelle au commencement de ses offices. *Venite, adoremus et procidamus, et ploremus ante Dominum qui fecit nos.* (Psal. xciv, 6.) Venez, adorons le Seigneur, prosternons-nous en sa divine présence, et versons des larmes devant le Dieu qui nous a formés.

C'est ainsi qu'ont toujours prié les Saints : ainsi priait David, comme l'annoncent les paroles que nous venons de citer ; ainsi priait Salomon, dans le temple qu'il venait de consacrer à son Dieu ; ainsi priait le saint roi Ezéchias, en gémissant devant le Seigneur, et en développant devant lui les lettres blasphématoires de ses ennemis. Ainsi priait saint Pierre, comme il est dit aux Actes des Apôtres, lorsqu'il ressuscita la veuve Tabithe : *Ponens genua, oravit.* (Act. Apost. ix, 40.) Ainsi priait saint Paul pour ses chers néophytes : *Flecto genua mea ad Patrem Domini nostri Jesu Christi.* (Ephes. iii, 14.) Ainsi priait saint Jacques, qui, au rapport de saint Jérôme, avait les genoux endurcis par ses prosternements continuels. Ainsi priaient tous les saints solitaires dans les déserts, en demeurant jour et nuit prosternés dans leurs cavernes.

Ainsi priait Jésus-Christ lui-même : *Procidit in faciem suam*. (Matth. xxvi, 39.) Il se prosternait la face contre terre au jardin des Oliviers ; ainsi prie encore toute l'Eglise dans les temples. Voilà donc, mes enfants, la posture ordinaire que nous devons tenir lorsque nous prions, soit dans le lieu saint, soit dans nos maisons ; c'est à genoux, prosternés, et non pas assis, couchés, nonchalamment appuyés, en allant et venant, en nous habillant, etc. Eh quoi ! mes enfants, oseriez-vous parler ainsi à un grand du monde ? Et vous avez si peu de respect devant le Roi du Ciel et de la terre ! Faites donc vos prières ordinaires à genoux, les mains jointes, dans une attitude respectueuse et modeste.

Je dis vos prières ordinaires, car dans les autres circonstances, pendant le jour et la nuit, pendant vos occupations et vos voyages, vous pouvez prier sans être dans la posture dont nous venons de parler. Oui, mes enfants, quand vous avez satisfait à vos prières d'obligation, vous pouvez, après cela, prier en allant, en venant, en travaillant, debout, assis, dans votre lit même, comme nous y invite le Roi-Prophète : *In cubilibus vestris compungimini*. (Psal. iv, 5.) Faites dans vos lits des prières de componction. Lui-même il arrosait souvent sa couche de ses larmes : *Lacrymis meis stratum meum rigabo*. (Psal. vi, 7.) Heureuses les âmes qui savent s'entretenir ainsi avec Dieu dans une douce et respectueuse familiarité, au milieu de leurs occupations ou de leur repos ! Non, mes enfants, vous n'outragerez pas le Seigneur en lui parlant de la sorte ; au contraire, il se fait un plaisir d'accueillir favorablement ces entretiens familiers, ces tendres aspirations qui respirent l'amour et la confiance. Il est bon et compatissant, le Dieu que nous servons ; quand nous ne pouvons prier autrement, il se contente de notre bonne volonté et de nos faibles efforts.

Par exemple, un malade, un vieillard accablé, peuvent prier, et prieront très bien, sans être à genoux. Ainsi, pauvres infirmes, priez debout, assis, couchés, comme vous pourrez. Vous êtes comme ces boiteux, ces hydropiques, ces paralytiques, étendus sur le passage de Jésus bienfaisant. Criez bonnement et simplement comme eux, dans la posture de l'affliction et de la douleur : *Jésus, fils de David, ayez pitié de moi.* (Luc. XVIII, 38.) Il entendra toujours volontiers les gémissements et les cris qui partiront d'un cœur patient, résigné, humilié sous le poids des infirmités humaines. Un soupir, le désir d'être guéri pour l'âme et pour le corps : en voilà assez pour toucher son cœur paternel, vous aurez prié avec humilité.

2°. Il faut prier *avec confiance.* Ah ! mes enfants, qu'elle est bien appuyée ! C'est celui même qui veut nous exaucer qui l'excite : Demandez, et vous recevrez, nous dit Jésus-Christ, notre bienfaiteur. *Petite et accipietis.* (Joan. XVI, 24.) Je vous le dis, en vérité, tout ce que vous demanderez en mon nom vous sera accordé : *Si quid petieritis Patrem in nomine meo, dabit vobis.* (Ibid. 23.) Eh quoi ! mes chers disciples, vous n'avez encore rien demandé en mon nom ! *Usquè modò non petistis quidquam.* (Ibid. 24.) Le doux reproche ! Qu'il est propre à exciter notre confiance ! Vous voyez un Dieu bienfaisant, qui ne cherche qu'à déployer ses libéralités ; une bonté qui ne veut qu'être implorée pour se répandre avec l'effusion la plus généreuse. Tout respire cette confiance dans les Ecritures ; tout nous y engage. Partout nous y voyons les invitations, les encouragements, les promesses, les assurances, et jusqu'aux serments, pour nous engager à demander avec confiance : *Interposuit jusjurandum.* (Hebr. VI, 17.) C'est un Dieu infaillible, qui a juré par lui-même d'être propice à nos vœux ; c'est un Dieu qui dépose tout l'appareil de la terreur et de la majesté, pour ne pas nous épouvanter. Il veut que nous l'appelions notre Père ; c'est le tendre nom que son divin Fils nous apprend à lui donner dès le début de notre prière : *Pater noster, qui es in Cœlis.* (Matth. **vi**, 9.) Nous parlons au meilleur de tous les pères, qui ne cherche qu'à répandre ses libéralités sur des enfants tendrement chéris ; avec cela, pourrions-nous manquer de confiance ?

Cependant la vue de notre néant et de notre indignité pourrait nous jeter dans la défiance et la crainte ; mais voici ce qui doit nous rassurer : c'est Jésus-Christ qui prie pour nous, c'est toujours en son nom, et par ses mérites, que nous demandons.

C'est un principe de notre foi, que nous ne pouvons rien obtenir que par-là ; mais aussi nous sommes assurés de tout obtenir par lui : *Quodcumque petieritis in nomine meo fiet vobis.* Jésus-Christ est notre avocat, notre médiateur, notre pontife ; il se place entre son Père et nous pour lui offrir nos demandes ; c'est toujours par lui que l'Eglise conclut toutes ses prières : *Per Dominum nostrum Jesum Christum.* Ainsi appuyés, avec une conclusion si touchante et si persuasive, pourrions-nous craindre de ne pas être exaucés ?

Allons donc, avec la plus douce confiance, nous jeter au pied du trône de la grâce ; *adeamus ergò cum fiducia ad thronum gratiœ* (Heb. **iv**, 16), et nous serons sûrs d'obtenir ce que nous demanderons ; et si nous ne l'obtenons pas d'abord, si quelquefois le Seigneur veut éprouver notre confiance par quelques délais, ou une résistance apparente, demandons toujours, et joignons-y la persévérance.

3° Il faut prier *avec persévérance.* Il faut toujours prier, et ne jamais se lasser ; *oportet semper orare et nunquàm deficere.* (Luc. **xviii**, 1.) C'est toujours le même Sauveur bienfaisant qui nous fait cette invitation persuasive : notre Dieu veut être pressé, importuné ; il se plaît à voir notre constance, et il l'éprouve quelquefois par de salutaires délais. Il paraît quelquefois sourd à nos prières, mais il y prête toujours une oreille attentive ; viendra enfin le moment où vous vaincrez sa résistance apparente, et vous obtiendrez ce que vous demandez. C'est encore lui qui vous en assure par une touchante parabole ; écoutez-la, mes enfants, et vous y verrez le succès d'une prière persévérante.

Qui de vous, ayant un ami, n'ira pas chez lui pendant la nuit pour lui demander une chose dont il aura besoin ? Il lui dira : Mon ami, prêtez-moi trois pains ; il m'est survenu un ami qui est en voyage, et je n'ai rien à lui donner à manger. Ce voisin vous répondra d'abord, en se tenant renfermé dans sa maison : Laissez-moi tranquille, ma porte est fermée, mes enfants sont couchés, je ne puis me relever pour vous donner ce que vous me demandez. Si l'autre continue à frapper, n'en doutez pas, l'ami cédera enfin à son importunité, il se lèvera et lui donnera ce qui lui est nécessaire. Je vous dis la même chose : Demandez, et on vous donnera ; cherchez, et vous trouverez ; frappez, et on vous ouvrira ; *pulsate, et aperietur vobis :* car je vous le dis, en vérité, quiconque demande recevra ; qui cherche trouvera ; si vous frappez, on vous ouvrira ; *omnis enim qui petit accipit, qui quærit invenit, et pulsanti aperietur.* (Luc. xi, 5 et seq.)

Priez donc, mes enfants, priez avec persévérance, ne vous rebutez jamais, quand même vous n'obtiendriez pas d'abord ce que vous demandez : c'est une épreuve à laquelle vous met le bon Dieu, qui veut toujours vous donner. Viendra un temps où vous serez exaucés. En voici encore une preuve dans une autre parabole, qui représente non-seulement la persévérance, mais toutes les autres qualités que doit avoir la prière : c'est la touchante histoire de la Chananéenne. Ecoutez-la, mes enfants.

Cette femme, quoique étrangère et d'une race détestée parmi la nation du Sauveur, avançait sur ses pas ; elle courait après lui avec un empressement plein d'ardeur et de confiance ; elle s'écrie : *Seigneur Jésus, fils de David, ayez pitié de moi ; ma fille est cruellement tourmentée par le Démon...* Voyez, mes enfants, la foi qui l'anime ; elle reconnaît Jésus, fils de David, pour le Christ et le Messie annoncé par les Prophètes ; elle est convaincue qu'il a le pouvoir de commander aux Démons et de les mettre en fuite.

Cependant le divin Sauveur, qui va ordinairement au-devant des désirs des malheureux, fait semblant de ne pas l'écouter, *qui non respondit ei verbum ;* c'était pour éprouver sa confiance et sa persévérance, comme vous allez voir. Ses Disciples s'approchent et lui disent : *Accordez à cette femme ce qu'elle demande, elle nous importune par ses cris.* Le bon Maître affecte une dureté apparente et dit : *Je ne suis envoyé que pour les brebis qui ont péri de la maison d'Israël.* La Chananéenne ne se rebute pas ; elle poursuit sa prière, elle se prosterne à ses pieds ; voyez le respect, l'humilité, qui se joignent à la confiance. Le Sauveur ajoute l'humiliation à la rigueur : *Non,* dit-il, *il ne convient pas de prendre le pain des enfants pour le donner aux chiens.* Il y avait là de quoi désespérer une âme moins constante ; mais, dit saint Chrysostôme, ce divin Libérateur voulait faire éclater les vertus de la Chananéenne par ces humiliations et ces délais. Voyez, en effet, comme elle sait tourner à son avantage cette parole si injurieuse en apparence, et comme elle sait en tirer des raisons d'être exaucée. Elle prend la divine sagesse par ses propres paroles : *Cela est vrai, Seigneur ; mais, du moins, les petits chiens se nourrissent des miettes qui tombent de la table du maître.* Voyez comme elle adopte une si humiliante comparaison ! Enfin sa constance a vaincu la Divinité même ; elle lui attire les éloges d'un Dieu et le succès de sa prière. *O femme,* s'écrie le Sauveur, *que votre foi est grande ! qu'il vous soit fait selon vos désirs ;* sa prière fut exaucée et *sa fille guérie à l'heure même.* (Matth. **xv**, 22 et seq.) La belle prière, mes enfants ! voyez qu'elle est respectueuse, humble, soumise, vive, animée, ardente, confiante et persévérante ! Aussi triomphe-t-elle des épreuves où la met le souverain Bienfaiteur.

Voilà le modèle d'une excellente prière ; priez comme

cette femme, chers enfants, et vous serez sûrement exaucés.

D. Dieu exauce-t-il toujours nos prières ?

R. Oui, Dieu les exauce toujours en la manière qu'il juge la plus utile pour notre salut.

Oui, mes chers enfants, notre Maître exauce toujours une prière bien faite ; mais il ne nous accorde pas toujours ce que nous lui demandons ; il sait mieux que nous ce qu'il nous faut ; et, tandis que nous lui demandons une chose, souvent il nous en accorde une autre : nous lui demandons quelquefois des avantages temporels, et il nous en donne de spirituels, parce qu'il voit que ceux-ci sont plus utiles pour notre salut ; c'est comme une bonne mère qui donne à son enfant ce qui lui convient le mieux.

D. Que devons-nous demander à Dieu dans nos prières ?

R. Les choses qui ont rapport à sa gloire, à notre salut et à celui de notre prochain.

Quærite ergò primùm regnum Dei (Matth. vi, 33), cherchez premièrement le royaume de Dieu, c'est la leçon que nous fait le Sauveur lui-même, et c'est aussi ce qu'il nous apprend à demander dans la prière divine qu'il nous a enseignée ; il veut que nous demandions d'abord les choses qui ont rapport à sa gloire : Que le nom de Dieu soit révéré et sanctifié par toute la terre ; *sanctificetur nomen tuum.* (Matth. vi, 9.) Qu'il règne dans tous les cœurs et dans le nôtre par la foi, l'espérance, la charité, la grâce sanctifiante, pour nous faire régner un jour avec lui dans sa gloire ; *adveniat regnum tuum.* (Matth. vi, 10.) Que sa divine volonté s'accomplisse sur la terre par tous les hommes et par nous-mêmes, comme elle s'accomplit continuellement dans les Cieux par les Anges et les Saints ; *fiat voluntas tua sicut in Cœlo et in terra.* (Ibid.) Il veut que nous demandions le courage, la force, pour accomplir fidèlement tous les commandements. Il veut que nous demandions la patience et la résignation dans les misères de la vie, la grâce de connaître et de suivre les décrets éternels de Dieu sur nous, la vocation qui nous est tracée par sa providence. Il veut que nous demandions la grâce d'une véritable conversion et d'une sincère pénitence, le pardon de nos péchés, la générosité de pardonner aux autres et d'aimer nos ennemis ; *dimitte nobis debita nostra sicut et nos dimittimus debitoribus nostris.* (Matth. VI, 12.) Il veut que nous demandions la victoire de nos passions et des tentations qui nous environnent ; *et ne nos inducas in tentationem.* (Matth. VI, 13.) C'est ainsi, mes enfants, que nous chercherons premièrement le royaume de Dieu, sa gloire, notre salut et celui du prochain, *quærite primùm regnum Dei* (Matth. VI, 33), et le reste nous sera ajouté, et, après cela, nous pourrons demander aussi les choses de ce monde, *et hæc omnia adjicientur vobis.* (Ibid.)

D. Peut-on demander les biens temporels?

R. Oui, pourvu qu'on les demande pour une bonne fin et avec soumission à la volonté de Dieu.

Tout nous vient de Dieu, mes chers enfants, les biens de ce monde comme ceux de la vie future ; nous pouvons donc aussi demander à Dieu les biens de cette vie. Mais remarquez deux conditions ou dispositions avec lesquelles nous devons les demander : 1° *pour une bonne fin ;* 2° *avec soumission et résignation à la volonté de Dieu.*

Développons ceci.

1° Demandez les biens de la terre, la force, la santé, les talents, les moyens de subvenir aux besoins de cette misérable vie, mais par des motifs dignes de vous et de votre sublime destinée, parce que cela vous est nécessaire pour arriver au Ciel, qui est notre fin dernière, parce qu'il faut soutenir ce corps, ce frêle vaisseau qui porte votre âme dans le passage de cette vie à l'éternité ;

15.

cherchez en cela même, pour première vue, le royaume
de Dieu, *quærite primùm regnum Dei ;* ne demandez des
biens temporels que ce qu'il faut pour un honnête entretien de vous et de votre famille ; non pas pour nourrir
votre orgueil, votre ambition, vos plaisirs, vos penchants criminels, vos débauches ; faites la prière admirable du Sage : Seigneur, ne me donnez ni la pauvreté,
ni d'abondantes richesses ; mais donnez-moi seulement
les choses nécessaires, *mendicitatem et divitias ne dederis
mihi ; tribue tantum victui meo necessaria.* (Prov. xxx, 8.)
Non, mon Dieu, je ne vous demande qu'une honnête
médiocrité, qui m'éloigne tout à la fois et des dangers de
l'opulence, et des vices qui accompagnent la misère et
l'indigence.

2° Demandez les biens d'ici-bas, mais avec une résignation soumise à la volonté de celui qui est le maître
de ses dons ; sans plainte, sans murmure, lorsqu'il ne
juge pas à propos de vous les accorder ; sans attache, sans
abus, lorsqu'il veut bien les répandre sur vous abondamment. Cependant, mes frères, est-ce ainsi que nous
sollicitons les biens d'ici-bas ? Par le plus étrange renversement, on fait le principal de ce qui n'est que l'acces-
soire ; ces biens passagers sont les premiers que nous
demandons ; on ne pense qu'à cela ; on est tout absorbé
dans la recherche et la jouissance de ces richesses périssables, et les biens éternels sont presque totalement ou-
bliés. Loin de chercher d'abord le royaume de Dieu, on
commence par désirer la graisse de la terre ; on prie,
on fait prier pour sa santé, pour la réussite d'une affaire, et on oublie la grande affaire ! Votre âme est
malade ; elle est morte à la grâce ; vous allez perdre le
Ciel ; il s'agit pour vous de l'affaire du salut, et vous
restez indifférents sur des intérêts de cette importance !
Vous priez et vous faites prier pour l'établissement temporel de vos enfants, et vous ne pensez pas à demander
pour eux les lumières célestes, les vertus, la sainteté, et
tout ce qui peut les conduire au vrai bonheur ! Vous priez

et vous faites prier pour vos bestiaux malades, pour écarter un fléau temporel, et vous ne demandez pas votre guérison spirituelle et celle des personnes qui vous intéressent ; vous ne demandez pas que le Seigneur vous délivre du plus grand de tous les maux, d'un malheur éternel ! O âmes courbées vers la terre ! est-ce là votre séjour, votre fin dernière ? N'êtes-vous que chair et matière ? Souvenez-vous que vous êtes principalement une substance céleste ; prenez votre essor, et aspirez par-dessus tout à des biens plus dignes de vous. *Quærite primùm regnum Dei.* (Matth. vi, 33.)

Un autre abus dans la recherche et la demande que nous faisons de ces biens périssables, c'est que l'on se plaint, on murmure, on est jaloux quand on ne les reçoit pas à son gré, parce qu'on en voit jouir les autres avec plus d'abondance ! Ingrat, murmurateur, est-ce à vous à vous plaindre, à prescrire une plus grande étendue aux libéralités d'un Bienfaiteur qui ne vous doit rien que des châtiments et des vengeances ? Eh ! mes enfants, quelque peu que notre Dieu nous accorde, il nous donne toujours mille fois plus que nous ne méritons.

Mais, voulez-vous savoir pourquoi le Ciel paraît quelquefois sourd à nos vœux ? pourquoi le bon Dieu nous refuse quelquefois ces biens temporels que nous lui demandons ? pourquoi il nous envoie ces grêles, ces orages, cette stérilité qui désolent quelquefois nos vignes et nos moissons ? Ah ! c'est un bon père qui nous châtie ; il nous traite en enfants chéris qu'il veut corriger, perfectionner, détacher des biens corrupteurs de ce monde ; c'est comme une mère attentive et alarmée, qui ôte à son enfant le couteau qui le blesserait ; c'est, en un mot, qu'il veut nous enlever des biens dont nous abusons pour l'offenser, parce qu'il voit que nous portons quelquefois l'ingratitude jusqu'à tourner contre lui ses propres bienfaits ; car, remarquez-le bien, mes chers enfants, quand est-ce que nous nous livrons le plus au désordre ? C'est quand Dieu nous prodigue les biens de ce monde avec plus d'a—

bondance. Quand est-ce que nous péchons avec plus de
sécurité ? C'est quand nous avons la santé, la force, la
vigueur, l'embonpoint, qui nous rassurent contre les dangers de la mort. Quand est-ce qu'on se livre avec une folle
ivresse à la licence, à la débauche et aux voluptés criminelles ? C'est quand on fait une heureuse récolte ; c'est
au milieu des vendanges et des moissons les plus floris-
santes qu'on insulte avec plus d'audace au souverain
Bienfaiteur qui en a couvert nos campagnes ; c'est alors
surtout que nos plaines et nos côteaux retentissent de
chansons obscènes, de propos scandaleux, de clameurs
indécentes, de tous les éclats d'une allégresse criminelle,
au lieu des cantiques d'actions de grâces qui devraient
célébrer la magnificence de notre Dieu. C'est alors que les
ris, les jeux, les danses lascives, l'intempérance, la
débauche, mille excès, mille désordres, assaisonnent les
travaux champêtres ; c'est-à-dire qu'en recueillant à
pleines mains les dons de notre Dieu, nous l'outrageons
par mille péchés qui accompagnent nos récoltes. Et
quand nos greniers sont chargés des fruits de la terre,
quand nos celliers regorgent de vin, quel usage faisons-
nous de ces dons abondants ? Ah ! n'est-ce pas alors qu'on
s'enfle davantage, qu'on se livre au faste, à l'orgueil,
à l'ambition, à la volupté, à une vie toute criminelle ?
Mon bien-aimé s'est engraissé de mes bienfaits, et c'est
alors qu'il s'est révolté contre moi avec plus d'audace.
*Incrassatus est dilectus, et recalcitravit; incrassatus,
impinguatus, dilatatus, dereliquit Deum factorem suum,
et recessit à Deo salutari suo.* (Deut. XXXII, 15.) C'est-à-
dire que, plus notre Dieu est bon et bienfaisant à notre
égard, plus nous l'offensons, parce que ses bienfaits,
entre nos mains, deviennent les instruments, les aliments, les sources de nos déréglements et de nos offenses. Après cela, mes enfants, avons-nous bonne grâce
de nous plaindre de ne pas être exaucés ? Devons-nous
être surpris d'éprouver des calamités publiques ou particulières ? N'est-il pas, au contraire, de la justice, de la

bonté, de la miséricorde de Dieu, de ne pas exaucer des vœux qui deviendraient outrageux à sa gloire et funestes pour nous? Ainsi, mes chers enfants, voulons-nous être exaucés? Demandons ce qu'il faut, comme il faut, avec de bonnes vues, soumission et résignation, et n'abusons pas des bienfaits que nous aurons obtenus.

Voilà, mes enfants, un ample développement; voyons si vous avez bien écouté et bien retenu cette explication.

SOUS-DEMANDES.

D. Que veut dire ce mot, élévation de notre âme?

R. C'est-à-dire que, quand nous prions bien, notre pensée et notre cœur s'entretiennent avec Dieu; notre conversation est dans les Cieux.

D. Pourquoi dites-vous, pour rendre nos devoirs?

R. Parce que c'est un devoir pour nous de prier Dieu.

D. Pourquoi ajoutez-vous, demander nos besoins?

R. C'est que nous prions pour demander à Dieu les choses dont nous avons besoin.

D. Vous dites que notre âme s'élève à Dieu par l'adoration; qu'est-ce que cela veut dire?

R. C'est-à-dire que notre âme reconnaît Dieu comme son premier maître.

D. Par la louange?

R. C'est-à-dire que notre âme loue Dieu comme ayant toutes les perfections.

D. Par l'amour?

R. C'est que notre âme doit aimer Dieu ou vouloir l'aimer en le priant.

D. L'action de grâce?

R. C'est que notre âme doit remercier Dieu du bien qu'il lui fait; *mon âme, bénis le Seigneur.*

D. Que veut dire ce mot, *prière vocale?*

R. C'est-à-dire prière de la voix, des lèvres.

D. Et prière mentale?

R. C'est-à-dire prière de l'esprit et du cœur.

D. Si on ne priait que de bouche, la prière serait-elle bonne?

R. Non; si on ne pense pas à Dieu, si on ne s'affectionne pas à lui, c'est comme une cloche qui sonne.

D. Mais la prière du cœur est-elle bonne sans la prière de bouche ?

R. Oui, Dieu voit le fond de notre âme et de nos pensées.

D. Un muet, un malade qui ne peut parler, peut donc prier ?

R. Oui, c'est assez pour eux de gémir, de soupirer vers Dieu.

D. On peut donc aussi prier sans parler, en allant, en venant, en travaillant ?

R. Oui, on fait une prière très agréable à Dieu, en s'entretenant cœur à cœur avec lui dans toutes ses occupations, son repos, ses délassements, etc.

D. La prière vocale est donc inutile ou superflue ?

R. Non, il faut que notre corps, comme notre âme, loue le Seigneur.

D. Pourquoi ?

R. Parce que nous tenons tout de Dieu.

D. Pourquoi encore ?

R. Pour nous édifier les uns les autres et nous engager à bénir le Seigneur.

D. La prière est donc un devoir envers Dieu ?

R. Oui, parce que la créature doit rendre hommage au Créateur.

D. Comment est-elle un besoin pour nous ?

R. Parce que Dieu accorde à la prière les grâces dont nous avons besoin.

D. Qu'est-ce à dire prier avec humilité ?

R. C'est prier en s'abaissant devant Dieu du fond du cœur et dans une posture humble, modeste et respectueuse.

D. Avec confiance ?

R. En se confiant que Dieu nous accordera ce que nous lui demandons.

D. Comment avec persévérance ?

R. En priant constamment, sans se lasser, sans se rebuter, quand même le bon Dieu ne nous exaucerait pas d'abord.

D. Est-ce que Dieu ne nous donne pas toujours la chose que nous lui demandons ?

R. Quelquefois il nous refuse une chose, et nous en donne une autre qui nous sera plus utile pour notre salut.

D. Qu'est-ce que J.-C. veut que nous demandions d'abord dans nos prières ?

R. Il nous dit de *chercher d'abord le royaume de Dieu.*

D. Comment est-ce qu'il nous apprend cela dans le *Pater* ?

R. C'est que les premières et principales demandes sont pour la gloire de Dieu et pour notre salut.

D. Vous dites qu'il faut demander les biens temporels pour une bonne fin ; qu'est-ce que cela veut dire ?

R. C'est pour nous en bien servir, pour arriver à Dieu et au Ciel.

D. Qu'est-ce à dire avec soumission ?

R. C'est que nous devons nous soumettre à la volonté de Dieu, s'il ne juge pas à propos de nous les accorder.

D. Pourquoi Dieu nous refuse-t-il quelquefois les biens temporels ?

R. C'est qu'on en abuse pour l'offenser et pour se perdre.

D. Hé bien ! mon enfant, vous prierez donc bien le bon Dieu comme nous venons de le dire ?

R. Je ferai tous mes efforts pour cela et pour bien profiter de cette instruction.

RÉCAPITULATION PRATIQUE.

1° Faites-vous une grande et sainte idée de la prière, comme d'un entretien avec Dieu, mais surtout entretien et élévation de cœur et non pas seulement des lèvres.

2° Faites souvent des prières mentales, en vous entretenant cœur à cœur avec Dieu dans vos occupations ordinaires.

3° Souvenez-vous de la nécessité de la prière et du besoin continuel que vous en avez ; mettez-la en pratique selon vos besoins et vos devoirs.

4° Demandez à Dieu, par préférence, les choses du Ciel, en cherchant premièrement le royaume de Dieu, et ne demandez les choses de la terre que dans cette vue et avec une entière résignation à sa volonté divine.

5° Demandez toujours à Dieu la grâce de bien prier. Avant de commencer votre prière, dites ces deux mots des Apôtres à Jésus-Christ : *Domine, doce nos orare.* Seigneur, enseignez-nous à prier. (*Luc.*, xi, 1.)

PRIÈRE.

Vous venez de nous l'apprendre, ô mon Dieu ! nous venons d'être instruits de ce que c'est que la prière, son excellence, sa nécessité, ses qualités essentielles ; sur la manière de bien prier ; sur les choses que nous devons demander. Heureux moyen de salut que

vous nous mettez entre les mains! Grâces immortelles vous en soient
rendues! Pardon, Seigneur, d'avoir méconnu un si précieux avantage, de n'en avoir pas usé selon vos vues bienfaisantes, d'en avoir
peut-être abusé, de vous avoir plus outragé qu'honoré par des
prières distraites, égarées, immodestes, sans cœur et sans âme ;
par des prières tout humaines et toutes terrestres. Désormais, ô
mon Dieu, nous prierons plus souvent, plus exactement, de cœur
et d'affection. Apprenez-nous à prier, Seigneur ; *Domine, doce nos
orare.* Oui, notre souverain Bienfaiteur, nous chercherons d'abord
le royaume de Dieu, et le reste nous sera accordé ; nous prierons
avec humilité, confiance, persévérance, soumission et résignation,
et vous nous accorderez ce qui sera toujours le meilleur pour notre
salut. Ainsi soit-il.

SECTION DEUXIÈME.

D. Devons-nous prier souvent?

**R. Oui, et surtout le matin et le soir, avant et
après le repas, à la Messe et aux offices de l'Église.**

Il faut prier tous les jours, mais surtout *le matin et
le soir* de chaque jour. La prière journalière est pour nous
ce qu'était parmi les Juifs le sacrifice du matin et du soir.
C'est un tribut que nous devons à Dieu ; *le matin,* pour
lui offrir nos premières pensées, nos premiers vœux et
les actions de la journée, et pour lui demander la grâce
de la passer saintement ; *le soir,* pour le remercier des
bienfaits du jour et nous mettre à l'ombre de sa protection pendant la nuit. C'est ainsi, mes enfants, que vous
venez tous les jours, en vous levant, saluer votre papa
et votre maman ; vous leur témoignez votre amour, en
les revoyant, par vos tendres embrassements. Tel est le
retour d'un bon et fidèle enfant de Dieu : plongé dans le
sommeil, il était loin de son Père céleste ; mais à peine
est-il sorti de cette espèce d'anéantissement, qu'il revient
à lui, il le salue, il le révère, il lui offre les premiers
hommages de son cœur à ce commencement de la journée. De même *le soir,* avant d'aller prendre votre repos,

vous souhaitez le bonsoir à vos chers parents, vous les embrassez ; les enfants bien élevés même leur demandent leur bénédiction. Eh bien ! c'est encore ainsi que vous devez en agir à l'égard du bon Dieu ; vous souhaitez qu'il soit glorifié nuit et jour ; vous le priez de vous bénir, de veiller sur vous, de vous *garder comme la prunelle de l'œil et de vous tenir à l'ombre de ses ailes* (Psal. XVI, 8) contre l'ennemi qui cherche à vous dévorer. Tel est, dis-je, le devoir d'un bon chrétien ; y manquer, surtout habituellement, ce serait nous rendre coupables d'indifférence et de la plus révoltante ingratitude. Que penser de ces hommes sans foi, sans loi, sans amour, qui se lèvent, qui se couchent comme des animaux, sans daigner seulement penser à celui qui leur accorde le jour et la nuit et qui veille continuellement sur eux par sa providence ? Sont-ce des hommes ou des brutes, qui se font gloire de l'oublier, qui rougissent de fléchir le genou devant lui deux fois le jour, en sortant du lit et en y rentrant?

Il faut prier *avant et après le repas ;* c'est ce que nous recommande l'Apôtre en nous disant : *Soit que vous mangiez, soit que vous buviez, faites tout pour la gloire de Dieu.* (1. Cor. X, 31.) Avant le repas, priez le Seigneur de bénir votre nourriture ; et après, remerciez-le de vous l'avoir donnée. Le *Benedicite* et les Grâces, n'y manquez jamais, mes enfants ; ne rougissez pas de paraître pieux et reconnaissants. N'écoutez pas ceux qui tournent en ridicule une si juste pratique de religion. Voyez, mes enfants, ceux qui y manquent sont pires que des animaux qui se jettent avidement sur le morceau qu'on leur présente ; oui, dis-je, pires ; car, voyez ce chien, il vous caresse, il semble vous remercier quand vous lui donnez du pain ; et l'homme, l'homme ingrat et grossier affecte de méconnaître le Dieu qui lui prodigue les mets les plus délicats ; plus son Bienfaiteur lui donne, plus il est ingrat ; car, remarquez-le bien, c'est aux tables les plus opulentes et les mieux servies que l'on affecte de ne dire ni *Bene-*

dicite, ni Grâces, tandis que vous, pauvres malheureux, vous le remerciez fidèlement du morceau de pain noir qu'il vous donne.

Il faut prier *à la Messe ;* sans doute on ne doit pas venir à cet auguste Sacrifice sans adresser au Seigneur de ferventes prières, surtout les dimanches ; la prière est d'obligation, sous peine de péché mortel, à la Messe de ces saints jours ; ne pas y prier, ou y mal prier, ce n'est pas l'entendre, c'est transgresser un précepte. Il faut prier *aux offices de l'Eglise* en nous y unissant aux autres fidèles. Les offices divins sont les prières publiques de la société des fidèles ; c'est spécialement aux jours de fêtes que l'Eglise rassemble ses enfants pour prier en commun ; c'est là qu'ils sont réunis au nom et sous les yeux du bon Père de cette nombreuse famille ; c'est alors qu'il se trouve au milieu d'eux selon sa divine promesse, qu'il se communique à eux d'une manière particulière, et qu'il répand sur eux ses bienfaits avec plus d'abondance. C'est donc alors, mes chers enfants, que nous devons le prier avec plus d'ardeur et de confiance, en nous unissant d'intention, de paroles, de chants, d'affection, de dévotion, avec toute la société des fidèles rassemblés dans nos temples. Alors les prières mêmes des faibles et des coupables, mêlées avec celles des autres, soutenues par celles des fervents amis de Dieu, monteront en odeur de suavité jusqu'au trône des miséricordes divines. Elles seront plus sûrement exaucées, et elles feront descendre sur vous une rosée favorable de biens célestes.

D. Dans quelles autres occasions la prière est-elle spécialement nécessaire ?

R. Dans les tentations, les dangers, les maladies, les afflictions, le choix d'un état de vie, et à l'heure de la mort.

Dans les tentations. Lorsqu'il vous vient une mauvaise pensée, lorsqu'il se présente une occasion de péché, ah !

c'est alors surtout, mes enfants, qu'il faut recourir à la prière ; le Sauveur lui-même nous apprend à recourir à lui dans ces moments périlleux pour notre salut : *Et ne nos inducas in tentationem.* (Matth. vi, 43.) Mon Dieu, ne permettez pas que nous succombions à la tentation. Ces instantes paroles sont un cri d'alarme vers celui qui seul peut nous défendre et nous délivrer d'un monstre prêt à nous dévorer. *Domine, invadit me.* (Tob. vi, 3.) Seigneur, le dragon infernal s'élance sur moi, venez à mon secours, délivrez—moi des mauvaises pensées, des suggestions de l'ennemi de mon salut. Voilà, mes enfants, comment il faut prier dans la tentation.

Dans les dangers de la vie. Hé ! mes enfants, c'est notre Dieu qui tient entre ses mains la vie et la mort. C'est lui qui seul peut nous garantir des dangers. Le Sauveur nous apprend encore à en demander la délivrance : *Sed libera nos à malo.* (Matth. vi, 43.) Disons comme les Apôtres lorsqu'ils étaient sur le point de périr dans la tempête : *Domine, salva nos, perimus.* (Matth. viii, 25.) Seigneur, sauvez—nous, nous périssons.

Dans les maladies, les afflictions, les tribulations. Le Dieu que nous prions est le grand médecin de notre corps et de notre âme ; c'est donc à lui qu'il faut recourir dans ces occasions déplorables où nous avons quelque chose à souffrir : *Ad Dominum, cùm tribularer, clamavi, et exaudivit me.* (Psal. cxix, 4.) Lorsque j'étais dans la tribulation, j'ai eu recours au Seigneur, et il m'a exaucé. *Cùm invocarem, exaudivit me Deus justitiæ meæ, in tribulatione dilatasti mihi.* (Psal. iv, 2.) Lorsque j'ai invoqué le Dieu de toute justice, le Dieu qui en est l'auteur et qui la récompense, et cela au milieu des afflictions et des tribulations qui ont désolé mon âme, alors il a dilaté mon cœur par la patience, la sécurité, la joie qu'il y a répandue. C'est donc dans ces moments d'afflictions qu'il faut soupirer vers le Seigneur et lui dire: *Vide, Domine, afflictionem meam.* (Thren. 4, 9.) Voyez, Seigneur, mon affliction ; ayez pitié de moi, parce que je suis dans la

tribulation. *Miserere mei, Domine, quoniam tribulor.*
(Ps. xxx, 10.)

Il faut prier *dans les maladies*, c'est la grande ressource
d'un malade ; sans fatiguer sa poitrine et sa tête, il peut,
il doit élever tranquillement son cœur à Dieu, et lui dire
comme les sœurs de Lazare : *Domine, eccè quem amas
infirmatur.* (Joan. xi, 3.) Seigneur, celui ou celle que
vous aimez est malade. *Miserere mei, Domine, quoniam
infirmus sum*, etc. (Ps. vi. 3.) Ayez pitié de moi, Seigneur,
parce que je suis dans l'infirmité.

Il faut prier *pour le choix d'un état de vie ;* ceci vous
regarde spécialement, mes enfants ; jeunesse chrétienne,
vous allez bientôt vous trouver dans le cas de choisir un
état, une profession, d'occuper une charge dans la société, soit dans l'Eglise, soit dans l'état civil ; il s'agira
d'un mariage, d'un établissement quelconque ; or, c'est
dans ces circonstances critiques et embarrassantes qu'il
faudra prier particulièrement, de même que dans toutes
les délibérations un peu importantes où vous aurez besoin
de conseils et de lumières. Approchez-vous du Seigneur
et il vous éclairera. *Accedite ad eum et illuminamini.*
(Ps. xxxiii, 6.) Il vous parlera à l'esprit, au cœur, à la
conscience. *Loquar ad cor ejus.* (Os. ii, 14.) Adressez-
lui cette fervente prière du Prophète : *Loquere, Domine,
quia audit servus tuus.* (1. Reg. iii, 10.) Parlez, Seigneur,
car votre serviteur écoute. *Domine, doce me facere vo-
luntatem tuam.* (Ps. cxlii, 10.) Seigneur, enseignez-moi
à faire votre volonté. Montrez-moi le chemin que je dois
suivre. *Notam fac mihi viam in qua ambulem.* (Psal.
cxlii, 8.)

Il faut prier *à l'heure de la mort*, comme Jésus-Christ
et avec Jésus-Christ sur la croix, dans son agonie et ses
angoisses. *Mon Père, que votre volonté s'accomplisse.*
(Luc. xxii, 42.) *Mon Père, mon Père, pourquoi m'avez-
vous abandonné ?* (Matth. xxvii, 46.) *Je remets mon âme
entre vos mains.* (Luc. xxiii, 46.) Souvenez-vous-en
bien, mes enfants, quand vous serez arrivés à ce dernier

moment : vous le croyez bien éloigné, parce que vous êtes jeunes; mais il viendra peut-être plus tôt que vous ne pensez.

Quand faut-il prier encore? Il faut prier encore quand le Seigneur nous fait du bien pour ce monde ou pour l'autre. Une prière d'action de grâces : *Benedic, anima mea, Domino, et noli oblivisci omnes retributiones ejus.* (Ps. cii, 2.) Mon âme, bénis le Seigneur, et n'oublie jamais les bienfaits dont il t'a comblée.

Quand faut-il prier? Toujours...... *Oportet semper orare.* (Luc. xviii, 1.) C'est l'avis de notre divin Maître. Et comment le mettre en pratique? cela est-il possible à de pauvres malheureux sans cesse occupés au travail ? Oui, mes enfants, vous le pouvez; laborieux ouvriers de nos campagnes, laborieux artisans, manœuvres, enfants, domestiques, etc., vous le pouvez; et comment? Offrez d'abord au Seigneur toutes vos actions de la journée, à votre réveil, à vos prières du matin ; et les voilà sanctifiées par la prière. Elles porteront l'impression et le mérite de la prière pendant tout le jour. Après cela, élevez de temps en temps votre cœur à Dieu au milieu de vos occupations; pensez à lui, parlez-lui comme à votre intime ami; plaignez-vous à lui, pleurez avec lui, souffrez avec lui, réjouissez-vous avec lui, buvez et mangez avec lui, avec une douce et respectueuse familiarité, comme vous feriez avec un compagnon, une compagne qui serait à vos côtés. C'est ainsi que vous prierez toujours et que vous serez parfaits en marchant en sa divine présence. Votre prière sera continuelle sans préjudice de vos autres devoirs, de vos occupations ordinaires, avec double profit et pour ce monde et pour l'autre ; toutes vos actions, vos pensées, vos peines, vos travaux, seront sanctifiés par cette prière habituelle ; toutes seront agréables à Dieu et méritoires pour le Ciel, et c'est ainsi qu'en travaillant pour cette vie, vous travaillerez aussi pour l'éternité ; en gagnant cette misérable vie, vous gagnerez aussi le Ciel.

D. Pour qui faut-il prier?

R Il faut prier pour tous les hommes, et spécialement pour soi, pour ses parents, pour ses supérieurs, bienfaiteurs et amis, et même pour ses ennemis.

La charité embrasse tous les hommes. Voilà pourquoi
elle doit nous engager à prier pour tous; voilà pourquoi
nous prions en commun les uns pour les autres, ainsi
que nous l'a appris notre divin Maître, surtout dans la
prière admirable qu'il nous a transmise. Mais voici spécialement pour qui nous devons prier. 1° Il faut prier
pour soi. Charité bien ordonnée commence par soi-même;
cette maxime est vraie, spécialement dans l'ordre du
salut; c'est votre plus cher intérêt de prier pour vous-
mêmes. Priez donc pour vous d'abord; négociez la grande
affaire de votre salut avec celui qui en sera l'auteur;
demandez tous les jours les grâces qui vous sont nécessaires et pour ce monde et pour l'autre.

Il faut prier *pour vos parents.* Ah! chers enfants, faut-
il vous le recommander? Que cette obligation est douce!
Qu'elle est selon votre bon cœur! Priez donc pour ces
personnes chéries à qui vous devez tout après Dieu; levez
sans cesse vers Dieu vos mains innocentes pour vos pères
et mères; n'en doutez pas, il accueille avec plaisir les
vœux de la tendre enfance, surtout lorsqu'elle les adresse
pour ceux qu'il lui ordonne d'aimer et d'honorer. Con-
jurez-le de conserver des jours si précieux, si intéressants
pour vous. Demandez pour eux cette sagesse qui doit être
assise à leurs côtés pour votre éducation; demandez des
grâces de sanctification et de salut pour les conduire avec
vous au bonheur céleste; priez pour eux, même après
leur mort. Un souvenir si cher peut-il jamais s'effacer de
votre mémoire? Et vous, pères et mères, priez pour ces
chers enfants que le Seigneur ne vous a donnés que pour
les lui rendre. Conjurez leur Père céleste et le vôtre de
bénir l'éducation que vous leur donnez, de les conduire

dans ses voies, de les réunir avec vous dans le séjour fortuné des saintes familles, avec ce Père commun de la famille universelle. Ce doit être là le plus tendre objet de vos vœux journaliers. Priez pour tous vos autres parents. Voyez, mes enfants, comme notre bienfaisante religion resserre les liens du sang. C'est surtout au pied des autels, c'est jusque dans l'éternité qu'il faut nous montrer bons parents.

Il faut prier, 1° pour nos *supérieurs* spirituels : pour le Pape, notre premier chef spirituel ; pour notre Evêque, pour nos Pasteurs, pour vos Pasteurs !..... (Ici, chers enfants, oserais-je vous demander un petit souvenir dans vos prières, moi qui vous porte toujours dans mon cœur à l'autel, et qui *fléchis sans cesse les genoux pour vous en présence de mon Dieu et le vôtre?* (Eph. iii, 14.)

Il faut prier, 2· pour vos *supérieurs* temporels, ainsi que vous le recommande le grand Apôtre.

Ecoutez, chers enfants, ce qu'il nous dit là-dessus : *Je vous en conjure, adressez au Seigneur des vœux, des prières, des demandes, des actions de grâces pour tous les hommes, pour les rois . pour tous ceux qui sont dans les rangs éminents de la société, afin qu'ils nous fassent mener une vie tranquille et paisible en toute piété et chasteté.* (1. Timoth. ii, 2.)

Vous devez donc prier pour tous ceux qui sont chargés des lois, de l'ordre, de la police, du gouvernement temporel de ce grand royaume, des départements et des communautés, etc. ; *car cela est bon et bienvenu en présence de notre Dieu et de notre Sauveur qui veut le salut de tous les hommes, et que tous parviennent à la connaissance de la vérité.* (1. Tim. ii, 3 et 4.)

Priez pour *vos bienfaiteurs et vos amis.* La reconnaissance doit vous porter à solliciter du bien en faveur de ceux qui vous font du bien ; ce sont vos meilleurs amis ; si vous les aimez solidement, la meilleure marque d'amitié doit être de vous intéresser pour eux auprès du Bienfaiteur universel qui peut seul procurer des biens

solides. Lorsqu'on a quelque accès auprès des grands et
des puissants, on emploie son crédit pour procurer à
ses amis des places, des honneurs, des postes avantageux. Or, celui qui distribue toutes les grâces nous a
tous constitués protecteurs et médiateurs les uns des
autres ; il aime à nous voir nous intéresser pour nos amis ;
il se plaît à exaucer des vœux réciproques inspirés ainsi
par la charité fraternelle. Aimez vos amis, chers enfants,
mais aimez-les jusque dans l'éternité en priant pour leur
salut ; c'est la plus grande marque d'amitié que vous
puissiez leur donner.

Priez *même pour vos ennemis.* Hélas ! il ne devrait
jamais y en avoir parmi les chrétiens, cette société de
charité par excellence ; cependant il s'en trouve, on en a ;
heureux si on ne se les est pas attirés, et si on ne leur
rend pas la pareille ! Mais si vous en avez jamais, chers
enfants, quels qu'ils soient, cherchez d'abord à vous
réconcilier avec eux ; priez pour eux, quelque mal qu'ils
vous aient fait ou voulu faire : c'est le précepte admirable
de notre divin Sauveur : Priez pour ceux qui vous persécutent, *benedicite persequentibus vos.* (Rom. XII, 14.)
Il nous en a donné l'exemple en priant lui-même pour
ses bourreaux et ses plus acharnés persécuteurs. C'est
la prière la plus héroïque et la plus agréable que nous
puissions adresser au Dieu de la paix. Elle pénètre infailliblement les Cieux ; elle touche Dieu de la manière la
plus efficace, parce qu'elle renferme les sentiments les
plus généreux, parce qu'elle imite la divine miséricorde ;
elle nous assimile à celui *qui fait lever son soleil sur les
mauvais comme sur les bons.* (Matth. V, 45.) Si donc
jamais prière dût être exaucée, c'est celle que nous
ferons pour nos ennemis ; sûrement elle fera descendre
du Ciel quelques bienfaits, ou sur eux ou sur nous : sur
eux, et nous les aurons gagnés ; sur nous, c'est la promesse de Jésus-Christ : s'ils n'en sont pas dignes, notre
paix reviendra sur nous : *pax vestra revertetur ad vos.*
(Matth. X, 13.) Alors nous aurons amassé des *charbons*

ardents sur leur tête, en confondant leur méchanceté par le contraste généreux de vos vœux charitables. Dieu infiniment bon, pourriez-vous ne pas avoir égard à des efforts que l'on fait pour votre amour, en immolant sa vengeance à vos lois pacifiques, et en implorant vos bontés pour des méchants que vous nous ordonnez d'aimer!

En un mot, mes enfants, il faut prier pour tout le monde, pour les infidèles, les hérétiques même, afin que Dieu les convertisse; mais surtout pour l'Eglise, pour l'état, pour la société dont nous sommes les membres; c'est en cela particulièrement que consiste cette communion des Saints qui ne forme qu'un cœur et qu'une âme de tous les fidèles, dont les voix se réunissent pour faire au Ciel une douce violence qui attire ses bienfaits sur toute la société.

D. Faut-il aussi prier pour les âmes des morts?·

R. Oui, afin qu'elles soient délivrées des peines du purgatoire.

Oui, mes enfants, il faut prier pour les morts, et je ne saurais trop vous y exhorter; mais vous vous souviendrez de ce que je vous ai dit à ce sujet en vous instruisant sur le purgatoire. (*Voy. tom.* 1ᵉʳ, *pag.* 324 *et suiv.*)

D. Au nom de qui faut-il prier?

R. Au nom de Notre-Seigneur Jésus-Christ, parce que c'est par lui seul que nous avons accès auprès de Dieu.

Nous l'avons dit, mes enfants, dans l'instruction précédente; Jésus-Christ est notre médiateur, notre avocat, notre pontife; il est placé entre son Père et nous pour lui offrir nos demandes. C'est un principe de foi que nous ne pouvons rien obtenir que par lui; c'est donc par lui seul que nous aurons accès auprès de Dieu, *per Domi-*

num nostrum Jesum Christum, etc. C'est la conclusion de toutes les prières de l'Eglise, parce que c'est le seul motif qui puisse toucher le Père céleste et attirer sur nous les grâces que nous sollicitons. Prions donc toujours au nom de Jésus-Christ, mes enfants; faisons parler pour nous ses mérites, sa mort, sa passion, l'adorable Sacrifice qu'il veut bien renouveler tous les jours sur nos autels, et nous serons sûrs d'être exaucés.

Vous venez de voir, mes enfants, quand il faut prier, pour qui, et au nom de qui; reprenons et voyons si vous avez bien entendu l'explication que nous vous avons donnée sur tous ces points.

SOUS-DEMANDES.

D. Pourquoi faut-il prier le matin ?

R. Pour offrir à Dieu nos premiers hommages et lui demander la grâce de passer saintement la journée.

D. Pourquoi avant les repas ?

R. Pour que Dieu bénisse notre nourriture.

D. Pourquoi après ?

R. Pour le remercier de la nourriture qu'il nous a donnée.

D. A qui ressemblent ceux qui ne disent ni *Benedicite* ni Grâces?

R. A des animaux qui se jettent avidement sur les morceaux, sans penser à celui qui les donne.

D. Si vous ne remerciez pas quand on vous donne quelque chose, qu'est-ce qu'on vous dit ?

R. On dit que je suis un grossier, un ingrat; c'est encore pis envers Dieu qui donne tout.

D. Pourquoi faut-il prier à la Messe?

R. Parce que, si on ne prie pas, ce n'est pas entendre la Messe.

D. Si on ne prie pas comme il faut à la Messe du dimanche, on ne l'entend donc pas ?

R. Non, on ne satisfait pas au précepte.

D. Vous dites qu'il faut unir nos prières à celles de l'Eglise aux offices; pourquoi cela ?

R. C'est que l'Eglise prie avec nous et pour nous, et que J.-C. est au milieu de nous dans les prières publiques.

D. Pourquoi encore ?

R. C'est que les prières des bons soutiennent et aident celles des faibles.

D. Comment faut-il prier dans les tentations?

R. Il faut dire : *Mon Dieu, ne nous laissez point succomber à la tentation.*

D. Comment dans les dangers ?

R. *Seigneur, délivrez-nous du mal.*

D. Comment dans les afflictions?

R. En disant : *Seigneur, voyez mon affliction; ayez pitié de moi, car je suis dans la tribulation.*

D. Comment dans les maladies?

R. En disant : *Seigneur, celui que vous aimez est malade; ayez pitié de moi, parce que je suis infirme.*

D. Comment pour le choix d'un état de vie ?

R. Il faut dire : *Seigneur, enseignez-moi à faire votre volonté; montrez-moi la route que je dois suivre.*

D. Comment à l'heure de la mort ?

R. En disant ces paroles de Jésus mourant : *Mon Père, que votre volonté soit faite; mon Père, mon Père, pourquoi m'avez-vous abandonné?.... Je remets mon âme entre vos mains.*

D. Comment peut-on toujours prier?

R. En offrant à Dieu ses actions ordinaires et en s'entretenant avec lui pendant la journée comme avec un bon ami.

D. Vous dites qu'il faut prier pour soi ; pourquoi cela?

R. Parce que c'est notre plus grand intérêt.

D. Priez-vous bien pour vos père et mère ?

R. De tout mon cœur et tous les jours.

D. Que demandez-vous pour eux?

R. Que Dieu leur fasse la grâce de m'élever chrétiennement et de nous conduire tous en Paradis.

D. Quels sont les supérieurs pour qui il faut prier?

R. Pour les Pasteurs de l'Église, et pour ceux qui gouvernent l'état ?

D. Priez-vous aussi le bon Dieu pour ceux qui vous font du bien ?

R. Oui, sans cela je serais un ingrat, un mauvais cœur.

D. Et vos amis?

R. Et pour mes amis encore ; c'est la meilleure marque d'amitié.

D. Quoi ! il faut encore prier pour ceux-là même qui nous font du mal ?

R. Oui ; c'est J.-C. qui nous l'ordonne ; il nous en a donné l'exemple en priant sur la croix pour les Juifs et pour ses bourreaux.

D. Pourquoi faut-il prier au nom de J.-C.?

R. Parce que c'est par lui seul que nous obtenons ce que nous demandons.

RÉCAPITULATION PRATIQUE.

1° Priez souvent, surtout dans les temps marqués par votre Catéchisme; priez même toujours, en offrant à Dieu toutes vos actions et en conversant avec lui comme avec un bon ami.

2° Priez pour toutes les personnes désignées dans votre Catéchisme; mais faites-le toujours avec zèle et affection, vous souvenant que les autres prient aussi pour vous.

3° Priez toujours au nom de Jésus-Christ Notre-Seigneur comme l'Eglise et avec l'Eglise, parce que c'est l'unique moyen d'être exaucé.

PRIÈRE D'ACTION DE GRACES.

Nous venons d'apprendre quand il faut prier, pour qui, et au nom de qui. Nous vous remercions, ô mon Dieu! de ces leçons importantes. Pardon, Seigneur, d'avoir été si peu assidus à la prière, d'y avoir manqué, même à des jours et à des moments où elle était d'obligation pour nous! Vous l'avez dit, Seigneur, il faut prier *souvent, il faut toujours prier; oportet semper orare*.... Ah! que nous avons peu connu les avantages et la facilité d'une prière continuelle! Que d'heureux instants nous avons perdus, faute de vouloir nous entretenir avec vous! *Notre conversation pouvait être dans les Cieux*, et nous avons rampé sur la terre! Pardon, encore une fois, ô mon Dieu! Désormais nous tâcherons de mieux profiter d'un si précieux avantage; nous prierons sans cesse, nous goûterons combien il est doux de converser avec vous; nous jouirons d'avance du bonheur des Anges et des Saints dans le Ciel; nous changerons la terre en un Paradis anticipé, en élevant continuellement notre âme vers vous, et nous arriverons par la voie même de la félicité à l'éternelle félicité qui est le fruit de la bonne et continuelle prière. Ainsi soit-il.

DE L'ORAISON DOMINICALE.

SECTION PREMIÈRE.

D. QUELLE **est la plus excellente prière?**
R. C'est l'Oraison dominicale.

Oui, mes enfants, l'Oraison dominicale est la plus excellente de toutes les prières, puisqu'elle nous vient de Jésus-Christ même ; c'est un Dieu qui nous l'a apprise. D'ailleurs, elle renferme tout ce que nous pouvons demander à Dieu, comme vous l'allez voir : c'est donc la meilleure de toutes les prières.

D. Récitez l'Oraison dominicale.
R. *Pater noster,* etc.
D. Récitez l'Oraison dominicale en français.
R. Notre Père, etc.

Bon, mon enfant, il paraît que vous savez bien votre *Pater.* C'est une obligation à tout chrétien de le savoir ; l'Eglise l'a toujours exigé de ceux qu'elle a reçus au Baptême. Elle le faisait apprendre aux catéchumènes, en les y préparant ; elle le faisait réciter publiquement sur les fonts baptismaux, en les y admettant, comme vous voyez encore que nous le faisons dire aux parrains et marraines, au nom de l'enfant qu'ils présentent. C'est, dis-je, un devoir pour tout chrétien de l'apprendre et de le savoir, sous peine de péché d'ignorance grossière et paresseuse : péché de la part des enfants qui négligent de l'étudier, péché de la part des parents qui négligent de le leur enseigner. Oui, pères et mères, vous devez former la langue encore bégayante de vos chers enfants à articuler ces paroles touchantes enseignées aux hommes par la Divinité même.

D. Pourquoi appelez-vous cette prière l'Oraison dominicale ?

R. Parce que c'est Jésus-Christ qui nous l'a enseignée.

Ce mot *dominical* vient du mot latin *Dominus,* qui signifie *Seigneur.* L'Oraison *dominicale* est l'Oraison du Seigneur : elle nous a été enseignée par Notre-Seigneur Jésus-Christ même. Voici comment cela arriva. Ce divin Maître parlait sans cesse de la prière à ses Disciples, et il leur en donnait l'exemple, car il priait souvent en leur présence. Un jour ils lui dirent : Seigneur, enseignez-nous à prier. (*Luc.* xi , 1.) Alors le Sauveur leur dit : *Voici comme vous prierez; vous direz* (Luc. xi, 2): *Notre Père, qui êtes aux Cieux : que votre nom soit sanctifié,* et le reste que vous venez de réciter si bien, mon enfant. Voilà pourquoi nous appelons cette belle prière l'Oraison dominicale , ou l'Oraison du Seigneur.

D. Pourquoi nous a-t-il enseigné cette prière ?

R. Pour nous apprendre ce que nous devons demander à Dieu , et la manière de le demander.

Voilà deux choses que nous apprend cette prière : qu'est-ce que nous devons demander, et comment.

1° *Ce que nous devons demander à Dieu,* soit par rapport à lui , soit par rapport à nous. *Par rapport à lui :* que son saint nom soit glorifié , qu'il règne sur nous , et que sa volonté adorable soit accomplie. *Par rapport à nous :* les biens de l'autre vie et de celle-ci , notre pain, la grâce de Dieu , la délivrance des tentations , du péché , des maux de cette vie et de l'autre. Comme vous voyez , mes enfants , cela renferme tout ce que nous pouvons demander à *l'Auteur suprême de tous les dons.* (Jacob. 1, 17.)

2° Cette prière nous apprend *la manière de demander*, c'est-à-dire comment il faut prier; elle nous apprend à parler à notre Dieu avec amour, respect, confiance, résignation, comme au souverain Bienfaiteur et au meilleur de tous les pères.

En effet, mes enfants, pourriez-vous ne pas bien prier en priant avec Jésus-Christ et comme Jésus-Christ vous a appris à le faire? C'est un Dieu qui vous met dans le cœur et sur les lèvres ce que vous devez dire à Dieu; c'est donc la prière par excellence. Voilà pourquoi l'Eglise l'a placée au commencement et à la fin de tous les Offices, et au milieu du saint Sacrifice; voilà pourquoi elle veut qu'elle soit sans cesse à la bouche de ses ministres et de ses enfants. Disons-la donc tous les jours, et plusieurs fois le jour, mais avec tous les sentiments qu'elle nous inspire, et nous serons sûrs de faire à Dieu la plus agréable de toutes les prières, la plus digne et la plus sûre d'être exaucée. Dites bien votre *Pater*, pauvres enfants, pauvres ignorants, et vous prierez aussi bien que les savants et les docteurs; dites bien votre *Pater*, et vous serez des Saints, parce que vous parviendrez à toutes les vertus dont cette prière renferme la demande et la pratique. J'aurai donc tout fait pour vous, mes enfants et mes frères, si je puis vous apprendre à bien dire votre *Pater*. O mon Dieu! ô notre *Père qui êtes aux Cieux!* animez-moi de ce feu divin que respire cette prière; qu'il passe sur mes lèvres, et qu'il pénètre jusqu'au fond du cœur de vos enfants qui vont entendre cette explication intéressante.

D. Pourquoi appelons-nous Dieu notre Père?

R. Parce qu'il nous a donné la vie, qu'il nous la conserve, et que par sa grâce nous sommes ses enfants et les héritiers de son royaume.

Notre Père..... Quel nom! qu'il est tendre! quelle confiance, quel amour il doit exciter dans nos cœurs! Nous appelons Dieu notre Père! et pourquoi?

1° *Parce qu'il nous a donné la vie.* Oui, mes enfants, c'est ce que le Sauveur veut vous rappeler. dès le commencement de cette prière ; que c'est votre Dieu qui vous a formés dans le sein de votre mère, qui vous a donné ce corps et cette âme raisonnable qui composent votre existence : c'est donc à juste titre que vous l'appelez *mon Père.* Mon Père céleste ! c'est à vous que je dois la vie et tout mon être. A ce mot, mon cœur est déjà pénétré de la plus vive reconnaissance.

2° *Dieu nous conserve la vie.* Vous n'y pensez peut-être pas, mes enfants ; mais Jésus-Christ vous le rappelle ici ; c'est le bon Dieu qui soutient de sa main puissante ce corps fragile qui pourrait se briser, se détruire à chaque instant. *Cùm ceciderit non collidetur, quia Dominus supponit manum suam.* (Psalm. xxxvi, 24.) C'est lui qui vous fournit les aliments qui entretiennent votre vie ; sans lui vous péririez de faim et de misère ; sans lui vous retomberiez dans le néant d'où il vous a tirés. C'est donc lui qui vous conserve la vie, bien plus que le père et la mère qui vous nourrissent, puisque c'est lui qui conserve la leur et qui leur donne la force et la santé pour vous nourrir. Il est donc, bien plus qu'eux, votre père conservateur.

3° *Vous êtes ses enfants par sa grâce.* Il vous a adoptés comme tels à votre Baptême. A ce moment heureux le Père éternel a dit de vous, comme de Jésus-Christ son fils : *Hic est Filius meus, in quo mihi benè complacui.* Voilà mon Fils bien-aimé, en qui j'ai mis mes complaisances. (*Matth.* xvii, 5.) Voyez donc, chers enfants, quelle charité de la part de notre Dieu ! Il veut nous appeler ses enfants, et nous le sommes en effet par cette adoption illustre et divine. *Videte qualem charitatem dedit nobis Pater, ut filii Dei nominemur et simus.* (1. Joan. iii, 1.) Nous le sommes réellement, non-seulement comme ses créatures à qui il donne la vie, mais d'une manière bien plus noble et plus relevée, parce que nous avons reçu l'esprit d'adoption dans lequel nous crions avec confiance : Notre Père, notre bon et vénérable Père. C'est cet esprit qui rend à notre âme le témoignage que nous sommes les enfants de Dieu. *Accepistis spiritum adoptionis filiorum, in quo clamamus : Abba (Pater); ipse enim Spiritus reddit testimonium spiritui nostro quod sumus filii Dei.* (Rom. VIII , 15 et 16.) Or, mes enfants, c'est le cri tendre et filial que nous jetons vers lui dès le début de notre prière : *Clamamus : Abba, Pater.*

4° En cette qualité, nous sommes aussi les héritiers de son royaume. *Si autem filii, et hæredes ; hæredes quidem Dei, cohæredes autem Christi.* (Rom. VIII , 17.) Les enfants sont les héritiers de leur père ; ils doivent en posséder les biens un jour : c'est l'avantage que notre Père céleste a bien voulu nous promettre. Il nous a tirés de l'abjection et de la misère où nous avait plongés le péché de notre premier père, et de plus il nous élève jusqu'au droit et à l'espoir de posséder un jour son royaume. Jésus-Christ, notre divin frère, nous rappelle ici que nous partagerons un jour cet héritage éternel : *Cohæredes autem Christi.*

Quelle gloire! pauvres enfants, pauvres habitants de nos campagnes, tout abjects que vous paraissez, vous êtes les enfants du Roi des rois, les héritiers d'un royaume au-dessus de tous les empires de la terre. A ses yeux vous êtes autant et plus que les rois du monde, les enfants choisis, privilégiés, favorisés, bien-aimés du Roi des Cieux et de la terre ; car c'est vous surtout, pauvres et petits, que ce divin Sauveur a choisis pour ses frères, par préférence aux grands et aux riches du siècle ; c'est à vous particulièrement qu'il apprend à appeler Dieu votre Père. Quelle dignité! quelle grandeur ! quelle espérance ! O enfants chéris du Roi suprême du Ciel et de la terre ! montrez-vous dignes d'un si beau nom ; ne dégénérez pas de la noblesse de votre origine. Frères de Jésus-Christ, vous l'êtes aussi les uns des autres ; les puissants même de la terre, à ce titre, sont vos frères et vos égaux aux yeux de la Divinité. Nous sommes tous

16.

frères ; c'est pour cela que nous appelons Dieu notre Père en commun.

D. **Pourquoi disons-nous notre Père, et non pas mon Père ?**

R. **C'est pour nous rappeler que nous sommes frères et que nous devons prier les uns pour les autres.**

Pas une parole qui n'ait un sens instructif et pénétrant dans cette divine prière. Voyez-vous, mes enfants, ce que nous rappelle ce mot *notre :* l'union, la charité, le zèle que nous devons avoir les uns pour les autres, en qualité de frères et d'enfants du même père ; ce mot nous rappelle que nous sommes tous frères, les enfants d'une même famille, et que nous parlons les uns pour les autres à notre Père commun. C'est, mes enfants, comme quand vous êtes réunis autour de vos pères et mères pour leur exprimer votre amour, votre respect, vos tendres sentiments ; pour leur demander votre pain, votre nourriture ; pour apaiser leur juste colère contre les coupables s'il y en avait parmi vous. Si vous êtes bons frères, vous parlez tous les uns avec les autres et les uns en faveur des autres. Oh! les aimables enfants! les charmantes familles où règne une union si belle! Que ce spectacle est consolant pour un père et pour une mère qui voient autour d'eux des enfants si unis et si bien élevés! Eh bien! mes enfants, c'est ce qui arrive quand nous récitons notre *Pater;* nous sommes tous là, comme une immense famille prosternée aux pieds de notre bon Père commun. Quel spectacle à ses yeux satisfaits, lorsqu'il voit cette famille innombrable réunie par les liens charmants d'une concorde filiale et fraternelle, solliciter ses bienfaits, sa clémence, ses bénédictions les uns pour les autres, crier vers lui : *Abba, Pater!* O notre bon et aimable Père! (*Rom.* VIII, 15.)

Voilà, dis-je, mes enfants, ce que nous expriment ces mots, *Notre Père;* voilà la douce idée, les tendres sentiments qu'ils doivent faire naître dans nos âmes dès le commencement de cette prière. Disons-les donc avec l'effusion d'amour, de respect, d'union charitable qu'ils inspirent. O notre Père céleste! vous voyez à vos pieds une troupe d'enfants réunis de cœur et d'affection, qui vous aiment et qui s'aiment entre eux cordialement et sincèrement pour l'amour de vous.

Ainsi, mes enfants, dès ce début vous faites un acte parfait de charité, si vous savez vous pénétrer du sens divin de ces douces paroles, *Notre Père*.

D. Pourquoi ajoutons-nous ces paroles : Qui êtes aux Cieux, puisque Dieu est partout?

R. C'est que, quoique Dieu soit partout, nous regardons le Ciel comme le trône de sa gloire, et que c'est au Ciel que nous devons aspirer.

Voilà deux choses que nous rappellent ces paroles :
1° Que le Ciel est le séjour principal de la Divinité ;
2° que c'est là que doivent se porter nos espérances et nos désirs. Ainsi, dès ce début, Notre-Seigneur fixe nos regards et nos vœux vers le Ciel. Dieu est partout ; vous le savez, mes enfants ; nous vous l'avons dit en vous parlant de son immensité ; mais nous regardons le Ciel comme le séjour particulier de sa gloire, parce que c'est là qu'il la manifeste à ses élus dans toute sa splendeur et qu'il la partage avec eux. C'est là en conséquence que nous devons aspirer, diriger tous nos désirs, toutes nos espérances, toutes nos démarches, pour y parvenir et jouir d'un bonheur éternel avec notre auguste Père qui est dans les Cieux. Voilà pourquoi le divin Sauveur, qui veut nous y conduire, a fixé nos regards sur ce beau séjour dès le début de sa prière ; il a voulu réveiller d'abord notre foi, notre espérance, en nous rappelant l'objet ravissant qui doit les combler, cette céleste patrie où il est allé nous préparer une place, et où il doit faire avec Dieu, son Père et le nôtre, la suprême félicité de ses amis et de ses frères.

Nous vous avons dit que la prière est une élévation de l'âme à Dieu ; c'est en effet pour l'y élever d'abord, que ce Maître infiniment sage nous met à la bouche ces intéressantes paroles : *Notre Père, qui êtes aux Cieux.* Dès ce moment notre âme doit prendre son essor et s'élancer dans le sein de la Divinité pour y contempler sa gloire et jouir par avance du bonheur qu'elle nous prépare..... Mon Père est dans les Cieux, et moi je reste encore sur la terre...... O mon céleste Père ! votre enfant soupire vers vous ! J'irai bientôt, faites-m'en la grâce.... Voilà, mes chers enfants, le doux sentiment que doit exciter cette touchante préface.

Je dis *préface,* car ceci n'est pas encore une demande, mais une introduction à la prière, une préparation, une invocation préliminaire qui nous y prépare ; c'est notre premier coup-d'œil vers le Bienfaiteur dont nous allons implorer les grâces. Quand on veut solliciter quelque bienfait auprès d'un grand de la terre, on commence par l'appeler par son nom et ses qualités ; on porte sur lui des regards respectueux et suppliants. C'est ainsi que notre divin Médiateur nous apprend à adresser la parole à notre auguste Père qui est dans les Cieux ; il nous y transporte pour y fixer l'objet principal de nos demandes et suivre la leçon qu'il nous donne ailleurs de chercher premièrement le royaume de Dieu. *Quærite primùm regnum Dei.* (Matth. VI, 35.) Il a voulu ravir notre âme attendrie dans une douce extase ; il la transporte au milieu des Esprits célestes et des Bienheureux nos frères qui nous y ont précédés et qui vont prier avec nous. Admirez donc, mes enfants, les heureux effets que va produire cette prière divine. Deux mots qui la commencent nous rappellent déjà l'amour ; le respect, la confiance, la piété, les saintes ardeurs qui doivent nous embraser en la récitant. Déjà nous sommes dans les Cieux tout brûlants d'un feu céleste !..... Ah ! mes enfants ! qu'on dirait bien son *Pater,* si dès le commencement on méditait profondément sur ces touchantes expressions, et si on se pénétrait de toute leur énergie ! Nous finirons cette instruction par un petit modèle de méditation là-dessus pour vous apprendre à en tirer cet heureux fruit ; mais auparavant revenons sur cette explication , et voyons si vous l'avez bien saisie.

SOUS-DEMANDES.

D. Pourquoi cette prière est-elle si excellente?

R. Parce que c'est un Dieu qui nous l'a apprise, et qu'elle renferme tout ce que nous pouvons demander.

D. Est-ce une obligation à tout chrétien de savoir son *Pater?*

R. Oui, l'Eglise l'a toujours exigé de ceux qui se présentent au Baptême ; on doit l'apprendre dès l'enfance.

D. Vous dites que cette prière nous apprend ce que nous devons demander à Dieu ; comment cela?

R. C'est qu'elle dit tout ce qu'il faut dire pour obtenir nos besoins.

D. Vous dites, la manière de demander ; qu'est-ce que cela veut dire?

R. C'est que N.-S. nous apprend à bien prier.

D. Comment cela?

R. Il nous apprend à prier avec amour, respect, confiance et résignation.

D. Vous appelez Dieu votre Père ; est-ce que c'est lui qui vous a donné la vie?

R. Oui, c'est lui qui m'a formé dans le sein de ma mère , et qui m'a créé une âme raisonnable.

D. Est-ce lui qui vous conserve la vie ?

R. Oui, c'est lui qui me nourrit et qui m'empêche de périr.

D. Comment sommes-nous ses enfants par sa grâce?

R. C'est qu'il nous a adoptés pour ses enfants au Baptême.

D. Comment sommes-nous les héritiers de son royaume ?

R. C'est que le royaume des Cieux est notre héritage comme enfants de Dieu.

D. Ce mot *notre* a donc un sens particulier?

R. Oui, cela dit beaucoup, puisque cela nous rappelle que nous prions en commun les uns pour les autres, comme les enfants d'une même famille.

D. Nous sommes donc tous frères ?

R. Oui, puisque nous avons tous le même Père céleste.

D. Pourquoi dites-vous que le Ciel est le trône de la gloire de Dieu ?

R. Parce que c'est là qu'il se montre à ses Saints dans toute sa splendeur et sa majesté.

D. Que veut dire ce mot *aspirer au Ciel*?

R. C'est-à-dire que nous devons désirer d'y arriver.

D. A quoi penserez-vous donc en disant ces deux mots : *Notre Père?*

R. Je penserai que le bon Dieu est mon Père, et je lui parlerai avec confiance.

D. A quoi penserez-vous en disant ces paroles: *Qui êtes aux Cieux ?*

R. Au Paradis où est le bon Dieu, désirant bien d'y être avec lui.

D. Ces paroles sont-elles déjà une demande?

R. Non, ce n'est encore que la préparation ou la préface de la prière.

D. Cependant cela dit déjà beaucoup, n'est-ce pas, mon enfant?

R. Cela doit déjà nous ravir dans les Cieux au milieu des Saints, vers Dieu notre Père.

RÉCAPITULATION PRATIQUE.

1° Sachez bien votre *Pater;* c'est une obligation pour vous, sous peine de péché grief.

2° Regardez cette prière comme l'ouvrage de la Divinité.

3° Récitez-la tous les jours avec confiance, puisqu'elle renferme tout ce que nous pouvons demander.

4° Dès le commencement pénétrez-vous des sentiments qui doivent vous préparer à la bien réciter.

5° Souvenez-vous que, si vous dites bien votre *Pater,* vous serez des Saints, parce qu'il respire, inspire et obtient la *sainteté.*

MÉDITATION SUR CES PREMIÈRES PAROLES : *Notre Père, qui êtes aux Cieux.*

Pater noster ! Notre Père ! Quel début! qu'il est touchant ! Non, ce n'est pas le titre redoutable de seigneur et maître que vous exigez de nous ; c'est le tendre nom de père que vous mettez à la bouche de vos enfants. O notre adorable Maître ! dès cette première invocation vous nous inspirez la confiance et l'amour. *Mon Père, mon aimable Père !* A ce mot, mon cœur est ouvert aux plus délicieux sentiments de la tendresse filiale. Oui, vous êtes mon Père, puisque vous m'avez donné ja vie et que vous me la conservez.

Notre Père, ce n'est pas en mon nom seul que je vais vous parler ; c'est avec tous les autres chrétiens mes frères ; c'est pour eux comme pour moi que je dois solliciter vos bontés paternelles ! *Notre Père !* A ce début qui respire l'union et la concorde, pourriez-vous être insensible aux vœux réunis de votre famille ? *Notre Père*, voyez comme vos enfants se chérissent les uns les autres ; non, vous ne pourrez résister à la douce harmonie de tant de voix animées par la charité. O Jésus, notre frère, ce n'est pas sans dessein que vous nous avez appris à prier ainsi en commun..... Mais de quel front oserions-nous adresser ces tendres paroles à notre Père, si nous n'avions pas cette charité fraternelle ?

Qui êtes aux Cieux. Vous êtes partout, ô notre Père céleste ! mais le Ciel est le séjour de votre gloire et le terme de mon bonheur futur. C'est là que je porte mes regards en ma prière. Vous êtes dans les Cieux, et votre enfant reste sur la terre ! Beau séjour !.... Terme fortuné de mes désirs, c'est dans ton sein que je serai heureux éternellement avec l'auguste Père qui doit y faire ma félicité.

Notre Père, qui êtes aux Cieux. Que de choses renfermées dans ce peu de mots ! Hélas ! nous ne l'avons jamais senti ! Nous avons toujours prononcé sans réflexion, sans goût, ces paroles si capables d'exciter les plus beaux sentiments dans nos âmes ! Pardon, ô notre bon Père ! Désormais ce doux nom, cet aspect du Ciel ranimera toute notre confiance et notre ardeur ; désormais, tout en commençant notre prière, notre âme s'élèvera dans les Cieux, et notre communication avec Dieu sera en même temps l'avant-goût de notre félicité et un moyen efficace pour y parvenir. Ainsi soit-il.

SECTION DEUXIÈME.

D. Combien y a-t-il de demandes dans le *Pater* ?
R. Il y en a sept.

Voici, mes enfants, tout le plan de cette prière ; elle contient sept demandes qui renferment tout ce que nous pouvons demander à Dieu, soit pour sa gloire, soit pour nos intérêts tant spirituels que temporels. Les trois premières regardent Dieu, et les quatre dernières nous regardent nous-mêmes.

Dans les trois premières, nous demandons à Dieu 1° *que son nom soit sanctifié*, 2° *qu'il règne sur nous*, 3° *et que sa volonté s'accomplisse*. Jésus-Christ, notre divin Maître, en mettant cet ordre dans son oraison, a voulu nous rappeler à la première fin de la prière, qui est d'honorer Dieu. Il nous fait agir comme des enfants bien nés, qui aiment leur père plus qu'eux-mêmes, et qui, s'occupant d'abord de ses intérêts, désirent qu'il soit chéri, honoré, obéi.

Dans les quatre dernières demandes, nous exposons nos besoins ; nous demandons 1° la nourriture de l'âme et du corps, et les nécessités de la vie, 2° le pardon de nos offenses, 3° la victoire des tentations, 4° la délivrance de tous les maux de cette vie et de l'autre ; enfin nous concluons tout cela par le désir d'être exaucés : ainsi soit-il.

Tel est le plan de cette admirable prière. Elle dit tout ce qu'ont pu dire les Docteurs et les Saints ; en sorte que, si vous dites bien votre *Pater*, vous en dites autant que ceux qui récitent de longs offices et qui passent leur vie à méditer sur les livres saints. Oui, pauvres ignorants, cessez d'envier le sort de ceux qui savent bien lire et bien prier Dieu ; vous en savez autant qu'eux, et vous serez' exaucés comme eux, si vous récitez bien votre *Pater*. Pour cela, pénétrez-vous des beaux sentiments qu'inspire chaque demande ; abandonnez-vous à l'esprit de Dieu, à la droiture de votre cœur, aux désirs et aux besoins qui vous pressent ; et votre prière vaudra celles des saints solitaires qui ont passé leur vie à méditer : c'est un fonds inépuisable, suivez-moi dans l'explication détaillée que je vais faire de chaque demande.

D. Qu'est-ce que nous demandons par ces paroles : Que votre nom soit sanctifié ?

R. Nous demandons que Dieu soit connu, servi et glorifié par tous les hommes.

Voilà, mes enfants, le premier souhait d'un bon fils : c'est que son père soit connu, aimé, chéri, estimé dans le monde : c'est le vôtre, mes enfants ; dès le commencement de votre prière, vous témoignez à votre Père céleste les vœux ardents que vous formez pour sa gloire, qu'il soit révéré, servi, glorifié, que son saint nom soit béni et exalté par tous les hommes. Beau souhait, qui vous engage à faire vous-mêmes ce que vous désirez des autres ! C'est ce que vous apprend votre Catéchisme, car, répondez-moi.

D. Suffit-il de demander à Dieu que son nom soit sanctifié ?

R. Non, nous devons encore le sanctifier nous-mêmes par une vie sainte, et le faire sanctifier par les autres autant que nous le pouvons.

Non, mes enfants, ce n'est pas assez de demander à Dieu que son nom soit sanctifié ; cette demande est stérile et dérisoire, si nous ne le sanctifions pas nous-mêmes. Ainsi, quand nous exprimons ce vœu filial, il faut le réaliser, autant qu'il est en nous, par une conduite chrétienne, vertueuse, exemplaire, qui fasse connaître et révérer le Dieu que nous servons. Voulez-vous donc que le nom de

Dieu soit sanctifié ? *Faites*, comme dit Jésus-Christ, *briller aux yeux des hommes l'éclat modeste de vos vertus, afin qu'ils voient vos bonnes œuvres et glorifient votre Père qui est dans les Cieux.* (Matth. v, 16.) A vos exemples, joignez des avis, des conseils, des leçons de sagesse qui portent vos frères à glorifier Dieu, si vous en avez le talent, l'autorité et l'obligation.

Mais quelle prière insultante, si nous faisons tout le contraire de ce que nous demandons! si nous ne cessons d'outrager le saint nom de Dieu par une conduite et des discours qui le déshonorent! si nous sommes jureurs, blasphémateurs, impies, libertins! si, bien loin d'édifier les autres, nous les scandalisons par nos mauvais exemples! Alors, au lieu de sanctifier le nom de Dieu, nous le faisons blasphémer parmi les nations : *Nomen Dei per vos blasphematur inter gentes.* (Rom. ii, 24.) N'est-ce pas comme si vous disiez au bon Dieu tous les jours : Seigneur, que les autres vous glorifient, vous bénissent, vous honorent; pour moi je n'en ferai rien, je veux continuer à vous outrager? Quelle indigne prière !

Que votre nom soit sanctifié. Arrêtez-vous là, mauvais chrétien, mauvais enfant, pécheur scandaleux. Gardez-vous de prononcer ces divines paroles, elles vous reprochent trop éloquemment vos désordres. Ou cessez de les dire, ou vivez autrement que vous ne faites; ou formez à l'instant la résolution de sanctifier vous-même le nom adorable que vous avez déshonoré et fait déshonorer jusqu'ici. *Que votre nom soit sanctifié...* Arrêtez-vous là, pesez bien ce vœu filial, confrontez-y votre conduite, confondez-vous; faites ce que vous dites, et dès cette première demande vous apprendrez à devenir des Saints pour sanctifier le nom de votre Père céleste. O paroles efficaces, que vous feriez en nous de grandes choses, si nous vous récitions avec une attention bien réfléchie !

D. Que demandons-nous par ces paroles : Que votre règne arrive?

R. Nous demandons à Dieu qu'il règne maintenant dans nos cœurs par sa grâce, et qu'il nous fasse régner un jour avec lui dans sa gloire.

Comme vous voyez, mes enfants, nous demandons ici deux choses à Dieu, 1° qu'il règne sur nous, 2° qu'il nous fasse régner avec lui. Régner, c'est être maître, c'est gouverner avec empire, être en possession d'un royaume; par cette demande, nous prions le Seigneur, 1° *qu'il règne maintenant dans nos cœurs par sa grâce;* c'est-à-dire qu'il en soit le maître par son amour et par sa grâce. C'est comme si nous lui disions : Mon Dieu, je vous aime, ou du moins je voudrais vous aimer de tout mon cœur. Je désire que le feu de votre amour embrase également tous les hommes. Soyez-en le maître souverain, comme un roi l'est de son royaume. Voilà, chers enfants, ce qu'exprime ce beau souhait que vous prononcez dans ce peu de paroles.

Mais aussi, pour que cette demande soit sincère et efficace, il faut donner votre cœur à Dieu, l'en rendre le maître entièrement et l'y faire régner par votre amour, et pour cela obéir à ses commandements. Sans quoi, c'est comme si vous disiez à Dieu : Régnez dans mon cœur, et cependant je ne veux ni vous aimer, ni vous servir; régnez sur les autres, mais vous ne régnerez pas sur moi. *Nolumus hunc regnare super nos.* (Luc. XIX, 14.) Nous ne voulons pas que ce Dieu règne sur nous. Etonnante contradiction entre les vœux apparents du pécheur, et ses désirs criminels et sa persévérance dans sa rébellion aux ordres de celui à qui il dit de régner sur lui !

Par ces paroles, *que votre règne arrive,* nous demandons encore que le royaume de Dieu s'étende sur toute la terre. Ce que Jésus-Christ appelle le royaume de Dieu c'est la religion divine qu'il est venu établir sur la terre, c'est le règne de la vérité, de la foi, de son Eglise. Ah! mes enfants, demandons, avec le désir le plus sincère et

le plus ardent, de voir ce règne florissant comme dans
ses plus beaux jours ; et, pour le demander avec la franchise et le vrai zèle qui doit nous animer, soumettons-
nous nous-mêmes à cet empire divin ; rendons son Eglise
florissante par notre foi, par nos bonnes mœurs, par une
conduite vraiment fidèle et catholique.

2° La seconde chose que nous demandons, *c'est que
Dieu nous fasse régner un jour avec lui dans sa gloire.*
Vous êtes faits pour cela, mes enfants ; voilà votre noble
destinée, l'objet de votre espérance. Et ce doit être aussi
celui de vos vœux, de vos plus ardents désirs, de vos
plus ferventes prières, de toutes vos démarches ; c'est
là que vous devez tendre. Mais, hélas ! mes enfants, nous
pouvons le manquer, ce beau royaume. C'est pour nous
en assurer la jouissance, que notre divin Maître nous apprend à le demander tous les jours. Il nous est promis à
des conditions ; nous demandons la grâce de les remplir
pour y parvenir. Mais si nous nous écartons exprès et de
propos délibéré du chemin qui y conduit ; si nous lui
tournons le dos ; si nous marchons à grands pas vers le
royaume du prince des ténèbres, quelle prière faisons-
nous en prononçant ces paroles : *Que votre règne arrive ?*
Si nous nous rendons indignes du royaume de Dieu par
une vie criminelle, n'est-ce pas insulter à la justice et
à la libéralité du Roi bienfaisant qui veut nous faire régner
avec lui ? N'est-ce pas comme si nous lui disions : Seigneur, donnez-moi votre royaume, et cependant je ne
veux pas le mériter ; donnez-le-moi malgré mes révoltes
multipliées et persévérantes contre votre loi sainte ; faites-
moi régner dans le Ciel après vous avoir continuellement
offensé, rejeté sur la terre par une vie d'impiété, d'irréligion, d'injustices, de débauches ?..... Quelle prière ! Y
pensons-nous quand nous disons tous les jours à notre
Père céleste : *Que votre royaume nous arrive : Adveniat
regnum tuum ?*

Faites-y réflexion désormais, mes enfants et mes chers
frères : dès ce soir, en disant votre *Pater*, arrêtez-vous à

ces mots et à la douce signification que nous venons d'expliquer, et dites-vous à vous-mêmes : Mais le bon Dieu règne-t-il dans mon cœur par sa grâce? veux-je véritablement qu'il y règne? veux-je efficacement régner avec lui dans sa gloire? ai-je fait jusqu'ici tout ce qu'il faut pour cela? le ferai-je désormais? régnerai-je avec vous dans le Ciel, ô mon Père céleste? ma demande n'est-elle pas insolente, téméraire, dérisoire? Voulons-nous être exaucés? Soutenons notre prière par notre conduite.... Voyez donc encore ici, chers enfants, comment votre *Pater* bien dit ferait régner Dieu dans votre cœur et vous ferait régner avec lui dans le Ciel.

D. Que demandons-nous par ces paroles : Que votre volonté soit faite en la terre comme au Ciel?

R. Nous demandons que les hommes accomplissent sur la terre la volonté de Dieu, comme les Anges et les Saints l'accomplissent dans le Ciel.

D. Qu'est-ce que faire la volonté de Dieu?

R . C'est obéir à sa loi et se soumettre à l'ordre de sa providence.

Ainsi, mes enfants, quand nous disons à Dieu, *que votre volonté soit faite, etc.*, nous lui demandons que tous les hommes obéissent à sa loi sur la terre, et que tous soient soumis à ses décrets adorables, comme les Anges et les Saints y sont soumis dans le Ciel. Votre Catéchisme désigne ici deux points principaux de soumission à la volonté de Dieu qui renferment tous les autres : 1° L'obéissance à sa loi ; 2° la soumission à sa providence.

1° Nous demandons que tous les hommes obéissent à la loi de Dieu ; c'est comme si nous disions : Souverain Maître de l'univers, je désire voir vos divins commandements accomplis fidèlement sur la terre par tous mes semblables, avec la même docilité, la même exactitude, le même zèle, la même ardeur que les Anges accom-

plissent votre volonté dans les Cieux. Je voudrais soumettre tout l'univers à vos ordres suprêmes ; et, pour
vous prouver la sincérité de mes désirs, je veux accomplir le premier cette loi sainte avec toute la perfection
que je désire dans les autres. C'est le vœu d'un bon
enfant qui dit à son père : Je souhaite que mes frères
vous obéissent avec amour, et je vais leur en donner
l'exemple. Est-ce ainsi que nous prions? Et si nous persévérons dans nos désobéissances à la loi de Dieu, n'est-ce
pas comme si nous disions : Que les autres accomplissent
votre volonté ; pour moi, je n'en veux rien faire?... Quelle
insolente prière! Voyez donc encore ici, mes enfants,
comment notre *Pater* bien dit nous engagerait à bien faire.

2° Par ces paroles, *fiat voluntas tua*, nous demandons
encore que tous les hommes soient soumis aux ordres de
la Providence. Votre Catéchisme va vous apprendre en
quoi cela consiste.

D. En quoi consiste la soumission à la Providence?

R. A souffrir avec patience les adversités et les
afflictions.

D. Quel usage devons-nous faire des adversités
et des afflictions?

R. Les recevoir avec résignation et humilité et en
esprit de pénitence.

Ainsi nous demandons à Dieu que tous les hommes,
condamnés à souffrir ici-bas, endurent avec patience
les afflictions de cette misérable vie, qu'ils les acceptent
avec résignation et humilité et en esprit de pénitence, et
nous demandons la même grâce pour nous-mêmes. *Avec
résignation*, c'est-à-dire avec acceptation soumise; *avec
humilité*, c'est-à-dire en nous reconnaissant humblement comme coupables et dignes de ces châtiments; *en
esprit de pénitence*, c'est-à-dire avec contrition de nos
péchés et en offrant ces souffrances pour satisfaire à la
justice de Dieu. Ces deux mots, *fiat voluntas tua*, se ré-

duisent donc à cette prière : Oui, mon Dieu, je me soumets aux châtiments paternels que vous exercez sur moi; j'accepte sans murmure les afflictions, les maladies, les pertes, les malheurs, les persécutions et tous les maux qu'il vous plaira de m'envoyer; je les accepte comme une juste punition de mes péchés, avec la douleur la plus amère pour tant d'iniquités dont je me suis rendu coupable; je les accepte avec le dessein de me corriger de tous les crimes qui me les ont attirés; je les accepte avec reconnaissance comme des effets de vos miséricordes, qui changent les peines éternelles que j'ai méritées en ces peines passagères qui m'épargnent des châtiments infiniment plus rigoureux; je les accepte avec amour comme des moyens de perfection et de salut qui exerceront ma patience et me rendront plus digne de vous, en mettant ma vertu à l'épreuve; j'y reconnaîtrai les marques de votre amitié et ces traits de prédestination qui distinguent vos élus. *Fiat voluntas tua*, qu'elle s'accomplisse, cette volonté sainte, adorable, bienfaisante jusque dans ses rigueurs! *Les maux comme les biens de cette vie nous viennent de la main de Dieu; que son saint nom soit béni* (Job., 1, 21) dans les uns comme dans les autres.

Voilà, mes chers enfants, ce que nous disons ou que nous devons dire en adressant à Dieu ces paroles de soumission : *Fiat voluntas tua.* Voyez; ne serions-nous pas semblables aux Saints qui font la volonté de Dieu dans le Ciel, si nous récitions ces paroles avec les sentiments qui doivent les animer, du moins comme des pécheurs convertis qui acceptent avec componction les châtiments dus à leurs iniquités?

Mais quelle prière faisons-nous, si, en même temps que nous disons ces belles paroles, nous sommes révoltés contre la Providence; si nous murmurons, si nous blasphémons, si nous nous aigrissons avec fureur et désespoir contre la main paternelle qui nous châtie? C'est une prière d'anathème que nous prononçons contre nous : elle s'accomplira, cette volonté irréfragable, en justices, en rigueurs, en vengeances terribles, puisque nous ne voulons pas qu'elle s'accomplisse en miséricordes : *Fiat voluntas tua.* Hélas! nous avons beau faire, nous avons beau nous plaindre et murmurer contre la volonté de Dieu ; il faudra toujours qu'elle s'accomplisse, bon gré, mal gré que nous ayons. Que gagnerons-nous à lui résister? Le meilleur, l'unique parti est de faire de nécessité vertu, de nous soumettre, puisque ce n'est qu'*un bon Père qui afflige ceux qu'il aime, comme des enfants en qui il met ses complaisances* (Hebr. xii , 6), et qu'il ne cherche qu'à rendre plus parfaits en les purifiant comme l'or dans le creuset de la tribulation.

Disons-lui donc dans toutes nos adversités : *Fiat voluntas tua.* O mon Père ! que votre volonté s'accomplisse. Ah! mes enfants, quelle consolation nous a fournie Jésus-Christ, notre divin consolateur, en nous mettant à la bouche ces douces paroles de soumission et de résignation, *fiat voluntas tua!* C'est la souveraine ressource de tous les malheureux. Que nous sommes à plaindre si nous ne savons pas appliquer ce remède à tous nos maux!

Reprenons maintenant les trois demandes qui forment cette section, et qui concernent les intérêts de Dieu ; et répondez-moi aux questions explicatives que je vais vous faire :

SOUS-DEMANDES.

D. Distinguez-nous les sept demandes du *Pater?*
R. 1º Que votre nom soit sanctifié ;
     2º Que votre règne arrive ;
     3º Que votre volonté soit faite.
Voilà les trois premières demandes qui regardent Dieu.
     4º Donnez-nous aujourd'hui notre pain de chaque jour ;
     5º Pardonnez-nous nos offenses, etc. ;
     6º Ne nous induisez point en tentation ;
     7º Délivrez-nous du mal.
Voilà les quatre dernières demandes qui nous regardent nous-mêmes.
Ainsi soit-il. Voilà la conclusion de la prière.

Nota. *On peut faire lire le* Pater *aux enfants en leur faisant remarquer les chiffres, pour leur apprendre à distinguer clairement les sept demandes.*

D. Y a-t-il là tout ce que nous pouvons demander à Dieu ?

R. Oui, cela renferme tout ce que nous pouvons désirer et demander à Dieu.

D. Un pauvre ignorant qui ne sait pas lire, priera donc aussi bien en disant simplement son *Pater*, que les savants et ceux qui récitent de longs offices ?

R. Oui, pourvu qu'il le dise bien, avec réflexion et sentiment.

D. Vous êtes bien aise que votre père soit connu, aimé, estimé, n'est-ce pas ?

R. Oui, cela me fait plaisir, et je le désire, parce que j'aime bien mon père.

D. Eh bien ! si vous êtes un bon enfant de Dieu, vous désirerez donc la même chose pour lui ?

R. Oui, je désire de tout mon cœur que le bon Dieu soit aimé et glorifié.

D. Est-ce assez de le désirer ?

R. Non, il faut encore le faire soi-même.

D. Cette première demande vous engage donc à ne pas jurer, et à ne pas outrager le nom de Dieu, à le bien servir, à le glorifier vous-mêmes ?

R. Oui, sans cela, c'est comme si je disais au bon Dieu : Seigneur, que les autres vous glorifient ; pour moi, je n'en ferai rien.

D. Si donc on faisait ce qu'on demande par ces mots, on serait des Saints ?

R. Oui, parce qu'on honorerait Dieu par sa conduite comme on désire qu'il soit glorifié.

D. A quoi penserez-vous donc en disant ces paroles : *Que votre nom soit sanctifié ?*

R. J'y conformerai ma conduite, et puis je ferai mieux.

D. Vous demandez à Dieu qu'il règne ; qu'est-ce que cela veut dire ?

R. C'est-à-dire qu'il soit maître de mon cœur.

D. Comment est-ce que Dieu règne dans nos cœurs ?

R. Il y règne si nous l'aimons bien, si nous observons sa loi sainte.

D. Mais si nous aimons autre chose que lui, ou contre sa loi ?

R. Nous mentons en lui disant ces paroles ; car c'est le Démon qui règne dans notre cœur par notre attachement au péché.

D. Que demandons-nous encore par ces paroles ?

R. L'avancement de la religion.

D. Vous avez ajouté : « qu'il nous fasse régner un jour dans sa gloire. » Est-ce que nous serons un jour comme des rois avec le bon Dieu dans le Ciel ?

R. Oui, si nous servons bien le bon Dieu, nous serons infiniment heureux avec lui en Paradis.

D. A quoi penserez-vous donc en récitant cette demande ?

R. Au Ciel où je dois régner avec Dieu, et je tâcherai de le mériter.

D. A quoi nous engage cette demande : *Que votre volonté soit faite ?*

R. A faire nous-mêmes la volonté de Dieu, en accomplissant ses commandements.

D. Et si on ne les accomplit pas ?

R. C'est comme si on disait : Mon Dieu, que les autres fassent votre volonté, mais moi je ne l'accomplirai pas.

D. En quoi devons-nous encore accomplir la volonté de Dieu ?

R. En nous soumettant à sa divine providence.

D. Qu'est-ce que la Providence ?

R. C'est le bon Dieu qui gouverne le monde.

D. Est-ce la providence de Dieu qui nous envoie aussi les maux de cette vie ?

R. Oui, c'est Dieu qui nous afflige comme un père qui châtie ses enfants.

D. Les maux de cette vie ne sont donc pas de véritables maux ?

R. Non, ce sont des biens pour l'autre vie, quand on les souffre patiemment.

D. Il faut, dites-vous, les accepter avec soumission. Comment cela ?

R. Il faut nous soumettre à ce que Dieu veut, car il est le maître.

D. Avec *résignation ?*

R. Il faut nous résoudre, conformer notre volonté à celle de Dieu.

D. Avec *humilité ?*

R. Il faut nous humilier devant Dieu en nous regardant comme des pécheurs dignes de ses châtiments.

D. En *esprit de pénitence;* qu'est-ce que cela signifie ?

R. C'est-à-dire que nous devons recevoir les afflictions avec une vraie douleur de nos péchés et pour les expier.

D. Et si nous nous impatientons, si nous murmurons contre la Providence dans nos afflictions ?

R. Alors c'est mentir à Dieu que de lui dire, *que votre volonté soit faite,* car on ne la fait pas.

RÉCAPITULATION PRATIQUE DE CES TROIS DEMANDES?

1° Faites bien réflexion à chacune de ces trois demandes, en les récitant.

2° Pénétrez-vous bien des sentiments qu'elles inspirent.

3° Reprochez-vous franchement devant Dieu de n'y pas
conformer votre conduite.

4° Promettez au Seigneur d'y faire une sérieuse attention dans la suite.

MÉDITATION SUR CES TROIS DEMANDES.

Sanctificetur nomen tuum, que votre nom soit glorifié
et révéré par tous les hommes, ô mon Dieu et mon Père !
Je vous le dis tous les jours, et tous les jours je le déshonore par mes jurements et mes blasphèmes ; je le fais
blasphémer par mes scandales et ma mauvaise conduite !
Pardon, Seigneur ! Désormais j'accomplirai moi-même
ce que je vous dis que je désire ; je bénirai, je ferai bénir
et sanctifier votre nom adorable par, mes exemples,
parmi mes égaux, mes inférieurs : *Magnificate Dominum
mecum, et exaltemus nomen ejus in idipsum.* (Psal.
xxxiii, 4.)

Adveniat regnum tuum. O mon Roi, mon souverain
Seigneur et Maître ! soyez-le donc de mon cœur, de mes
affections, de toutes mes actions. Mais, hélas ! c'est le
Démon qui règne sur moi, et dans moi, par le péché....
Non, il n'y régnera plus. Fuyez, puissances des ténèbres, mon Dieu va reprendre sa place ; reprenez votre
empire, vous qui êtes le monarque légitime et bien-
aimé ; régnez en moi par votre grâce, et faites-moi régner
avec vous dans votre gloire.

Fiat voluntas tua sicut in Cœlo et in terra. Oui, mon
Dieu, qu'elle s'accomplisse, cette volonté adorable, et
par mon obéissance à vos divins commandements, et par
ma résignation, ma soumission, ma patience, ma con-

formité à votre providence ; que tous mes frères s'y sou-
mettent avec moi ; que nous imitions les Anges et les
Saints, qui vous obéissent avec joie dans le séjour du
bonheur. Eh ! quels souhaits ai-je donc formés jusqu'ici,
lorsque je résistais à vos préceptes, à vos décrets paternels
et salutaires? Pardon, ô mon Dieu ! de mes prévarications,
de mes murmures, de mes révoltes contre cette volonté
suprême devant qui tout doit fléchir. Pardon d'avoir si
mal récité jusqu'ici ces trois premières demandes, qui
sollicitent vos intérêts et votre gloire. Désormais, ô mon
Père céleste ! j'y ferai plus d'attention ; ce sera de tout
mon cœur, et par mes actions, que je vous dirai comme
je le dis maintenant : *Que votre nom soit sanctifié, que
votre règne arrive, que votre volonté soit faite en la terre
comme au Ciel,* et par moi, et par tous les hommes.
Ainsi soit-il.

SECTION TROISIÈME.

D. Que demandons-nous par ces paroles : Donnez-
nous aujourd'hui notre pain de chaque jour?
R. Nous demandons à Dieu ce qui nous est nécessaire chaque jour pour la vie de l'âme et du corps.

Ici commence la seconde partie du *Pater*. Après avoir
sollicité les intérêts de Dieu, nous sollicitons les nôtres ;
nous demandons notre *pain quotidien*. Par ce mot, nous
n'entendons pas seulement du pain, mais tout ce qui
nous est nécessaire pour cette vie et pour l'autre, pour
l'âme et pour le corps ; surtout pour l'âme, surtout les
biens futurs, qui sont les plus importants.

Ce mot de *chaque jour* nous rappelle que nous avons
besoin tous les jours de ces biens spirituels et temporels ;
nous disons *aujourd'hui,* parce que c'est principalement
le besoin du jour que nous exposons à notre souverain
Bienfaiteur. Nous demandons le matin ce qui nous est
nécessaire pour la journée ; et le soir, ce qui nous est né—

cessaire pendant la nuit. Tout cela, mes enfants, nous rappelle que nous devons prier le Seigneur tous les jours, et même plusieurs fois le jour. Mon Dieu, accordez-moi les grâces journalières et du moment.

D. Qu'est-ce qui nous est nécessaire pour la vie de l'âme?

R. La grâce de Dieu, sa sainte parole et la sainte Eucharistie.

Voilà, mes enfants, trois sortes de pains spirituels qui nous sont nécessaires pour la vie de notre âme.

1° *La grâce de Dieu*, c'est-à-dire les lumières, les connaissances, les forces nécessaires pour faire le bien et éviter le mal, et entretenir ainsi la vie spirituelle de notre âme. Nous ne pouvons rien sans la grâce, mes enfants ; nous en avons besoin à chaque instant ; voilà pourquoi il faut la demander tous les jours ; c'est un pain quotidien digne de nos plus ardentes sollicitations. Mais, puisque nous la demandons, cette grâce, il faut être fidèle à ses saintes inspirations, et ne pas lui résister ; sans quoi ce serait demander et rejeter tout à la fois, comme si on disait : Mon Dieu, éclairez-moi, et cependant je ferme les yeux à votre lumière ; mon Dieu, aidez-moi, et cependant j'abandonne ou je repousse le bras que j'implore et qui vient m'appuyer... Quelle prière !

2° Nous demandons *la parole de Dieu*, qui est la nourriture de notre âme, *le pain de la parole*, c'est-à-dire l'instruction, le catéchisme, les sermons, les exhortations, les bons avis, les saintes lectures ; Dieu vous parle par l'organe de vos Pasteurs, de vos parents, de vos instituteurs : aliments de l'âme absolument nécessaires ; car *l'homme ne vit pas seulement du pain matériel, mais de la parole qui sort de la bouche de Dieu.* (Matth. IV, 4.) Or, c'est encore ce que nous demandons tous les jours dans notre *Pater*.

Mais, mes enfants, quelle prière faites-vous, si vous ne voulez ni apprendre, ni écouter votre Catéchisme, si vous ne voulez ni entendre, ni suivre ces sages conseils que vous donnent vos pères et mères et les personnes chargées de votre éducation? Quelle prière font ces chrétiens, lâches et dégoûtés, qui fuient les sermons et les instructions, qui négligent les lectures de piété? Que voulez-vous que le Seigneur réponde à ces paroles, *donnez-nous notre pain de chaque jour?* Pauvres dédaigneux, vous demandez du pain et vous n'en voulez point, et vous laissez celui que je vous donne; *vous méprisez mes conseils et mes reproches* (Deut. ix, 23); vous trouvez trop longues les instructions que je vous adresse par la voix de vos Pasteurs; vous trouvez insipide la manne que je fais tomber des Cieux pour vous. Eh! que me demandez-vous? Ne méritez-vous pas que je dédaigne votre prière comme vous dédaignez mes dons? N'est-ce pas là, mes enfants, la réponse que nous méritons? D'où vient l'ignorance et la perversité d'un si grand nombre, sinon de ce qu'ils demandent ce pain sans vouloir ni le recevoir, ni le manger? Il en est peut-être de même de la *sainte Eucharistie.*

3e Espèce de pain spirituel que nous demandons. C'est ici le pain par excellence, ce pain *supersubstantiel* si bien exprimé dans saint Matthieu, *panem nostrum supersubstantialem da nobis hodiè* (Matth. vi, 11); le pain des Anges, si relevé au-dessus de la substance humaine : *Panis Angelorum.* (Hymne de saint Thomas d'Aquin.) Vous le demandez, mes enfants, à présent, avec un saint désir, vous qui aspirez au bonheur de le manger bientôt pour la première fois. Tous les jours vous dites à votre Père céleste : Mon Père, donnez-moi cette nourriture divine; vous le dites en soupirant après ce beau jour de votre première communion, en vous y préparant avec une sainte ardeur. Mais, chers enfants, le direz-vous toujours de même? Hélas! j'en vois qui le demandaient comme vous, et qui maintenant en paraissent dégoûtés; ils n'en veulent plus, ils ne s'en nourrissent que par force, par respect humain; ils le profanent, ils le plongent, le roulent dans le torrent fangeux de leurs habitudes criminelles. Ce devrait être le pain de chaque jour, ou du moins de chaque solennité, selon le vœu de Jésus-Christ et de son Eglise ; et il en est quelques-uns qui le mangent à peine une fois l'année ! et encore le mangent-ils avec dégoût, avec répugnance, comme un aliment qui les surcharge ! Ils le profanent sacrilégement ! Est-ce donc ainsi, mes chers enfants, est-ce avec de pareilles dispositions qu'on ose demander tous les jours ce pain céleste ? Est-ce ainsi que vous le demanderez un jour ? Non, sans doute, enfants innocents et bien-aimés, vous, à qui le Seigneur prépare incessamment cette divine nourriture, vous le demanderez toujours avec une faim empressée, et avec la plus soigneuse préparation.

Entrons, mes enfants, dans les vues du souverain Bienfaiteur, qui nous offre et qui nous apprend à demander ces pains spirituels ; demandons-les toujours avec une sainte avidité, et avec résolution d'en faire un bon usage. Voyez comme il vient au-devant de nos besoins. Il veut que nous lui en parlions tous les jours, et plusieurs fois le jour. Il aime à nous voir autour de lui comme des enfants chéris qui demandent leur pain journalier à leur bon père ; mais il veut voir dans nos cœurs ce que nous exprimons sur nos lèvres, un vif désir d'obtenir et de bien employer le pain que nous demandons pour la nourriture de notre âme. Il en est de même pour toutes les choses nécessaires à la vie du corps, que nous sollicitons encore par cette demande :

D. Qu'est-ce qui nous est nécessaire pour la vie du corps?

R. La nourriture et le vêtement.

Voilà, mes enfants, à quoi se réduisent tous les biens temporels que nous demandons dans cet article ; du pain, les aliments ordinaires, un logement, des habits; l'honnête nécessaire ; c'est tout ce que notre divin Maître nous apprend à demander par ces paroles : Donnez-nous notre pain de chaque jour. *Habentes alimenta et quibus tegamur, his contenti simus.* (1. Tim. vi, 8.) Si nous avons la nourriture et le vêtement, dit l'Apôtre, nous devons être contents. Ce ne sont donc ni les grandes richesses, ni les vastes héritages, ni les habillements magnifiques, ni les honneurs, ni une fastueuse abondance, ni les plaisirs, ni une table délicieuse que nous demandons. *Du pain*, c'est-à-dire les besoins ordinaires de la vie, voilà où nous devons borner notre demande et notre ambition.

L'honnête nécessaire pour vous, laboureurs, artisans, manœuvres, etc., c'est l'entretien suffisant de vos familles dans une médiocrité aisée ; des aliments pour soutenir ces corps épuisés de fatigues ; la force, la santé nécessaires pour gagner votre vie et celle de vos enfants ; un logement, des habits simples et décents, chacun selon votre état et vos facultés, sans gloire, sans vanité, sans excès, sans intempérance, sans inquiétude, sans agitation, sans cupidité, sans envie d'amasser beaucoup : voilà tous vos vœux et les dispositions qui doivent les accompagner.

C'est aussi ce que nous recommande l'Auteur divin de cette prière, quand il nous dit : *Ne soyez point inquiets en disant : Que mangerons-nous ? De quoi nous habillerons-nous ? Votre Père céleste sait que vous avez besoin de ces choses. Cherchez donc premièrement le royaume de Dieu, et le reste vous sera donné. Ne vous inquiétez pas du lendemain ; à chaque jour suffit son mal.* (Matth. vi, 31 et seq.) Leçons admirables de sainteté et de désintéressement, qui nous apprennent que c'est Dieu qui nous donne tout, et dans quel esprit nous devons lui demander les choses nécessaires à la vie.

Ne croyez pas, cependant, mes frères et mes enfants, que Jésus-Christ veuille favoriser par-là l'insouciance et la fainéantise. Il ne défend pas, il veut même une certaine prévoyance modérée et raisonnable, des soins, du travail, une sollicitude, une vigilance, une activité suffisante pour gérer ses affaires en bon économe et en bon chef de famille ; il veut dans les enfants l'activité et l'obéissance qui secondent ces vues économes. Notre prière suppose tout cela. En demandant du pain, nous demandons la force de le gagner. Ce serait tenter Dieu que de le lui demander les bras croisés, sans rien faire. *Aide-toi, je t'aiderai.* C'est un proverbe en usage parmi vous ; c'est aussi le langage et l'ordre de la Providence, et c'est à cela que se réduit notre prière.

Demandons notre pain de chaque jour, mais en travaillant tous les jours à le gagner, à le faire venir, en reconnaissant que c'est la Providence qui nous le donne avec les moyens de nous le procurer. Car, mes enfants, ce pain qui vous nourrit, c'est Dieu qui le fait croître en répandant ses bénédictions sur les moissons que vous cultivez. Ces autres aliments, ces légumes, cette viande, etc., c'est le même Dieu qui vous les procure en donnant la fécondité à la terre pour engraisser vos troupeaux. Ces habillements qui vous couvrent, c'est Dieu qui les étend sur vous en faisant croître le lin dans vos champs et la laine sur le dos de vos brebis. Voyez, mes enfants, que le Seigneur est libéral et magnifique ! Adressez-vous donc à lui avec confiance, pour lui demander tous ses dons. Bénissez-le de sa grande libéralité en les lui demandant. Demandez votre pain quotidien, mais sans cupidité ni prodigalité ; ne ressemblez ni à ces paresseux, qui attendent tout de la Providence sans rien faire, ni à ces dissipateurs, ni à ces gourmands, qui n'ont point de lendemain et qui dévorent tout en un jour. Quelle prière font-ils tous les jours, ces mendiants valides, ces mauvais pauvres qui vivent sans rien faire, au jour la journée, tandis qu'ils pourraient gagner, économiser leur pain ? Ils font une prière abominable devant Dieu dont ils tentent la providence, et devant les hommes trop bienfaisants dont ils surprennent la charité. Nous sommes tous des pauvres, des mendiants devant Dieu ; nous lui demandons notre pain ; mais soyons des pauvres

17.

humbles, soumis, résignés, reconnaissants, économes, laborieux, faisant bon usage de ses dons spirituels et temporels, et notre prière sera toujours agréable, et toujours elle sera exaucée, au moins pour notre salut.

D. Que demandons-nous par ces paroles : Pardonnez-nous nos offenses?

R. Nous prions Dieu de nous accorder le pardon de nos péchés et la grâce d'une sincère pénitence.

Nous demandons ici deux choses : le pardon et le moyen de le mériter ; le pardon et la grâce de la pénitence qui nous le procure. Le pardon est inséparable de la pénitence ; jamais nous n'obtiendrons l'un sans l'autre, c'est-à-dire que Dieu, tout Dieu qu'il est, ne peut nous pardonner nos péchés, si nous n'avons le repentir et la douleur, si nous n'avons la résolution de n'y plus retomber. Pourquoi ? Parce que Dieu, étant infiniment parfait, déteste nécessairement le péché partout où il se trouve. Or, il règne toujours dans un cœur qui ne se repent pas, et qui veut y persévérer. Voilà, mes enfants, pourquoi, en demandant le pardon de nos péchés, nous demandons la grâce d'une sincère pénitence absolument requise pour l'obtenir, la grâce d'une véritable conversion, la connaissance de nos désordres, la contrition, le bon propos, la franchise et la sincérité d'une bonne confession. Et, pour que cette prière fût agréable à Dieu, il faudrait déjà un fonds de bonne volonté, un commencement de conversion ; car sans cela, mes enfants, quelle prière faisons-nous tous les jours en disant : *Pardonnez-nous nos offenses,* si tous les jours nous retombons dans des péchés griefs, de gaîté de cœur et de propos délibéré ; si nous persévérons obstinément dans le péché, dans l'attache et l'habitude du péché ? Quel audacieux pardon demandons-nous à Dieu, le matin et le soir, en disant notre *Pater,* si plusieurs fois tous les jours nous retombons délibérément dans nos juremens et nos blasphèmes, dans nos désobéissances et nos révoltes ; dans des impudicités réitérées de paroles, de désirs, de regards et d'actions ; dans des haines, des querelles, des médisances graves journalières, sans penser à nous corriger ? N'est-ce pas comme si nous disions : Pardonnez-moi, mon Dieu, et cependant je veux toujours vous offenser? Serons-nous exaucés? Méritons-nous de l'être ?

Quel effet devrait donc produire en nous cette demande que nous faisons tous les jours? La conversion du cœur, du moins les désirs, les efforts d'une âme touchée, les gémissements d'un pécheur qui réclame les grandes miséricordes de son Dieu, qui tend vers lui ses mains pour qu'il l'aide à se relever. Voilà, dis-je, l'heureux effet que devraient produire ces touchantes paroles prononcées avec réflexion et sentiment.

Elles sont encore le cri du juste, qui *tombe sept fois le jour.* (Prov. xxiv, 16.) Il demande pardon de ses fautes journalières et inséparables de notre humanité ; et il l'obtient, pourvu qu'il fasse des efforts pour s'en corriger. Voilà pourquoi on dit quelquefois que le *Pater* efface les péchés véniels. Ah ! mes enfants, il effacerait le mortel même, si nous disions ces paroles avec les dispositions qu'elles supposent ; car elles renferment des sentiments d'une contrition parfaite et l'héroïsme de la charité chrétienne. Elles supposent que nous pardonnons nous-mêmes, et que nous aimons nos ennemis pour l'amour de Dieu. Car, pesez bien les paroles qui suivent :

D. Pourquoi ajoutons-nous ces paroles : Comme nous pardonnons à ceux qui nous ont offensés?

R. Parce que nous ne pouvons espérer de Dieu le pardon de nos péchés, qu'autant que nous pardonnons nous-mêmes à ceux qui nous ont offensés.

D. Dieu ne pardonne donc pas à ceux qui ne veulent point pardonner?

R. Non, Dieu ne leur pardonne point ; ils se con-

damnent eux-mêmes en récitant l'Oraison dominicale.

*Faites à autrui ce que vous voudriez que l'on vous fît
à vous-mêmes.* (Matth. VII, 12.) Voilà la maxime fondamentale de toute justice et de tous nos devoirs de société.
Maxime divine et humaine tout à la fois, que Jésus–
Christ a voulu graver dans nos cœurs. Par cette prière,
et presque à chaque page de son Evangile, il nous
annonce que Dieu nous traitera comme nous aurons traité
nos frères ; qu'il nous pardonnera si nous leur pardonnons ; qu'il ne nous pardonnera pas si nous ne leur pardonnons pas. En sorte qu'il a mis notre pardon entre nos
mains, et notre sentence sur nos lèvres. Nous prononçons
nous-mêmes notre arrêt par ces paroles du *Pater.* Arrêt
de miséricorde, si nous pardonnons : arrêt de sévérité,
de rigueur, de condamnation, de vengeance, si nous ne
voulons pas pardonner.

En prononçant ces paroles, mes enfants, pardonnez
ou soyez dans la disposition de le faire, et vous êtes assurés d'obtenir votre pardon. La parole d'un Dieu y est
engagée ; mais aussi, tremblez si vous n'êtes pas dans
cette disposition ; vous prononcez contre vous un arrêt
de vengeance et de mort.

Mon Dieu, pardonnez-moi. Arrêtez-vous là, sondez
votre cœur.... *comme je pardonne !* Ah ! quelle affreuse
prière ! hommes vindicatifs ! ennemis irréconciliables !
Vous haïssez votre frère implacablement, vous voulez toujours persévérer dans vos dissensions et vos
discordes ! Eh bien ! Dieu vous traitera comme vous
traitez vos frères ; vous l'avez prononcé vous-mêmes ;
c'est comme si vous aviez dit : Mon Dieu, haïssez-moi
comme je hais mon frère ; vengez-vous de moi comme je
me venge de mon frère ; jurez-moi une haine implacable
comme je l'ai jurée moi-même à mon frère !.... Quelle
affreuse prière ! C'est pourtant celle que vous faites tous
les jours, et plusieurs fois le jour, depuis que vous per-

sévérez dans la rancune et l'inimitié contre votre prochain. Si vous vivez dans ce déplorable état, comptez
combien de fois vous avez prononcé votre condamnation
depuis trois mois, six mois, un an, dix ans peut-être.
Vous avez juré une haine éternelle à votre ennemi ; vous
avez dit avec fureur : Non, je ne lui pardonnerai pas,
même à la mort !... Eh bien !... le Seigneur a prononcé
la même sentence contre vous : Je ne te pardonnerai
pas.... pas même à la mort... A ce moment fatal, un ministre de paix ira au chevet de votre lit pour vous animer à la confiance et vous faire espérer votre pardon ; il
vous fera réciter pour la dernière fois votre Oraison
dominicale ; il s'efforcera de ranimer en vous l'espoir
du pardon par ces douces paroles : *Pardonnez-moi,
mon Dieu, comme je pardonne*.. Et, pour la dernière
fois, vous prononcerez un arrêt formidable contre vous,
parce que vous n'aurez pas pardonné. Votre dernier soupir sera un soupir de haine ; vos dernières paroles seront
votre arrêt de mort éternelle. Votre âme sortira de votre
corps indignée contre votre frère ; elle tombera entre les
mains de celui qui vous jugera l'un et l'autre, pour y
subir un *jugement sans miséricorde, parce que vous
n'aurez pas exercé la miséricorde*. (Jacob. ii, 13.) Encore une fois, malheureux vindicatif, c'est vous-même
qui vous êtes précipité dans l'abîme. Vous n'aviez qu'à
pardonner, et vous étiez sûr de votre pardon.

Voulez-vous donc l'obtenir sûrement, mes enfants et
mes frères ? Pardonnez vous-mêmes généreusement, et
vous pourrez désormais réciter ces divines paroles avec
la plus douce confiance ; elles seront pour vous une sentence assurée de pardon. Vous pourrez dire à votre Juge,
au lit de la mort : O Père des miséricordes! j'ai pardonné
à mon frère ; j'ai rempli la condition que vous avez mise
vous-même à mon pardon ; je réclame à ce moment
l'accomplissement de votre promesse. Oui, mon Dieu,
vous me pardonnerez comme j'ai pardonné et comme je
pardonne encore à tous ceux qui m'ont offensé.

O bonté, ô justice, ô miséricorde divine, que vous êtes admirable ! Comme vous savez enchaîner vos enfants par les liens charmants de la charité ! Comme vous savez les intéresser à cette douce harmonie qui doit régner dans cette famille immense qui couvre la surface du monde ! Divin Jésus, que vous avez réuni admirablement nos devoirs à nos vœux ! et que vous nous apprenez dignement à prier !

SOUS-DEMANDES.

D. N'est-ce que du pain que nous demandons par ces paroles : *Donnez-nous notre pain de chaque jour?*

R. Nous demandons encore par-là tout ce qui nous est nécessaire pour l'âme et pour le corps.

D. Vous dites que nous demandons *la grâce*. Qu'entendez-vous par-là?

R. Ce sont les lumières et les forces pour bien vivre.

D. Vous dites, *la parole de Dieu*. Qu'est-ce que cette parole?

R. Ce sont les instructions, les sermons, les catéchismes, les bons avis, les bonnes lectures.

D. Il y a des gens qui ne veulent ni instructions, ni lectures. Qu'est-ce qu'ils demandent donc?

R. C'est comme s'ils disaient : Mon Dieu, donnez-moi du pain, et cependant je n'en veux point.

D. Est-ce que nous demandons aussi le pain de la sainte Eucharistie ?

R. Oui, nous demandons à Dieu le bonheur de recevoir la sainte communion.

D. Est-ce que la sainte Eucharistie est notre pain de chaque jour?

R. Oui, cela serait à souhaiter, et nous devons nous rendre dignes de communier souvent.

D. Ceux qui ne communient qu'à Pâques font donc une singulière prière?

R. Oui; c'est comme s'ils disaient : Seigneur, donnez-moi la communion; et cependant je ne veux communier qu'une fois l'année, le plus rarement que je pourrai.

D. Pourquoi N.-S. J.-C. a-t-il mis ces mots : *Aujourd'hui, de chaque jour?*

R. Pour nous faire souvenir que nous devons demander chaque jour les besoins de tous les jours.

D. Quel pain demandons-nous encore par ces paroles?

R. Le pain matériel qui nourrit le corps.

D. N'est-ce que du pain que nous demandons?

R. Nous demandons ce qui nous est nécessaire pour vivre honnêtement selon notre condition.

D. Qu'est-ce que doit demander un laboureur, un artisan, un manœuvre?

R. La force et la santé pour gagner leur vie, la bénédiction du Ciel sur leurs travaux, et tout ce qu'il faut pour entretenir honnêtement leur famille.

D. J.-C. nous a dit de ne pas nous inquiéter du lendemain; il ne faut donc pas y penser?

R. Il faut y penser modérément, sans inquiétude, sans nous défier de la Providence.

D. Il faut donc toujours travailler en demandant son pain quotidien?

R. Oui, ce n'est qu'au travail que Dieu l'accorde.

D. Faut-il ménager, épargner beaucoup?

R. Il faut économiser sans avarice.

D. Que pensez-vous de ces fainéants qui mendient pour ne rien faire, qui dépensent tout en un jour, et qui ne gardent rien pour le lendemain?

R. Ils outragent la Providence; *ils volent* les vrais pauvres, et ne sont pas dignes de manger du pain.

D. Pourquoi, en demandant le pardon, demandons-nous aussi la grâce de la pénitence?

R. Parce que Dieu ne pardonne jamais sans la pénitence et le repentir de nos péchés.

D. Pourquoi ne pardonne-t-il pas sans notre repentir?

R. Parce que nous avons toujours le péché dans le cœur si nous n'avons pas le regret de l'avoir commis.

D. Pour bien dire ces paroles, il faudrait donc penser à mieux vivre?

R. Oui, sans cela, c'est en vain qu'on demande son pardon.

D. A quoi penserez-vous donc en disant : *Pardonnez-nous nos offenses?*

R. Je penserai à me corriger pour obtenir mon pardon.

D. Oui, mon enfant, ce sera en même temps un bon acte de contrition que vous ferez, comme si vous disiez : *Pardonnez-moi, mon Dieu, car j'ai un grand regret de vous avoir offensé.* Mais vous ajoutez, *comme nous pardonnons.* Croyez-vous que Dieu vous pardonnera si vous pardonnez ?

R. Oui, J.-C. nous a rendus maîtres de notre pardon, en pardonnant à notre prochain.

D. Et si on ne veut pas pardonner?

R. On prononce l'arrêt de sa condamnation ; comme si on disait : Mon Dieu, ne me pardonnez pas, car je ne veux pas pardonner.

RÉCAPITULATION PRATIQUE.

1° En demandant votre pain quotidien, cherchez premièrement le royaume de Dieu, la grâce, la parole de Dieu, la sainte Eucharistie. Et, en demandant cela, formez la résolution de n'y point mettre d'obstacle, et d'en profiter.

2° En demandant les choses nécessaires à la vie, demandez-les avec soumission, résignation, modération, sans trop d'intérêt, et dans le dessein d'en bien user.

3° En demandant le pardon de vos offenses, pensez qu'il faut se repentir, quitter le péché, vouloir le quitter, pour que cette prière soit bonne et efficace.

4° Avant de trancher ces mots : *Comme nous pardonnons,* arrêtez-vous là, sondez votre cœur, s'il n'y a rien contre le prochain, et n'achevez pas que vous ne soyez déterminés à pardonner à vos frères et à vous réconcilier.

5° Pour dire ces demandes comme il faut, réfléchissez, méditez sur le sens qu'elles renferment.

MÉDITATION SUR CES DEUX DEMANDES.

Panem nostrum quotidianum da nobis hodiè.
O le meilleur de tous les pères ! c'est vous qui distribuez le pain tous les jours à cette immense famille répandue sur la terre ; c'est vous qui pourvoyez à tous nos besoins. Voyez vos enfants qui vous environnent ; nous ne vous demandons ni les richesses, ni les délices de la

vie, mais seulement les choses nécessaires, la force et la santé pour les gagner. Nous vous les demandons avec une résignation soumise, et dans le dessein d'en faire un bon usage. Pardon, ô notre souverain Bienfaiteur! d'avoir abusé de vos dons pour vous offenser.

Outre ce pain temporel, nous vous en demandons un autre bien plus digne de vous et de nous : la nourriture céleste de notre âme ; votre grâce, votre parole, le pain des Anges. Mais quoi! je vous demande tous les jours cette nourriture divine et je n'en veux point; j'en abuse, je la profane. Pardon, mon Dieu, désormais j'en serai plus avide, j'en ferai meilleur usage.

Et dimitte nobis debita nostra, sicut et nos dimittimus debitoribus nostris. Père des miséricordes, je suis un enfant coupable ; je suis à ce moment le prodigue à vos pieds. J'ai péché en votre présence et contre vous ; d'abord, pénétrez-moi du plus vif regret de vous avoir offensé ; ensuite pardonnez-moi. Voilà le double objet de ma demande. Oui, c'est avec la plus douce confiance que je sollicite et que j'espère mon pardon, puisque vous l'avez fait dépendre de moi-même... *Pardonnez-nous comme nous pardonnons à ceux qui nous ont offensés...* A ces mots je m'arrête... Je sonde mon cœur... N'y a-t-il rien contre mon frère?..... Ai-je pour lui toute l'indulgence que je sollicite pour moi? Eh quoi ! je hais mon frère !.... Je veux me venger. Ah ! je frémis !.... Si j'avance, je vais prononcer ma condamnation !... Dieu juste, vengez-vous de moi comme je veux me venger de mon frère !... Mais non, pardonnez-moi, car je pardonne... Je vais me réconcilier... Je ferai les premières démarches, quand même je serais le moins coupable !... Hélas ! mon Dieu, vous venez bien au-devant de moi ! J'irai de même au-devant de mon frère..... Et vous me pardonnerez comme je lui pardonne. Ainsi soit-il.

SECTION QUATRIÈME.

D. Que demandons-nous par ces paroles : Ne nous induisez point en tentation ?

R. Nous prions Dieu de nous préserver des tentations, ou de nous donner la grâce pour les surmonter.

D. Qu'est-ce que la tentation ?

R. La tentation est un mouvement intérieur qui nous porte au mal.

Nous éprouvons une tentation quand nous nous sentons portés à mal faire ; par exemple, il vient en pensée de prendre quelque chose, on se sent porté à le prendre : voilà un mouvement intérieur, une tentation de voler ; on est irrité contre quelqu'un, on se sent porté intérieurement à le frapper, à l'injurier, à se venger : voilà une tentation de colère et de vengeance, etc. Ces tentations sont des mouvements intérieurs de l'âme agitée par les passions ; ces mouvements s'excitent quelquefois d'eux-mêmes ; d'autres fois à l'occasion de ce que l'on voit ou que l'on entend ; d'autres fois par la suggestion de l'ennemi de notre salut. Voilà, mes enfants, ce que c'est que la tentation.

Or, nous demandons ici au Seigneur, *ou de nous en préserver, ou de nous donner la grâce de les surmonter ;* de ne pas les éprouver, ou du moins de ne pas y succomber, de ne pas commettre les péchés auxquels ces mouvements nous excitent. La tentation n'est pas un péché par elle-même, et si on la surmonte elle devient pour nous un sujet de victoire et de mérite ; Dieu permet que nous soyons tentés, mais il ne permettra jamais que nous soyons *tentés au-dessus de nos forces.* (1. Cor. x, 13.) Il veut seulement nous fournir un sujet de combat, de triomphe, et nous faire avancer dans la vertu, *sed faciet*

etiam cum tentatione proventum. (Ibidem.) Et pour cela
il nous offre et nous donne des grâces, des secours assez
puissants pour les vaincre, pourvu que nous réclamions
son appui ; et c'est ce qu'il nous apprend par ces paroles
de notre prière : *Et ne nos inducas in tentationem.* Il a
voulu nous faire sentir par-là notre dépendance et le besoin que nous avons toujours de ses secours divins pour
résister à nos passions et aux attaques de l'ennemi de
notre salut ; mais souvenez-vous bien, mes enfants, que
Dieu ne nous doit et ne nous donnera pas ces secours si
nous ne faisons pas de notre côté tout ce qu'il faut pour
ne pas être tentés, ou pour résister à la tentation. C'est
ce que nous allons vous apprendre en vous développant
la question suivante de votre Catéchisme.

D. Que faut-il faire pour ne pas être tenté ?
R. Fuir l'oisiveté et l'occasion du péché.

1° *Fuir l'oisiveté.* La paresse est la mère de tous les
vices, et par conséquent la source d'une foule de tentations ; quand on ne fait rien, quand l'esprit et le corps
ne sont pas occupés au travail, notre âme est ouverte à
mille pensées, à mille désirs coupables, à toutes les
suggestions, à toutes les attaques du Démon *qui rôde
autour de nous pour chercher à nous dévorer.* (1. Petr.
v, 8.) Il pénètre aisément dans cette demeure sans portes
et sans défenses. Quand on n'a rien à faire, on cherche
à *tuer le temps,* comme on dit. Et comment le tue-t-on ?
En tuant son âme. On le perd, ce temps précieux, à
chercher des sociétés, à parler à tout venant, à médire,
à calomnier, à railler, à des entretiens criminels ou
dangereux, à jouer, à fréquenter les lieux d'intempérance et de débauches, etc. ; et alors que de tentations
et de péchés ! Voulez-vous donc éviter les tentations, mes
enfants ? Que le Démon vous trouve toujours occupés.
Diabolus inveniat te semper occupatum.

2° *Fuyez les occasions du péché.* On appelle occasion
du péché, tout ce qui peut l'occasionner ou provoquer la

tentation ; par exemple . les mauvaises compagnies , les danses , les spectacles , les assemblées nocturnes , les entrevues trop familières , les cabarets , les lectures dangereuses , contre la foi ou les mœurs , etc. Voilà des occasions. Eh ! n'avez-vous pas la malheureuse expérience que c'est dans des occasions semblables que vous avez été tentés , ou que vous avez malheureusement succombé plusieurs fois ? Eh bien ! il faut les éviter, ces occasions funestes ; et , si vous vous y exposez sans raison , vous avez beau dire : *Seigneur, ne nous induisez point en tentation,* votre prière est elle-même une tentation de Dieu ; c'est faire ce que le Démon voulait suggérer à Notre-Seigneur lorsqu'il le tenta dans le désert. (*Hist. Matth.* iv.) C'est se jeter à bas d'un précipice , et dire à Dieu : Seigneur, empêchez-moi de tomber ; c'est se jeter dans un brasier, et lui dire : Seigneur, empêchez-moi de brûler. Il est écrit : *Vous ne tenterez point le Seigneur votre Dieu.* (Deut. vi , 16.) Or, vous le tentez, votre prière est téméraire , si en disant , *ne nous induisez point en la tentation,* vous vous exposez sans raison à être tentés ; je dis *sans raison,* car si un devoir prédominant vous imposait l'obligation de vous y exposer, ou si vous vous y trouviez engagés malgré vous , sans avoir pu prévoir le danger ; alors ce ne serait plus votre faute , et la grâce que vous demandez vous serait accordée ; le Seigneur vous soutiendrait de son bras puissant , et vous ne succomberiez pas à la tentation , si pourtant vous faisiez ce qu'il faut faire dans les tentations que l'on n'a pas cherchées ou occasionnées. C'est ce que vous apprend la question suivante.

D. Que faut-il faire quand on est tenté ?

R. Prier Dieu et résister courageusement.

Prier et résister. Voilà deux moyens de remporter la victoire sur les tentations.

1° *La prière.* C'est la plus puissante armure pour combattre ; c'est l'avis que le Sauveur donnait à ses Disciples : *Priez, priez sans cesse, pour ne point succomber à la tentation.* (Matth., xxvi, 41.) Quand donc vous serez tentés, mes chers enfants, recourez à ces paroles efficaces de votre *Pater : Et ne nos inducas in tentationem.* Elles seront un cri d'alarme que vous pousserez vers votre divin Libérateur; dans ces dangereux moments, dites comme les Apôtres effrayés sur la barque : *Domine, salva nos, perimus.* (Matth., viii, 25.) Seigneur, sauvez-nous, sans quoi nous périssons.

2° Ainsi munis des armes de la prière, combattez courageusement, résistez à vos passions, à l'esprit tentateur, à ses suppôts qui veulent vous solliciter au péché, fuyez comme Joseph (*Histoire, Gen.* xxxix), criez, appelez du secours, employez s'il le faut une sainte violence, soyez comme la rose armée d'épines; défiez-vous de votre faiblesse; surtout que votre cœur ne soit jamais d'accord avec vos plus redoutables ennemis.

Si la tentation vous poursuit jusque dans la solitude, tâchez de distraire vos pensées; occupez-vous, allez, venez, changez de place, chantez de pieux cantiques, appliquez votre corps et votre esprit à quelque chose qui dissipe ces pensées mauvaises; faites le signe de la croix; c'est un signe de victoire, il vous fera triompher, *in hoc signo vinces ;* faites-le sur votre cœur, si vous ne pouvez le faire autrement : *fuyez, désirs criminels, n'approchez pas de cette barrière sainte.* Prononcez intérieurement ou verbalement des actes des vertus contraires au vice qui vous tente ; par exemple, si vous êtes tentés contre la foi, dites : Je crois, Seigneur, mais faites que je croie plus fermement.... Si vous êtes tentés de colère, d'emportement, de vanité, figurez-vous que Jésus-Christ vous dit ces paroles : *Apprenez de moi que je suis doux et humble de cœur.* (Matth., xi, 29.) Dites-vous-les à vous-mêmes, etc. Mais enfin si malgré tout cela vous aviez le malheur de succomber, que faut-il faire ?

D. Que faut-il faire si on a eu le malheur de succomber à la tentation ?

R. S'exciter à la douleur de son péché, en faire pénitence, et prendre de bonnes résolutions pour l'avenir.

C'est un malheur en effet, mes pauvres enfants, et le plus grand de tous les malheurs, d'avoir succombé à une tentation grave et d'avoir commis un péché mortel. Mais que faire alors? S'exciter à la douleur de son péché, réfléchir sur le déplorable état où l'on vient de se réduire.... C'en est donc fait!.... Je viens de perdre le plus précieux trésor! J'ai perdu mon innocence, la plus belle décoration de mon âme! je viens de la plonger dans la fange!.... Comment l'or le plus pur a-t-il perdu son éclat?.... Beauté spirituelle de mon âme, qu'es-tu devenue?.... J'ai perdu l'amitié de mon Dieu!.... J'ai offensé le meilleur de tous les pères!.... J'ai perdu mes droits à son héritage! Beau Ciel! tu n'es plus pour moi!.... Affreux enfer, tu es ouvert sous mes pieds!.... Je vois ma place au fond de tes abîmes. A ces réflexions doivent succéder la douleur, les regrets, les sanglots, les gémissements et les larmes d'une prompte et sincère pénitence; alors, pécheur infortuné, du fond de l'abîme où vous venez de tomber, criez vers celui qui peut vous en tirer. *De profundis clamavi ad te, Domine.* (Psal. CXXIX, I.) Levez les mains vers lui, comme un enfant qui est tombé, vers une mère compatissante. Il vous tendra la main pour vous relever, car il ne peut pas plus vous *oublier qu'une tendre mère ne peut oublier son enfant.* (Isai. XLIX, 15.) Si vous déplorez votre chute, il la déplore aussitôt avec vous; faites pénitence, convertissez-vous à lui sur-le-champ, et il se convertira à vous; ne laissez pas ce mal s'enraciner, ne croupissez pas dans la fange; imposez-vous à vous-même une peine qui commence l'expiation de votre péché; recourez promptement au remède; allez vite chercher l'absolution de votre faute au tribunal des miséricordes; rendez vite à votre âme sa beauté perdue; car, hélas! mes enfants, le plus grand

mal serait de croupir long-temps dans le mal.... Si vous
mourez dans ce déplorable état, vous êtes perdus pour
jamais. Voilà, dis-je, mes enfants, comme il faut réparer les suites de la tentation, et cela toutes les fois qu'il
vous arrivera d'y succomber ; ne vous découragez pas ;
relevez-vous à chaque chute, promptement, courageusement, avec confiance ; viendra un temps où la victoire
sera complète et durable ; ne vous lassez pas de faire la
guerre à votre ennemi ; le découragement, la pusillanimité, l'abattement lui laisseraient un funeste succès, et
c'est là peut-être la tentation la plus à craindre pour vous.

Telle est, mes enfants, la conduite que vous devez
tenir avant, pendant et après la tentation ; tel est l'effet
que doivent produire ces paroles de votre prière : *Et ne
nos inducas in tentationem.* Seigneur, ne permettez pas
que nous nous exposions à la tentation, soutenez-nous
dans la tentation, aidez-nous à nous relever si nous avons
le malheur de tomber dans la tentation, délivrez-nous
du mal qui est la suite de la tentation, et de tous les autres
maux. C'est la septième et dernière demande.

D. Que demandons-nous par ces paroles : Délivrez-
nous du mal ?

R. Nous prions Dieu de nous délivrer de toute
sorte de maux dans ce monde et dans l'autre.

Voyez, mes enfants, que Notre-Seigneur est bon !
quelle étendue il donne à cette prière ! Cette demande
renferme en quelque sorte toutes les autres ; nous y demandons la délivrance de tous les maux, soit pour ce
monde, soit pour l'autre, soit des maux temporels et
passagers qui peuvent affliger nos corps, soit des maux
spirituels et éternels qui peuvent affliger notre âme. C'est
ce que va nous expliquer la dernière question de votre
Catéchisme sur cette importante prière.

D. Quels sont les maux dont nous demandons à
Dieu d'être délivrés ?

R. Ces maux sont le péché, et tous les maux du corps et de l'âme qui sont les peines du péché.

Oui, mes chers enfants, le plus grand mal qui puisse nous arriver, c'est le péché : c'est le mal de Dieu qu'il outrage ; c'est le mal de l'homme qu'il perd éternellement, puisqu'il lui ravit l'amitié de son Dieu et qu'il le plonge dans l'abîme d'une éternité malheureuse. C'est de ce mal souverain que nous demandons la délivrance par cette prière ; c'est ce que nous devons avoir en vue par-dessus tout quand nous disons : *Délivrez-nous du mal.* Seigneur mon Dieu, délivrez-nous du plus grand de tous les maux qui est le péché.

Nous demandons aussi la délivrance des maux de cette vie, qui sont la suite et la punition du péché. Pauvres malheureux qui êtes en butte ici-bas à toutes sortes de misères, à la pauvreté, aux accidents, aux pertes, aux maladies, aux chagrins auxquels nous sommes tous continuellement exposés, et dont les opulents et les heureux même ne sont pas exempts ; ayez confiance à votre Père céleste qui vous afflige, demandez-lui qu'il vous délivre de vos maux, et il vous délivrera réellement, ou en les faisant cesser s'il est expédient pour sa gloire et votre salut, ou en les changeant en biens par la force qu'il vous donnera de les faire servir, par la résignation et la patience, à enrichir votre couronne et à augmenter votre récompense dans le Ciel.

Amen, ainsi soit-il. Voilà, mes enfants, la conclusion de cette admirable prière ; ce mot exprime le désir que nous avons d'être exaucés. *Amen, ainsi soit-il.* C'est-à-dire : O notre divin Père, daignez exaucer les prières que nous venons de vous adresser. Ce n'est pas nous qui vous avons parlé ; c'est votre Fils qui a dressé lui-même la requête que nous vous avons présentée : à ce titre nous sommes sûrs d'être exaucés par ses mérites tout-puissants ; c'est le plus doux et le plus ferme appui de notre espérance. Ainsi soit-il.

SOUS-DEMANDES.

D. Qu'entendez-vous par ce mouvement intérieur qui fait la tentation ?

R. C'est un mouvement de l'âme ; par exemple, un mouvement de colère qui nous porte à nous venger.

D. Est-ce que nous demandons de n'avoir point de tentations ?

R. Nous demandons la grâce, ou de n'en point éprouver, ou de les surmonter.

D. Pourquoi Dieu permet-il que nous soyons tentés ?

R. Pour nous fournir des occasions d'avancer dans la vertu, et de mériter, en remportant des victoires sur nous-mêmes.

D. Dieu permet-il que nous soyons tentés au-delà de nos forces?

R. Non, il nous donne la grâce de résister quand nous lui disons de tout notre cœur : *Ne nous induisez point en tentation.*

D. Vous dites qu'il faut fuir l'oisiveté pour n'être pas tenté. Pourquoi cela ?

R. C'est que, quand on ne fait rien, on a tout le temps de mal penser et de mal faire.

D. Vous dites qu'il faut fuir les occasions. Qu'est-ce que ces occasions ?

R. C'est ce qui occasionne la tentation ou le péché, comme les mauvaises compagnies, les danses, les cabarets, les veillées, etc.

D. Mais si on priait bien le bon Dieu dans ces occasions auxquelles on s'est exposé?

R. Ce serait tenter Dieu, comme si on se jetait à bas d'une tour, en lui disant : Seigneur, empêchez-moi de me faire mal.

D. Mais si, malgré toutes ces précautions, on est tenté, que faut-il faire ?

R. Alors il faut prier avec confiance et dire : Mon Dieu, *ne nous induisez point en tentation,* et on sera exaucé.

D. Vous dites qu'il faut résister courageusement ; comment cela ?

R. C'est-à-dire qu'il faut chasser les mauvaises pensées, faire des actes des vertus contraires, distraire son esprit à autres choses, faire le signe de la croix.

D. Si c'est un séducteur qui veut porter au mal ?

R. Il faut fuir comme Joseph, se défendre comme d'un voleur ; mais surtout ne pas aimer un ennemi si dangereux.

D. Si malgré cela on succombe, vous dites qu'il faut s'exciter à la douleur ; comment cela ?

R. En pensant au grand malheur qu'on a eu de perdre la grâce de Dieu, le Paradis, et qu'on est sur le bord de l'enfer.

D. En quoi consiste cette pénitence qu'il faut faire ?

R. C'est-à-dire qu'il faut aller vite se confesser, et ne pas rester long-temps dans le péché.

D. Et si on retombe encore ?

R. Il faut se relever toujours et ne pas se décourager.

D. De quel mal surtout demandez-vous la délivrance ?

R. Du péché, le plus grand de tous les maux.

D. Que veut dire ce mot, *amen* ?

R. Cela veut dire *ainsi soit-il*. Seigneur, exaucez la prière que nous venons de vous faire.

RÉCAPITULATION PRATIQUE.

1° En demandant à Dieu la grâce de ne point *être induits en tentations*, fuyez l'oisiveté et les occasions qui en sont les causes les plus ordinaires, sans quoi vous tentez Dieu.

2° Dans la tentation, priez avec instance, résistez, combattez courageusement.

3° Après la tentation, si vous avez succombé, relevez-vous promptement par une bonne confession ; ne vous découragez pas, relevez-vous toutes les fois que vous serez tombés.

4° En demandant à Dieu d'être délivrés du mal, demandez surtout la délivrance du péché, le plus grand de tous les maux.

5° Enfin, mes enfants, voici une pratique bien avantageuse, que je vous prie de suivre sur toute cette prière en général ; c'est de la réciter quelquefois en forme de méditation, en réfléchissant profondément sur chaque demande, en vous interrogeant vous-mêmes : Est-ce là ce que je fais ? Pardon, mon Dieu, de ne l'avoir pas fait... Je ferai mieux dans la suite. Si cette méditation est trop longue, méditez chaque jour une ou deux demandes seulement, pendant quelques minutes, avant de commencer à dire votre *Pater*.

Nous avons tracé ailleurs un modèle de ces sortes de méditations, et vous en voyez un abrégé dans les instructions que nous venons de vous faire sur cette prière divine ; achevons en méditant sur les deux dernières demandes que nous venons d'expliquer.

MÉDITATION SUR LES DEUX DERNIÈRES DEMANDES DU *PATER*.

Et ne nos inducas in tentationem : Et ne nous induisez point en tentation. O Père attentif et vigilant ! vous voyez vos enfants au milieu des dangers ; ils sont faibles et chancelants, environnés d'écueils ; *l'ennemi cruel de leur salut rôde sans cesse autour d'eux pour les dévorer.* (1. Petr. v, 8.) Tout concourt à nous perdre ; nous portons au-dedans de nous-mêmes une source trop féconde de tentation et de péché ; nous périssons, ô mon Dieu ! si vous ne venez à notre secours ; accourez-y promptement : *Domine, ad adjuvandum me festina.* (Psal. LXIX, 2.) *Domine, salva nos, perimus.* (Matth. VIII, 25.) Sauvez-nous, nous périssons, délivrez-nous de nos ennemis, ou donnez-nous la force de les combattre....

Mais quelle est ma présomption ? J'implore votre appui contre les tentations, et tous les jours je les affronte, je m'y expose ; je veux tout voir, tout lire, tout savoir, tout entendre ; je fréquente les mauvaises compagnies, les assemblées dangereuses, les danses, les spectacles, tous les divertissements du siècle ; je me précipite au milieu des dangers, et je vous prie de m'en affranchir ; je me jette dans les flammes, et je vous prie de m'empêcher de brûler ! je vous tente, et je vous prie de me délivrer de la tentation ! Quelle prière téméraire ! Dois-je m'attendre à être exaucé ? Non, sans doute, je ne le mérite pas, je mérite au contraire de *périr dans le danger, puisque j'aime le danger* (Eccli. III, 27.)

Fuyons donc la tentation, puisque nous en demandons la délivrance. Oui, mon céleste Défenseur, désormais ma prière sera plus conséquente ; je fuirai l'occasion , et après cela j'oserai vous dire avec confiance : Ne me laissez pas succomber à la tentation , parce que je n'aurai à combattre que celles qui viendront m'assaillir malgré moi. Délivrez-moi , Seigneur , des pensées importunes qui viennent souiller mon imagination , des discours qui viennent frapper mes oreilles , des séductions , des sollicitations , de tous les piéges qui m'environnent malgré mes précautions et ma vigilance. Désormais je veillerai sur mon esprit , sur mon cœur , sur mes sens , sur mes démarches , et alors vous exaucerez ma prière ; car vous nous l'avez promis , ô mon Dieu ! vous ne permettez pas que nous soyons tentés au-delà de nos forces. C'est en ce sens et dans cette confiance que je vous supplie de ne point m'induire en tentation. *Et ne nos inducas in tentationem.*

Sed libera nos à malo. Délivrez-nous du mal.

Délivrez-nous 1° du péché , le plus grand de tous les maux ; 2° délivrez-nous des peines éternelles qui en sont la punition. O le meilleur de tous les pères ! ne souffrez pas que vos enfants soient infectés du péché qui vous outrage et tombent à jamais dans l'abîme des malheurs qui en sont la vengeance. Tous les jours et mille fois le jour j'y retombe. J'aime ce mal affreux ! je m'y attache ! j'y persévère ! je m'y plonge toujours de plus en plus ! Je suis sur le bord de l'abîme, je m'y vois suspendu par le fil d'une vie fragile ; et j'y reste , et je vous prie de m'en délivrer , et je prétends que votre main bienfaisante m'en arrachera !.... Quelle prière ! quelle confiance présomptueuse et téméraire ! Non , mon Dieu , je n'y resterai plus ! Je veux sortir de ce gouffre affreux qui commence à m'engloutir ; tendez-moi la main et délivrez-moi de ce monstre qui me dévore : *Libera nos à malo.*

3° Délivrez-nous aussi des maux passagers de cette vie, si cependant c'est votre volonté , si vous le jugez expédient pour notre salut. Délivrez-nous des maladies , des accidents , des orages , des grêles qui ravagent nos champs, des calamités publiques ou particulières qui nous menacent.... Mais ces maux cesseront d'en être pour nous, si nous les souffrons avec patience et résignation. Accordez-nous du moins la grâce d'en faire un salutaire usage, de ne pas en perdre les fruits précieux, de ne pas les convertir en maux éternels par nos impatiences, nos révoltes, nos murmures, nos résistances à vos décrets immuables. Ou délivrez-nous des peines de cette misérable vie, ou donnez-nous la grâce de les supporter. Voilà toute la délivrance que nous sollicitons auprès du plus compatissant de tous les pères. *Sed libera nos à malo.*

Ainsi soit-il. Que tout ce que nous avons demandé s'accomplisse, ô mon Dieu ! selon vos désirs et les nôtres. C'est la conclusion de la requête filiale que viennent de vous présenter vos enfants ; c'est la vive expression du désir que nous avons d'être exaucés ; *ainsi soit-il.* Oui, nous désirons ardemment que votre nom soit sanctifié, que votre sainte volonté s'accomplisse, que votre règne arrive ; et nous voulons sincèrement contribuer à tout cela nous-mêmes ; mais en même temps nous désirons d'être exaucés en ce que nous avons demandé pour nous. Accordez-nous les besoins de la vie, le pardon, la délivrance des tentations et de tous les maux : *Amen.* Exaucez-nous, ô le plus bienfaisant de tous les pères ! Faites que nous soyons pendant toute notre vie des enfants dignes de vous et de l'héritage que vous nous avez promis, afin que nous en jouissions avec vous dans les siècles des siècles. *Ainsi soit-il.*

DE LA SALUTATION ANGÉLIQUE.

SECTION PREMIÈRE.

D. Quelle prière récite-t-on ordinairement après l'Oraison dominicâle ?
R. La Salutation angélique.

La Salutation angélique, ou l'*Ave, Maria*, c'est la seconde prière que vous récitez tous les jours après le *Pater*. Vous la savez sans doute, mes enfants, cette touchante prière ; on vous l'a apprise dès la plus tendre enfance, en même temps que votre *Pater*, comme une des plus importantes après la divine prière que nous vous avons expliquée. C'est encore avec la satisfaction la plus douce que je commence aujourd'hui l'explication de celle-ci ; elle me fournira l'occasion de vous inspirer une tendre dévotion envers la sainte Vierge à qui elle s'adresse.

D. A qui s'adresse la Salutation angélique ?
R. A la sainte Vierge, **Mère de Dieu.**

Ave, Maria. Je vous salue, Marie. Comme vous voyez, nous adressons cette prière à la sainte Mère de Notre Seigneur Jésus-Christ, qui est Dieu.

D. Pourquoi, après l'Oraison dominicale, dit-on ordinairement la Salutation angélique ?
R. Parce qu'après le culte suprême qui n'est dû qu'à Dieu, celui que nous devons à la sainte Vierge est le plus distingué.

Dieu est le créateur et le souverain maître de toutes choses ; la sainte Vierge n'est qu'une créature, et par conséquent au-dessous de la Divinité ; mais elle est une créature si distinguée, si au-dessus des autres Saints, qu'elle doit être aussi un objet très distingué de notre vénération. Le culte de Dieu est le culte suprême de *latrie* ou d'adoration qui n'est dû qu'à lui ; mais le culte que nous rendons à la très sainte Vierge, quoique infiniment au-dessous de celui que nous rendons à Dieu, est beaucoup au-dessus de celui que nous rendons aux autres Saints. Voilà, mes enfants, pourquoi vous placez cette prière immédiatement après votre *Pater*, dans l'ordre que vous donnez à vos prières ordinaires.

D. Nous devons donc particulièrement honorer la sainte Vierge ?

R. Oui, parce que, comme Mère de Dieu, elle est la plus parfaite de toutes les créatures, et la Reine des Anges et des hommes.

Pourquoi devons-nous un honneur particulier à la sainte Vierge ? On vous en donne ici trois raisons : 1° *parce qu'elle est Mère de Dieu ;* c'est ce que nous vous avons dit en vous parlant du mystère de l'incarnation et de la naissance de Jésus-Christ, Fils de Dieu. Elle est Mère de Dieu, puisque c'est dans ses chastes flancs qu'un Dieu a pris un corps et une âme par l'opération du Saint-Esprit : nous développerons tout à l'heure cette dignité, à l'occasion des demandes qui vont suivre ; en attendant, concluez de là, mes chers enfants, quelle vénération elle doit exciter dans nos cœurs, et quels hommages nous lui devons après Dieu.

2° Nous devons l'honorer particulièrement, *parce qu'elle est la plus parfaite de toutes les créatures.* Oui, mes enfants, la sainte Vierge a rassemblé toutes les perfections les plus extraordinaires pour une créature. Dieu, en préparant une mère à son Fils, a perfectionné son ouvrage, a éloigné d'elle tous les vices, et l'a décorée de toutes les vertus. Marie a été conçue sans le péché

originel : c'est la pieuse croyance de la plus saine partie
des Docteurs et des fidèles. Ah ! mes enfants, quelle
monstrueuse indécence, que l'Esprit impur habitât un
seul moment ce tabernacle destiné à renfermer le Saint
des Saints ! Toute sa vie fut pareillement à l'abri de la
moindre souillure : voilà pourquoi l'Eglise lui donne le
nom de toute belle et immaculée. *Tota pulchra es, macula
non est in te.* (Cant. ıv , 7.)

Ce temple du Dieu vivant a été décoré de toutes les
vertus, foi, espérance, charité, humilité, douceur, patience, pureté. Depuis sa naissance elle marcha toujours
de vertus en vertus, de perfections en perfections ; *de
virtute in virtutem* (Psal. LXXXIII, 8); de sorte qu'elle
fut un chef-d'œuvre du Tout-Puissant, et un assemblage
de mérites et de perfections, depuis sa naissance jusqu'à
sa mort.

3° *Marie est la Reine des Anges et des hommes.* C'est
une qualité due à la Mère d'un Dieu ; elle règne au plus
haut des Cieux, au-dessus des Chérubins, des Séraphins,
des Trônes et des Dominations, au-dessus des Patriarches,
des Apôtres, des Martyrs, des Confesseurs, des Vierges,
de tous les Bienheureux dont elle fait l'admiration et en
partie la félicité. Jésus-Christ, son divin Fils, en couronnant ses vertus sublimes et sa divine maternité, l'a placée sur un trône de gloire, à ses côtés. C'est ainsi que
Salomon fit autrefois régner avec lui sa mère Bethsabée.
(*Hist. Reg.*)

A tous ces titres, quels honneurs ne devons-nous pas
rendre à la sainte Vierge ? Non, mes enfants, je ne puis
trop vous inspirer de dévotion envers l'auguste Mère de
Dieu ; je voudrais pouvoir graver dans vos cœurs, en
traits de flamme, l'amour, le respect, la confiance, tous
les sentiments les plus vifs d'une piété tendre et solide.
L'*Ave, Maria,* que je vais vous expliquer, m'en fournira la matière et l'occasion. Puissent ces sentiments
croître avec les années dans vos jeunes cœurs, et ne jamais s'en effacer!

D. Qu'est-ce que la Salutation angélique?

R. La Salutation angélique est une prière composée des paroles de l'Ange Gabriel, de celles de sainte Elisabeth, mère de saint Jean-Baptiste, et de celles de l'Eglise.

Rien de plus respectable que cette prière. Elle est composée : 1° du salut adressé par l'Ange Gabriel à la sainte Vierge, lorsqu'il lui annonça le mystère de l'incarnation, ainsi qu'il est rapporté dans l'Evangile ; 2° de la félicitation que lui adressa sainte Elisabeth, sa cousine, lorsqu'elle alla la visiter dans sa grossesse, portant le Fils de Dieu dans son sein ; 3° enfin, des paroles que l'Eglise a ajoutées à ces expressions divines des saintes Ecritures. Cette prière renferme tout à la fois une louange très honorable à la sainte Vierge, une action de grâces envers Dieu, qui l'a comblée de ses dons, et une supplication humble de notre part, pour lui exposer nos misères et implorer sa protection. Elle a donc toutes les qualités qui peuvent la rendre agréable à celle à qui nous l'adressons, et intéressante pour nous. C'est pour cela, mes enfants, que cette prière est si souvent à la bouche des fidèles et des Ministres de l'Eglise, et qu'elle accompagne presque toujours l'Oraison dominicale.

D. Récitez la Salutation angélique en latin.
R. *Ave, Maria, gratia plena,* etc.
D. Récitez la Salutation angélique en français.
R. Je vous salue, Marie, etc.

Bon! mon enfant, vous savez bien cette prière; je vois qu'une pieuse mère vous a appris dès votre enfance à invoquer une autre mère que vous avez dans les Cieux; mais, mes enfants, ce n'est pas tout de savoir et de dire cette prière; il faut la réciter avec les beaux sentiments qu'elle respire et qu'elle doit vous inspirer; avec attention, réflexion, affection, en méditant quelquefois sur

18.

ces belles paroles que vous venez de prononcer. Nous vous l'apprendrons à la fin de cette instruction.

D. Pourquoi appelle-t-on cette prière la Salutation angélique ?

R. Parce qu'elle commence par les premières paroles que l'Ange adressa à la sainte Vierge en lui annonçant le mystère de l'incarnation.

Salutation angélique, c'est-à-dire salut fait par l'Ange. Or, l'*Ave, Maria* commence par les paroles que l'Ange Gabriel dit à la sainte Vierge, lorsqu'il vint de la part de Dieu lui annoncer le mystère de l'incarnation. C'est ce que nous allons voir tout de suite dans la section suivante.

SECTION DEUXIÈME.

D. Quelles furent les paroles de l'Ange à la sainte Vierge, en lui annonçant le mystère de l'incarnation?

R. Ce sont celles-ci : Je vous salue, pleine de grâce, le Seigneur est avec vous, vous êtes bénie entre toutes les femmes.

Vous savez, mes enfants, l'histoire de cette annonciation si intéressante pour nous; plusieurs d'entre vous l'ont récitée avec applaudissement, quand nous vous avons expliqué le mystère de l'incarnation. N..., vous rappelez-vous cet évangile?.... Répétez-le.... (*Hist. Luc*, 4.) Vous retrouvez ici, mes enfants, les premières paroles de votre *Ave, Maria*. Qu'elles sont honorables à Marie, ces expressions angéliques! Voyez, mes enfants, avec quel respect lui parle cet ambassadeur céleste ! Il parle à une pauvre fille ; cependant il la salue avec une vénération profonde ! Ah ! c'est qu'elle est destinée à donner la naissance à un Dieu qui va se faire homme ! *Je vous salue, pleine de grâce*. Que de grâces, en effet ! que de bénédictions du Ciel, puisqu'elle était ornée de toutes les vertus et préparée par les mains du Tout-Puissant pour remplir une destinée divine! *Le Seigneur est avec vous.* Il était en effet avec cette Vierge immaculée ; il veillait sur elle comme sur une fille choisie pour accomplir ses desseins éternels. De son côté, Marie était avec son Dieu continuellement par la prière, la méditation des choses saintes, par des communications intimes avec son Dieu, par sa fidélité à la grâce et à l'accomplissement de sa loi sainte : *Dominus tecum.* Elle était bénie, choisie, distinguée entre toutes les femmes. Non, jamais il n'y en eut aucune, et jamais il n'y en aura de si favorisée! *Multæ filiæ congregaverunt divitias; tu supergressa es universas.* (Prov. XXXI, 29.) Plusieurs filles chéries de Dieu ont ramassé des richesses spirituelles; on a vu des femmes distinguées dans l'Ancien et le Nouveau-Testament ; mais vous, Vierge choisie et ornée par excellence, vous les avez surpassées toutes par les trésors de grâces que vous avez réunis dans votre personne. Eh bien! mes enfants, à quoi devez-vous donc penser en récitant ces belles paroles? A cet Ange qui les a récitées le premier, aux circonstances heureuses du mystère qu'il annonçait..... Figurez-vous que vous avez, comme lui, l'avantage de saluer l'auguste Mère de Dieu ; entrez dans les mêmes sentiments de respect et de vénération; félicitez-la avec joie des grandes choses que le Seigneur a bien voulu opérer par son moyen dans ce mystère ; en un mot, récitez d'une manière angélique cette Salutation vraiment angélique.

D. Quelles sont, dans la Salutation angélique, les paroles de sainte Elisabeth?

R. Ce sont celles-ci : Et le fruit de vos entrailles est béni.

D. Dans quel temps sainte Elisabeth prononça-t-elle ces paroles ?

R. Ce fut lorsqu'elle reçut la visite de la sainte Vierge qui portait le Fils de Dieu dans son sein.

Vous l'avez vu dans l'évangile de l'Annonciation : l'Ange dit à Marie que sa cousine Elisabeth était enceinte miraculeusement. Le même Evangéliste raconte aussitôt après avec quelle empressement la sainte Vierge fut rendre visite à cette vertueuse parente. En voici l'histoire. (*Luc*, 1.) C'est dans cette entrevue , comme vous voyez , que cette sainte femme adressa les paroles que vous venez de dire , à la sainte Vierge qui portait le Fils de Dieu dans son sein. Elles sont l'expression d'un saint ravissement , d'une foi vive qui lui montre un Dieu dans le sein de Marie , d'une sainte allégresse à la vue de tant de merveilles. Elle tressaille de reconnaissance, en sentant tressaillir dans son sein le fruit d'une grossesse miraculeuse ; elle bénit le Seigneur du grand ouvrage de la Rédemption qui commence à s'opérer en faveur du genre humain. Marie , à son tour, fait-éclater ses transports par ce beau cantique *Magnificat* (Luc. 1, 46) que nous chantons à vépres. Tout est divin dans l'entrevue de ces deux saintes parentes. Puissent toutes les visites ressembler à celle-ci et ne retentir jamais que de cantiques d'actions de grâces et de bénédictions ! Du moins , mes enfants , que cette douce extase passe dans vos cœurs, lorsque vous récitez ces paroles d'allégresse : *Jésus, le fruit de vos entrailles , est béni !* Alors bénissez le Seigneur des grandes choses qu'il a opérées en la sainte Vierge ; bénissez ce fruit de vie qui a procuré votre vie spirituelle et le salut de tout l'univers ; pénétrez-vous de la plus vive et de la plus juste reconnaissance.

D. Quelles sont les paroles de l'Eglise dans la prière appelée la Salutation angélique ?

R. Ce sont celles-ci : Sainte Marie , Mère de Dieu , etc.

Ces paroles ont été ajoutées aux précédentes par la dévotion des fidèles, adoptées et autorisées par l'Eglise, dans l'usage qu'elle en a fait et qu'elle en fait tous les jours en les mettant dans la bouche de ses Ministres et de ses enfants. Elles sont touchantes ; c'est une humble supplique que nous présentons à la Mère de Dieu, en qualité de pécheurs dignes de compassion, pour obtenir sa protection puissante pendant notre vie et à l'heure de notre mort : elles méritent une explication particulière.

D. Pourquoi l'Eglise appelle-t-elle la sainte Vierge Mère de Dieu ?

R. Parce que la sainte Vierge a conçu et enfanté Jésus-Christ qui est Dieu.

Nous l'avons déjà dit, mes enfants ; Marie est véritablement la Mère de Dieu, puisque c'est dans ses chastes flancs que le Fils de Dieu, la seconde personne de l'adorable Trinité, a pris un corps et une âme par l'opération du Saint-Esprit. Elle n'est point la Mère de la Divinité ; mais elle est la Mère de celui qui, étant Dieu de toute éternité, s'est fait homme dans le temps et est appelé l'*Homme-Dieu*. C'est ainsi que l'a décidé l'Eglise universelle au concile d'Ephèse, en prononçant anathème contre l'impie Nestorius qui lui disputait cette auguste qualité. (*Hist. de cette proclamation. Fleury.*)

Nous l'appelons *Mère de Dieu* dans cette prière, parce que cette illustre prérogative est un titre qui nous assure son pouvoir auprès de Dieu pour en obtenir plus efficacement des grâces, comme si nous lui disions : O vous qui êtes la Mère de l'Auteur des grâces, vous qui avez auprès de lui, en cette qualité, l'accès et le crédit le plus efficace, priez pour nous. Nous sommes assurés d'obtenir tout ce que nous demanderons par une intercession si puissante.

Ora pro nobis peccatoribus. Priez pour nous qui sommes pécheurs. Nous prenons la qualité de pécheurs, de *pauvres* pécheurs dignes de commisération. C'est le ton suppliant, humilié, touchant des malheureux qui s'abaissent, qui implorent une protection propice, qui

reconnaissent leurs besoins dans un déplorable état. Par
cette humble expression, nous voulons toucher le cœur
de notre protectrice, exciter sa compassion, l'engager à
solliciter pour nous la clémence d'un Dieu justement irrité
contre nous. Et qu'est-ce que cela suppose, mes chers
enfants? Que nous avons dans le cœur des sentiments
d'humilité, de componction, de pénitence; que nous
déplorons sincèrement cette qualité de pécheur. Car,
quelle hypocrisie, si, en prenant ce titre lamentable,
nous conservions toujours l'attachement au péché, si
nous voulions encore persévérer dans le péché! Oui,
Vierge immaculée, ce sont des pécheurs qui implorent
votre clémence, mais des pécheurs contrits et humiliés
qui crient miséricorde et qui vous supplient de la faire
descendre sur eux.

Nous disons : *Priez pour nous maintenant ;* parce
qu'en effet c'est *maintenant,* toujours, à chaque instant,
que nous avons besoin de la protection de la Mère de
Dieu. Hélas ! mes enfants, nous avons sans cesse de nouveaux péchés à déplorer, de nouvelles faiblesses à fortifier, de nouveaux dangers à éviter, de nouveaux devoirs
à remplir, et par conséquent de nouvelles grâces à obtenir
par l'intercession de cette Mère de miséricorde.

Nous ajoutons : *Et à l'heure de notre mort ;* parce que
c'est à l'heure de la mort que nous aurons plus spécialement besoin des derniers secours de cet appui favorable.
Ah ! mes enfants, c'est alors surtout que les efforts du
Démon redoublent pour nous perdre ; alors notre faiblesse
sera plus grande, nos chutes seront plus périlleuses ;
c'est un combat terrible que cette agonie ! Alors il nous
faudra une main puissante pour nous soutenir et nous
défendre, une main compatissante qui essuie nos sueurs
et nos larmes. Voilà pourquoi nous l'implorons d'avance
tous les jours, pour la sentir alors soulager nos angoisses.
Mais, mes enfants, c'est surtout à ce moment critique et
alarmant qu'il faudra répéter ces paroles : *A l'heure de
la mort.* J'y suis maintenant ; me voici arrivé à ce moment

fatal! O consolatrice des affligés ! ô réfuge des pécheurs! ô Mère de mon Dieu et la mienne! je remets mon âme entre vos bras, pour la présenter à mon Juge qui est votre Fils et mon frère.

Amen. Ainsi soit-il. C'est la conclusion de toutes les requêtes que nous présentons au Seigneur, soit immédiatement, soit par la médiation de ses amis; qu'il en soit ainsi. Vierge sainte, exaucez la prière que nous venons de vous adresser, et soyez exaucée vous-même; puissions-nous recueillir les heureux effets de votre protection, et pendant cette vie et au moment de la quitter ! Telle est, mes enfants, la prière intéressante que vous adressez tous les jours à la sainte Vierge; elle renferme, comme nous l'avons dit, la louange, l'action de grâces et la demande.

La louange, pour lui rendre d'abord l'honneur qui lui est dû ; et nous ne pouvons mieux le faire qu'en lui adressant les mêmes paroles que lui adressa l'ambassadeur céleste, en lui annonçant des merveilles qui l'ont comblée de gloire et d'honneurs.

A la louange nous joignons l'*action de grâces*, c'est-à-dire que, pénétrés de reconnaissance pour le bienfait ineffable de l'incarnation du Verbe, nous bénissons mille fois le fruit de vie qu'elle a porté dans son sein : *Benedictus fructus ventris tui.* Nous reconnaissons ce que ce mystère a de glorieux pour elle et d'avantageux pour nous.

Cette louange et cette action de grâces sont des préliminaires et des préparatifs à *la demande* qui suit ; ce sont des motifs puissants pour engager la Mère de Dieu à exaucer les vœux que nous lui adressons. C'est comme si nous lui disions : « Vierge comblée des faveurs du Ciel,
» c'est pour nous, à cause de nous, pour notre salut,
» qu'un Dieu a bien voulu se faire homme et vous choisir
» pour sa Mère; achevez son ouvrage et le vôtre; pro-
» curez-nous, par votre intercession puissante, les
» moyens de nous appliquer les fruits de cette incarna-
» tion, de cette rédemption, dont vous avez été l'instru-

» ment honorable ; procurez-nous ce salut qu'il est venu
» opérer. Nous devons coopérer nous-mêmes à ces
» moyens, et nous ne pouvons nous les appliquer sans
» la grâce de votre protection. » Ainsi appuyés, préparés à la dernière supplique, nous lui adressons avec
la plus vive confiance ces paroles : *Sainte Marie, Mère
de Dieu, priez pour nous, etc.*

Admirable et excellente prière, encore une fois, que
vous ne sauriez trop répéter. Dites-la donc à vos prières
du matin et du soir, comme on vous y a accoutumés
dès votre enfance ; dites-la avec toute l'Eglise quand on
sonne l'*Angelus;* dites-la dans les dangers, dans les tentations, dans les maladies ; dites-la toutes les fois que
vous venez dans ce temple saint et que vous jetez les yeux
sur l'autel et sur l'image de la sainte Vierge. Non, mes
enfants, vous ne pouvez la dire trop souvent; vous ne
pouvez engager plus efficacement la Mère de Dieu à vous
secourir, qu'en lui adressant cette prière si courte, si
facile, et pourtant si énergique et si capable de toucher
son cœur maternel. J'ai parlé de l'*Angelus;* il est bon
à cette occasion de vous instruire sur cette pratique générale de toute l'Eglise catholique.

C'est un pieux usage établi depuis plusieurs siècles de
réciter l'*Angelus*, le matin, à midi, et le soir. Partout
on sonne la cloche en ces trois points du jour, pour avertir les fidèles de réciter cette prière qu'on appelle encore
les *Ave, Maria,* parce qu'on y récite trois fois la Salutation
angélique. Voici comment est composée cette prière ; elle
contient trois articles tirés de l'évangile de l'Annonciation, à chacun desquels on récite un *Ave, Maria.*

L'Ange du Seigneur annonça à Marie qu'elle serait Mère de Dieu, et elle conçut du Saint-Esprit. Je vous salue, Marie.

Angelus Domini nuntiavit Mariæ, et concepit de Spiritu Sancto. Ave, Maria, etc.

Voici la servante du Seigneur, qu'il me soit fait selon votre pa-role. Je vous salue, Marie.

Eccè ancilla Domini, fiat mihi secundùm verbum tuum. (Luc. 1, 38.) *Ave, Maria,* etc.

Et Verbum caro factum est et habitavit in nobis. (Joan. 1, 14.) *Ave, Maria,* etc.

Et le Verbe s'est fait chair et il a habité parmi nous. Je vous salue, Marie.

ORENUS.

Gratiam tuam, quæsumus, Domine, mentibus nostris infunde, etc.

Telle est, mes enfants, cette courte, mais importante prière ; elle nous rappelle ce que nous avons de plus intéressant dans notre divine religion, une vérité fondamentale, le mystère de l'incarnation du Verbe ; nous y prononçons des actes de foi, d'amour, de reconnaissance. Ce n'est donc pas une dévotion frivole de réciter l'*Angelus ;* mais au contraire, c'est une pratique de piété, très solide, si on veut le réciter comme il convient. Car, en récitant bien l'*Angelus,* nous réveillons notre attention et notre souvenir sur les objets les plus dignes de nous occuper. Que penser donc de ceux qui dédaignent cette pratique ? Il est des chrétiens qui ne donnent pas le moindre signe de religion à ce signal qui nous rappelle trois fois le jour à la contemplation des plus intéressantes vérités. Qui sont-ils ? Ce sont, ou des incrédules qui nient nos plus saints mystères, ou des impies qui les dédaignent, ou des orgueilleux qui regardent nos pieuses pratiques comme des minuties, ou des paresseux qui ne veulent pas se gêner deux minutes, ou des lâches que le respect humain empêche de rendre un tel hommage à leur religion. Mais vous, mes enfants, ne rougissez pas de paraître bons catholiques ; soyez fidèles à cette pratique ; je ne dis pas que ce soit un péché d'y manquer (à moins qu'on ne le fasse par mépris ou par impiété) ; mais c'est un saint et salutaire usage dont on perd les fruits en ne s'y conformant pas ; récitez donc cette prière, et récitez-la avec attention et réflexion.

Pour cela, recueillez-vous un instant au son de la cloche ; en prononçant ces paroles, *l'Ange annonça à Marie,* etc., rappelez-vous ce qui se passait à Nazareth

en ce précieux moment ; figurez-vous cet Esprit céleste
adressant à Marie les paroles que vous lui adressez vous-
mêmes. En disant : *Ave, Maria*, pénétrez-vous de foi,
de reconnaissance, d'amour pour Dieu, et de dévotion
pour la sainte Vierge. Gardez-vous de vous accoutumer
à réciter cette prière par routine, machinalement, avec
précipitation, sans faire attention à ce que vous dites.

Des souverains Pontifes ont accordé des indulgences à
ceux qui récitent l'*Angelus* à genoux. Chacun peut suivre
là-dessus sa piété, sans singularité et sans affectation ;
mais en général, mes enfants, ne rougissez jamais de
vous montrer bons catholiques et bons serviteurs de la
sainte Vierge en suivant cette pieuse pratique. Les huguenots la dédaignent. Eh ! mes enfants, c'est qu'ils ne
révèrent pas la sainte Vierge, qui est l'ennemie des hérésies : *Cunctas hæreses interemisti in universo mundo.*

Voici quatre raisons pour lesquelles on sonne et on
récite l'*Angelus.*

1° C'est pour consacrer à la prière le commencement,
le milieu et la fin de la journée, outre les prières du
matin et du soir ; celle-ci est une courte aspiration vers
Dieu, et un hommage momentané que nous rendons à
sa sainte Mère, pour nous recueillir, pour ranimer en
notre esprit la présence de Dieu au milieu des travaux
et de la dissipation où nous serions alors.

2° On sonne l'*Angelus* pour nous avertir de remercier
Dieu trois fois le jour du bienfait de l'incarnation, comme
nous le rappellent les paroles saintes que nous récitons.

3° Pour nous avertir de prier alors le Seigneur d'en
opérer en nous les salutaires effets, de nous en appliquer
les fruits, et de nous faire la grâce d'en bien profiter.

4° Pour nous faire souvenir de la part que la sainte
Vierge a eue à ce grand mystère ; pour nous engager à
l'invoquer ; pour qu'elle nous obtienne de Dieu les grâces
nécessaires pour en recueillir les fruits. C'est pour cela
qu'on a ajouté l'*Ave, Maria* aux trois articles de cette
salutaire méditation.

C'est dans cet esprit, mes chers enfants, qu'il faut dès aujourd'hui vous accoutumer à réciter l'*Angelus*. Faites-y attention, ce soir, au son de la cloche. Revenons à votre Catéchisme, qui, après vous avoir instruits sur la Salutation angélique, vous inspire la confiance et la dévotion à la sainte Vierge.

D. Devons-nous avoir une grande confiance en la sainte Vierge?

R. Nous devons avoir confiance en la sainte Vierge comme des enfants en une bonne mère.

D. Pourquoi dites-vous que nous devons nous confier à la sainte Vierge comme à une bonne mère?

R. Parce qu'étant devenus, par la grâce, les frères et les cohéritiers de Jésus-Christ, nous devons aussi regarder sa sainte Mère comme étant la nôtre.

Tout cela, comme vous voyez, vous apprend de grandes choses; que la sainte Vierge est votre mère, et que vous devez en agir envers elle comme de bons enfants envers la meilleure des mères. Marie est votre mère et vous êtes ses enfants. Pourquoi?

1° Parce que vous êtes devenus les frères et les cohéritiers de Jésus-Christ par la grâce du Baptême... *Fratres Christi, cohæredes Christi*. (Rom. viii, 17.) Vous êtes les membres de ses membres. *Membra Christi*. (1. Cor. vi, 15.) *Membra de membro*. (1. Cor. xii, 27.) Mais la chair de Jésus est la chair de Marie: *Caro Jesu, caro Mariæ;* or, vous êtes les frères de Jésus, par conséquent les enfants de Marie. C'est dans son sein que vous avez puisé la vie spirituelle de la grâce, cette grâce de la régénération qui vous a faits chrétiens. Vous pouvez dire à la sainte Vierge en vous présentant à elle: *Genus tuum vides.* Oui, auguste Mère de Dieu, vous voyez en moi votre postérité, et vous êtes la tige illustre dont je tire mon origine céleste. Vous pourrez encore le dire avec plus de vérité, heureux enfants, lorsqu'à votre première communion, vous serez identifiés avec Jésus-Christ, vous serez devenus de nouveaux Jésus-Christs, comme s'exprime un saint docteur : *Christi facti sunt.* Mais voici, mes enfants, une adoption encore plus positive : c'est le testament de Jésus mourant.

Vous savez, mes enfants, ce qui se passa sur le Calvaire : Jésus était en croix, sur le point de rendre le dernier soupir ; Marie sa Mère était debout au pied de ce lit de douleur ; *stabat Mater Jesu* (Joann. xix, 25), et à côté d'elle le Disciple bien-aimé, saint Jean l'Evangéliste.

Ce divin Sauveur jette un dernier regard sur ces deux personnes chéries : *Il dit à sa Mère : Femme, voilà votre fils.* (Joann. xix, 26.) Puis il dit à son cher Disciple : *Voilà votre Mère.* (Joann. xix, 27.) Ce furent ses dernières paroles ; *et depuis cette heure ce Disciple la prit pour sa mère.* (Ibid.) Eh bien ! mes enfants, ce Disciple bien-aimé représentait tous les chrétiens ; c'est l'opinion des Pères de l'Eglise ; il nous représentait vous et moi, en sorte que c'est à nous tous que Jésus a légué sa sainte Mère ; c'est à vous, c'est à moi qu'il adressait ces consolantes paroles : *Eccè Mater tua*, voilà votre Mère. C'est en notre faveur qu'il fit ce célèbre testament, en cimentant des dernières gouttes de son sang cette adoption si touchante et si intéressante pour nous. Oui, mes enfants, de ce moment Marie vous regarde comme les enfants de sa douleur, comme Rachel regardait son cher Benjamin. Quel est celui d'entre vous qui n'accepte pas de tout son cœur une adoption si favorable? Quel est le disciple si favorisé de Jésus, qui ne reçoive avec transport une délégation si belle, et qui n'embrasse avec la plus respectueuse affection une Mère si auguste, si bonne, si puissante, si capable de nous protéger? *Eccè Mater tua.* Oui, mes enfants, voilà votre Mère, elle vous a adoptés, elle aura pour vous tous les caractères de la maternité la plus tendre et la plus efficace ; elle a tout à la fois, dit saint Bernard, et la bonne volonté, et la puissance pour vous soutenir, vous protéger : *Nec voluntas deest illi nec potestas. Ego Mater pulchræ dilectionis, et timoris, et agnitionis, et sanctæ spei.* (Eccli. xxiv, 24.) Je suis la Mère du bel amour, la Mère d'une sainte espérance : c'est ainsi, mes chers enfants, que l'Eglise fait parler Marie ; c'est sous ces traits aimables qu'elle nous la présente. Elle est donc la meilleure des mères. Eh ! pourrions-nous en douter après ce qu'elle a fait pour nous ? Ah ! mes enfants, que de sacrifices généreux, que de larmes nous avons coûtés à sa tendresse !

A peine a-t-elle mis au monde un Fils chéri, qu'elle en fait pour nous le plus douloureux sacrifice ; au bout de huit jours elle le place sous le couteau sanglant de la circoncision ; elle verse elle-même les premières gouttes de ce sang précieux pour notre salut ; peu après elle présente au temple ce Dieu victime pour nos péchés, et déjà elle dévoue son cœur maternel au glaive qui doit le transpercer pour notre amour ; enfin, quand le moment du sacrifice est arrivé, voyez, mes enfants, avec quelle fermeté, quelle constance, quel courage intrépide elle se tient près de l'autel où son Fils est immolé ! Elle souscrit aux arrêts rigoureux du Ciel, elle mêle ses larmes au sang qui coule des plaies de ce cher Fils ; Jésus meurt pour nous, et Marie consent à sa mort. Le même amour immole ces deux victimes à la fois ; si Jésus est notre Rédempteur, Marie en même temps devient notre rédemptrice en souffrant tous les contre-coups de sa passion et de sa mort. *Fortis est ut mors dilectio.* (Cant. viii, 6.) Voilà, mes enfants, les preuves que Marie nous a données de son amour pendant sa vie sur la terre : *Mater pulchræ dilectionis.* (Eccli. xxiv, 24.)

Mais, continue saint Bernard, si l'amour de Marie *a été si compatissant pour nous lorsqu'elle était exilée sur la terre, quelle sera sa miséricorde et sa compassion, maintenant qu'elle règne dans les Cieux !* Du haut de ce séjour de félicité, elle nous voit dans cette vallée de misères et de larmes ; tandis qu'elle est au port, elle entend les soupirs, les gémissements, les cris perçants de ses enfants qui sont encore au milieu des alarmes et des dangers sur une mer orageuse; elle nous entend lui adresser ces touchantes paroles : *Eia ergò, Advocata nostra, illos tuos misericordes oculos ad nos converte.* O vous, notre bonne Mère ! notre Avocate ! abaissez vos regards sur des enfants *infortunés qui gémissent dans cette vallée de larmes.* Quand, dis-je, elle entend des réclamations si touchantes, pourrait-elle y être insensible, après toutes les preuves qu'elle nous a données de son amour sur la terre ? Non, sans doute ; le caractère des cœurs sensibles et généreux est de vouloir partager leur félicité avec ceux qu'ils aiment, de les plaindre, de les secourir lorsqu'ils les voient dans la peine et les dangers. Une mère ordinaire serait attendrie ; que sera-ce donc de la Mère du *bel amour*, placée dans le sanctuaire même de l'amour ! Vous êtes donc assurés de la bonne volonté de votre auguste Mère ; mais ce qui doit compléter votre confiance, c'est que cette bonne volonté est appuyée d'une sorte de toute-puissance qui vous garantit le succès de vos demandes : *Omnipotentia supplex.* Elle est sûre d'être exaucée lorsqu'elle parle en votre faveur.

Figurez-vous, dit saint Bernard, cette Reine des Anges et des hommes assise au plus haut des Cieux à côté du Roi des rois, tournant vers lui ses regards les plus tendres, levant vers lui ces bras qui l'ont porté, lui présentant ce sein qui l'a nourri, ces entrailles qui l'on renfermé ; le conjurant par des souvenirs si touchants d'avoir pitié des frères et des enfants qu'elle a laissés sur la terre ; lui adressant ces paroles engageantes : *Eccè ego et pueri mei quos dedit mihi Dominus.* (Heb. ii, 13.) Me voici, Seigneur, et voilà les enfants que vous m'avez donnés en mourant pour eux sur la croix. Ah ! je vous en conjure par le sang que vous avez puisé dans mes veines et que vous avez répandu pour eux, par les doux noms de mère et de fils, qui font de vous, d'eux et de moi, une seule famille, ayez pitié de ceux que vous m'avez confiés. A cette vue, à ces prières, un tel fils n'accordera-t-il pas tout à une telle mère, à une mère qui lui demande avec tant de justice, par des moyens si touchants, avec tant d'instances, pour des frères adoptifs qu'il a aimés jusqu'à mourir pour eux? Non, non, mes enfants, il n'est pas possible qu'elle soit refusée. *Non patitur genitrix repulsam.* (Hym. Vesp. Concep.) La parole de ce Fils divin y est engagée ; comme Salomon, il a placé sa Mère sur un trône de gloire à ses côtés, et il lui a dit : *Pete, Mater mea.* (3. Reg. ii, 20.) *Demandez, ma Mère;* car il est impossible que je détourne mes regards de vous et de vos enfants mes frères : *Neque enim fas est ut avertam faciem meam.* (Ibid.)

Nous venons de le dire, mes enfants ; votre auguste Mère est la Reine des Anges et des hommes ; son divin Fils lui accorde un empire puissant dans le Ciel, sur la terre, dans les enfers : dans le Ciel, pour en faire descendre sur vous les bénédictions les plus abondantes; sur la terre, pour vous procurer les besoins de cette vie ; dans les enfers, pour vous défendre contre les attaques des Démons ; *fecit potentiam in brachio suo....* (Luc. 1, 51.) *Fecit mihi magna qui potens est.* (Luc. 1, 49.) Le Seigneur a fait éclater la puissance de son bras ; il a opéré les plus éclatantes merveilles en faveur et par la médiation de Marie ; en un mot, mes enfants, elle est placée entre son Fils et vous pour être votre médiatrice, comme Jésus est entre son Père et vous pour être votre médiateur ; et en cela, dit saint Bernard, admirez la bonté de notre Dieu qui vous ménage une telle protectrice. Pauvres pécheurs, vous craignez d'approcher du Père céleste justement irrité contre vous, *ad Patrem verebaris accedere;* vous pouviez craindre encore de vous adresser au Fils, car on ne célèbre pas seulement sa miséricorde, mais encore ses jugements ; *non solum cantatur illi misericordia, cantatur et judicium.* Mais voici une bonne et tendre mère qui vous en facilitera l'accès ; adressez-vous à Marie pour y parvenir, vous ne trouverez en elle rien d'austère ni de rebutant : *nihil austerum in ea;* tout, au

contraire, y respire la bonté, la douceur et les charmes
de la tendresse maternelle ; *tota suavis est.* En un mot,
honorez-la, chérissez-la toute votre vie comme votre
mère, à tous les titres que nous venons de vous développer ; ayez toujours une dévotion tendre et *solide* pour
Marie. Je dis *solide*, car il est des abus qu'il faut éviter
jusque dans les meilleures choses.

D. Quels sont les abus que l'on doit éviter dans la
dévotion à la sainte Vierge ?

R. Il y en a deux principaux : l'un de l'invoquer
comme on invoque Dieu même ; l'autre de croire qu'au
moyen de quelque pratique en son honneur, on peut
se livrer au péché, avec assurance qu'on aura le
temps de faire pénitence.

Ce serait, en effet, un grand abus d'invoquer la sainte
Vierge comme vous invoqueriez Dieu même. Vous savez
la différence que nous vous avons fait remarquer entre
ces deux cultes, en vous expliquant le premier commandement ; vous avez vu que le culte suprême de l'adoration n'est dû qu'à Dieu ; que celui qu'on rend à la sainte
Vierge est infiniment inférieur. Nous l'honorons comme
une créature infiniment au-dessous de la Divinité ; nous
implorons seulement son intercession suppliante auprès
de Dieu. Ce serait donc une erreur grossière que de croire
la sainte Vierge autant que Dieu ; de l'honorer par préférence ou par égalité avec Dieu ; de mettre plus de
pompe et de solennité à son culte, à ses fêtes, à ses autels, qu'à ceux de Dieu même ; de la mettre en parallèle
avec Dieu, comme quand on dit : *S'il plaît à Dieu et à
la sainte Vierge.* Evitez ces abus et mettez toujours entre
Dieu et la sainte Vierge la différence essentielle du Créateur à la créature.

2° Un autre défaut à éviter dans la dévotion à la sainte
Vierge, serait de s'imaginer que l'on peut hardiment persévérer dans ses iniquités à la faveur de certaines pra-

tiques de piété à son honneur. Il y en a qui, en portant le scapulaire, en récitant le chapelet, croient pouvoir pécher impunément ; d'autres qui, en faisant certaines prières, peut-être superstitieuses, croient savoir l'heure de leur mort, être à l'abri de mort subite, des surprises et des dangers de la mort, et qui, en conséquence, vivent dans ces présomptions dangereuses, qui se livrent au péché sans crainte, qui y persévèrent sans penser à en faire pénitence, qui attendent le dernier moment pour se convertir, parce qu'ils ont entendu dire que jamais serviteur de Marie ne périra. Oui, ses bons serviteurs ne périront point ; mais on cesse de l'être lorsqu'on la sert de la sorte ; c'est une témérité, une présomption très criminelle. On cesse d'honorer la Mère quand on outrage le Fils ; c'est abuser indignement de la protection de la plus sainte des vierges. Mauvais serviteur ! vous dit—elle, vous m'avez fait servir à vos iniquités. *Servire me fecisti in peccatis tuis.* (Is. XLIII, 24.) Je ne veux point de vos hommages et de vos solennités, je ne puis les supporter, je les déteste. *Solemnitates vestras odivit anima mea ; laboravi sustinens.* (Is. I, 14.) Enfants ingrats, dégénérés, vous êtes indignes de mon amour et de ma protection, puisque vous vous en armez contre le Dieu que j'aime, et que j'ai porté dans mes flancs !... Quel crime, au lieu de dévotion !

Un autre abus, c'est de s'écarter des lois et des usages de l'Eglise dans ses pratiques, d'y mêler de la superstition et de vaines observances. Tenez-vous-en toujours là-dessus à l'autorité de l'Eglise. Elle favorise assez votre dévotion, et, avec cela, vous n'avez point d'abus à craindre. Honorez la sainte Vierge avec l'Eglise, comme l'Eglise, selon l'esprit de l'Eglise, et vous ne tomberez point dans les abus, et vous serez sûrs de lui rendre toujours un culte solide, digne d'elle, agréable à ses yeux, et utile pour vous.

Entre autres pratiques, il y en a une sur laquelle votre Catéchisme vous fait une ample instruction ; c'est le chapelet.

DU CHAPELET.

D. Qu'est-ce que le chapelet?

R. Le chapelet est une formule de prières à Dieu et à la sainte Vierge, pour obtenir son intercession auprès de Dieu.

Le chapelet, autrement appelé *rosaire*, est une *formule de prières*, c'est-à-dire une forme, un arrangement, une manière de prier, dans laquelle on s'adresse d'abord à Dieu, puis à la sainte Vierge, ainsi que nous allons l'expliquer; nous y mêlons deux cultes, celui d'adoration à l'égard de Dieu, et celui de vénération à l'égard de la sainte Vierge; nous y parlons d'abord à Dieu pour faire profession de notre foi et lui demander à lui-même nos besoins; ensuite nous joignons l'entremise de la Mère de notre Sauveur Jésus-Christ comme une protection puissante, afin d'obtenir plus sûrement ce que nous demandons. Le rosaire ou chapelet a été établi dans l'Eglise par saint Dominique, dans le temps de l'hérésie des Albigeois, en 1208, et cela pour arrêter les progrès de cette hérésie, et pour corriger les désordres des mauvais chrétiens. Cette dévotion produisit d'heureux effets; l'hérésie fut confondue, et beaucoup de chrétiens quittèrent leurs vices et vécurent dans la vertu.

D. De quoi est composée cette formule de prières?

R. Du Symbole des Apôtres, de l'Oraison dominicale et de la Salutation angélique.

Comme vous voyez, mes enfants, rien de plus solide et de plus respectable que ce composé de prières.

1° C'est le *Symbole des Apôtres*, cette formule de foi, qui renferme les principaux articles de notre croyance.

Pouvait-on mieux la placer qu'à la tête d'une prière établie contre les hérétiques ? Pouvait-on mieux faire que de commencer par des actes de foi qui les combattent ? Cette pratique est également solide pour les fidèles d'à-présent, car la foi est le fondement de tous nos vœux et de toutes nos prières. On ne peut donc mieux les commencer que par une profession de foi. Et, si cette formule est établie aussi en faveur de ceux qui ne savent pas lire, on a fait très sagement de rappeler d'abord les simples fidèles aux principes de leur croyance. Sous ce point de vue, on peut donc dire que le chapelet est une dévotion très solide et très raisonnable.

2° Cette formule est composée de l'*Oraison dominicale*. Nous vous avons amplement instruits sur l'excellence de cette prière composée par Jésus-Christ même, et qui renferme tout ce que nous pouvons demander et pratiquer de plus important. Comme vous voyez, d'ailleurs, l'ordre du culte est bien suivi dans le récit du chapelet, puisque nous commençons par nous adresser à Dieu comme à l'objet du culte suprême, ensuite à Marie en sous-ordre, pour qu'elle intercède pour nous.

3° La prière que nous lui adressons est la *Salutation angélique*, cette expression si juste et si vraie des louanges et des vœux qui sont dus à la Mère de Dieu : troisième prière qui compose le chapelet, et qui y est répétée un grand nombre de fois. Le rosaire entier est composé de quinze dizaines, et chaque chapelet de cinq ou six dizaines d'*Ave, Maria*, avec le *Pater* au commencement de chaque dizaine. Ce rosaire est appelée *couronne,* parce que ces vœux, pieusement répétés, sont comme autant de fleurs sorties de nos cœurs, de nos lèvres, qui forment une couronne pour l'auguste Reine que nous voulons honorer, et encore parce que les chapelets ou rosaires forment une espèce de couronne.

D. Comment dit-on le chapelet ?

R. Après s'être mis en la présence de Dieu, on

dit le *Credo* en tenant la croix du chapelet, le *Pater* sur chacun des gros grains, et l'*Ave, Maria* sur chacun des petits.

On commence cette prière, comme toutes les autres, par *se mettre en la présence de Dieu*, c'est-à-dire que nous nous rappelons que c'est à Dieu et à sa divine Mère que nous allons parler. Faites-y donc attention, mes enfants, et observez cette pratique toutes les fois que vous direz votre chapelet, soit en commun, soit en particulier ; un moment de recueillement, de silence, de réflexion sur vous-mêmes, en vous disant : Dieu est ici présent, je suis devant lui, c'est à lui et à la Reine des Anges et des hommes que je vais parler ; attention, respect, dévotion. Remarquez bien, mes enfants, c'est pour vous rappeler à cette présence auguste et vénérable, que, quand on récite le chapelet ici à l'église, on fait une prière préliminaire qui vous retrace ce souvenir important. Cela influe si fort sur la bonté de votre prière, que presque toujours, et nécessairement, pour ainsi dire, vous la ferez mal si vous y manquez.

2º On dit le *Credo en tenant la croix du chapelet.* Vous voyez comme sont arrangés les rosaires ou chapelets : il y a une croix, ensuite un gros grain, trois petits, après cela un gros grain et dix petits, ainsi de suite, jusqu'à cinq ou quinze dizaines ; vous commencez par la croix, image touchante qui nous rappelle notre rédemption ; fixez donc vos regards d'abord sur cet objet chéri ; rappelez-vous que tout vient de la croix, dans notre sainte religion, que toute prière reçoit son efficacité de la croix, que tout est consacré par la croix ; c'est donc une pieuse et solide pratique de tenir à la main ce signe expressif et vénérable, pour faire notre profession de foi.

3º On dit le *Pater sur chacun des gros grains, et l'Ave, Maria sur chacun des petits grains.* Mais pour en rendre la récitation plus attentive et plus utile, on médite pendant chaque dizaine sur quelques mystères de la religion qui regardent Jésus-Christ et la sainte Vierge : c'est ce que vous voyez pratiquer lorsqu'on dit le chapelet ici publiquement ; on fait entre chaque dizaine une lecture relative, pour fournir matière à cette méditation. Si on dit le rosaire entier de quinze dizaines, on médite sur quinze mystères qui concernent la vie, la mort et la gloire de Jésus-Christ, mystères joyeux, mystères douloureux, mystères glorieux. Si on ne récite qu'un chapelet de cinq dizaines, on médite cinq de ces mystères, selon les différents temps de l'année; en Avent, sur les mystères joyeux; en carême, sur les mystères douloureux ; au temps pascal, sur les mystères glorieux. On pourrait méditer également sur d'autres objets. Cette prière sera toujours excellente si elle est faite en esprit et en vérité. Mais souvenez-vous bien, mes enfants, qu'elle ne sera point agréable à la sainte Vierge, ni utile pour vous, si vous ne la récitez pas avec l'attention, la piété et les sentiments qui doivent l'animer ; ce ne sera plus qu'une répétition machinale des mêmes sons, *un airain sonnant* comme dit saint Paul (1. *Cor.* xiii, 1), qui frappera les airs sans toucher le cœur de Dieu et de sa sainte Mère ; c'est le défaut trop ordinaire de bien des gens qui récitent le chapelet sans penser à ce qu'ils disent, ou qui s'endorment pendant cette prière.

D. La pratique du chapelet est-elle utile?

R. Oui, elle est utile à tous, et particulièrement à ceux qui ne savent pas lire.

D. Pourquoi dites-vous qu'elle est utile à tous?

R. Parce qu'elle est composée de notre profession de foi et des prières les plus excellentes que nous puissions adresser à Dieu et à sa sainte Mère.

Nous venons de le dire, cette pratique est composée de ce que nous avons de plus excellent dans notre sainte religion, le *Credo,* le *Pater,* l'*Ave, Maria.*
Peut-on rien de plus avantageux que de s'occuper de

ces grands objets, des mystères de notre croyance, des louanges, des actions de grâces, des demandes intéressantes que nous adressons à Dieu et à sa sainte Mère? Oui, mes enfants, récitez bien le chapelet, et vous en tirerez les plus grands avantages.

D. Pourquoi dites-vous que cette prière est spécialement utile à ceux qui ne savent pas lire?

R. Parce qu'elle est pour eux un moyen de s'occuper saintement pendant les offices de l'Eglise et en leur particulier.

C'est une ressource pour vous, pauvres ignorants qui ne savez pas lire ; vous ne pouvez suivre les offices ordinaires de l'Eglise, ni puiser dans des livres des pensées et des sentiments qui y aient rapport. Que faire donc pendant la Messe, les vêpres et les autres offices publics ? Dire votre chapelet ; mais le dire avec réflexion, selon la méthode que nous venons de vous suggérer. Récitez votre *Credo* en français, en méditant sur chaque article, lentement, vous y affectionnant, disant bonnement à Dieu : Apprenez-moi, Seigneur, à bien réciter mon *Credo;* dites-moi au fond du cœur ce qu'il y a dans tout cela, etc.; puis votre *Pater* de même, les *Ave*, *Maria* répétés de même, avec les réflexions que vous avez entendu lire au chapelet, si vous vous en souvenez. Si vous ne pouvez ainsi méditer et réfléchir, dites toujours ces prières lentement, avec simplicité, droiture, bonne volonté, vous tenant devant Dieu dans un état d'humilité et d'abjection, lui avouant ingénument votre incapacité, lui disant : Mon Dieu, je prononce ici des paroles ; faites le reste en moi, je n'y entends rien. Ou bien, si peu que vous ayez entendu parler de la passion de Notre-Seigneur Jésus-Christ, rappelez-vous-en le souvenir, pensez à ce qui se passait sur le Calvaire, jetez les yeux sur le crucifix, en disant : Voilà ce que vous avez souffert pour moi, mon divin Sauveur, etc., etc.

Laissez-vous aller aux bons sentiments qu'il plaira au Seigneur de vous inspirer en récitant vos *Pater* et vos *Ave, Maria.* Oui, âme simple, peut-être que vous entendrez mieux la Messe que la plupart de ceux que vous appelez savants, qui chantent et qui lisent dans leurs livres. Le chapelet! oui, mes enfants et mes frères, le chapelet! je ne puis trop vous en recommander la pratique, soit que vous sachiez lire ou non. Assistez-y quand on le récite en public; c'est avec la plus consolante édification que j'y vois assister la plus grande partie de la paroisse aux grandes solennités; je voudrais que ce fût de même tous les dimanches. Récitez-le en votre particulier, en allant, en venant, en voyage, aux champs, en gardant le bétail, en travaillant; cela ne vous empêchera pas d'avancer et de faire toujours votre ouvrage; ce sera une occupation digne d'un chrétien et d'un bon serviteur de Marie; et vous gagnerez doublement et triplement: votre ouvrage ira son train; Dieu le bénira davantage, et vous amasserez encore des trésors de mérites pour le Ciel en gagnant votre vie sur la terre. Voilà comment la récitation du chapelet sera pour vous une pratique utile et avantageuse, et par conséquent plus estimable qu'elle ne paraît à bien des gens qui la méprisent.

D. Il n'est donc pas permis de mépriser la pratique du chapelet?

R. Non, il n'est pas permis de mépriser la pratique du chapelet; l'Eglise l'autorise, les Saints en ont donné l'exemple, et l'expérience nous en montre l'avantage.

Non, mes enfants, il n'est pas permis de mépriser le chapelet; c'est une espèce d'impiété d'en dédaigner la pratique, de la blâmer, de la tourner en ridicule; car, 1° elle *est autorisée par l'Eglise;* l'Eglise l'a adoptée; elle a établi, à ce sujet, des offices, des confréries, des solennités.

2° *Les Saints en ont donné l'exemple*. C'est un Saint et un savant qui en est l'auteur, saint Dominique. Saint Thomas d'Aquin, docteur, religieux de son ordre, l'a suivie ; beaucoup d'autres Saints et savants personnages se sont fait un devoir de réciter le chapelet fréquemment.

3° *L'expérience en a toujours montré l'avantage*. L'hérésie des Albigeois et des Vaudois a été combattue et détruite sous l'invocation de la sainte Vierge, par le moyen du rosaire : *cunctas hæreses interemisti in universo mundo ;* c'est ce que chante l'Eglise à l'honneur de Marie ; le chapelet entre les mains, dans le cœur et sur les lèvres de ses fidèles serviteurs, a été comme une armure puissante pour combattre cette erreur et les autres. Tous les chrétiens fidèles à cette pratique dans la foi et la simplicité de leur cœur, en ont éprouvé les salutaires effets ; Dieu a opéré des miracles de grâces et des merveilles dans l'ordre de la nature, par le moyen du chapelet ; en particulier, l'histoire fait mention d'une victoire fameuse remportée par les chrétiens sur les Turcs, le 7 octobre 1571. Pendant que les confrères du rosaire faisaient leur procession, toute l'armée des chrétiens s'était mise solennellement sous la protection de la sainte Vierge ; les deux flottes se rencontrèrent en un golfe appelé le golfe de Lépante ; ce fut là que se livra la plus fameuse bataille qui ait eu jamais lieu entre les Turcs et les chrétiens ; elle fut le terme des victoires de Sélim, empereur turc.

A peine les chrétiens aperçurent la flotte ottomane, que toute l'armée jeta un grand cri en invoquant la sainte Vierge ; on arbora un crucifix, que tous adorèrent à genoux ; on voyait sur chaque vaisseau l'image de la Mère de Dieu. Quoique l'armée fût de beaucoup inférieure à celle des Turcs, elle espéra la victoire, en mettant toute sa confiance en Dieu et en Marie. Le combat s'engagea ; le général turc fut tué avec trente mille des siens, et la victoire fut complète pour les chrétiens.

Voilà un des effets que l'histoire attribue à la dévotion du rosaire. Quoi qu'il en soit, mes enfants, quoique le

rosaire ne soit pas une pratique essentielle de religion ,
mais seulement une dévotion libre, sans aucun précepte ,
cependant c'est très mal fait de la mépriser, de la tourner
en ridicule , de la regarder comme une minutie, une
superstition , une pratique d'ignorants et de dévotes :
langage au moins très téméraire de certains esprits forts
qui ne cherchent qu'à dessécher la piété des fidèles ; langage des huguenots, des hérétiques , des sectaires naturellement ennemis de la sainte Vierge , tellement que le
chapelet a été un signe distinctif entre les luthériens et
les vrais catholiques. Ceux-ci portaient des chapelets
suspendus à leur cou pour se faire reconnaître et manifester leur adhésion à la véritable Eglise. En Allemagne ,
où ces hérétiques sont en grand nombre, c'est encore la
marque distinctive que prennent les vrais enfants de
l'Eglise catholique, apostolique et romaine. Heureux
signe , distinguez-nous encore des nouvelles erreurs qui
nous confondent !

Pourquoi , disent les contempteurs de cette pratique,
pourquoi tant de *Pater,* tant d'*Ave,* tant d'ennuyeuses
répétitions? Eh ! qu'est-ce que toutes les prières de l'Eglise
aux yeux de Dieu, sinon des milliers de paroles qui se
rapportent à un sentiment d'amour ? Qu'on l'exprime en
Pater ou en d'autres prières, n'est-ce pas le même hommage rendu au Seigneur ? Ennuyeuses répétitons ! Et
pour qui ennuyeuses ? Est-ce pour Dieu et pour la sainte
Vierge ? Vous blasphémez ! Est-ce que Dieu et la sainte
Vierge peuvent s'ennuyer ? Est-ce un ennui pour un bon
père, pour une bonne mère , d'entendre un enfant répéter mille fois : Je vous aime ? de sentir mille fois l'é-
treinte de ses bras qui les serrent? Notre Dieu est-il un
moins bon père, Marie une moins bonne mère que ceux
que nous avons sur la terre ? sont-ils plus susceptibles
d'ennui ? Pour qui donc est cet ennui ? Pour certaines
gens qui récitent mal ces prières , pour ces *hommes ani-*
maux qui ne goûtent pas les choses de Dieu. Mais vous,
mes enfants , vous, âmes dévotes à Marie, non, vous ne

vous lasserez jamais de lui dire affectueusement : *Je vous salue, Marie; sainte Mère de Dieu, priez pour moi.* Non, vous ne vous ennuierez pas de répéter : *Notre bon Père qui êtes dans les Cieux.* Ainsi, mes chers enfants, je ne puis trop vous recommander la pratique du rosaire ; récitez-le, comme je vous ai dit, ici en commun avec tant de fervents serviteurs et servantes de Marie, qui soutiendront votre prière ; dites-le en votre particulier, aux champs, en voyage, au travail, etc., et vous en recueillerez les fruits les plus abondants. Ne rougissez pas de porter sur vous cet instrument bénit de votre dévotion, ce signe de catholicité. Il en est qui portent l'indulgence ; il ne faut pas non plus mépriser cette croyance ; la doctrine des indulgences est de foi. On s'en moquera en disant qu'elles sont donc bien prodiguées sur des grains de chapelets ; mais ce n'est pas le tout ; il s'agit de les gagner, et on ne les gagne et elles ne sont applicables qu'en état de grâce : combien peu les gagnent effectivement ! Tâchons d'en gagner le plus que nous pourrons, disait saint François de Sales, qui en savait autant là-dessus que nos prétendus esprits forts d'aujourd'hui ; respectons les chapelets bénits qui nous les peuvent appliquer. Enfin, ayons une dévotion simple, droite, sage et solide envers la sainte Vierge.

SOUS-DEMANDES.

D. Vous dites toujours votre *Ave, Maria* après votre *Pater*. Est-ce que la sainte Vierge est autant que le bon Dieu ?

R. Non ; mais c'est elle que nous devons le plus honorer après Dieu.

D. Sont-ce les mêmes honneurs qu'à Dieu ?

R. Non, nous adorons Dieu comme Créateur et maître de tout, et nous honorons la sainte Vierge comme la créature la plus distinguée.

D. L'honorons-nous plus que les autres Saints ?

R. Oui, parce qu'elle est beaucoup au-dessus de tous les autres Saints.

D. Comment cela ?

R. C'est qu'elle est la mère de Dieu.

D. Pourquoi encore?

R. Parce qu'elle a eu toutes les vertus, et jamais de péché.

D. Est-ce une belle prière que l'*Ave*, *Maria*?

R. Oui, car elle renferme de belles paroles de l'Ecriture-Sainte et de l'Eglise.

D. Que veulent dire ces mots : *Salutation angélique*?

R. C'est-à-dire que l'ange Gabriel l'a saluée par ces paroles : *Je vous salue*.

D. Racontez-nous quelque chose de cette histoire.

R. *L'ange Gabriel fut envoyé de Dieu*, etc. (On récitera l'évangile de l'Annonciation.)

D. Pourquoi l'Ange salua-t-il la sainte Vierge avec tant de respect?

R. C'est qu'il venait lui annoncer qu'elle serait Mère de Dieu.

D. Vous tâcherez donc de lui dire les mêmes paroles avec le même respect?

R. Oui, je penserai que je dis les paroles d'un Ange à la Reine des Anges.

D. Vous parlez des paroles et de la visite de *sainte Elisabeth*. Qu'est-ce donc qui se passa dans cette visite?

R. La sainte Vierge et sainte Elisabeth bénirent Dieu des merveilles qu'il avait opérées en elles.

D. Racontez-nous cette histoire.

R. *En ces jours-là, Marie se levant alla par les montagnes*. (Ev. de la Visitation, saint Luc, 1.)

D Que devons-nous imiter dans cette visite?

R. Louer Dieu dans nos entrevues comme ces saintes personnes.

D. Pourquoi disons-nous sainte Mère de Dieu?

R. C'est que la sainte Vierge est véritablement la Mère de Dieu.

D. Comment cela?

R. C'est qu'elle est Mère de celui qui, étant Dieu, est né d'elle comme homme.

D. Est-il de foi que Marie est Mère de Dieu?

R. Oui, l'Eglise l'a décidé au concile général d'Ephèse, contre l'impie Nestorius qui lui refusait cette auguste qualité.

D. Pourquoi lui rappellons-nous cette qualité dans cette prière?

R. C'est pour l'engager à nous secourir plus efficacement vers son divin Fils.

D. Pourquoi nous disons-nous pauvres pécheurs?

R. C'est pour nous humilier davantage et toucher sa miséricorde.

D. Quels sentiments doivent nous pénétrer en nous appelant ainsi pécheurs?

R Nous devons déplorer le malheur de l'être, et former la résolution de ne plus rester en cet état.

D. Pourquoi disons-nous *maintenant*?

R. Parce que nous avons besoin tous les jours du secours de la sainte Vierge.

D. Pourquoi ajoutons-nous : *à l'heure de notre mort*?

R. Parce que c'est à la mort surtout qu'il faut nous jeter et expirer entre les bras de la sainte Vierge.

D. Qu'est-ce que l'*Angelus*?

R. C'est une prière qu'on récite au son de la cloche, trois fois le jour.

D. De quoi est composée cette pratique?

R De trois articles de l'Ecriture-Sainte, qui nous rappellent le mystère de l'incarnation. On récite un *Ave, Maria* à chaque article.

D. Récitez l'*Angelus*.

R. *Angelus Domini*, etc.

D. Que faut-il observer en récitant ces prières?

R. Il faut penser au mystère de l'incarnation, en remercier Dieu, et se proposer d'en profiter.

D. Que pensez-vous de ceux qui négligent cette pratique?

R. Ce sont, ou des paresseux, ou des orgueilleux, ou des impies, ou des lâches qui n'osent se montrer bon catholiques et dévots à la sainte Vierge.

D. Vous ne rougirez donc pas de dire votre *Angelus?*

R. Non; je me ferai gloire d'honorer la sainte Vierge, et je remercierai le bon Dieu du mystère de l'incarnation, en disant l'*Angelus*.

D. Vous parlez d'abus dans la dévotion à la sainte Vierge; est-ce que c'en est un de l'honorer comme Dieu même?

R. Oui, ce serait une idolâtrie; nous ne devons adorer que Dieu comme Créateur; nous ne devons honorer la sainte Vierge que comme une créature.

D. C'est donc encore un abus de s'appuyer de la dévotion à la sainte Vierge dans ses péchés?

R. Oui, c'est la faire servir à ses iniquités, et outrager Dieu et sa sainte Mère.

SUR LE CHAPELET.

D. Vous dites que le chapelet est une *formule* de prières. Qu'est-ce que cela veut dire ?

R. C'est-à-dire un arrangement de différentes prières ensemble.

D. Vous dites *à Dieu et à la sainte Vierge*. Pourquoi ?

R. Parce que les prières qui la composent s'adressent à Dieu et à la sainte Vierge ; le *Credo* et le *Pater*, à Dieu ; et l'*Ave, Maria*, à la sainte Vierge.

D. Pourquoi dites-vous qu'il faut se mettre en la présence de Dieu avant le chapelet ?

R. Parce qu'il faut toujours commencer ainsi toute prière, en pensant qu'on va parler à Dieu.

D. Pourquoi tenir en main et regarder cette croix du chapelet ?

R. Pour penser à la rédemption, et que le succès de nos prières vient de la croix.

D. Comment cette profession de foi est-elle si utile en commençant le chapelet ?

R. C'est qu'il n'y a rien de plus utile que de nous rappeler les différents points de notre croyance et d'en faire des actes de foi.

D. Comment ceux qui ne savent pas lire doivent-ils réciter leur chapelet pendant la Messe ?

R. En réfléchissant sur chaque article du *Symbole*, du *Pater* et de l'*Ave, Maria*, en les disant en français.

D. Mais si on ne sait ni méditer, ni réfléchir ?

R. On peut s'arrêter à chaque article et dire bonnement : Mon Dieu, apprenez-moi à méditer ; dites à mon cœur ce qui est renfermé dans cette article, dans cette demande.

D. A quoi peut-on encore penser en disant son chapelet pendant la Messe ?

R. A la passion de Notre-Seigneur ; regarder le crucifix et penser : Voilà comme J.-C. a souffert pour nous.

D. Comment est-ce que l'Eglise autorise le chapelet ?

R. C'est qu'elle a établi une fête, un office, des confréries du rosaire.

D. Quels Saints en ont donné l'exemple ?

R. C'est d'abord saint Dominique qui l'a établi, et puis plusieurs Saints et savants ont porté et récité le chapelet.

D. Comment l'expérience en a-t-elle montré l'avantage ?

R. C'est que Dieu a opéré des miracles en faveur du rosaire et de ceux qui le récitent bien.

D. Qui sont ceux qui méprisent cette pratique?

R. Les libertins, les orgueilleux, les huguenots, les impies.

RÉCAPITULATION PRATIQUE.

1° Envisagez l'*Ave, Maria* comme une prière très sainte et très respectable, parce qu'elle est composée de saintes paroles, et très autorisée par l'Eglise.

2° Récitez-la toujours avec réflexion, attention, foi et sentiment.

3° Récitez-la souvent; surtout ne manquez pas à l'*Angelus*; et, en récitant cette formule de prières, méditez un moment sur l'incarnation qu'elle raconte, et remerciez-en le Seigneur.

4° Portez et récitez dévotement le chapelet; estimez cette pratique comme solide, utile et autorisée par l'Eglise.

5° Soyez dévot enfant et serviteur de la sainte Vierge; souvenez-vous que jamais bon serviteur de Marie ne périra, parce qu'il aimera le Fils et la Mère, si sa dévotion est bien entendue.

PARAPHRASE DE LA SALUTATION ANGÉLIQUE.

Je vous salue, Marie, pleine de grâce. Je vous révère avec l'Ange qui vous annonça le mystère de l'incarnation; vous êtes véritablement pleine de grâce, puisque vous avez toujours été en grâce avec Dieu, et que vous avez conçu l'Auteur de la grâce. O Marie, pleine de grâce! communiquez-moi quelque chose de ces bienfaits divins dont vous avez été comblée.

Et le Seigneur est avec vous. Il y a été dès le moment de votre conception par sa grâce; il y fut en demeurant dans vos chastes flancs pendant neuf mois; il y fut pendant toute sa vie; il est dans le Ciel avec vous, puisque vous êtes près de lui sur un trône de gloire.... Quel bonheur pour moi, si je puis être avec lui et avec vous pendant toute l'éternité !

Vous êtes bénie entre toutes les femmes : Multæ filiæ congregaverunt divitias ; tu supergressa es universas (Prov. xxxi, 29); vous surpassez véritablement toutes les femmes les plus illustres, en gloire, en mérites, en bénédictions. Le Seigneur a opéré en vous des merveilles qu'il n'opéra jamais en aucune autre, puisqu'il vous a choisie pour sa Mère et élevée à la dignité de Reine des Anges et des hommes ! Je m'en réjouis, je vous en félicite de tout mon cœur, ô ma divine Mère ! Souvenez-vous de votre enfant dans ce degré d'élévation sublime.

Et Jésus, le fruit de vos entrailles, est béni. Oui, je le bénis de tout mon cœur, ce fruit de vie pour nous tous ; qu'il soit à jamais béni et exalté, glorifié par tous les hommes qu'il a sauvés.

Sainte Marie, Mère de Dieu, priez pour nous, pauvres pécheurs. Hélas ! oui, je suis pécheur ; mais vous êtes le refuge de ceux qui veulent revenir à Dieu... Suis-je de ce nombre ? Mon cœur tient peut-être encore au péché. Ah ! Mère de miséricorde, obtenez-moi des grâces de conversion ; jetez-vous entre un père justement irrité et cet enfant rebelle, et obtenez-moi mon pardon.

Maintenant et à l'heure de ma mort. C'est tous les jours, à tous les instants, c'est maintenant que j'ai besoin de votre assistance ; mais ce sera surtout à l'heure de ma mort que votre protection me sera nécessaire. Consolatrice des affligés, soyez à côté de mon lit funèbre à ce redoutable moment ; soulagez-moi, que j'expire entre vos bras ; recevez mon âme et présentez-la à votre cher Fils, mon frère et mon juge.

Ainsi soit-il. Exaucez cette prière, présentez-la à l'Auteur de tous les dons ; que tout ce que je vous ai demandé s'accomplisse pour la gloire de Dieu, pour la vôtre et pour mon salut éternel. Ainsi soit-il.

DES SACREMENTS EN GÉNÉRAL.

D. Qu'est-ce qu'un sacrement?

R. Un sacrement est un signe sensible, institué par Notre-Seigneur Jésus-Christ pour notre sanctification.

D. Pourquoi dites-vous qu'un sacrement est un signe?

R. Parce que le sacrement nous fait connaître la grâce invisible qu'il produit dans notre âme.

D. Pourquoi dites-vous que ce signe est sensible?

R. Parce qu'il frappe les sens.

Un sacrement est un *signe*, c'est-à-dire une action extérieure, une marque signifiante qui désigne quelque chose. Cette action du dehors signifie la grâce que Dieu nous fait dans l'âme intérieurement, en même temps qu'on applique cette action extérieure sur le corps. Ce signe est sensible, parce qu'il est aperçu par nos sens; il est vu par les yeux, il est entendu par les oreilles, il est touché par les mains, etc. Ceci va s'expliquer plus amplement par des exemples.

D. Expliquez cela par un exemple.

R. Dans le Baptême, ce qui frappe les sens est l'eau qui lave l'enfant, et cette eau signifie la grâce qui lave son âme de la tache du péché originel.

Quand on baptise un enfant, vous voyez le Prêtre qui lui verse de l'eau sur la tête: cela vous frappe les yeux; vous entendez les paroles qu'il prononce · cela frappe vos oreilles; cet enfant sent l'eau qui touche sa tête: cela frappe le toucher. Comme vous voyez, ces signes frappent les sens. Mais, en même temps, c'est un signe de ce qui se passe dans l'âme de celui qu'on baptise. Cette eau signifie que Dieu, par la grâce, purifie cette âme de la tache originelle, comme l'eau lave les souillures d'un linge ou d'une étoffe qu'on veut nettoyer ; voilà un signe sensible de la grâce qui nous est conférée par ce sacrement. Dans la Confirmation, on impose les mains, on applique de l'huile et du baume consacrés, sur le front du confirmé ; on prononce des paroles. Voilà des actions qui frappent les sens, et qui expriment la force et l'onction de la grâce que Dieu communique. Dans l'Eucharistie, les espèces du pain et du vin que l'on reçoit sont des signes extérieurs qui signifient que notre âme est nourrie spirituellement par le corps de Jésus-Christ, comme nos corps sont nourris et fortifiés par le pain et le vin, qui sont nos aliments ordinaires.

Dans la Pénitence, l'action et les paroles du Prêtre, qui dit : *Je vous absous,* signifient extérieurement que Dieu accorde en même temps le pardon des péchés. Dans l'Extrême-Onction, les paroles et les onctions sur les yeux, sur les oreilles, sur la bouche, etc., signifient que Dieu pardonne en même temps les péchés commis par ces sens, et fortifie intérieurement le malade pour souffrir et combattre en ces derniers moments.

Dans l'Ordre, l'imposition des mains, les insufflations, la tradition des vases sacrés, les onctions saintes et les paroles qui accompagnent ces augustes cérémonies, signifient toutes les grâces que Dieu accorde à ses Ministres, pour exercer les fonctions vénérables de leurs ordres.

Dans le Mariage, les paroles et les bénédictions, prononcées sur les époux, signifient et annoncent les grâces et les bénédictions qui doivent sanctifier leur union et bénir leur postérité.

Voilà, mes enfants, comme les sacrements sont des signes extérieurs qui expriment la grâce répandue intérieurement dans nos âmes pour nous sanctifier ; les uns,

en nous purifiant de nos souillures ; les autres, en aug-
mentant la force, la grâce et les perfections que nous
avions déjà.

Nous disons que ces *signes sensibles* sont institués par
Notre-Seigneur Jésus-Christ, parce que lui seul a institué
les sacrements.

Il n'appartenait qu'à un Dieu de les établir, parce qu'il
est seul l'auteur de la grâce, et qu'il n'y a qu'une puissance divine qui puisse attacher la vertu de produire la
grâce à des éléments, à des paroles, à des actions, qui ne
pourraient la produire par eux-mêmes, et qui néanmoins
l'opèrent infailliblement. Les Apôtres n'ont fait que nous
transmettre ces établissements de sa part ; ils n'en sont
pas les auteurs.

D. Combien y a-t-il de sacrements ?

R. Il y en a sept : le Baptême, la Confirmation,
la Pénitence, l'Eucharistie, l'Extrême-Onction,
l'Ordre, et le Mariage.

D. Comment ces sacrements nous sanctifient-ils ?

R. Les uns, comme le Baptême et la Pénitence,
nous donnent la grâce que nous n'avions pas ; les
autres augmentent la grâce que nous avions déjà.

Parmi les sacrements, les uns donnent la grâce, les
autres l'augmentent. Le Baptême et la Pénitence nous
donnent la grâce que nous n'avions pas ; car le Baptême
est établi pour effacer en nous le péché originel, et la
Pénitence pour effacer les péchés actuels, par conséquent, pour tirer notre âme de l'état déplorable de disgrâce où nous étions, et nous donner la grâce que nous
n'avions pas. C'est pour cela qu'on appelle ces sacrements
les sacrements des morts.

Les autres sacrements augmentent la grâce que nous
avions déjà. Ainsi, le sacrement de Confirmation, qu'il
faut recevoir en état de grâce, augmente les grâces que
nous avons reçues au Baptême ; il nous rend plus parfaits

chrétiens, nous donne des grâces de force pour être bons soldats de Jésus-Christ et professer hardiment notre foi, notre religion. L'Eucharistie, qu'il faut aussi recevoir en état de grâce, nourrit notre âme, augmente en nous la vie de la grâce, nous unit à Jésus-Christ, devient pour nous un gage de la vie éternelle : voilà des augmentations aux grâces que nous avions déjà. L'Extrême-Onction nous donne la grâce de soutenir les douleurs de la maladie ; et, si nous sommes en péché, elle nous donne la grâce que nous n'avions pas (1). Ainsi, ce sacrement donne et augmente la grâce ; il est tout à la fois sacrement des vivants et sacrement des morts. L'Ordre, qu'il faut aussi recevoir en état de grâce, nous donne les grâces nécessaires pour remplir dignement les fonctions du saint ministère, et, par conséquent, il ajoute aux grâces que nous avions déjà. Le Mariage, qu'il faut aussi recevoir en état de grâce, donne aux personnes mariées les grâces nécessaires pour sanctifier leur état et élever chrétiennement leurs enfants, et, par conséquent, augmente la grâce qu'elles avaient auparavant.

Ainsi, le Baptême nous donne la naissance et la vie spirituelle ; la Confirmation la fortifie ; l'Eucharistie la nourrit ; la Pénitence nous la rend, si nous la perdons ; l'Extrême-Onction la répare et la soutient à l'heure de la mort ; l'Ordre nous donne des guides et des Pasteurs pour conduire notre âme dans les pâturages de la vie spirituelle, et le Mariage reproduit et perpétue la société des vivants de la vie de la grâce.

Voyez donc, mes enfants, par combien de moyens notre divin Sauveur a pourvu à notre sanctification, en établissant des sacrements ; avec quelle abondance il a voulu réparer la chute originelle, rendre la vie à notre âme et la fortifier.

_____

(1) Que l'Extrême-Onction efface même le péché mortel et donne la première grâce, c'est une question indécise. On peut soutenir, et bon nombre de théologiens soutiennent réellement le contraire. *Note de l'Éditeur.*

D. Comment les sacrements nous donnent-ils la grâce ?

R. **Les sacrements nous donnent la grâce en nous appliquant les mérites de la passion et de la mort de Jésus-Christ.**

Toutes les grâces nous viennent par les mérites de Jésus-Christ. Les sacrements sont les moyens et comme les instruments que Jésus-Christ a choisis lui-même pour nous appliquer les mérites de sa passion et de sa mort. Il a voulu que toutes les fois qu'on emploierait ce signe extérieur et sensible, ses mérites devinssent profitables à celui qui le recevrait. Ainsi, par exemple, il a voulu que, toutes les fois que l'on verserait de l'eau sur la tête d'une personne, en prononçant ces paroles : *Je te baptise,* avec l'intention de donner le Baptême, aussitôt ses mérites fussent appliqués à cette personne. Il veut qu'à cette occasion le péché originel et les autres péchés soient effacés ; il donne à ce nouveau chrétien la grâce sanctifiante et le fait enfant de Dieu et de l'Eglise. Il a voulu que toutes les fois que le Prêtre prononcerait sur un pécheur ces paroles : *Je vous absous,* les péchés de ce dernier lui fussent remis en vertu des mérites du Rédempteur, qui procurent au pécheur son pardon : ainsi des autres sacrements. C'est donc en vertu et par l'application des mérites de Jésus-Christ, que ces signes extérieurs produisent intérieurement les effets spirituels et divins que notre Sauveur a bien voulu y attacher.

D. Les sacrements produisent-ils toujours la grâce ?

R. **Oui, pourvu qu'on les reçoive avec les dispositions nécessaires.**

Ce n'est pas assez de recevoir les sacrements : il faut les bien recevoir pour qu'ils produisent la grâce ; il faut y apporter les dispositions nécessaires. Ainsi, pour que l'absolution nous donne la grâce, le pardon de nos péchés dans le sacrement de Pénitence, il faut un regret

du péché, un changement du cœur, un aveu sincère de
ses fautes. Pour que la grâce soit augmentée en nous par
l'Eucharistie, il faut communier en état de grâce et avec
les sentiments de foi, d'espérance, d'amour, de respect,
de reconnaissance; en un mot, avec la piété, la dévotion qu'exige un si grand sacrement. Ainsi des autres,
qui, reçus sans les dispositions nécessaires, deviendraient
de nul effet et même des profanations sacriléges, comme
vous le dit la demande suivante.

D. Est-ce un grand péché que de recevoir les sacrements indignement ?

R. Oui, c'est un sacrilége.

D. Qu'entendez-vous par ce mot *sacrilége.*

R. J'entends la profanation d'une chose sainte et
sacrée.

Hélas! oui, mes enfants, c'est un sacrilége, une profanation horrible des mérites de Jésus-Christ, que de
recevoir les sacrements indignement et sans les dispositions nécessaires! Alors son sang tombe sur un cœur
mal préparé. Par exemple, dans la Pénitence, la sentence de salut se tourne en arrêt de réprobation contre
les pénitents non contrits ; la nourriture divine de l'Eucharistie se tourne en poison qui donne la mort à l'âme
des profanateurs. Prenez donc garde, mes chers enfants,
à vos dispositions, toutes les fois que vous recevrez un
sacrement ; recevez-le toujours après vous y être préparés de votre mieux, suivant les instructions que nous
vous donnerons pour chacun. Tremblez que ces sources
de grâces ne se changent pour vous en sources de malédictions et de damnation éternelle.

D. Peut-on recevoir plusieurs fois chaque sacrement?

R. Oui, à l'exception du Baptême, de la Confirmation et de l'Ordre, qu'on ne peut recevoir qu'une
fois, parce qu'ils impriment caractère.

Parmi les sept sacrements, il y en a quatre qu'on peut recevoir plusieurs fois. Par exemple, on peut et même on doit recevoir plusieurs fois la Pénitence et l'Eucharistie, selon le besoin que nous avons de ces secours divins, pour conduire ou soutenir notre âme dans la vie spirituelle. On peut et on doit recevoir l'Extrême-Onction toutes les fois qu'on se trouve en danger de mort, en différentes maladies. On peut aussi recevoir le sacrement de Mariage plusieurs fois : l'Eglise permet ou tolère les secondes noces, après la mort d'un des deux époux.

Mais il y a trois sacrements qu'on ne peut absolument recevoir qu'une fois dans la vie : ce sont le Baptême, la Confirmation et l'Ordre, parce que ces trois sacrements impriment un caractère ineffaçable et qu'il n'est pas besoin de renouveler. La demande suivante va vous apprendre ce que c'est que ce caractère.

D. Qu'entendez-vous par ce mot caractère ?

R. Par ce mot caractère, j'entends une marque spirituelle imprimée dans l'âme et qui ne peut être effacée.

D. A quoi sert ce caractère ?

R. Il sert à distinguer ceux qui ont reçu quelqu'un de ces trois sacrements, de ceux qui ne l'ont pas reçu, et il donne droit à certaines grâces ou fonctions.

Un caractère est une marque distinctive qui sert à faire connaître une chose ou une personne. Chaque personne a ses traits, son caractère distinctifs, qui servent à la faire connaître parmi les autres. Or, le Baptême imprime la marque ou le caractère de chrétien, qui sert à distinguer les chrétiens des Turcs, des Juifs, des idolâtres, qui n'ont pas reçu ce sacrement ; la Confirmation nous imprime le caractère de soldats de Jésus-Christ, qui nous distingue des autres chrétiens qui ne l'ont pas reçu ; l'Ordre imprime le caractère de Prêtre du Dieu vivant, qui nous distingue des chrétiens séculiers. A la vérité ces caractères ne sont pas visibles, parce que c'est une distinction purement spirituelle ; mais, aux yeux de Dieu, ces caractères sont très aperçus et remarquables ; et même aux yeux des hommes, quoique invisibles, ils nous distinguent, parce qu'on sait que tel ou tel a reçu le Baptême, tel la Confirmation, tel la prêtrise ; on rend même certains hommages à ces caractères toujours respectables aux yeux de la religion. Ces caractères ne peuvent être effacés, parce qu'étant une fois chrétien, Prêtre, ou soldat de Jésus-Christ, on ne peut cesser de l'être. C'est pour cela qu'on ne peut recevoir ces sacrements qu'une seule fois dans la vie, parce qu'on ne peut être fait de nouveau ce qu'on était déjà ; on ne peut pas nous faire deux fois chrétiens, soldats de Jésus-Christ, ou Prêtres... On peut bien dégrader ces caractères divins, et on ne les dégrade que trop ; mais on ne peut les anéantir.

Quand nous péchons, nous les déshonorons, nous les profanons, nous les couvrons de fange et d'ignominie ; mais nous ne les effaçons pas. Ils sont gravés dans notre âme par les mains de Dieu. Julien-l'Apostat, ce prince impie qui avait renoncé à Jésus-Christ, voulait effacer le caractère de chrétien qu'il avait reçu au Baptême ; mais, inutiles efforts ! il l'a emporté jusqu'aux enfers pour augmenter les tourments qu'il a mérités par l'impiété et l'apostasie qui l'ont profané. Il en sera ainsi de tous les mauvais chrétiens ; ils emporteront leur caractère dans les abîmes éternels. Votre Catéchisme ajoute que ce caractère donne droit à certaines grâces et à certaines fonctions. Voyons ce que c'est.

D. Quelles sont ces grâces et ces fonctions ?

R. Le Baptême met en état de recevoir les autres sacrements ; la Confirmation donne ce qu'il faut pour être parfait chrétien ; l'Ordre rend capable d'administrer les sacrements.

Le *Baptême* est notre introduction au christianisme et à tous les droits attachés à cette illustre prérogative. Il

faut être chrétien pour recevoir les autres sacrements ;
ils seraient sans effet sur des Juifs ou des infidèles. Il n'y
a que les chrétiens, enfants de Dieu, qui aient droit aux
biens spirituels de l'Eglise, à la communion des Saints.
Voilà, mes enfants, les heureux effets et les droits importants que nous acquérons au Baptême.

La *Confirmation*, en nous imprimant le caractère de
soldats de Jésus-Christ, nous donne droit aux grâces et
aux dons du Saint-Esprit, pour être bons et parfaits
chrétiens, pour professer hautement et défendre la foi
de Jésus-Christ ; même au péril de notre vie. C'est par
ce sacrement que nous sommes revêtus d'une armure
sainte pour *combattre les combats du Seigneur* contre les
ennemis de notre salut.

L'*Ordre* nous donne le pouvoir et les grâces nécessaires
pour exercer saintement les fonctions du plus auguste
ministère, pour consacrer le corps de Jésus-Christ, pour
offrir le saint Sacrifice, pour remettre les péchés, pour
annoncer la parole de Dieu, etc. Pouvoirs et grâces qui ne
sont pas nécessaires, ni accordés au commun des fidèles.

Voilà, mes enfants, ce que c'est que ces caractères
divins et les effets qui en résultent. Et ces trois sacrements ont cela de remarquable, qu'ils impriment leurs
caractères malgré les mauvaises dispositions de ceux qui
les reçoivent. Ainsi, celui qui recevrait les Ordres en
péché mortel, recevrait toujours le caractère auguste et
ineffaçable de Prêtre et le pouvoir de consacrer le corps
de Jésus-Christ, quoiqu'il ne reçût pas la même abondance de grâces.

Celui qui recevrait la Confirmation en péché mortel,
recevrait toujours le caractère de soldat de Jésus-Christ,
quoiqu'il ne reçût pas les dons du Saint-Esprit comme le
chrétien bien disposé. Un adulte qui recevrait le Baptême sans contrition de ses péchés, aurait toujours le caractère de chrétien et le droit aux autres sacrements ;
mais il ne recevrait pas les grâces attachées aux bonnes
dispositions.

SOUS-DEMANDES.

D. Que veut dire ce mot *signe* ?

R. C'est-à-dire une marque qui désigne quelqu'un ou quelque chose.

D. Et ce mot *sensible* ?

R. C'est une chose qu'on voit, qu'on entend, qu'on sent, qu'on touche, qui frappe nos sens.

D. Qu'est-ce que signifient donc ces sacrements, ces signes sensibles ?

R. Ils signifient la grâce qu'on ne voit pas.

D. Par exemple, qu'est-ce que signifie l'eau dans le Baptême ?

R. Que la grâce purifie l'âme, comme l'eau lave le corps.

D. Que signifient les espèces du pain et du vin dans l'Eucharistie ?

R. Elle signifient que le corps et le sang de J.-C. nourrissent notre âme, comme le pain et le vin nourrissent notre corps.

D. Vous dites *la grâce invisible*. Que veut dire ce mot *invisible* ?

R. C'est-à-dire la grâce qu'on ne voit pas, car on ne voit pas la grâce.

D. Vous dites que les sacrements sont institués par N.-S. J.-C. Est-ce que ce n'est pas l'Eglise qui les a institués ?

R. Non, il n'y a qu'un Dieu qui puisse établir des sacrements.

D. Pourquoi cela ?

R. Parce qu'il n'y a qu'un Dieu qui puisse attacher des grâces à un signe extérieur.

D. Vous dites pour nous sanctifier. Que veut dire ce mot *sanctifier* ? •

R. C'est-à-dire que les sacrements nous feront devenir Saints.

D. Comment est-ce que le Baptême nous donne la grâce que nous n'avions pas ?

R. C'est qu'il efface le péché originel et nous donne la vie de la grâce et l'amitié de Dieu, que nous n'avions pas ?

D. Et la Pénitence, comment nous rend-elle la grâce ?

R Le sacrement de Pénitence nous rend cette amitié de Dieu que nous avions perdue par les péchés commis depuis le Baptême.

D. Comment est-ce que l'Eucharistie augmente la grâce que nous avions déjà ?

R. C'est que nous devons être en état de grâce pour communier, et que nous recevons de nouvelles grâces en communiant.

D. Comment est-ce que les sacrements nous appliquent les mérites de J.-C.?

R. C'est que J.-C. veut que sa passion nous soit utile toutes les fois qu'on nous applique un de ces signes sensibles.

D. Si on ne recevait pas les sacrements avec de bonnes dispositions, on ne recevrait donc pas la grâce?

R. Non ; par exemple, on ne reçoit pas la rémission de ses péchés au sacrement de Pénitence, si on n'en a pas le regret.

D. Et si on ne recevait pas la communion en état de grâce?

R. On recevrait le corps de J.-C., mais point de grâce avec, puisqu'on ferait un sacrilége.

D. Un sacrilége, est-ce un grand péché?

R. Oui, parce qu'on profane le sang de J.-C.

D. Quels sont les sacrements qu'on ne peut recevoir qu'une fois?

R. Ce sont le Baptême, la Confirmation et l'Ordre.

D. Voit-on cette marque, ce caractère spirituel imprimé au Baptême?

R. Non, on ne voit pas cette marque, mais on reconnaît comme chrétien celui qui a reçu le sacrement de Baptême ; ainsi de la Confirmation et de l'Ordre.

D. A quoi sert le caractère de Prêtre?

R. A distinguer un Prêtre de celui qui ne l'est pas.

D. Est-ce qu'on ne pourrait pas effacer cette marque?

R. Non, J.-C. a voulu que les baptisés fussent toujours chrétiens, et les ordonnés toujours Prêtres.

D. Comment est-ce que le Baptême met en état de recevoir les autres sacrements?

R. C'est qu'il faut être chrétien et enfant de l'Eglise pour avoir droit à ses biens spirituels réservés aux enfants de Dieu et de l'Eglise.

D. Un Turc, un païen, un Juif ne pourraient donc pas recevoir le sacrement de la Pénitence, ni avoir part aux autres biens de l'Eglise?

R. Non, parce que tout cela n'est que pour les chrétiens.

RÉCAPITULATION PRATIQUE.

1° Concevez ce que c'est qu'un sacrement, et combien ces institutions divines sont nécessaires et avantageuses pour notre salut.

2° Soyez-en pénétrés de reconnaissance, et remerciez souvent le Seigneur de les avoir institués.

3° Concevez quelle ingratitude il y aurait de les profaner ; pénétrez-vous de toute l'horreur que mérite un sacrilége, et formez la résolution ferme et sincère de n'en jamais commettre, et de recevoir toujours les sacrements avec de bonnes dispositions.

4° Demandez à Dieu la grâce de mettre à profit des moyens de salut si abondants, si puissants et si efficaces.

PRIÈRE.

Mon Dieu, vous venez de nous découvrir des sources de vie. Nous venons d'apprendre ce que c'est qu'un sacrement, le nombre et les caractères différents de ces moyens de salut que vous avez bien voulu établir parmi nous. Nous vous remercions, ô divin Auteur de la grâce ! de ces bienfaits infinis et de l'instruction qui nous les a fait connaître aujourd'hui en général. Pardon, Seigneur, d'avoir peut-être méconnu de si grands bienfaits et encore plus d'en avoir abusé. Désormais nous allons apprendre à les estimer et à les mettre à profit. Faites-nous la grâce de profiter de cette première instruction et des autres qui vont suivre en détail. Que ces sources de grâces ne soient pas pour nous des sources de malédictions par nos abus et nos sacriléges profanations ; qu'elles soient au contraire des sources abondantes de salut et nous conduisent à la vie éternelle. Ainsi soit-il.

DU BAPTÊME.

SECTION PREMIÈRE.

D. Qu'est-ce que le Baptême ?

R. Le Baptême est un sacrement qui efface en nous le péché originel et nous fait enfants de Dieu et de l'Eglise.

Le Baptême est un sacrement, c'est-à-dire un de ces signes sensibles que nous avons dit avoir été institués par

Notre-Seigneur Jésus-Christ pour la sanctification de nos âmes. Ce signe, cette marque, c'est l'action extérieure qu'on voit, qu'on entend ; on verse de l'eau, on prononce des paroles. Ce sacrement fut établi par Notre-Seigneur Jésus-Christ, lorsqu'il dit à ses Apôtres : *Allez, baptisez toutes les nations, au nom du Père, et du Fils, et du Saint-Esprit.* (Matth. xxviii, 19.) Il est établi pour la sanctification de nos âmes, puisqu'il efface en nous le péché originel, et qu'il produit encore d'autres effets qui doivent opérer notre sanctification, ainsi que nous allons l'expliquer dans les demandes qui vont suivre.

D. Le Baptême n'efface-t-il que le péché originel?

R. Il efface aussi les péchés actuels que l'on aurait commis avant que d'être baptisé.

Le Baptême efface d'abord le péché originel. C'est le premier effet qu'il produit pour notre sanctification. Il fallait commencer par-là ; il fallait d'abord que la tache de notre origine fût effacée, puisqu'elle mettait le premier obstacle aux bienfaits que notre divin Rédempteur voulait exercer envers nous. Nous étions nés enfants de colère, objets de la haine de Dieu, qui déteste nécessairement le péché partout où il le trouve. Nous étions les esclaves malheureux du Démon, par l'empire qu'il avait usurpé sur nos premiers parents en les séduisant. *Natura filii iræ.* (Ephes. ii, 31). Or, c'est le Baptême qui efface en nous cette tache ignominieuse de notre origine, ce caractère affreux de réprobation que nous avions apporté en venant au monde. Il brise les chaînes qui nous captivaient sous l'empire de Satan ; il déchire ce contrat fatal de servitude formé contre nous. *Delens quod adversùs nos erat chirographum.* (Coloss. ii, 14.) C'est ainsi qu'il remplit les premiers desseins de notre rédemption.

Mais ce sacrement n'efface pas seulement le péché de notre origine ; il efface encore tous les autres péchés qu'on aurait commis si on le recevait à l'âge de raison ;

c'est-à-dire que, si on baptisait quelqu'un, comme autrefois, à l'âge de 20 ou 30 ans, il recevrait la rémission des péchés actuels qu'il aurait commis depuis l'âge de raison, en même temps que la rémission du péché originel. Telle était la grâce que recevaient les païens convertis et baptisés par les Apôtres. Telle est encore la grande miséricorde que Dieu exerce envers les Juifs, les Turcs, les idolâtres qui se convertissent à la foi, et que l'on baptise aujourd'hui. Tous leurs péchés sont effacés par le Baptême. C'est la profession solennelle de foi que nous faisons tous les dimanches en chantant le *Credo*. Je reconnais un Baptême établi pour la rémission des péchés. *Confiteor unum Baptisma in remissionem peccatorum.* (Symb. Nicen.)

Non-seulement il remet les péchés, mais toutes les peines dues au péché, soit pour cette vie, soit pour l'autre. C'est la différence qu'il y a entre le Baptême et la Pénitence. La Pénitence ne fait que changer les peines éternelles en temporelles, au lieu que le Baptême anéantit les unes et les autres ; en sorte qu'un adulte, qui mourrait au sortir des fonts sacrés, irait au Ciel sans subir les peines du purgatoire, parce qu'il ne reste plus aucun sujet de condamnation en ceux qui viennent d'entrer ainsi sous l'empire aimable de Jésus-Christ : *Nihil damnationis est in his qui sunt in Christo Jesu.*

D. **Comment le Baptême nous fait-il enfants de Dieu ?**

R. **En nous donnant la vie spirituelle en vertu de laquelle Dieu nous adopte pour ses enfants, nous aime comme tels et nous donne part à son héritage.**

En naissant, nous étions les enfants malheureux d'un père coupable, créé d'abord enfant de Dieu, mais déshérité à cause de sa désobéissance. Héritiers de sa disgrâce, nous étions des enfants de colère par notre nature : *Natura filii iræ.* Mais le Baptême nous donne une nouvelle naissance, une vie nouvelle, la vie spirituelle de l'âme. Dieu nous adopte et nous met au nombre de ses enfants.

Oui, chers enfants, au sortir des fonts sacrés, le Seigneur jeta sur vous un regard d'amour, et il dit de vous comme de son divin Fils : *Hic est Filius meus dilectus, in quo mihi benè complacui.* (Matth. XVII, 5.) Voilà mon Fils bien-aimé, en qui j'ai mis mes complaisances. Unis à Jésus-Christ son Fils, vous êtes devenus ses frères, ses membres, d'autres lui-même ; vous vivez de la vie spirituelle. Sous ces rapports divins, dans cette liaison admirable, nous sommes tous adoptés avec Jésus-Christ pour être les enfants de Dieu, les cohéritiers de son Fils, les héritiers de son royaume éternel.

Voyez-donc, mes chers enfants, combien le Seigneur nous a aimés, quelle charité il a exercée envers nous, puisqu'il nous appelle ses enfants, puisque nous le sommes réellement par l'adoption qu'il fait de nous au Baptême : *Videte qualem charitatem dedit nobis Pater, ut filii Dei nominemur et simus.* (1. Joan. III, 1.)

D. Comment le Baptême nous fait-il enfants de l'Eglise ?

R. En nous donnant droit de participer aux autres sacrements, aux prières de l'Eglise et à tous ses biens spirituels.

En devenant les enfants de Dieu, nous devenons aussi les enfants de l'Eglise, épouse de Jésus-Christ, c'est-à-dire les associés, les disciples, les membres de cette société sainte que ce divin Sauveur est venu établir sur la terre pour former ses élus et les préparer à l'héritage qu'il veut bien partager avec eux. C'est le Baptême qui nous donne cette qualité, parce qu'il nous introduit dans cette société ; il nous en donne les droits. Une fois initiés dans le christianisme par le Baptême, nous avons droit, comme enfants de Dieu et de l'Eglise, de participer à ses autres sacrements, à ses solennités, à ses mystères, aux saints Sacrifices, aux bonnes œuvres et aux prières des fidèles, à toutes les grâces, à tous les bienfaits communs à cette société divine. Voilà, mes enfants, comment le Baptême vous a faits enfants de l'Eglise, et comment vous avez acquis tant d'heureuses prérogatives.

Ecoutez, mes enfants, le beau détail que vous en fait saint Augustin : *Videte, fratres, quales sint Baptismi largitates.* Voyez, mes frères, disait-il à des catéchumènes nouvellement baptisés, voyez quels sont les bienfaits abondants que vous a conférés le Baptême. *Non solùm liberi, sed et Sancti.* Non-seulement nous sommes libres et affranchis de l'esclavage du Démon, mais nous sommes Saints. *Non solùm Sancti, sed et filii, sed et fratres Christi.* Non-seulement nous sommes sanctifiés, mais les enfants de Dieu, mais les frères de Jésus-Christ. *Non solùm filii, sed et hæredes, sed cohæredes Christi.* Non-seulement les enfants de Dieu, mais ses héritiers, mais les cohéritiers de Jésus-Christ. *Non solùm cohæredes, sed et membra, sed et templum, sed et organa Spiritûs Sancti.* Non-seulement les cohéritiers de Jésus-Christ, mais ses membres, mais le temple, mais les organes du Saint-Esprit. Ah ! mes enfants, quelles prérogatives ! quelle grandeur ! quelle dignité du chrétien ! *Agnosce, ô christiane, dignitatem tuam !* Le beau, le sublime caractère qui vous fut imprimé sur le front !

Caractère particulier qui nous distingue des païens et des infidèles ! Caractère auguste, royal et sacerdotal, qui nous ennoblit au-dessus des rois de la terre, puisqu'il nous fait enfants du Roi des rois ; puisqu'il nous consacre comme les Prêtres, pour être initiés aux plus saints mystères. *Regale sacerdotium.* Caractère divin, puisqu'il imprime dans notre âme les traits de la Divinité auxquels un Dieu veut bien nous reconnaître pour ses enfants. Caractère glorieux et immortel, qui brillera sur notre front comme les rayons du soleil dans le royaume de notre Père. *Fulgebunt sicut sol in regno Patris eorum.* Caractère ineffaçable, qui durera toute l'éternité. Nous pouvons malheureusement le dégrader, l'avilir, le souiller par nos crimes ; mais rien ne peut l'anéantir. Nous le porterons dans les Cieux tout rayonnant de gloire, si nous en avons conservé la beauté ; mais si nous l'avons dégradé, nous le porterons jusque dans les enfers, gravé en traits de feu, pour nous distinguer des païens réprouvés. Et, pour ajouter à nos supplices la rigueur, l'opprobre et l'ignominie qu'auront mérités nos profanations, éternellement on lira sur notre front, écrit en lettres de flamme : *Chrétien dégradé.*

Tel est, mes enfants, le caractère que nous imprime le Baptême ; il durera toujours ; c'est un des effets particuliers de ce sacrement. C'est pour cela qu'on ne peut le recevoir qu'une fois, parce qu'on ne doit pas graver sur nous des traits qui y sont déjà.

D. A quoi nous engage le Baptême ?

R. A croire en Jésus-Christ, à suivre sa loi et ses exemples, à renoncer au Démon, à ses pompes et à ses œuvres.

Comme vous voyez, mes enfants, voilà trois sortes d'engagements que nous avons contractés au Baptême par la voix de nos parrains et marraines ; nous les avons ratifiés et jurés, il faut les remplir. Je vais vous les développer.

1° Vous vous êtes engagés *à croire en Jésus-Christ.* Cette première obligation résulte nécessairement de notre introduction au christianisme. Pour être disciple d'un maître, il faut croire son existence, ses qualités, sa doctrine. Pour être disciple de Jésus-Christ, il faut donc croire qu'il est Fils de Dieu, envoyé de son Père pour racheter le genre humain ; qu'il s'est fait homme ; qu'il est né, qu'il a vécu sur la terre ; qu'il y a enseigné une religion divine ; qu'il est mort pour notre salut ; qu'il a laissé après lui des Disciples qui ont répandu et établi cette religion que nous professons, cette société chrétienne à laquelle nous sommes agrégés. Nous devons croire que la doctrine qu'il nous a transmise est la vérité et la vie qui conduit au royaume des Cieux.

Aussi est-ce par l'exercice de cette foi qu'on a toujours préparé les catéchumènes. On les instruisait, on les interrogeait sur le *Credo*. On exigeait d'eux cette profession de foi avant de les initier à la société des chrétiens. On la demande encore aujourd'hui aux enfants que l'on baptise. Vous l'avez faite par l'organe de vos parrains et marraines, mes chers enfants, et sans doute vous l'avez ratifiée et renouvelée depuis que vous avez l'usage de la raison. C'est pour cela qu'en introduisant un enfant sur les fonts sacrés, on récite le Symbole des Apôtres, qui est le précis de la foi des chrétiens. Avant de verser l'eau sur votre tête, on vous a demandé, en la personne de vos répondants : *Croyez-vous en Dieu le Père Tout-Puissant, Créateur du Ciel et de la terre? Croyez-vous en Jésus-Christ, son Fils unique, Notre-Seigneur, qui est né et qui a souffert?* On a répondu pour vous : *Je crois.* Cette déclaration était absolument nécessaire : sans cela on ne vous eût jamais administré le saint Baptême. Profession solennelle que nous faisons à la face des autels, des Anges et des hommes, entre les mains du ministre qui nous confère ce sacrement. Profession stable et permanente qui nous oblige à croire toujours et sans balancer toutes les vérités que l'Eglise propose de croire à tous ses enfants. *Credo,* je crois en Jésus-Christ : voilà ce que nous avons dit et ce que nous devons dire jusqu'à la mort, sans quoi nous sommes parjures, nous enfreignons ce premier engagement de notre Baptême.

2ᵉ Engagement. Le Baptême nous oblige *à suivre la loi et les exemples de Jésus-Christ.* Je dis *la loi.* Qui dit chrétien, dit disciple de Jésus-Christ ; c'est la signification de ce beau nom que nous avons l'honneur de porter. Or, un bon disciple doit écouter la doctrine de son maître ; notre obligation essentielle est donc de pratiquer cette loi si sage, si sainte, émanée du Ciel même, qu'un Dieu fait homme est venu apporter sur la terre. Aimer Dieu par-

dessus toute chose, aimer votre prochain comme vous-
mêmes pour l'amour de Dieu, aimer jusqu'à vos ennemis,
telle est en abrégé cette loi divine de Jésus-Christ, dont
la pratique doit surtout distinguer ses disciples. *In hoc
cognoscent vos.*

Votre Catéchisme ajoute que vous devez suivre *les
exemples* de ce divin Maître. O vous qui êtes baptisés !
vous êtes revêtus de Jésus-Christ. *Quicumque enim in
Christo baptizati estis. Christum induistis.* (Gal. III, 27.)
Qu'est-ce que cela signifie ? Que nous devons ressembler
à ce divin modèle, nous revêtir et nous orner de ses vertus. Il nous l'a dit lui-même : Quiconque veut être mon
disciple, qu'il se renonce lui-même, qu'il prenne sa croix
et qu'il me suive. (*Matth.* XVI, 24.) Il faut qu'il souffre
patiemment les opprobres, les misères, les tribulations
de cette vie, la mort même ; qu'il marche à ma suite sur
le Calvaire. Voilà, chers enfants, à quoi nous engage
l'illustre qualité de disciples de Jésus-Christ, que nous
avons reçue au Baptême : *Christum induistis.* Vous êtes
revêtus de Jésus-Christ, vous devez être d'autres Jésus-
Christs en vous formant sur un si parfait modèle.

3° Le Baptême vous engage *à renoncer au Démon, à
ses pompes et à ses œuvres.* C'est ce qu'on exigea de vous
solennellement avant de vous admettre au nombre des
disciples de Jésus-Christ. N....', renoncez-vous à Satan ?
vous dit le Prêtre sur le point de verser l'eau sacrée sur
votre tête. Comme s'il vous eût dit : O vous qui demandez à devenir enfant de Dieu et de son Eglise ! il faut
savoir d'abord si vous renoncez à l'empire du maître qui
vous a tenu jusqu'ici sous ses lois. *Abrenuntias Satanæ ?*
Vous renoncez à Satan ? Oui, j'y renonce, répondit-on
pour vous ; j'abjure à jamais son joug infâme et désho-
norant. Mais voyons en quoi cela consiste.

D. Qu'est-ce que renoncer au Démon ?

R. C'est renoncer au parti du Démon pour se soumettre uniquement à la loi de Jésus-Christ.

Oui, mes enfants, quand vous avez renoncé au Démon, c'est comme si vous aviez dit : Non, je ne veux plus être du nombre des esclaves et des partisans de ce prince des ténèbres ; je ne veux plus suivre ses étendards et ses lois iniques ; je veux me soumettre entièrement à la loi de Jésus-Christ, et lui obéir en tout comme à mon seul et souverain Maître. Voilà celui que je choisis pour jamais, à la place du tyran dont j'étais le malheureux esclave par le péché de mon origine, et en même temps je renonce à ses pompes et à ses œuvres. Voyons encore ce que c'est.

D. Qu'est-ce que renoncer aux pompes du Démon ?
R. C'est renoncer aux maximes et aux vanités que le Démon inspire au monde.

Ainsi, mes chers enfants, quand vous avez renoncé aux pompes du Démon, c'est comme si vous aviez dit : Je renonce à toutes les maximes corrompues du siècle, aux principes, aux leçons d'iniquité, d'injustice, de vengeance, de volupté, d'impureté, etc., que le monde prêche à ceux qui suivent son empire et ses usages. Je renonce à ses vanités, à son orgueil, à son luxe, à ses parures, à ses superfluités, à ses plaisirs criminels, à ses assemblées dangereuses, à ses spectacles, à ses danses, à ces théâtres où le Démon étale ses pompes, sa magnificence trompeuse et tous les piéges funestes qu'il tend à l'innocence et à la vertu. Voilà à quoi vous avez renoncé. En sorte que, si vous allez aux danses, aux spectacles, etc., vous abjurez l'abjuration solennelle que vous avez faite à votre Baptême.

D. Qu'est-ce que renoncer aux œuvres du Démon ?
R. C'est renoncer au péché et à tout ce qui porte au péché.

Le péché est l'œuvre du Démon ; c'est lui qui a péché le premier parmi les Anges, qui a été l'auteur du péché

parmi les hommes ; *Diabolus peccat ab initio*. C'est lui
qui a malheureusement introduit le péché sur la terre ;
c'est lui qui continue toujours à répandre et à propager
l'iniquité. Pour cela, il tente les hommes afin de les attirer dans l'abîme où l'a plongé son orgueil. Ainsi, quand
vous avez dit : Je renonce aux œuvres du Démon, c'est
comme si vous aviez dit : Je renonce à tout péché, à
toutes les suggestions d'iniquité qui pourraient m'être
inspirées par cet esprit infernal qui en est l'auteur. Non-
seulement cela, mais je renonce encore à tout ce qui
peut me conduire au péché, aux occasions, aux causes
du péché, à toutes ces pompes dont nous venons de parler, qui sont si propres à allumer le feu de la concupiscence et du péché dans nos cœurs.

Voilà, chers enfants, les engagements que vous avez
contractés au Baptême, et cela solennellement, à la face
du Ciel et de la terre, des Anges et des hommes ; à la
face des autels, sur les fonts sacrés où vous fûtes régénérés. Sans cela on ne vous eût jamais admis dans la société des chrétiens, au nombre des enfants de Dieu et de
son Eglise.

Sentez-vous bien, mes enfants, toute l'étendue et la
force, la majesté de ces engagements irréfragables ?
« Rappelez-vous, dit saint Ambroise, ce qu'on vous a
» demandé et ce que vous avez répondu... On garde vos
» abjurations et vos serments, non pas dans les tom-
» beaux des morts, mais dans le livre des vivants, dans
» les archives de l'Eglise, où vos noms sont inscrits
» parmi les enfants du royaume céleste. C'est là qu'ils
» sont consignés ; c'est de là qu'on les tirera pour les
» produire aux jugements de Dieu. »

« Vous avez secoué le joug de votre plus redoutable en-
» nemi, continue saint Augustin ; vous l'avez chassé de
» vos cœurs quand vous avez prononcé ces paroles : *Je*
» *renonce ;* ce n'étaient pas les hommes, mais le Seigneur
» et ses Anges qui inscrivaient votre serment dans les
» Cieux. Renoncez donc encore à ce funeste empire, au-

» jourd'hui et tous les jours de votre vie ; et cela, non-
» seulement de bouche, mais encore par votre conduite
» régulière et chrétienne ; que ce ne soient pas vos lèvres
» qui articulent des sons stériles, mais que vos actions
» parlent efficacement, et remplissent toute l'étendue de
» vos engagements.

   » Sachez que vous avez déclaré la guerre à un ennemi
» rusé, invétéré, qui rôde sans cesse autour de vous pour
» vous tendre des piéges. Prenez garde qu'il ne retrouve
» en vous les œuvres d'iniquité auxquelles vous avez
» renoncé, qu'il ne reprenne de nouveaux droits sur
» vous, et qu'il ne vous rentraîne dans votre ancienne
» servitude. Ah ! chrétiens, vous trahissez cet illustre
» nom par un affreux contraste, quand on vous voit
» faire profession d'une doctrine et pratiquer le con-
» traire ! Vous portez le nom de fidèles, et vous montrez
» l'infidélité dans vos actions en violant la promesse so-
» lennelle que vous avez faite ! Vous entrez dans le
» temple saint pour offrir vos vœux au Seigneur, et le
» moment d'après on vous voit dans les assemblées pro-
» fanes, au milieu des danses, des divertissements,
» des spectacles ; on vous voit mêlés dans la société des
» hommes corrompus ; on vous entend parler avec eux
» un langage obscène, et pousser avec eux les clameurs
» de la licence, du libertinage et de la débauche !.....
» Chrétiens parjures ! qu'y a-t-il de commun entre vous
» et ces pompes du Démon auxquelles vous avez re-
» noncé ? » *Quid tibi et pompis Diaboli quibus renun-*
tiasti ? (Aug.)

   Chère jeunesse, c'est à vous surtout que j'adresse ces
paroles énergiques du saint Docteur : *Qu'y a-t-il de com-*
mun entre vous et ces pompes de Satan auxquelles vous
avez renoncé ? Les voilà, ces fonts sacrés sur lesquels on
y renonça pour vous à votre Baptême ; nous vous avons
vus depuis y renoncer vous-mêmes, ratifier vos engagements au jour heureux de votre première communion,
alors que vous fûtes régénérés par un nouveau Baptême,

et comblés de bienfaits et de consolations spirituelles. Nous avons vu couler vos larmes ; nous avons été témoins de vos soupirs et de vos sanglots ; nous avons reçu nous-mêmes ces engagements publics et solennels : quel rapport doit-il donc y avoir entre vous et ces vanités, ces débauches, ces plaisirs criminels, ces parures, ces danses lascives, ces assemblées où règne la licence ? *Quid tibi et pompis Diaboli quibus renuntiasti ?* Vous êtes parjures, vous violez les serments les plus redoutables, et vous n'y pensez pas ! et vous n'en frémissez pas !

Renoncez-y de nouveau, chère jeunesse, et désormais tenez vos engagements.

Nota. Cette rénovation des vœux du Baptême se trouve dans la prière qui termine cette instruction. On pourrait y joindre une certaine solennité, selon les circonstances où l'on se trouvera.

SOUS-DEMANDES.

D Quel est le signe sensible du Baptême ?

R. On voit l'eau, on entend les paroles, cette eau touche celui qu'on baptise : cela frappe les sens.

D. Comment cela signifie-t-il la grâce ?

R. C'est que ce sacrement purifie l'âme, comme l'eau lave les taches.

D. Quelle est la grâce que confère ce sacrement ?

R. Il efface le péché originel et nous donne d'autres grâces.

D. Si on baptisait quelqu'un à vingt ou trente ans, cela effacerait-il les autres péchés ?

R. Oui, le Baptême efface aussi les péchés commis depuis l'âge de raison.

D. Effacerait-il aussi les peines dues au péché ?

R. Oui ; si on mourait en cet état, il n'y aurait ni pénitence, ni purgatoire à subir.

D. Est-ce que le Baptême nous donne une nouvelle vie ?

R. Oui, il donne à l'âme la vie spirituelle de la grâce.

D. Qu'est-ce à dire que Dieu nous adopte pour ses enfants ?

R. C'est-à-dire qu'il veut bien nous regarder et nous aimer comme ses enfants et nous donner son héritage.

D. Quel est cet héritage qu'il nous donne?

R. C'est le Paradis qui deviendra la demeure de tous les bons chrétiens.

D. Pourrait-on participer aux autres sacrements et aux autres avantages de l'Eglise si l'on n'était pas baptisé?

R. Non, c'est le Baptême qui nous introduit dans la société des fidèles, et qui nous en donne les droits?

D. Quand nous y sommes introduits, nous en avons donc tous les droits?

R. Oui, parce qu'alors nous sommes les enfants de cette sainte famille.

D. Quand et comment prenons-nous des engagements au Baptême?

R. C'est quand on nous demande si nous croyons en Dieu et en J.-C.; si nous renonçons à Satan, à ses œuvres et à ses pompes.

D. Comment croit-on en J.-C.?

R. En croyant qu'il est Fils de Dieu et qu'il a enseigné une doctrine divine.

D. Qu'est-ce que suivre sa loi?

R. C'est pratiquer les commandements de Dieu et de l'Eglise.

D. Qu'est-ce que suivre ses exemples?

R. C'est être sage et saint, en imitant ce qu'il a fait, autant qu'on le peut.

D. Qu'est-ce que le parti du Démon auquel nous renonçons?

R. C'est la société des méchants que nous promettons d'éviter.

D. Est-ce que le Démon était notre maître avant le Baptême?

R. Oui, il est le maître de tous ceux qui sont dans le péché.

D. Qui est-ce que nous choisissons pour maître au Baptême?

R. C'est J.-C. que nous choisissons pour notre bon maître.

D. Qu'entendez-vous par les maximes du Démon?

R. Ce sont les mauvaises leçons du monde. Par exemple, quand on dit qu'il faut se venger, amasser de grandes richesses, etc.

D. Est-ce qu'au Baptême on renonce à la danse, à la comédie, aux plaisirs criminels, aux parures indécentes, etc.?

R. Oui, ce sont-là les pompes du Démon auxquelles on a renoncé.

D. On est donc parjure quand on va aux spectacles, aux bals, etc.?

R. Oui, on viole les serments solennels qu'on avait faits au Baptême.

D. Le péché est donc l'ouvrage du Démon?

R. Oui, c'est le Démon qui a inspiré le premier péché, et il y porte encore.

D. Est-ce que nous avons aussi renoncé à ce qui occasionne le péché ?

R. Oui, car ces occasions sont les piéges du Démon. Vouloir la cause du péché, c'est vouloir le péché.

D. Mais ce n'est pas nous qui avons renoncé à tout cela ; ce sont nos parrains et marraines?

R. Ils y ont renoncé pour nous, nous sommes obligés de tenir leur parole.

D. Sommes-nous obligés de ratifier ces engagements?

R. Oui, tout chrétien doit ratifier et renouveler les vœux de son Baptême.

RÉCAPITULATION PRATIQUE.

Vous venez, mes enfants, de voir ce que c'est que le Baptême, le bien qu'il nous fait, à quoi il nous engage. Il efface le péché originel ; il nous fait chrétiens, enfants de Dieu et de l'Eglise ; il nous oblige à vivre en vrais chrétiens, à renoncer au Démon, au péché, à tout ce qui l'occasionne. Voilà en deux mots toute l'instruction que vous venez d'entendre. En conséquence, voici, mes enfants, ce que vous devez mettre en pratique :

1° Concevez la plus grande estime de ce sacrement, du caractère qu'il vous imprime, et des droits qu'il vous donne.

2° Vivez conformément à ce caractère, à cette dignité du chrétien, et aux obligations qui vous ont été imposées par-là et que vous avez contractées vous-mêmes.

3° Renouvelez souvent les vœux de votre Baptême, en vous renouvelant dans l'esprit du christianisme, qui vous fut inspiré et qui doit vous animer jusqu'à la fin. *Renovamini spiritu mentis vestræ.* (Ephes., IV, 23.)

4° Remerciez Dieu de la grâce qu'il vous a faite en vous appelant au christianisme et en vous faisant ses enfants et les enfants de son Eglise.

5° Demandez-lui la grâce d'en soutenir le caractère jusqu'à la fin, et d'être toujours fidèles à vos obligations.

PRIÈRE.

Mon Dieu, nous vous remercions de l'instruction que nous venons d'entendre. Nous y avons appris ce que c'est que le Baptême, et quelle gloire, quel bonheur c'est pour nous de l'avoir reçu. Nous avons appris en même temps quels sont les engagements et les obligations que le beau titre de chrétien nous impose. Hélas! si si jeunes encore, combien de fois n'avons-nous pas violé ces engagements, parjuré nos serments, profané cet auguste caractère! Pardon! Seigneur..... Désormais nous le soutiendrons par une conduite vraiment chrétienne; et pour nous y déterminer plus efficacement, nous ratifions, nous renouvelons aujourd'hui ces engagements solennels que nos parrains et marraines ont autrefois contractés pour nous. Oui, mon Dieu, nous protestons à la face de vos autels, et au milieu de cette assemblée, que nous croyons fermement en Jésus-Christ et à toute sa doctrine, que nous embrassons sa loi et ses exemples, que nous renonçons à Satan, à ses œuvres, à ses pompes, à son empire, à ses maximes, au péché et à toutes les occasions du péché. C'est vous et vous seul que nous voulons avoir pour maître, pour modèle, pour législateur, pour guide en cette voie qui conduit à la vie. Recevez, ô mon Dieu! ces engagements que nous contractons de nouveau, comme si nous étions encore sur les fonts sacrés. Faites-nous la grâce d'y être fidèles jusqu'à la fin, de vivre et de mourir en bons chrétiens, en fidèles enfants de Dieu et de son Eglise, afin de recueillir dans le Ciel les fruits heureux de notre Baptême, l'héritage céleste que vous avez promis à vos enfants. Ainsi soit-il.

SECTION DEUXIÈME.

D. Comment faut-il donner le Baptême?
R. Il faut, pour donner le Baptême, verser de l'eau naturelle sur la tête de la personne que l'on baptise, et dire en même temps : Je vous baptise au nom du Père, et du Fils, et du Saint-Esprit.

Puisque toute personne peut baptiser en cas de nécessité, il est important que tout le monde sache la manière stricte et formelle d'administrer le Baptême, surtout ceux et celles qui assistent les femmes dans leurs couches.

Voici donc comment il faut procéder à une action si sainte et si intéressante.

Il faut verser de l'eau sur la tête de la personne que l'on baptise; cette eau doit être *naturelle*, c'est-à-dire *de l'eau de puits, de fontaine, de rivière, d'étang, de pluie ou de mer;* en un mot, de l'eau telle que Dieu l'a faite. On ne peut pas en employer d'autre, par exemple, de l'eau de rose, de l'eau de fleur d'orange, de l'eau-de-vie, etc., ni aucune eau artificiellement composée; car avec de l'eau artificielle ou considérablement mélangée, le Baptême ne serait pas valide. Dieu a voulu qu'un sacrement si nécessaire pût s'administrer aisément, et qu'on pût en avoir la matière sous la main dans un élément aussi commun que l'eau naturelle. Dans les circonstances où l'on est pressé, on peut prendre la première eau naturelle qui se trouve, si l'on n'a point d'eau bénite; mais lorsqu'on a le temps et la réflexion, il faut prendre de l'eau bénite par préférence, pour une action si sainte. Cependant le Baptême ne serait pas nul quand même en pareil cas on emploirait de l'eau naturelle ordinaire.

Lorsqu'on donne le Baptême à l'église, on doit se servir de l'eau des fonts sacrés, solennellement bénite à cet effet la veille de Pâques ou de la Pentecôte. L'Eglise est dans l'usage de bénir tout ce qu'elle emploie dans ses sacrements ou ses cérémonies; c'est pour cela qu'elle bénit les fonts avec un appareil si touchant et si majestueux en ces deux grandes solennités, parce qu'autrefois on baptisait ces jours-là publiquement et avec de grandes cérémonies les catéchumènes, après les y avoir préparés par les instructions les plus soigneuses. (*Nota.* On peut faire ici un exposé de la cérémonie de la bénédiction des fonts baptismaux, et l'histoire des préparatifs des catéchumènes, et du Baptême solennel.)

Il faut verser *l'eau sur la tête de la personne que l'on baptise.* La tête est la plus noble partie de l'homme; c'est le siége de la pensée, du raisonnement, et même de l'âme, selon l'observation des philosophes : voilà pourquoi c'est sur la tête ordinairement que l'on verse l'eau ; cependant le Baptème serait valide quoiqu'on versât l'eau sur un bras, sur une jambe, etc. ; mais il faut qu'elle touche immédiatement cette partie du corps. Le Baptème ne serait pas bon si elle ne touchait que les cheveux ou les enveloppes qui couvrent les enfants dans le sein de leurs mères ; c'est à quoi il faut faire attention quand on baptise précipitamment dans les cas pressants où l'on craint pour la vie d'un enfant dans les embarras d'une couche laborieuse.

Il faut aussi prononcer les paroles sacramentelles en même temps qu'on verse l'eau, et dire : *Je te baptise au nom du Père, et du Fils, et du Saint-Esprit ;* il faut, dis-je, les prononcer distinctement et en même temps qu'on verse l'eau, parce qu'elles sont la forme du sacrement, et que la forme doit accompagner la matière dans l'administration des sacrements, en sorte que cela ne fasse qu'une seule et même action : c'est un principe reçu de tous les théologiens.

C'est la même personne qui doit verser l'eau et prononcer les paroles ; si l'action était divisée entre deux, on ne pourrait pas dire avec vérité, *je te baptise,* et ce Baptème serait invalide. Aussi l'Eglise a-t-elle condamné cette pratique et l'usage des hérétiques qui ont divisé l'action du Baptème.

Telles sont les formalités essentielles à remplir pour la validité du Baptème. Il a plu à Jésus-Christ, instituteur des sacrements, de déterminer ces signes extérieurs et formels de régénération à la grâce, pour la sécurité de ceux qui les recevraient, et pour les distinguer de ceux qui ne les auraient pas reçus. Des impies traiteraient peut-être tout cela de simagrées et de minuties. Qu'on traite donc de même mille formalités à remplir dans les contrats, dans les actes de la société, pour les rendre valides et fixer les droits des citoyens. D'ailleurs il suffit, pour les rendre respectables à nos yeux, qu'un Homme-Dieu en soit l'auteur, et qu'elles soient mises en usage par le tribunal divin qu'il a établi sur la terre.

Voilà, mes enfants, ce qu'il y a d'absolument nécessaire à savoir pour l'administration du Baptême en cas de nécessité; les autres cérémonies, qui l'accompagnent lorsqu'on le donne à l'église, ne sont pas essentielles à la validité du sacrement; mais elles sont expressives, instructives, intéressantes, et respirent la majesté et la sainteté de la religion divine qui les a établies. Nous en ferons le sujet d'une instruction particulière.

D. Pourquoi donne-t-on un parrain et une marraine à celui que l'on baptise?

R. C'est pour que ces parrain et marraine lui servent de cautions qu'il accomplira les promesses de son Baptême, et qu'ils veillent à ce qu'il les accomplisse.

On appelle *caution* celui qui répond pour un autre qu'il paiera une dette, qu'il accomplira une promesse, etc. C'est ainsi, par exemple, qu'on exige et qu'on fournit des cautions lorsqu'on fait des marchés importants dans la société; lorsqu'on prend une ferme, une administration importante. Or, celui qu'on baptise prend les engagements les plus solennels avec Dieu et avec son Eglise. C'est un enfant qui a besoin d'être représenté par une personne raisonnable qui agisse pour lui : voilà pourquoi l'Eglise veut des cautions, des répondants, qui soient garants de la foi, des promesses, des engagements du nouveau baptisé. Voilà pourquoi nous commençons la cérémonie du Baptême par demander aux parrains et marraines : *Voulez-vous servir de cautions à cet enfant pour en répondre à l'Eglise?* Ainsi, parrains et marraines, vous agissez au nom de l'enfant que vous présentez; vous répondez pour lui aux questions qu'on lui fait sur sa foi, sur ses renoncements, sur ses promesses; vous vous engagez à les lui faire entendre, ratifier, exécuter, autant que vous le pourrez dans la suite ; vous paraissez dans le temple saint, sur les fonts sacrés, autour de l'autel, pour être les témoins authentiques de son Baptême, pour en signer les actes ; vous lui donnez un nom, et c'est le vôtre, pour montrer que vous l'adoptez, que vous ne faites en quelque sorte qu'un avec lui, que vous prenez les mêmes engagements, et que vous veillerez à ce qu'il tienne les promesses qu'il a faites à l'Eglise.

Ecoutez donc, parrains et marraines, 1° quelles doivent être vos qualités ; 2° quelles sont vos obligations.

I. *Qualités des parrains et marraines.*

1° Il faut être catholique. Il faut que vous soyez vous-mêmes de véritables enfants de l'Eglise pour lui présenter des enfants et pour en répondre ; car de quel droit et avec quelle sûreté des hérétiques, des incrédules, des infidèles exerceraient-ils une fonction si sainte et si importante? L'Eglise n'en veut point, elle les récuse, parce qu'elle les a rejetés de son sein, parce qu'ils n'ont ni foi, ni soumission à ses lois et à sa doctrine. Comment donc répondraient-ils pour d'autres? Non, non, elle n'admet point les hérétiques, les schismatiques, les excommuniés, à ses augustes cérémonies. Profanes, retirez-vous ; vous ne pouvez être admis parmi les Saints pour contribuer à faire des Saints et les soutenir dans les voies de la sainteté.

2° Il faut que les parrains et marraines soient bien instruits sur les principaux mystères de la religion, sur les commandements de Dieu et de l'Eglise, sur la signification et l'étendue des promesses du Baptême ; il faut qu'ils sachent le Symbole des Apôtres, l'Oraison dominicale, la Salutation angélique, etc. Car, comment pourraient-ils instruire l'enfant qu'ils présentent, s'ils n'étaient pas instruits eux-mêmes? Voilà pourquoi on leur fait réciter ce Symbole et ces prières en leur nom, et au nom de celui qu'on baptise; voilà pourquoi nous devons les interroger, si nous doutons qu'ils soient suffisamment instruits.

3° Il faut qu'ils aient atteint l'âge de raison ; car c'est pour suppléer au défaut de raison du baptisé, que l'on exige des représentants. Remplissent-ils ce but, s'ils ne sont pas raisonnables eux-mêmes? Des enfants peuvent-ils répondre pour des enfants? On dira peut-être qu'un père, une mère, une personne raisonnable dirigeront les réponses de ces enfants parrains? Alors c'est répondant pour répondant; c'est doubler les représentants. D'ailleurs, si les parrains et marraines sont si jeunes, ils oublieront leurs obligations dans la suite; leurs filleuls n'auront pas pour eux les égards et le respect dû à des personnes chargées de les instruire et de veiller à leur conduite. Ainsi, mes frères, ne soyez pas surpris si nous refusons d'admettre à des fonctions si graves et si importantes des enfants qui n'auraient pas atteint au moins l'âge de sept à huit ans.

4° Il faut que les parrains et marraines soient de bonnes mœurs, d'une conduite régulière et édifiante. S'ils osaient se présenter à l'Eglise avec des mœurs corrompues et scandaleuses; s'ils vivaient dans l'impiété, l'incrédulité, le libertinage et la débauche; s'ils étaient jureurs, médisants, calomniateurs, menteurs, injustes, ravisseurs du bien d'autrui, etc., quel cautionnement donneraient-ils? Quoi! ils viennent faire une profession authentique et solennelle de la foi et de la doctrine la plus pure; ils viennent renoncer à Satan, à ses œuvres et à ses pompes; ils viennent protester qu'ils embrassent la sainteté et la sagesse de l'Evangile, et leur conduite y serait tout opposée! Ils viennent contribuer à faire un saint, et leur vie serait toute criminelle! Retirez-vous, répondants menteurs et pervers; l'Eglise ne veut point d'une caution qui se parjure elle-même dans le temps qu'elle répond pour un autre. Retirez-vous, jeunes gens effrontés, dissolus, dissipés, mondains; vous venez ici renoncer à Satan, à ses œuvres, à ses pompes, et vous vous présentez avec une parure mondaine, avec l'étalage artificieux des piéges du Démon! Vous y venez avec certaines vues, certaines prétentions, certaines liaisons peu chastes; vous apportez la fange de la volupté jusque dans le lieu saint, jusque dans les fonctions les plus saintes; vous venez salir ces bains sacrés et purs, en y plongeant avec vos mains souillées l'enfant que vous y apportez pour le purifier : vous venez former des liaisons que le Ciel déteste, à l'ombre des engagements les plus redoutables de la religion. Retirez-vous ; non, l'Eglise ne veut point d'un si indigne cautionnement. Ne choisissez pas une cérémonie si auguste et si sainte, pour nourrir et entretenir vos passions et en serrer les nœuds coupables. Souvenez-vous que tout doit être sérieux et grave dans les fonctions qui vous appellent ici au temple saint. Oui, c'est une espèce de sacrilége de vous y présenter avec de pareilles dispositions. Quelle profanation en effet! Saisir l'occasion d'un Baptême pour offenser plus aisément le Dieu qui l'a institué ! le faire servir à mille péchés qui le précèdent, qui l'accompagnent, qui le suivent, en allant à l'église, en revenant, lors même qu'on environne les fonts sacrés et les autels sur lesquels on présente un enfant de Dieu ! Que de paroles, que de sourires, que de coups-d'œil indiscrets, indécents, criminels, à la maison, au festin de la naissance ! Au lieu de louer Dieu qui vient d'adopter un enfant, que de propos, que de familiarités entre les parrains et marraines, ou de la part de ceux qui les ont rapprochés ! que de propos indécents sur les mariages, sur les enfantements, sur des objets d'ailleurs si respectables! Que de désordres en un mot sont quelquefois la suite d'une liaison qui devait être si sainte dans son origine ! Retirez-vous encore une fois, représentants sacriléges : non, l'Eglise ne veut point de ce mélange profane et sacré, criminel et saint, que vous prétendez faire en acceptant les fonctions vénérables et terribles de parrains et marraines. Quelles leçons, quels exemples donnerez-vous donc dans la suite à ce nouveau prosélyte que vous prenez sous votre protection, sous votre institution, en l'introduisant dans la société des fidèles?

Retirez-vous donc , et qu'on nous donne des garants plus
sages , plus édifiants , plus pénétrés de la grandeur et de
la sainteté du Baptême et de ses engagements, qui par
leur piété et leur conduite nous assurent davantage du
salut du néophyte que l'on présente à l'Eglise.

5° Il serait bon que les parrains et marraines fussent
confirmés si cela était possible ; car afin de répondre pour
un autre chrétien , il serait bien convenable d'être parfait
chrétien soi-même.

6° Ce ne doit être ni le père ni la mère de l'enfant ,
qui le tiennent sur les fonts du Baptême, à cause de l'affinité spirituelle qui en résulterait ; car, comme nous en
avertissons toujours les parrains et marraines , ils con-
tractent une affinité spirituelle avec le père et la mère de
l'enfant , qui les empêche de contracter mariage avec
eux. Si donc un père ou une mère étaient parrains de
leur propre enfant , ils contracteraient entre eux une affinité spirituelle qui serait un empêchement aux droits
des époux. C'est par la même raison qu'un père ou une
mère ne doivent pas baptiser leur enfant , à moins d'une
nécessité absolue qui les empêche de faire autrement. Si
quelqu'un avait du doute et des embarras de conscience
à ce sujet, qu'il consulte un sage confesseur.

Voilà, parrains et marraines, les qualités que vous
devez apporter à une fonction si vénérable ; y avez-vous
jamais bien fait attention ? mais ce n'est pas tout , vous
avez des obligations importantes à remplir. Les voici :

II. *Obligations des parrains et marraines.*

1° Ils doivent aimer leurs filleuls comme leurs enfants
spirituels. Vous devenez les pères et mères spirituels de
cet enfant que vous présentez entre vos bras au sacrement de la régénération : c'est ce que signifie ce tendre
nom de parrain et de marraine. Vous lui procurez une
vie nouvelle de concert avec l'Eglise qui le régénère :
vous devez donc avoir pour lui une affection et une conduite paternelle et maternelle , et en conséquence ,

2° Vous devez veiller à son éducation, la recommander à ses parents, vous en charger vous-mêmes, proroger ainsi, augmenter et fortifier la vie spirituelle que vous avez procurée à ce cher enfant.

3° Vous devez lui rappeler, lui expliquer, lui inculquer les engagements que vous avez pris pour lui au Baptême; le faire souvenir que vous n'avez répondu pour lui qu'à condition qu'il accomplirait vos promesses, qu'il est ingrat, perfide, parjure, s'il ne les ratifie pas et s'il ne les remplit pas.

4° Vous devez avoir soin qu'il reçoive le sacrement de Confirmation, lorsqu'il le pourra, l'y engager, le faire instruire à ce sujet, lorsque l'occasion s'en présentera. C'est à vous à travailler, autant que vous le pourrez, à lui procurer cette force, cette vigueur de la vie spirituelle qu'il a reçue au Baptême entre vos mains. Il en sera de même de la première communion, et des autres circonstances intéressantes de la vie, où vous devez lui procurer, selon vos facultés, les secours spirituels et temporels dont il aura besoin.

5° Vous devez prier pour lui, comme un bon père et une bonne mère prient pour leurs enfants; c'est ce que vous faites et ce que nous vous recommandons quand vous présentez un enfant au Baptême.

Voilà vos obligations, parrains et marraines; voilà ce que doivent vous inspirer la religion et l'affection spéciale que vous vouez à une âme que vous prenez sous votre protection dès son entrée au monde et à l'Eglise. Voyez après cela, si, tenir un enfant sur les fonts sacrés du Baptême, ce n'est qu'une vaine cérémonie, un badinage, un jeu d'amour profane, une fête mondaine, comme on paraît l'envisager quelquefois. Tremblez à l'aspect de ce précieux fardeau que vous portez au temple du Dieu vivant, et n'oubliez jamais l'importance des engagements que vous contractez avec et pour ce cher prosélyte que vous amenez au troupeau de Jésus-Christ, et soyez-y fidèles.

D. Est-il nécessaire d'être baptisé pour être sauvé?

R. Oui, il est nécessaire d'être baptisé pour être sauvé.

Le Baptême est absolument nécessaire pour être sauvé. C'est Jésus-Christ lui-même qui nous dit expressément : Si quelqu'un n'est pas régénéré par l'eau et par le Saint-Esprit, il ne pourra entrer dans le royaume des Cieux. *Nisi quis renatus fuerit ex aquâ et Spiritu Sancto, non potest introire in regnum Dei.* (Joan. III, 5.)

Ces paroles sont claires et formelles ; c'est ainsi qu'elles ont toujours été entendues. Toujours dans l'Eglise on a regardé le Baptême comme absolument nécessaire au salut. Et cette nécessité est fondée sur ce que le Baptême est le seul remède établi par Jésus-Christ contre le péché originel. Or, tant que l'homme est coupable de ce péché, il est sous l'empire du Démon, ennemi de Dieu, enfant de colère, et par conséquent indigne de son royaume.

Il faut donc être baptisé pour être sauvé. Et néanmoins dans ces temps malheureux d'irréligion, on commence à dire : A quoi sert le Baptême? on peut s'en passer. Voilà comme l'incrédulité et l'impiété gagnent jusqu'à nos campagnes.

Cette nécessité est pour les enfants comme pour les autres; car, 1° les paroles de Jésus-Christ n'exceptent personne ; 2° les enfants naissent infectés de la tache originelle qui a dépouillé les enfants d'Adam des privilèges promis d'abord à son état d'innocence ; ils naissent parmi cette postérité malheureuse exclue du royaume des Cieux ; ils ne peuvent donc y parvenir si cette malédiction originelle n'est révoquée par la grâce du Baptême. C'est ainsi que l'Eglise et les Docteurs l'ont toujours enseigné.

Et en cela, notre Dieu ne commet point d'injustice, quoique ces enfants n'aient pas péché par eux-mêmes. Car le Seigneur n'avait promis son royaume à Adam et à sa postérité, qu'à condition qu'il lui serait fidèle et obéissant ; mais dès - lors qu'il ne remplit pas cette condition, Dieu ne lui doit plus rien, ni à ses descendants. C'est donc à juste titre que nous naissons exclus de la promesse primitive, et que les enfants de ce père désobéissant et rebelle sont enveloppés dans sa disgrâce, quoiqu'ils n'aient commis aucun péché personnel.

Ici on me demandera peut-être ce que deviennent ces petits enfants qui meurent sans Baptême. A cela je réponds que l'Eglise n'a rien décidé sur cette question. L'Ecriture-Sainte n'en parle pas ; les théologiens sont partagés, en sorte que nous ne pouvons savoir quel est leur sort. Ce qu'il y a de décidé, c'est que les enfants morts sans Baptême ne sont pas Bienheureux, comme l'ont faussement prétendu les hérétiques appelés pélagiens, que l'Eglise a condamnés ; mais il n'est pas décidé non plus, qu'ils soient positivement malheureux, comme les réprouvés qui ont mérité l'enfer par leurs péchés personnels. Il est vrai qu'ils ne verront jamais Dieu dans son royaume ; mais aussi peut-être ne sentiront-ils pas toute l'amertume de cette privation ; peut-être n'auront-ils pas une connaissance entière du bien qu'ils auront perdu. Notre Dieu est infiniment juste et bon.

Quoi qu'il en soit du sort de ces petits infortunés, il faut adorer les jugements de Dieu ; sans vouloir trop les approfondir, et demeurer toujours convaincu que celui qui est la justice même ne commet aucune injustice à leur égard.

Mais quelle que soit leur privation, il est des circonstances où le crime en retombe sur les pères et mères coupables, lorsque c'est par leur faute qu'ils ne reçoivent pas le saint Baptême.

Tremblez, pères et mères, si ces enfants malheureux sont les tristes victimes de vos négligences, de vos imprudences, de vos brutalités, de vos emportements ; si c'est par votre faute qu'ils périssent avant de voir la lumière, ou parce que vous auriez négligé de les faire baptiser. Le juste vengeur de vos désordres vous demandera compte de ces âmes infortunées que vous aurez privées de son royaume.

Concluez de là que vous ne sauriez trop prendre de précautions, pour que vos enfants reçoivent le saint Baptême. Femmes chrétiennes, apprenez de là combien de sagesse, de circonspection, de ménagements, de réserve, de modération vous devez avoir pendant les jours périlleux de votre grossesse ; quelle attention vous devez faire continuellement sur vous-mêmes ; avec quelle sainte frayeur vous devez porter le fruit précieux renfermé dans vos entrailles. Et vous, maris, considérez quels égards, quelle sorte de respect vous devez à vos épouses en ces jours intéressants pour elles, pour vous, pour votre enfant, pour l'Eglise, pour la société. L'état des femmes enceintes est envisagé comme un objet de la dernière importance. L'Eglise y voit les plus grands intérêts, elle en fait un objet particulier des prières publiques et les recommande spécialement, comme vous voyez, aux prières des fidèles au milieu du saint sacrifice au jour du dimanche. Priez donc, pères et mères, priez sans cesse pour que le Ciel propice conduise à un heureux terme ce tendre espoir de la religion et de la patrie. Tremblez que par votre faute ces petits infortunés soient privés du bonheur de voir Dieu. Hélas ! il n'est que trop arrivé que l'imprudence d'une mère, un travail forcé, un fardeau trop lourd, la fureur, la brutalité, les emportements, les mauvais traitements d'un mari, ont procuré quatre morts à la fois, la mort d'une mère dans les douleurs d'un enfantement prématuré, la mort corporelle et spirituelle de son enfant, la mort spirituelle du père parricide, et peut-être la perte éternelle de tous les trois. C'est ainsi, parents criminels, que Dieu venge quelquefois vos désordres, vos excès et vos fureurs. Prenez donc garde aussi que vos délais ne privent vos enfants de ce moyen nécessaire de salut. Car écoutez la demande suivante.

D. Est-il permis de différer long-temps le Baptême des enfants ?

R. Non, car c'est les exposer au danger de mourir sans Baptême.

Oui, mes frères, il est très dangereux de différer longtemps le Baptême des enfants. A quoi tient leur vie encore si délicate? Ils peuvent expirer en un moment. Ainsi, aussitôt qu'ils sont nés, vous devez avertir les pasteurs et vous empresser de les présenter à l'Eglise. Si vous avez des raisons de différer jusqu'au lendemain ou pendant plusieurs jours, veillez soigneusement jour et nuit, de peur qu'ils ne viennent à expirer dans ces périlleux intervalles.

D. Le Baptême peut-il être suppléé ?

R. Oui ; quand on ne peut le recevoir, il peut être suppléé par un parfait amour de Dieu, accompagné du désir d'être baptisé, ou par le martyre.

Le Baptême peut être *suppléé*, c'est-à-dire *remplacé*. Il y a deux choses qui peuvent nous en tenir la place : c'est 1° le désir de le recevoir, qu'on appelle Baptême de vœu ; 2° le martyre, la mort soufferte pour la religion.

Je dis le *Baptême de vœu ou de désir*. Je suppose un Juif, un Turc, un idolâtre, qui voudraient être instruits des mystères de la religion chrétienne et l'embrasser; qui désireraient sincèrement d'être baptisés et qui ne pourraient l'être. S'ils sont en danger de mort, le désir et la volonté leur tiendraient lieu de Baptême d'eau qu'ils ne pourraient recevoir ; en sorte que, s'ils venaient à mourir dans ces dispositions avec cette impossibilité, ils seraient sauvés, parce qu'alors la bonne volonté est réputée pour le fait, pourvu cependant que cette bonne volonté soit accompagnée d'un amour de Dieu véritable et parfait.

Comme vous voyez, mes enfants, les miséricordes

divines sont ménagées à tous les cœurs droits qui cherchent Dieu. Il n'est personne qui ne puisse dire dans la droiture de son âme : « Auteur suprême de mon existence,
» je cherche à vous connaître, je vous aimerais si je vous
» connaissais, ou plutôt je vous aime sans vous connaître,
» parce que vous êtes sûrement infiniment aimable.
» Ouvrez-moi les yeux, faites que je voie la vérité et la
» voie qui doit me conduire à vous. Je suis prêt à la
» suivre; j'en ai le désir. » Un sauvage, un idolâtre qui parlerait ainsi, aurait le Baptême de désir. Oui, mes frères, tout homme qui chercherait le Seigneur dans la droiture de son cœur, entendrait au-dedans de lui-même une inspiration qui lui dicterait cette prière ou d'autres sentiments qui seraient un désir équivalent du Baptême; or, comme dit saint Thomas, le Seigneur enverrait plutôt un Ange que de laisser périr une âme qui le cherche dans le silence des passions, et qui veut sincèrement le trouver. Car notre Dieu est infiniment bon, *et il ne veut pas la mort du pécheur, mais qu'il se convertisse et qu'il vive.*

J'ai dit en second lieu, que le Baptême peut être remplacé par le martyre. Je suppose encore un Juif, un païen qui tout à coup se convertisse, en déclarant hautement qu'il veut être chrétien. Si on le met à mort dans cette circonstance et en haine de sa conversion, il est martyr et baptisé dans son sang. Tel a été autrefois le Baptême sanglant de plusieurs païens. On a vu des soldats, des bourreaux, qui, frappés de la constance des martyrs, s'écriaient comme eux : *Je suis chrétien !* et qui étaient subitement mis à mort avec eux. Ils mouraient enfants de Dieu comme eux, ils entraient avec eux en possession du royaume de Jésus-Christ. (*Histoire de saint Genet, des quarante martyrs, etc.*) Tel fut le Baptême des Innocents, de ces premiers martyrs de Jésus-Christ, massacrés par Hérode. (*Histoire.*) Ils sont honorés par l'Église comme la fleur des martyrs, quoiqu'ils n'aient reçu d'autre Baptême que dans leur sang, parce qu'il fut répandu pour Jésus-Christ.

Qu'il est beau, mes enfants, qu'il est généreux, qu'il est héroïque, ce Baptême de sang, puisque c'est aimer Dieu plus que sa vie, que de la donner pour lui! C'est l'amour plus fort que la mort qui immole ces belles victimes. Et notre Dieu est si généreux, qu'il couronne celui même qu'endurent les enfants sans rasion.

D. Qui est-ce qui peut baptiser?

R. Le Prêtre, et dans le cas de nécessité, toute autre personne.

C'est d'abord aux Prêtres que Jésus-Christ a conféré le pouvoir de baptiser, lorsqu'il dit à ses Apotres: *Allez, instruisez les nations, et baptisez-les au nom du Père, et du Fils, et du Saint-Esprit.* (Matth. xxviii, 19.) Mais comme ce sacrement est le plus nécessaire de tous, Jésus-Christ a bien voulu qu'il pût être administré par toute sorte de personnes dans la nécessité. En sorte que, s'il y a danger de mort, un séculier, un homme ordinaire, une femme, un infidèle, un hérétique même, pourraient baptiser, pourvu qu'ils eussent l'intention de faire ce que fait l'Eglise. C'est une vérité reconnue par toute l'Eglise dans tous les siècles. Nous le savons par la tradition, et l'usage s'en est perpétué jusqu'à nous depuis l'établissement de la religion chrétienne.

Si cependant il se trouvait plusieurs personnes, dans un cas de nécessité, pour administrer le Baptême, il faudrait préférer un Prêtre et un ecclésiastique quelconque à des laïques, un catholique à un hérétique, un homme à une femme, si cela se pouvait.

Voilà, mes enfants, les leçons importantes que j'avais à vous développer sur l'administration du saint Baptême. Ne les oubliez pas, parce qu'il peut arriver dans la suite que vous ayez occasion de les mettre en pratique. Revenons maintenant sur ces explications.

SOUS-DEMANDES.

D. Est-ce qu'on ne pourrait pas employer de l'eau rose, de l'eau-de-vie, etc., pour baptiser?

R. Non, parce que ce n'est pas de l'eau naturelle, mais artificielle.

D. Faut-il de l'eau bénite?

R. Cela est mieux si on peut en avoir, mais l'eau ordinaire suffit.

D. Si on ne pouvait verser de l'eau sur la tête, le Baptême serait-il bon?

R. Oui, le Baptême serait bon sur toute autre partie du corps.

D. Si l'eau ne touchait que les cheveux ou l'enveloppe qui environne l'enfant dans le sein de la mère, le Baptême serait-il bon?

R. Non, il faut que l'eau touche la chair immédiatement.

D. Si l'on prononçait les paroles avant que de verser l'eau, ou après?

R. Le Baptême ne serait pas bon, parce que ce doit être une seule et même action.

D. Si une personne prononçait les paroles, et qu'une autre versât l'eau?

R. Le Baptême ne serait pas bon, car cette action doit être faite par la même personne.

D. Vous dites que les parrains et marraines servent de *cautions*. Qu'est-ce que cela veut dire?

R. Cela signifie qu'ils répondent pour l'enfant qu'ils présentent, et qu'ils se chargent de l'instruire et de veiller à ce qu'il observe les engagements du Baptême.

D. Pourquoi donnent-ils leur nom à l'enfant?

R. Pour faire voir qu'ils l'adoptent comme leur enfant spirituel, et qu'ils ne font qu'un avec lui.

D. Quelles doivent être les qualités des parrains et marraines?

R. Ils doivent être chrétiens, catholiques, bien instruits, raisonnables et de bonne conduite.

D. Quelles sont leurs obligations envers leurs filleuls et filleules?

R. Ils doivent les aimer, prier pour eux, veiller à leur éducation, avoir soin de leur faire recevoir la Confirmation et les autres secours de l'Eglise.

D. Vous dites que le Baptême est nécessaire pour être sauvé. Si un enfant mourait sans Baptême, il n'irait donc pas en Paradis?

R. Non, car J.-C. a dit : *Si on n'est pas régénéré dans l'eau et le Saint-Esprit, on n'entrera pas dans le royaume des Cieux.*

D. On doit donc bien prendre garde que les enfants ne meurent sans Baptême?

R. Oui, c'est le premier devoir des pères et mères; ils répondront devant Dieu de la perte de leurs enfants si ce malheur arrive par leur faute.

D. Quand on diffère le Baptême un jour ou deux, qu'est-ce qu'il faut donc faire?

R. Il faut veiller l'enfant et ne pas le quitter.

D. Que veut dire ce mot *suppléé?*

R. C'est-à-dire remplacé.

D. Qu'est-ce qui peut donc remplacer le Baptême ou en tenir lieu?

R. Le désir ou le martyre.

D. Un Juif, un Turc qui aurait le désir d'être baptisé serait donc sauvé, s'il mourait dans l'impossibilité de le recevoir?

R. Oui, pourvu qu'il eût un grand amour de Dieu.

D. Et s'il mourait pour la religion chrétienne?

R. Il serait baptisé dans son sang, et il irait en Paradis.

D. Si un enfant était en danger de mourir et qu'il n'y eût point là de Prêtre pour le baptiser?

R. Alors tout autre personne pourrait le baptiser, avec l'intention de faire ce que fait l'Eglise.

RÉCAPITULATION PRATIQUE.

1° Vous voilà instruits sur la manière d'administrer le Baptême. Si vous vous trouvez dans la nécessité de le faire, faites-le avec foi et selon les intentions de l'Eglise.

2° Vous êtes instruits sur les qualités et les devoirs des parrains et marraines. Rappelez-vous dans l'occasion ce que nous venons de vous dire à ce sujet, et pénétrez-vous d'un saint respect pour une fonction si importante.

3° Présentez-vous à cette auguste cérémonie avec les connaissances, les bons motifs, la pureté, l'innocence, la modestie, la décence, la piété dignes de chrétiens qui viennent répondre pour un nouveau chrétien.

4° Remplissez exactement toutes les obligations d'un

21.

ministère si important. Faites la profession de foi, les renoncements, les vœux, les protestations du Baptême, autant pour vous que pour le prosélyte que vous présentez à l'Eglise ; et cela avec tous les sentiments qui doivent pénétrer une âme chrétienne en pareille circonstance.

5° Priez pour vos filleuls, aimez-les, instruisez-les, faites-les instruire, veillez sur leur conduite comme vous le devez, selon le cautionnement et les engagements que vous prenez avec l'Eglise et l'enfant que vous lui présentez.

Et vous pères et mères, ou vous qui le deviendrez un jour,

1° Craignez de laisser mourir vos enfants sans Baptême, et encore plus de leur occasionner une mort funeste avant leur naissance.

2° Veillez sur vous et sur eux, mère chrétienne ; portez-les avec un saint tremblement dans vos flancs ; priez sans cesse pour eux dans un état si critique, afin que le Seigneur les conduise à un heureux terme.

3° Lorsqu'ils sont nés, ne différez pas long-temps à leur faire conférer le saint Baptême. Veillez soigneusement sur eux dans ces intervalles dangereux.

4° Choisissez des parrains et marraines selon Dieu, pour les plus chers intérêts de vos enfants, et non pas pour former des liaisons galantes, ou pour d'autres motifs humains ou vicieux, comme il n'arrive que trop souvent.

PRIÈRE.

Mon Dieu, nous vous remercions de l'instruction que nous venons d'entendre. Nous venons d'y apprendre quelle est la nécessité, l'importance, le ministre du Baptême, et la manière de l'administrer ; les qualités et les devoirs des parrains et marraines. Nous avons frémi à la vue du danger de laisser, ou de faire périr un enfant sans Baptême. Gravez profondément dans nos cœurs les vérités, les obligations, les saintes frayeurs qui doivent nous guider un jour relativement à ces objets importans ; pénétrez-nous d'un saint respect pour le caractère de parrain et de marraine lorsque nous aurons lieu de le revêtir. Non, Seigneur, nous ne nous l'imposerons jamais que par des vues de zèle, de charité, de religion. Nous bannirons tout motif profane, les immodesties, les indécences, les légèretés, les joies déplacées, les intempérances, les liaisons criminelles, qui profaneraient des fonctions si saintes et si vénérables. Pénétrez-nous, Seigneur, de la crainte, des soins, des obligations relatives à toutes les instructions importantes que vous venez de nous donner; rendez-nous-y fidèles, et faites-nous la grâce, à nous et à tous ceux dont nous serons chargés, de vivre et de mourir selon les lois et les engagements du Baptême. Ainsi soit-il.

FIN DU TOME DEUXIÈME.

TABLE.

FIN DE LA TABLE.

BESANÇON, IMPRIMERIE DE CH. DEIS.

Im The Story
personalised classic books

JANE
IN
WONDERLAND

LEWIS
CARROLL

"Beautiful gift... lovely finish.
My Niece loves it, so precious!"

Helen R Brumfieldon

UNIQUE
GIFT

FOR KIDS, PARTNERS
AND FRIENDS

Timeless books such as:

Kids

Alice in Wonderland · The Jungle Book · The Wonderful Wizard of Oz
Peter and Wendy · Robin Hood · The Prince and The Pauper
The Railway Children · Treasure Island · A Christmas Carol

Adults

Romeo and Juliet · Dracula

Highly
Customizable

Change
Books Title

Replace
Characters Names
with yours

Upload
Photos for
inside page

Add
Inscriptions

Visit
Im The Story .com
and order yours today!

CPSIA information can be obtained
at www.ICGtesting.com
Printed in the USA
BVHW082350110819
555624BV00022B/3392/P